上海

杜月黄张 月金嘛 笙荣林

莹秋 ◎ 编著

内蒙古出版集团
内蒙古文化出版社

图书在版编目(CIP)数据

上海三大亨——杜月笙、黄金荣、张啸林 / 莹秋编
著.—呼伦贝尔：内蒙古文化出版社，2010.12
ISBN 978-7-80675-860-1

Ⅰ.①上… Ⅱ.①莹… Ⅲ.①杜月笙（1888~1951）
—生平事迹 ②黄金荣（1867~1953）—生平事迹 ③张啸林
（1877~1940）—生平事迹 Ⅳ.① K828.9

中国版本图书馆 CIP 数据核字（2010）第 233335 号

上海三大亨——杜月笙、黄金荣、张啸林
SHANGHAISANDAHENG——DUYUESHENG、HUANGJINRONG、ZHANGXIAOLIN
莹秋　编著

责任编辑　马国林
装帧设计　大象设计

出版发行　内蒙古文化出版社
地　　址　呼伦贝尔市海拉尔区河东新春街4－3号
直销热线　0470－8241422　　邮编　021008

排版制作　北京鸿儒文轩文化传播有限公司
印刷装订　三河市华东印刷有限公司
开　　本　787mm×1092mm　1/16
字　　数　430千
印　　张　26
版　　次　2011年1月第1版
印　　次　2022年4月第2次印刷
印　　数　8001—13000 册
书　　号　ISBN 978-7-80675-860-1
定　　价　68.00元

● 上海三大亨合影

一个世纪以来的传奇，几经沧桑世局，人事代谢，上海三大亨依然是人们关注的焦点所在，孰是孰非，功过任君凭说！

目　录

目　录

目录

目 录

引子：只能是走了

1949 年 4 月初，中国人民解放军第二野战军和第三野战军，沿着西起鄱阳湖口东至江阴要塞的千里长江北岸，积极准备渡江作战。人民解放军决定于 4 月 21 日强渡长江。

4 月 20 日，炮三团团长李安邦和当时任团政委的康矛召同志前往扬州八兵团司令部参加渡江作战的会议。9 点钟左右，一阵急促的炮声从三江莹方向传到正在举行会议的扬州。稍后不久，司令部即接到炮三团打来的电话：一艘英国军舰不顾下游我军鸣炮警告，强行溯江驶过我三江莹左翼的炮位，我向英舰开火，英舰也向我阵地还击，双方展开了猛烈的炮战，英舰中弹 30 余发，悬挂了白旗驶离南岸，停靠在我阵地西南约 7000 米处。

下午 1 点 30 分，三江莹方向又传来了炮声，另一艘英舰从上游顺流疾驶增援受伤的英舰，同我炮兵展开了激烈的交火，英舰连续中弹五发后，全速下驶脱离我火力网，然后又调转舰头沿北岸上驶，利用我野炮阵地的死角，击毁七连野炮两门。该舰继续上驶时，遭到我一连榴弹炮的迎头痛击。英舰又连中数弹，被迫回头下驶。

傍晚，解放军的几位首长赶回三江莹后，看见那艘船尾悬挂着英国国旗编号为 F116 的军舰停泊在长江南岸，船名已看不清楚，只能够看见指挥台、尾炮塔及船身多处中弹的斑斑裂口。英舰之所以泊近南岸，估计是在指挥台中弹后航向失控而搁浅。

这两艘在长江肇事的英舰第一艘叫"紫石英"号，第二艘叫"伴侣"号。

当晚，外电报道了在长江肇事的英舰"紫石英"号和"伴侣"号的受伤情形。

这时，紧靠国民党炮兵阵地的"紫石英"号已降下了白旗，但它所处的位置严重妨碍我步兵的渡江和登岸。因此，第二十军指挥员要求炮兵迫使该舰移走。

接到命令，七连向"紫石英"号连连发炮之后，从舰上传来几声剧烈的爆炸声响，一道浓烟从舰上滚滚升起。此刻江水受到晚潮的影响，水位有所上升，使得"紫石英"号可以驶离。就这样，受到重创的"紫石英"号在晚潮中缓缓移动，然后消失在荡霭的水天之际。

英国远东舰队获悉"紫石英"号和"伴侣"号在长江内先后受伤的报告后，副总司令梅登海军中将立即乘旗舰"伦敦"号并率驱逐舰"黑天鹅"号全速驰援。

4 月 21 日晨，英国舰队驶过了江阴，继续向中国人民解放军控制的江西前进。英舰密切窥察我阵地，舰上的巨炮一齐指向北岸。

早在北岸待命的特纵炮队一团向英国舰队鸣炮示警。英舰自恃船坚炮利不仅置我警告于不顾，而且向我猛烈轰击。忍无可忍，我沿江炮火只好一起向这艘目中无人、丝毫不识时务的英舰开火。霎时间，英国舰队纷纷中弹，"伦敦"号带着累累弹孔和伤痕溃驶上海。

次日，上海出版的《字林西报》报道了英国海军的伤亡："紫石英"号死亡十七人，重伤二十人，六十人泅水登岸；"伴侣"号带回死者十人，伤者十二人，前炮两门被击毁；"伦敦"号已将死者十五人和伤者十三人载抵上海；"黑天鹅"号七人负伤。

这件事当时在世界上引起了极大的震动，它引起了世界舆论的严重关注并成为当时国际新闻报道和政治评论的焦点。

此时上海爱西路十八层楼公寓的一间房子里的一位有些清瘦的老人，也时刻收听着从各种渠道传出的消息。他希望这件事能使中国的这片土地上再发生一次巨大的变化，自己在上海滩上再度辉煌起来。

这个人就是驰骋上海滩几十年、名噪一时的教父——杜月笙。

自从 4 月 10 日下野总统蒋介石在复兴岛召见以来，他一直在想着去留问题，对大上海，他太留恋了。他觉得，自己的每一根毛孔都是和大上海息息相关的。自己已经老了，经不起外面的风风雨雨了，此次一别，定是永诀。所以，他不想走。

但是，面对狂飚突进的共产党军队，他能不走吗？

所以，"紫石英"号事件一发生，他心里有股火苗"蹭"地蹿了一下。但这股火苗仅仅是蹿了一下，就熄灭了。中国人民解放军很快渡过了长江，把南京也占领了。进军的尖刀已指向上海这座繁华而污浊的城市。

英国前首相丘吉尔所宣称的航空母舰没有来，中国新兴的力量已经让帝国主义看到，这个古老的民族已经不会为炮舰所屈服了，它们再也不敢动不动就把军舰开来了。

面对这一变化，杜月笙知道，自己只能走了。

他立刻让手下人去包了一艘荷兰轮船，把一家大小，包括一年多来一直与他同居的著名演员孟小冬及其秘书、随从都送到船上，再悄悄地与黄金荣道了别。4 月 27 日，春雨霏霏，杜月笙的包船从上海启碇。

轮船慢慢地顺着黄浦江水向东驶去，缓缓地驶过他的出生地高桥。他扶着栏杆，凝目眺望，船后翻腾着不息的滔滔江水，把他的思绪带入了过去的岁月：破旧而低矮的杜家老宅、蹒跚的年迈外婆、失落的同胞妹妹、苦难的早逝双亲，往事如烟，一幕一幕，泪水不由地从他的眼睛里滚出来，掉进黄浦江中。

透过霏霏的春雨，他仿佛看见 个少年从高桥镇上走来……

第一章

少年独闯上海滩

丧父母苦难童年

在通往上海的路上有一个少年，身上穿着粗布裤褂，背上背着一个小包袱——里面有几件换洗衣服和极少的钱，这个少年就是只有 15 岁的杜月笙。

离开了高桥镇，走过庆宁，外婆和杜月笙祖孙二人不知不觉来到八字桥。此时，他们已走出 10 里多地，老外婆实在走不动了。

"外婆，你回去吧。"杜月笙哽咽着说。

"我不放心呀！"外婆放声大哭起来。

杜月笙也哭了，哭声嘹亮。

"外婆，高桥镇上的人都看不起我，说我是小瘪三，不能成人。这回去上海，我一定要捞下这个世界，然后风风光光地回来，让他们眼睛红得滴血。"

杜月笙说完，他猛地跪倒在外婆面前，"咚咚咚"磕了三个响头，然后站起，双手扶定老外婆，凝视很久，说："外婆，多保重！"

说完，他一抹眼泪，飞快向前走去。老外婆站在那里，一直目送着他。直到看不见人影。这其间，杜月笙一直没有回头。

"这孩子，到底会怎么样呢？"老外婆自语着往回走。她心里实在没有底。许多年后，当杜月笙无限风光地回到高桥镇时，这位老外婆却没能看到。此次一别和外孙子竟是永别。

杜月笙穿过洋泾镇，一路不停，近午时分，来到了浊流滚滚的黄浦江边。在摆渡的小码头，他默默地随着众人上了木船。

杜月笙缩在渡船的一角，望着滔滔的江水，心中一半惊喜，一半恐惧。欢喜的是他走出了那个都拿他不当人待的高桥镇，从此将置身于一个新天地，恐惧的是这个新天地是一个什么样的地方？它能容纳自己吗？

此时的上海，只是一座方圆十里的小城，属松江府管辖。这座小城城墙高一丈四五，残破缺裂，苍苔斑剥，城外有一条护城壕。壕外就是租界。到后来，护城壕被人填平，才成为华界和租界间的分界路。

当时，高楼大厦还不曾开始兴建，外滩的外白渡桥，只是一座平桥，后来成为热闹纷繁的跑马厅，泥城桥北，一片芦蒿，荒草蔓蔓。

杜月笙在外滩下了船，折往西走，转过一个弯，就到了十六铺。

十六铺是上海水陆交通的要道，从外滩直到大东门，沿着黄浦江建有太古、怡和、招商、宁绍等轮船公司的码头。这里北上津沽，南下宁绍、港粤，西航长江各埠，十分繁忙。另外，往来中国的外国船只，也有不少在此泊岸。因此，十六铺一带人口密集，店铺客栈鳞次栉比，每天从早到晚，熙熙攘攘，都热闹纷繁。

杜月笙这个初到上海的穷小子，从来没有见过如此热闹的世界，两只眼睛怎么看也看不过来。他随着人流缓缓地走着，也不知走了多远，走到了何处，直到看见一家连着一家的水果店，他才想起。自己来此，是投鸿元盛水果店的。

杜月笙停住脚，向街边的水果行打听了两次，人家把他指到了鸿元盛。

鸿元盛是一家并不大的店面，老板姓陆，看了书信，缓缓地问：

"你以前在家是干什么？"

"我……"杜月笙看看老板，说："没干什么。"

"那你就简单地说说你以前的生活吧。"老板想详细地了解了解他。

老板的话，又把杜月笙带回了高桥镇，带回了那苦难而不幸的已缓缓流逝的岁月。

民国前二十四年，他生于上海浦东高桥镇。杜家祖宅又叫杜家花园。杜月笙出生的这一天恰巧是农历七月十五，旧时称做中元节，传说是鬼的生日。他的父亲便为他取名为"月生"。杜月笙飞黄腾达了以后，章太炎为他改名为镛，号月笙。

杜月笙的父亲叫杜文卿，和兄长一起住在杜家祖宅里。这是一幢矮小的平房，中间是一间堂屋，两侧各有卧室两间，杜氏兄弟一家住一半，各立门户。屋后，有一座小小的园子，种着果树和花草，所以高桥镇的人都称此为杜家花园。

当杜月笙出生在这个世界时，他父亲杜文卿还远在上海的杨树浦。他和朋友合开了一个米店，常年在那里忙碌。妻子朱氏在家里，靠杜文卿赚到的钱糊口度日。

高桥镇，旧名天灯下，又称天灯头，位于上海县城东北 36 里处。地属于高昌乡第 22 堡，由于一条黄浦江将上海县横剖为二：江东的地区叫浦东，江西的地区叫浦西。杜月笙素称自己为浦东人，当时的浦东，是地地道道的穷乡僻壤。

随着外国人势力的不断侵入，上海小商人在沉重压力下苟延残喘，傍徨失措，那时宣告破产倒闭的时有所闻。杜文卿和朋友合伙所开的米店，规模极小，在不断遭受外国米行的冲击下，尤如一叶扁舟，风雨飘摇，时有倾覆的危险。

从杜月笙出生的那一年起，上海地区年年天灾人祸，疫病大作。

1889 年 7 月，上海瘟疫蔓延，城乡死者无数。

8 月 24 日起，大雨不止，连续下了 45 天，各仓库中的稻米棉花大量霉烂，衣食骤缺，饥荒遍地。

杜月笙的母亲朱氏在高桥镇无以为食，只好抱着刚过周岁的杜月笙，步行几十里，到杨树浦投奔开米店的丈夫。

可是，杜文卿的米店里，情形更糟，原先店中存米，早已卖了出去。由于米价一日数涨，得到的钱已无法再去进货。每天从这些货款中支出部分去买米，眼看货款就要用完了，妻子和儿子此时来到，又多了两张嘴，杜文卿更加忧愁。

眼看着开米店的也巧妇难为无米之炊了，朱氏和丈夫商议，要进纱厂做工。当时，杨树浦有好几家纱厂，很多女子在里面做工。

"你身体太瘦了，你哪能做了那活儿？"

"这活儿还能比乡下的重？"

两人争论了几天，朱氏最后终于进了纱厂做起了工。

1890年夏天，上海又流行起了霍乱，绝大多数的患者猝不及救，马路上，沟渠中，不时可以见到倒毙的路人。

霍乱的灾难没有降临到杜家，但朱氏在这极端恐怖的岁月又生下了一个女儿。产后，她由于极度的衰弱而死亡。

杜文卿悲痛万分，一手抱着一个孩子，守着妻子的尸体，号啕大哭。

杜文卿倾其所有，在亲友们的帮助下，为妻子买了一口白皮棺材，然后殓下妻子，雇人抬回高桥镇。

回到镇上，杜文卿再也无法埋葬妻子，他只好把朱氏的灵柩，放在离家不远的一条田埂上。他自己一面哭着，一面取来一束束的稻草，把那白皮棺材遮盖起来。

朱氏的死，使杜文卿一下子老了10岁。世道艰难，他觉得生不如死。可是，他抛不下一对失去母亲的小儿女。他把杜月笙和他的妹妹一同抱回杨树浦，三人相依为命。

生活实在太艰难了，又要挣口饭吃，又要照看孩子，他终于无法支撑，只好忍痛割爱，把女儿送给了别人。

把女儿送走后，杜文卿继续开米店。此时，他和一位姓张的女人相遇。于是，杜月笙又有了一位继母。

这位继母倒也贤惠，视杜月笙如己出。家境虽然贫穷如故，可偎依在张氏身旁的这段时光，仍然还是杜月笙童年时期的最幸福快乐的美好时光。

但是，不幸接着又来临了。

杜月笙5岁时的这一年秋天，上海一带大旱，居民纷纷外逃觅食。杜氏一家三口，困守杨树浦。腊月初九这日，天降大雪，气温陡降，杜文卿突然染病，尚不及医治，便一命呜呼了。

沉默寡言的张氏，此时无比坚强。她一边照料着杜月笙，一边设法为杜文卿备就衣衾棺木。母子俩一身孝服，哭着扶柩还乡。

和杜月笙母亲死时一样，张氏也无法埋葬杜文卿。她带着杜月笙，把杜文卿的棺材放在朱氏的旁边，然后也用稻草覆盖。

这两口棺材在那条田埂上放置了许多年。数年后，不知为何，两口棺材之间，长出了一棵黄杨树，枝繁叶茂，盖住了那两口棺材。

杜月笙发迹后，一心想选择一处好穴，为他的父母落葬。可是，请了几位风水先生，竟然都异口同声地说：

"老先生和老夫人浮厝的那块地方，正好是一处寅葬卯发的血地，只可浮葬，不能入土，因为一旦入土，风水便将破坏无余。尤其是那一棵黄杨树，更是杜门子孙后代荣枝的根源，动也动不得。"

杜月笙本是个迷信风水的人，一听这话，便不再去动父母的棺材，任其继续遭受风吹雨打。直到杜月笙在高桥镇前无古人地建起杜氏宗祠后，也没有把这两具灵柩下葬。

张氏带着杜月笙草草浮厝了杜文卿的灵柩后不久，又回到了杨树浦，自立门户，继续开杜文卿遗留下的米店。当杜月笙6岁时，张氏又勒了勒裤带，让他进了一家私塾，启蒙读书。

这一年三月，刮了一场巨大的西北风，风中夹着冰雹，大者如拳，小者如豆。使上海周围的麦苗损伤严重。

中日甲午战争，由于中国战败，半封建半殖民地的进程进一步加剧。张氏所苦苦撑着的米店，终于再也无法维持，只好关门停业。她带着7岁的杜月笙又回到了高桥镇。

杜氏老宅还在那里，只是更加破败了，但不论如何，容身还是可以的。不过，生活费用全无着落。

张氏是一个非常坚强的女人，她起早贪黑为人洗衣服，赚几文钱，聊以糊口度日。

尽管生活如此艰苦，张氏还是节衣缩食，每月拿出5角钱，送杜月笙到另一家私塾读书。一连读了三个月，到第四个月月初开始必须缴费时，张氏实在拿不出钱来缴费，她抱着杜月笙痛哭了一夜。

第二天，杜月笙只好辍学。

杜月笙在杨树浦读了两个月私塾，在高桥镇又读了三个月私塾，加起来，共是五个月。

厄运接踵而来了，第二年，抚养杜月笙的继母张氏又失踪了，没有人能够知道她去了哪里。

继母神秘失踪，杜月笙不但无人照料，而且连饭都没有吃的。

住在杜氏老宅另一边的是堂兄杜金龙，他是学徒出身，整年在上海滩上做生意，一年难得回家几次。堂嫂一人带着几个孩子，日子本身缺米少盐，根本不愿照顾杜月笙。

杜月笙饿极了，只好哭哭啼啼，找到了外婆家。

外婆对这个孤苦伶仃、饥寒交迫的外孙自然十分疼爱。

杜月笙暂时安定下来。

很快，杜月笙长到13岁了。此时，他结交上了一帮朋友。

那是一群游手好闲的少年，被镇上大人视为野孩子。他们有的偷，有的摸，有的赌。在他们的带领下，杜月笙开始从杜氏老宅中"拿"出那些破烂的家什去当。破布烂棉花，锅灶碗筷，瓶瓶罐罐，只要能当钱的，他都"拿"。

就在这一年，杜月笙明白，自己将来肯定能成为"人上人"，享受荣华富贵的。

那是他用家里的一杆秤一次当了15枚铜板之后。

那天，他钻进了高桥镇上的一个赌棚里，和别人押宝。他的手气在这一刻特好，旗开得胜，三次一押便赢得了75枚铜板。在他一生中，这是一次了不起的大胜利。他拿出30枚铜板，在当地一家不算太小的饭馆里要了一桌丰盛的酒菜。

狂饮豪嚼之际，杜月笙幼小的心灵里有了一大发现："一本"可以"万利"，若是手段高明，整日坐着不动，照样可以日进金，夜进银。他看了看饭店里那些如他一样狂饮的人想：这里面如此阔绰的人肯定都是发了外财的，我应该也像他们一样，发外财。

当他酒足饭饱后，杜月笙又赶回赌场。他没有料到的是，这一会他的手气一下又变坏了。几次押下来，不但赢来的45枚铜板输掉了，连原来的15枚本钱也统统付之东流。

押宝的人依旧吆三喝四，赌徒们依旧眼睁得溜圆盯着宝盒子，谁也没有再去注意他这个矮小的少年。他缩在赌场的人缝中，睁着明亮的双眼看着钱从人们的手中进进出出。直到月上东山，他才垂头丧气地出门。

月光疏朗的原野上，外婆正在呼喊他。那焦急的声音中充满着怜爱，不由令他心头一热，泪流满面。

入夜，杜月笙睡在外婆的身边，久久不能入睡。

月光从房顶上的缝隙中射进来，一点一点如花瓣一般。赌场里的那些白花花、黄澄澄的钱在他的眼前飞转，自己就这么输了？绝对不能！还得去，和那帮家伙赌，把他们赌棚里的钱都赢来，把高桥镇上的钱都赢来，把上海滩上的钱都赢来。

第二天清早，他第一个起来，挎着一只小竹篮，在全家人起来之前打回了一篮猪草。外婆、舅父、舅妈全都看天，太阳是不是从西边出了？

太阳的确刚刚升起，但是从东边。

"我这外孙，将来会成什么样的气候，还真难说呢。"外婆欢天喜地地说。

舅父、舅妈也很高兴。

但是，他们谁也没有料到，吃完早饭，杜月笙悄悄溜进舅妈的房里，偷走了舅妈的一件夹袄。

杜月笙拿着夹袄，来到当铺。掌柜的坐在高大的柜台里面，见他进来，一脸冷漠。他双手把夹袄举过头顶，举上柜台。

掌柜的翻了翻夹袄，"八个铜板。"

杜月笙也没计较，拿到八个铜板后，匆匆又跑进赌棚。

这一次，他的手气更坏，八个铜板押了八次，八次全输了。他不服气，难道今天就这么熊了？

"这次我押四个铜板。"杜月笙叫了一声，庄家见他每次都有钱付，并不担心他无钱。所以，虽然他没有把钱放到桌面上，庄家也认可了。谁知宝一揭，杜月笙又输了。他转身就跑。

赌棚里的打手极为气愤，伸手把他抓住了。一巴掌扇下，杜月笙顿觉眼冒金花。

"日你妈的，就你这样子也敢到老子这里来叫空！"

"把他衣服扒下来，撵出去，不要耽误时间啦！"

打手三下五除二，把杜月笙的小褂子、小裤子统统扒了下来。然后，在他的小屁股上重重地扇了一巴掌："滚吧！"

杜月笙浑身赤裸，觉得身上微微有些凉意。

赌徒们有的看着他说笑了几句，便又都专心致志地埋头去赌了。

杜月笙不想出门，眼巴巴地看着打手，想讨回一件衣服，打手眼一瞪，"快滚！"

他磨蹭着，在地上寻找着。他想：此时要是有块破布，或者是一张废纸能遮遮屁股就好了。但地上只有斑斑的痰迹和凌乱的烟屁股。

杜月笙只好走出门去。

时刚初秋，外面的阳光很灿烂。杜月笙觉得浑身暖洋洋的。一阵微风过后，树上的树叶哗哗响。他快走两步，想找两片大树叶遮遮身，但他又停下了，树叶又能挡住什么呢？其实，真处在狼狈中，穿衣服也是没有什么意义的。

于是，杜月笙停下来，转过身，看了看赌棚，猛地冲上前，扶住自己的小鸡巴，撅起肚子，对准赌棚的门狠狠地泄了一泡尿。

"我叫你们将来都跪着叫我爹！"

泄完尿，杜月笙大摇大摆地回家了。

正当中午吃午饭的时候，舅父见杜月笙光着屁股回来，立刻冲上去，拧住杜月笙的耳朵，"你到哪里去了？"

"你松手，你不松手我死都不说。"

舅父气不打一处来，把另一只手放到了他的另一只耳朵上，"我叫你不说！"他两只手同时用力，仿佛要把杜月笙的两个耳朵给撕下来似的。

杜月笙任凭舅父怎么用劲，始终一声不吭，舅父觉得，外甥的耳朵似乎被他扯大了，他有些害怕，要是真扯掉就麻烦了。

舅父只好停下手，说："你舅妈的夹袄哪去了？"

"当掉了。"

"钱呢？"

"输掉了。"

"你身上的衣服呢？"

"被赌棚里的人扒去了。"

"你还有脸来家！"舅父说着挥拳又打来。杜月笙并不闪让，撅着屁股迎上拳头来。舅父气急败坏，飞起一脚，对着他的小屁股踢了下去。

杜月笙被踢得向前猛蹿一截，晃了几晃，没摔倒。

他转过身，步伐坚定地走到舅父面前，转过身，把屁股又撅到了舅父面前。

舅父看着他那瘦小的屁股，抬起的脚又放下了。

"你走吧，我养不起你这尊神！"

外婆也没有办法，只好让杜月笙又回到杜氏老宅，没有事情，她就去看看他。但十次却有九次扑空。杜月笙和一群流浪儿在一起到处乱闯，不到深夜不回家。

过了一年多，家里的破烂全给他卖光了，在高桥镇上亲友父老的心目中，他已是个地地道道的坏小子了。

杜月笙自己觉得，在高桥镇上他再呆下去，更不会有什么大出息了。他很清楚，若是继续呆下去，到头来只会和赌棚里的那些打手、赌棍们一样，终日糊个肚子圆。不远处的上海，五花八门，五光十色，才是大显身手的地方。

终于有一天，他试探性地向堂嫂露了口风，他想把归他名下的那一半祖屋卖掉，得来的钱，他带着去上海打天下。

堂嫂听后大吃一惊，连忙去通知他的舅父和他的姑父万春发。

舅父早已对他恨之入骨，如今听说他胆敢出卖老宅，不由勃然大怒，连忙跑去把杜月笙捉住，带到老宅的堂屋，狠狠地打了一顿，直到杜月笙连连求饶，他才罢手。

"今后你要再敢提卖老宅，我就把你打成哑巴。"

杜月笙不敢再打杜氏老宅的主意了，但上海他依然要闯。他打算，自己边走边讨饭，一路讨进上海。

本来杜月笙是准备悄悄离去的，但他想起老外婆一直为他牵肠挂肚，便跑去告诉了她。

老外婆觉得，这无异于生离死别。回想起杜月笙身世的凄凉，生活的艰辛，心中一酸，当时就哭了。

当晚，老外婆多方设法，找到一位邻居写了一封荐函，叫他带到十六铺的一家水果行，去当学徒。

就这样，杜月笙在上海算是有了一个落脚的去处。

十六铺水果店的小学徒

杜月笙初到上海，年纪小，又是乡下人，识字也不多，什么都外行，百事不懂，难免要受气吃苦。他到鸿元盛的头三个月，生意上的事情，连一点边都沾不着。他的主要工作，是服侍师兄、店员、跑街，被他们支来支去，做这做那。慢慢的，他才巴结上老板、老板娘，成了老板的小厮，老板娘做家务的得力帮手。倒夜壶，刷马桶，什么苦差使都落在他身上。

杜月笙为了求生存，图发展，开始那段时期，他倒也真正尽心尽力，任劳任怨，不叫苦，不叫累，天不亮起床，一直干到深更半夜。等店里每一个人都安歇了，他才拖着疲惫万分的身子，摊开地铺睡觉。

由于杜月笙能吃苦耐劳，讲究信誉，店老板渐渐地对他寄予了信任，开始派他上街跑腿。跑腿之初，做的全是粗活，譬如背负肩挑，送货提货，工作毫无意思。不过，这总比倒夜壶强，所以，他心里还是很高兴。

杜月笙来到大街和马路上不久，他便发觉这十里洋场，花花世界，真可谓是光怪陆离，无奇不有。

当时的上海，五方杂处，各路英雄好汉云集，来此的中外人士，都认为这里是冒险家的乐园。赌徒、骗子、盗贼、扒手，都把大上海当做他们大显身手、一展鸿图的理想之地。他们软骗硬抢，揩油调包，巧取豪夺，令人防不胜防。

开始时杜月笙也上过几次当，吃过几次亏，回到店里，被师兄斥骂，老板责打。杜月笙慢慢开始醒悟，要想在上海滩上混，处在牛鬼蛇神、三山五岳的人物之中，结交朋友，应该是当务之急。

杜月笙明白要想在那种光怪陆离、波谲诡秘的复杂环境中交朋友，凭杜月笙一个十五六岁的乡下小伙计，既没有请客置酒的本钱，又缺乏实力派人物做靠山，谈何容易？

杜月笙在学做生意时，开始四处留心起来，遇到成群结伙的人，他总是喜欢凑上去。但是，别人看不上他这个新来乍到的浦东乡下人。

杜月笙17岁这一年日俄在中国东北开战，沪上震动。同时，黄兴组织的华兴会，在湖南起义失败，消息传到上海，民众为之热血沸腾。此时，因为美国人虐待童工，上海人民倡议抵制美国货。

在那一段时间，常常有人上街示威游行。杜月笙觉得挺有意思，一有时间就到街上去看，有时，也走进队伍里，喊几声口号。

但是，鸿元盛的老板，并不希望自己的水果行产生这样那样的麻烦，尤其是与当局相对立的麻烦。他指责杜月笙不应该时常与人成群结队，招惹是非。跺脚大骂了一通后，他把杜月笙赶出了水果行。

杜月笙有些心灰意冷，在街上孤独地转着，他无意之中遇见一位旧相识，当年和他同在鸿元盛当小伙计的王国生。

王国生比杜月笙当学徒早，一年前就熬出了师。如今，他自立门户，开了一家叫做潘源盛水果行。

王国生见杜月笙三四年来毫无进步，看在同门师兄弟的份上，就拉他到潘源盛去帮忙。

这位王国生在以前与杜月笙的交往中，觉得杜月笙将来定能成大器，因而对他优礼有加，两个人不分店东伙计，平起平坐。

杜月笙因感恩图报，刚开始，兢兢业业，帮着王国生，把潘源盛的业务做得井井有条蒸蒸日上。

那时的上海，建筑物大都是两三层高的房子，望衡对宇，街道狭窄。但是，火车轮船，轿马舟楫，却从国内国外，四乡八镇日夜不停地带来如潮的人流。外来资金的大量涌入，东南财富渐渐集中，几十年前还是芦花满眼的黄浦滩，现今却已沧海桑田，楼房林立了。

随着建筑物的增多，都市畸形发展的加剧，黑暗下的阴影也越来越多。

上海古老破旧的旧城，和现代面目的租界地区犬牙相错，唇齿互依，交界之处便成为罪恶的渊源。

店员、车夫、小贩等人，在劳累了一日之后，往往把有限的血汗钱花进那些低级的游乐场所。这些低级的游乐场所，大多是赌馆和妓院。

上海的赌场大多由广东人开设，虹口一带是他们的根据地。这里大小不一、各式各样的赌场星罗棋布。除此以外，北门外城根还有彩票发行场，贩卖各国的彩票，而尤以吕宋彩票历史最久，风行一时。

宝带门外，一长串东倒西歪破落户的屋，那便是"风光迷人"的烟花间。烟花间是最低级的人肉市场，在此进进出出的全是短打客，偶尔也有被野鸡拉来的乡下粗汉子。

这一切，都时时刻刻地在撩拨着血气越来越旺的杜月笙。

杜月笙20岁时，在潘源盛水果店颇受王国生的重视。他已算是潘源盛的店员，按月可以支领一份薪水，一年三节，还有花红银钱可分。

有了钱，杜月笙先拿去添置了一些日用品，接着便把全身上下来个焕然一新。俗话说："人凭衣服马凭鞍"，20岁的杜月笙，眉清目秀，身材修长，服饰整洁，说话也比原先流畅几分，往昔那副憔悴褴褛之相一扫而光。

由于经常耳濡目染，平时又肯"虚心学习"，十里洋场的市井少年习气，可以从他一举手一投足间，很明显地看出来。

杜月笙在黄浦滩上混了几年后，仿佛已经脱胎换骨，再世为人。他早已不是高桥镇上窝窝囊囊的乡下小孩子，也不再是高桥街上，三瓦两舍到处打流的小瘪三。他有固定的职业，丰厚的收入，他有些心满意足了。

当然，倘若他能始终保持这种心情，和王国生一直合作，小心翼翼，谨慎办事，以衣食相安为满足，那么，上海滩上也许会多一个成功的水果商，但却永远不会出现一位翻手为云覆手为雨的杜先生了，一个叱咤风云几十年的"教父"了。

然而，上海滩是个光怪陆离、波谲诡秘的花花世界，是一口藏污纳垢、五花八门的大染缸，处处充满诱惑，处处充溢罪恶，杜月笙因其性格本身，而毁了内心中的堤防，投身到了光怪陆离的花花世界之中。

杜月笙起先，结交一些年龄相仿的小朋友，杜月笙和他们相处得很好。好交朋友也可能是杜月笙的天性，也许是因为他幼失怙恃，感情饥渴，急于获得人间的温暖。不论如何，杜月笙一直看重友情，每一个和他结交的人，都能对他推心置腹，当做知己朋友。

住在附近的邻舍街坊，水果市场的同行，有的世属沪上，有的来自乡间，他们都比较纯洁天真，玩不出什么花样。杜月笙和他们相处，反倒显得远比他们成熟。因为他曾受过苦难的磨练，同时又与高桥镇上的一批浮浪子弟深交过，胆子大，谋略多，遇到纷争，敢出头，为双方摆理，能摆平，常常化干戈为玉帛。所以，他在小朋友间渐露头角。

"请月笙哥评评理。"那些小朋友一遇纷争，往往先说这句话。

杜月笙的声誉逐渐在法租界八仙桥一带鸣起。就当年的地势而言，这一地方恰好是大上海的中心地带。

同时，杜月笙结识了几个年纪较大的朋友，他们自诩是嫖赌两道中的高手，他们经常在杜月笙面前大谈其嫖经与赌经，逗引得血气方刚的杜月笙心痒难忍。开始，杜月笙不停地告诫自己：到那种地方去，干不出好事来。万一搞不好，身败名裂，眼前的饭碗，还可能又要被敲掉。

有一次，有位朋友却和杜月笙打起赌来：

"杜月笙，你要是有种，跟我一起去白相！倘若你能过赌场而不下注，看见光屁股姑娘不动心，那才算你是君子！"

"这算什么？去就去！"杜月笙信心十足地去了。

结果，罪恶吞噬了他。

杜月笙不但下了注，而且越赌越上瘾；不但动了心，而且越陷越深。

进香堂加入青帮

当时上海的赌场，首推豪华奢侈的俱乐部，次属固定地址的中型总会，最下等的是幽僻角落临时摆设的赌棚，以及流动性质随遇而安的赌摊。

杜月笙先从设在马路上的赌摊赌起，掷骰子、押单双，赌法单调，输赢极小。他觉得这太不过瘾，又钻进赌棚去吆五喝六，推牌九，搓麻将，有一度他还迷上了34门押其一，中了获利30倍的花会。从制钱、铜板，他一直赌到角子、银洋。

后来，这赌就成为杜月笙的终身爱好之一。抗战前他在家中每日设局，一场输赢，高达三五十万。

至于妓院，上海的妓院分为三等，长三、么二和低级烟花间。20岁的杜月笙，不敢上长三书寓，也逛不起么二堂子，他只有在那些拉客野鸡、肉身布施的烟花间里流连徘徊。

小东门有个叫陈世昌，绰号"套签子福生的人"，此人胸无大志，干的是赌和嫖两档营生。

所谓套签子，是一种街头巷尾、小来兮的赌博。它脱胎于花会，简单而便利。用一只铁筒，插32枝牌九，下尖上方，作签子状；或16枝分缠五四三二一不等的五色丝线铁签，庄家赌客，一人各抽五支。赌牌九就配出两副大牌，比较大小，赌颜色就比较谁的颜色多。这种小赌庄家多是副食品，如花生糖、苹果等，而赌客输了则付现钱。

"套签子福生"陈世昌，就抱个铁筒子，在小东门、十六铺一带，沿街兜赌；为了谋求保护，他早早地就加入了青帮。还是"通"字辈。

当时，杜月笙想找个靠山，就拜了陈世昌为师，算是入了青帮，为"悟"字辈。

和杜月笙同时进香堂，入青帮，拜陈世昌为"老头子"的，大概有10多个人。这10多位"同参兄弟"中，后来闻名上海的除杜月笙外，还有马祥生和袁珊宝，而其中尤以袁珊宝和杜月笙最为接近。

袁珊宝是上海小东门当地人氏，在潘源盛隔壁的一家水果行里学生意。杜、袁二人少年时期，志趣相投，同出同进，是顶要好的朋友。后来，杜月笙跻身上海三

上海三大亨——杜月笙·黄金荣·张啸林

012

大亨的行列，在华格臬路营建华宅，袁珊宝便盖一幢房子在李梅路，和杜月笙的住宅前后毗连，以便两人经常走动、谈天。

当时的马祥生，比杜月笙、袁珊宝路子宽得多。他是常州人，到上海来谋生路，不久便由朋友介绍，进了法租界同孚里的黄公馆。

学徒在裱画店

黄家世代居住在浙江余姚，祖上没有出过什么人物，在黄金荣之父黄炳泉之前，家世不传。黄金荣父亲黄炳泉年轻时任余姚县衙门的捕快。所谓的"捕快"并不是什么官职，而是旧时在州县的官署中担任缉捕盗匪工作的差役，大概相当于今日的刑事警察。作为衙役的公人，还是生活在社会的较底层。

黄炳泉凭着自己的辛勤工作和破案能力，缉捕盗贼，不仅在苏州站稳了脚跟，而且有了一官半职，人称"性豪爽而慈祥，生平行仁积善明德"。到了此时，步入中年的黄炳泉才得以经媒人撮合，娶苏州女子邹氏为妻。

邹氏一生勤俭持家，一共生育了 5 个孩子。第一胎生了个儿子，但不幸早夭，老二是个女儿，大名黄凤仙，乳名阿宝，长成后嫁与上海邹家，生子邹金寿。过了好几年，邹氏才生下了儿子黄金荣。第四胎为女儿招弟，后嫁给了徐步洲，有一子四女。邹氏最后一个儿子叫木金，幼时早夭。此外，黄炳泉还有个姘妇，在高桥旧校场开设糕团店，人称"麻子阿金"，也曾与黄炳泉生过一个女儿。

黄金荣排行第三，小名阿荣。1868 年 12 月 14 日（清同治七年十一月初一）生于苏州，这样如按祖籍算，黄金荣是浙江余姚人，如按出身地算，应是江苏苏州人。但是在黄金荣的户籍里籍贯一栏，他一直填的是上海，可见他与上海感情之深。后来黄金荣一直以阴历十一月初一作为自己的生日。当儿子呱呱落地，黄炳泉中年得子，自然异常高兴，取苏州俗语"千金万银才是富，荣宗耀祖才算贵"之意，他便给儿子起名"金荣"，小名"阿荣"。黄金荣出生后，体质十分虚弱，整日啼哭。一日请了个算命先生，这位先生竟大胆预言，这个孩子寿命不会太长。爱子心切的父母急忙从算命先生处讨得"解法"，将他送入佛庙，以托佑于佛祖，当然不久即抱回家中，没有吃什么苦头，只是从此黄金荣得了一个"小和尚"的雅号。

黄金荣的童年因父亲是个捕头，在苏州城里好歹也算个人物，经济上应称得上殷实。"小和尚"吃母亲的奶，一直吃到 6 岁，倒也茁壮成长。接着，像苏州一般殷实人家的儿女，黄金荣被父母送入了私塾。第一天，私塾先生看到"金荣"两字，不禁摇头，便提笔给他起字"锦镛"。苏州乃书香之地、状元之乡，私塾虽亦从《三字经》、《百家姓》、《千字文》开始读起，但由于私塾先生要求严格，使得在学业方面没有多少天分的黄金荣痛苦万分。他生性顽皮好动，也给望子成龙的父母添了不少麻烦。

这一年，姑苏城里流行起天花，黄金荣也染上了。虽然平安治愈，但从此脸上多了一些麻子，"麻皮金荣"的绰号即由此而来。

初当捕快

黄金荣随父亲到上海时，才只有 12 岁。黄炳泉曾出钱，让儿子继续在城内猛将堂内的私塾读书，但小小读书郎耳闻目睹灯红酒绿的上海滩，渐生好逸恶劳之心，三天打渔，两天晒网，没多久黄金荣就停止了他的学生生涯，所以在笔者见到的黄金荣自己填写的两份履历中，一份的文化程度填的是私塾三年；另一份填的是"粗识"。此后便在家里混混。他最感兴趣的是看大人搓麻将，在这方面好像颇有天赋。因为年少记性好，往往大人还没看出好牌，黄金荣在其身后已经会叫一声"和啦"。后来他索性登上了麻将桌，从此一生与赌博结下了不解之缘。当然赌场没有常胜客，甚至有时输得只剩短裤衩回来。看儿子如此荒唐不成器，黄炳泉想："家有千金，不如薄技在身"，便在儿子虚岁 17 时，将其送入姐夫开设的裱画店。

在裱画店，黄金荣除了烧柴炉、做饭菜外，就是调糨糊、裁纸张，收入只有月规钱 50 文；因为是在姐夫开的店里，没遭什么打，但对装裱，黄金荣也没有多大兴趣。好不容易熬了三年，黄金荣终于学徒满师了。那一年黄金荣 19 岁，据说可以有9600 文的工资。但他显然是不喜欢在店里受姐夫的管束，他心中向往的天地比这一间小小的五尺店面要大得多。父亲没奈何，又托人让他进了可以开些眼界的萃华堂。

萃华堂裱画店地处上海老城——南市的中心，是家百年老店，老板叫黄全浦。周围商店林立，酒肆环绕。每日里车水马龙，十分热闹。这里也是流氓出入的场所，燕子窝、妓院和赌场更是众多。这倒很对黄金荣的脾性，他很快在这里结交了一些三山五岳的"好汉"。但好景不长，店大规矩多，杂务重，在萃华堂，除了照顾店里的生意外，早晨还要淘米、煮饭，做各种家务。而且，"根本没有工资，老板每月只给 50 文月规钱，剃头、洗澡之外，就所剩无几了"。所以，黄金荣"认为干这一行没有出息，要想找门路改换职业"。尽管有父亲的严厉督促，黄金荣还是半途开溜了。

当父亲问他今后打算时，黄金荣斩钉截铁地回答，坚决不走姐夫的道路。他对父亲昔日的捕快职业倒情有独钟，张家弄一带住有不少清朝的武官和捕快，黄从小耳闻目睹，十分崇拜捉贼捕盗的英雄。父亲昔日的捕头威风，黑白两道上来往的各路好汉，始终是黄金荣向往的生活样式和内容。这倒并不难，黄炳泉与上海县衙门中的人还有些熟悉。经过多次请客送礼，终于有了眉目，1887年，黄金荣先是谋得一个上海县值堂的差役。接着，黄炳泉又给县里送金献银，终于让黄金荣改任捕快，一时黄金荣欢天喜地，以为从此可以高人一等了。

然而，捕快亦非轻闲之职。那时，上海县隶属于松江府。黄金荣经常要押解犯人或押送公物到松江府去，上海到松江，来回70多公里，黄金荣常常是穿上蒲鞋，背着雨伞，提着灯笼，清晨三四点钟出发，要到晚上八九点钟才能回到南市。头几次外出，小桥流水，野菜花香，尚有些新鲜感，日子长了，风来雨去，风餐露宿，从小被母亲娇宠惯了的黄金荣如何吃得起这等辛苦。不久便辞去了捕快之职，与一批在他父亲茶馆中混日子的流氓缠在一起。

这时的黄炳泉已到花甲之岁，且染有烟瘾，体弱多病，他终于没能看见儿子出息，在愁苦中离开了人世。其妻邹氏不几年也死去，茶馆也关门了，经父亲的朋友帮忙，黄金荣才将父母葬于漕河泾黄家坟地。

父母死后，家中只剩黄金荣姐弟3人，再也没有人管黄金荣了。此时的黄金荣虽然个头不算高，但长得十分壮实，椭圆的脸，胖墩墩的，他握紧有力的双拳，感到浑身是劲，准备打一番天下。

"郑家木桥小瘪三"

"郑家木桥小瘪三"是一个历史的名词，在那个时期，为上海南部流氓地痞、无赖的统称。那个时期的黄金荣，正是混迹在南市和法租界、公共租界交界的典型流氓团伙"郑家木桥小瘪三"中，开始了他的混世魔王的人生道路。

郑家木桥在开埠前就已架设，原名陈家木桥，上海话里"陈"、"郑"同音，因此后来变成了郑家木桥。上海小刀会起义后，清军前来围剿，这一带顿成战场。英国领事为阻止战火蔓延到租界，下令拆除此桥。直到后来，美国传教士泰勒为了方便教徒进出河南的基督教教堂，出资在木桥原址上建造了一座长10米、宽4米的木桥，外国人称泰勒氏桥，上海人仍称它为郑家木桥。郑家木桥一带，商号林立，各地商贾成交之后，就近到山东路麦家圈、福建路四马路（今福州路）一带逛妓院、赌场和燕子窝。久而久之，这一带就成了三教九流、各色人等的云集之处。于是，游民乞丐因这里茶楼酒肆、娼寮赌场毗连而时常出没，扒手小偷因这里各地商人成群也常在此聚散，流氓地痞们更是在这里呼风唤雨，聚众闹事。

凡有行人行经或者商船停靠此地，他们便一哄而上，于光天化日之下公开抢劫，大之于货箱皮包，小之于妇女所戴的耳环头簪。这些歹徒往往在英租界得手后，只需逃入桥南的孔子路即告无事，而在法租界作案后，只要避入桥北的英租界亦然。洋泾浜的有利地形，使得流氓歹徒越聚越多。他们结伙成帮，各占地盘，形成了近代上海黑社会的一个雏形。

而从捕快职位上退下来的黄金荣，便成了这众多的流氓地痞中的一人。

黄金荣身材矮胖，结实有力，皮肤黝黑，一张田字脸，硕大无比，近似蛤蟆。口大容拳，但目光炯炯。他凭蛮力亦凭其社会经验而拳打脚踢，在洋泾浜两岸为非作歹，不久与丁顺华、程子卿结成了流氓团伙。

丁顺华，南汇人，原是农民，身有蛮力，且学得一手好拳术。最初，每日摇柴船到洋泾浜来讨生意，遭到当地土棍的勒索，遂纠集同乡自卫，久而久之，自己也蜕化变质，成了郑家木桥的一霸。

程子卿（1882—1961），江苏镇江人，因皮肤黝黑而人称"黑皮子卿"，幼时读过几年书。及长因家贫而辍学，在米店当学徒，每日掮米，炼就铁打的身坯，且善于出鬼点子。后来他也看中了洋泾浜这块风水宝地，纠众做敲诈之事。

黄金荣与丁顺华、程子卿结为兄弟，依次为黄老大、丁老二、程老三；强强联合后，便成为郑家木桥一带无可争议的霸主。其收益的主要对象有二：一是来此地贩运各种农产品的农民；二是洋泾浜两岸的商家。前者要留下买路钱，后者要交纳"保护费"。除此之外，有时仍要做些"抛顶宫"（抢路人的高级呢帽子）、"剥猪猡"（抢剥路人衣服）、"剥田鸡"（抢小孩的绒线衣等）、"背娘舅"（用绳套住被害人头颈背至角落，待昏迷即抢剥去衣物）等勾当。

经常来此的商贾、旅贩和农民们，为了免遭麻烦，须主动向流氓中的最有势力者行贿送礼以寻求庇护。这些流氓中的强有力者往往成为团伙帮派中的头目，逐渐形成流氓中的小金字塔，小地盘服从大地盘，小头目服从大头目，产生出盘根错节的地方恶势力。黄金荣在丁顺华和程子卿左右手的支撑下，横行霸市，聚赌狎妓，成为洋泾浜两岸小有名气的黑社会头目。

上海的法租界

上海法租界是法国人在中国建立的第一个租界，于1849年4月建立，其最初的范围在城河浜（今人民路）以北、洋泾浜（今延安东路）以南、关帝庙褚家桥（今西藏南路附近）以东、潮州会馆（今永安路以西、四川南路以东）以西，面积是986亩。1861年，法国人要求扩大法租界的范围，在他们的威逼下，上海道台对法国总领事说："顾念我们良好关系，我愿热诚地设法使您满意。"这一"设法"，竟将其租界的东南界址推进到小东门外城河地区，面积达到了1124亩。

当时，法租界的治安主要靠巡捕房承担。

法租界自咸丰六年（1856年）起雇佣3名欧洲人做巡捕，旋设立捕房于小东门黄浦滩路（今中山东一路），同治五年（1866年）捕房改称公董局警务处，人称总巡捕房，俗称"大自鸣钟巡捕房"（又作老北门捕房或麦兰捕房）。后来随着法租界的扩张，又设立了中央捕房（1901年建，即卢家湾捕房，地址斜桥）、小东门捕房（1867年建，又作东区捕房）、八仙桥捕房（1887年建，又称西区捕房或霞飞路捕房，地址今淮海中路淡水路口）、福煦路捕房（今复兴中路）、徐家汇捕房（1915年建，地址宝建路，故又称宝建路捕房，宝建路今为宝庆路）和贝当路捕房（地址今衡山路）共7个巡捕房。巡捕按照其职能区分有两类，

一类是巡捕，其职级有巡士、巡长、巡官等；二是密探，也称作"包打听"，有探员、探目和探长等。当时的巡捕房的人员主要由法国人和中国人担任。中国巡捕简称"华捕"，是从1869年开始进入巡捕房的，警务处当年试用了12名华捕。1886年，华人聂相宝担任了督察员，但不过一年，他便被手下的3名华捕指使流氓暗杀了。从目前的材料和研究成果看，法租界与黑社会协作关系明朗化的确是在招进了黄金荣为首的黑社会势力后开始的。1900年1月法租界再次扩张后，才从法国的殖民地安南招来29名安南巡捕，与公共租界的印度巡捕相对应。清末时整个法租界巡捕房的职员计有总巡1人、副总巡1人、总稽查1人、侦探长1人、法捕60人、安南巡捕200人、华捕250人、法探7人、华探50人。因此，从数量上推论，警务处的密探是以中国人为主体的，这是黄金荣能够进入法租界并建立其势力的重要背景。

大自鸣钟巡捕房的华探

烟、赌、娼行业的兴旺，固然能给统治当局带来财源，但由此加剧膨胀的黑社会势力，却严重扰乱了其统治秩序。为了解决这个矛盾，租界当局相继采用"以毒攻毒"的办法，即吸收有势力的流氓充实警力，控制流氓团伙，以便把流氓的犯罪活动限制在不致危及外国殖民者的根本利益和基本统治秩序的范围内。

对于黄金荣来说，法租界向他这一类人等伸出橄榄枝，不啻于是给他们铺平了一条登天的大道。在过去，黄金荣率众从事敲诈、抢劫、诈骗等黑道事业，既担惊受怕，要躲避官府的围剿，又需防止同道兄弟的"黑吃黑"。他们虽能得到温饱，甚至有小财好发，但社会地位低下。能光明正大地出入于大庭广众之前，获得体面的社会地位，是其梦寐以求的理想。况且，有了殖民当局做靠山，他们就可以凭借自己亦官亦匪的身份，吞并其他流氓集团，以独霸一方。事实上，黄金荣日后成为赫赫有名的流氓领袖，成为上海滩上炙手可热的三大亨之首，乃至中国黑社会势力的龙头霸主，正是以担任法租界密探之位为起点的。

所以，1892年，是黄金荣一生的一个大转折。

黄金荣被分配到大自鸣钟巡捕房值勤，这大自鸣钟的地名，现在泛指金陵东路以北、延安东路以南、紫金路以东到黄浦江这一带。1865年法租界公董局在原福州会馆旧址上建造了3层大楼，中间有座高高的钟楼，装有当时上海第一台大自鸣钟。它与外滩江海关大楼的大自鸣钟和跑马厅彩票楼的自鸣钟鼎足而立，号称上海三大自鸣钟。巡捕房的正式名称叫法租界北区巡捕房，租界时代，楼前曾矗立原来法租界总巡麦兰的铜像，因而俗称麦兰巡捕房，一度曾做过法租界的总巡捕房。

黄金荣担任探员，人称华探，俗称"包打听"。他首先让把兄弟丁顺华和程子卿收买一班惯窃老贼，在法租界各处设置眼线暗哨，然后制造种种事端并加以解决，不断扩大其影响，以取得法帝国主义的信任。深懂黑社会内幕的黄金荣对这类勾当做起来是"熟门熟路"。有时，他让眼线纠合瘪三们去抢劫作案，事先他向法租界巡捕房报告，然后将作案者一网打尽，事情平息后，黄金荣再设法将眼线保释出来。有时，他在法租界的繁华地公馆马路商业区出巡，事先派一些小流氓闹事，待黄金荣到达时，小流氓们便大叫一声"黄老板来了"，随即抱头鼠窜，黄金荣也会装模作样严加训斥。时间长了，法租界警务处对黄金荣也另眼相看，认为他最有办法，而黄金荣在捕房中的地位也愈加牢固，并在华捕中崭露头角。于是，很多商店老板和富翁财主因为他能降服流氓，维持治安而塞钱送礼，到后来，甚至按月给他送钱，将他视为"保护神"。总之，黄金荣暗中制造纷乱的局面，让法租界闹得鸡犬不宁，然后再由他出面消除这种纷乱的现象，这是黄金荣在那个时期博得名声的主要手法。

黄金荣走红的另一个原因是得到石维也的赏识。石维也是巡捕房的副总巡，直接管理包探和巡捕，黄金荣对之竭尽奴颜婢膝之能事，经常行贿，加之黄金荣的治安"手段"，从而深受石维也的器重，被其视为最得力的干将。石任内的绝大部分贪污都是黄金荣一手包办的。

在聚宝楼上

晚清的租界经过半个世纪的建设，已相当繁华，闹市马路上，京广杂货店、清洋布庄、中西饭馆等鳞次栉比。茶馆尤其繁盛。出名的有大马路即南京路上的一洞天茶馆、福州路上的青莲阁等茶馆。

聚宝楼在东新桥法大马路上，这法大马路又称公馆马路，辟建于1860年，因法国领事馆设于该路而得名，又叫领事馆路，这里是法租界的政治和商业中心。聚宝楼离公董局很近。

这聚宝茶楼的底楼，两边都是店面房子，当中有架大楼梯，登楼便是茶室。楼上有5间茶室，窗户三面临街，座位也十分舒适。聚宝楼的老板也姓黄，非常善于经营，因而顾客盈门，生意兴隆，成为法租界首屈一指的大茶楼。但黄老板也有一块心病，就是经常有地痞流氓来敲竹杠。黄老板听说黄金荣的势力正日益做大，便揽人说情，请求其庇护。再说黄金荣正看着聚宝楼的欣欣向荣而眼红，对送上门来的好事自然不肯放过。于是出面干预，扬言称聚宝楼有我一半的股份，啥人敢来捣乱？流氓小角色立即摆平。事后，黄老板自然要送上那一半的股份。黄金荣笑道：你我都姓黄，500年前是一家，为保你聚宝楼永久平安，我们巡捕早晨的聚会，干脆就到你茶楼上来吧。这样，聚宝楼便成为法租界巡捕的聚会之所。

黄金荣每天9点钟起床，盥洗完毕后出门，他不穿制服，不佩手枪，也不去巡捕房办公，而是去聚宝楼喝茶。聚宝楼设32副白木茶座，每个华探都有固定的座位，好像是办公桌。黄喜欢最里面的一张桌子。他往固定的座位上一坐，便有虾头蟹脚前来汇报、问候和打听消息。这些人被上海人称作"三光码子"，他们原来身无分文，因做了华探的助手，从此手头宽裕，衣食无忧。在华人探目中，与黄金荣最投机的是沈德福和方福林。当时，试用的探目月薪只有7两银子，三等华探也只有8两银子，但因为有了各个店铺、喽罗的"贡献"，黄金荣的生活还是过得非常有滋有味的。

当然有时也要真刀真枪地冒着危险。

一天，巡捕房接到江洋大盗"黑风"的报案。原来光绪年间，太湖一带有个孔武有力的大盗，没有人知道他的真实姓名，因为他常在月黑风高之夜打家劫府，人称"黑风"。"黑风"手下也有一伙人，这伙匪徒来往于无锡、苏州、昆山等地，多次作案但均未破获。这次，"黑风"带人在常州抢劫了一个富商，所获极其丰富，失主因当地捕快软弱无力，而托人求救于上海法租界，并许下重金。巡捕房认为这是一件油水很足的买卖，而且一旦匪情蔓延到上海，更会使人心惶惶，便安排破案能力很强的黄金荣负责破案。

黄金荣过去主要是安排喽罗破假案，这次得到这个差使不敢怠慢，如果能破此大案，自己在法租界便没有敌手了。于是，先命丁顺华、程子卿放出眼线，以摸清"黑风"的去向。经过两个星期的打探，终于找到了线索。原来，"黑风"等人得了大批金银珠宝后，知道这次案情重大，决定先分了钱财一面隐蔽，一面享受一番。"黑风"带了大部分珍宝潜至苏州，躲入了相好家以避风头。黄金荣摸清虚实后，带着巡捕直奔苏州。晚上，黄金荣纵身跃上矮墙，悄悄来到窗下，用手指戳破窗纸往里偷看，只见一个30多岁的大汉正搂着个粉头在嬉闹喝酒，程子卿随后翻入时闹出了点响声，只见大汉呼地一声把灯吹灭。顿时，屋内一片漆黑，黄金荣正要起身封门，只见一个黑影已将大门撞开，轻轻一提身子，蹿上了矮墙。黄金荣一看，不敢怠慢，也蹿上了矮墙并立即向黑影扑去，这一扑整个身子重重地压在黑影上，虽然黑影再度挣脱，但已经伤折了脚，无法飞奔，眼看黄金荣已经追近，黑影慌乱之中，跃人河中，企图泅水逃跑，黄金荣这时顾不得其他，也跳人河中，但黄金荣不识水性，水中一较量眼看已落下风，正好丁、程两人赶到，这样才制服了"黑风"。大案一破，江南传知。黄金荣回到上海，受到法租界当局的嘉奖。

黄金荣充分利用其包打听的身份，以简制繁，以静制动，逐渐在法租界建立了庞大的明的、暗的网络，在法租界站稳了脚跟。其长媳李志清回忆说："想想也是好笑，我们老太爷一辈子不会打枪，绝少出手打人，而且一生一世不会说法国话，但是他却在法捕房做了三四十年的总探长。职位升到无法再升，法国人还要拉牢他，于是只好又破规矩，把法国人自家才可以得的荣誉职务让出来。"其全部秘密就是利用黑社会势力，亦官亦盗，拓展势力，形成了一个独立的王国。

入赘林家的上门女婿

黄金荣每日的例行公事是上午到公馆马路巡视，然后折往小东门十六铺一带。沿途丁顺华、程子卿及徒弟们前呼后拥，吆五喝六，十分威风。在小东门巡捕房小坐片刻，处理各种事情。公事结束如有余暇，便到南市的妓院、赌场里痛快地"白相"一番。

晚清时期的十六铺小东门、大东门地区，浦江畔，码头林立，商号鳞次，每日熙熙攘攘、车水马龙。由于上海道尹惧怕外国人，自动放弃了这块寸金之地的管理权，法租界势力日益侵入这一地区。他们先是设立码头，然后将巡捕派往此地。黄金荣也奉命巡逻维持治安。那一带是繁华冶游之地。如里咸瓜街、外咸瓜街、悦来街、新街、典当弄等一带，形成近百户妓院，清一色的宁波堂子。游客也多是上海、宁波帮的中坚，如虞洽卿、朱葆三、叶澄衷、金廷荪、庄松甫等，均是这里的常客。祖籍余姚的黄金荣也喜欢到此寻欢作乐，不久，黄金荣即与阿桂姐同居了。

小东门外到东昌渡口有一条黄浦江的支流，河上有座石桥，人称"陆家石桥"。桥北属法租界，而桥南是南市，因此处是租界和华界交接之地，妓院和私娼充斥其间。阿桂姐是上海人，约二十四五岁，她有个丈夫叫马阿龙，以及两个儿子，由于丈夫患病，为生活所迫而沦为私娼，还找了两个私娼合作。但卖身的血汗钱首先遭到流氓、警捕的敲诈，于是，阿桂姐欲找个靠山，以为"驱魔神"，这样，又黑又麻然而却是巡捕身份的单身汉黄金荣便成了阿桂姐的非正式丈夫。黄金荣常以阿桂姐处为家宿夜，阿桂姐门口的小流氓果然不敢随意骚扰了。阿桂姐则在生活上尽心照料黄金荣。黄金荣白天当差，阿桂姐便每日叫跟班的"小南京"送饭到巡捕房。这个"小南京"叫金九龄，年龄十五六岁，原是流浪汉，后供阿桂姐差遣。后来黄金荣得势，收其为门徒。黄金荣与阿桂姐前后姘居约两年，尝到了家庭的温馨。虽像有了个家，但毕竟阿桂姐的丈夫尚在，而且开"私门口"的阿桂姐地位也太低。于是，黄金荣久之生厌，遂离开"陆家石桥"而另觅新欢，又看中了妓院女老板林桂生。

南市一枝春街吉祥里有家烟花间，烟花间是一种既能嫖妓女，又能吸鸦片的低等妓院。这家烟花间的女老板便是后来成为黄金荣元配夫人的林桂生。

林桂生，上海本地人，又是清末民初上海青帮十姐妹之一。林桂生长得矮瘦，脸部扁平，终年不施脂粉，自幼便在江湖弟兄的环境中生长，对黑道之切口、路径和布局如数家珍。其父曾希望她能专心求学，将来能光宗耀祖，但看到女儿整日只喜舞枪弄棒，和那些豪爽泼辣的女子来往，便打消了这一念头。果然，林桂生不到20岁，便已加入"青帮十姐妹"，成为声震半个上海滩的青帮女强人了。

所谓的"青帮十姐妹"便是10个上海滩上出名的女流氓，她们结拜为异姓姊妹，肆无忌惮地为非作歹。这10人就是史锦绣、金刚钻阿金、阿桂姐、林桂生、洪老五、小脚阿娥、李宝英、陈宝姐、沈扣珠、丁宝英。

青帮十姐妹概况

史锦绣　常州人，范开泰之妻，拜女流氓何氏为师傅。善于交际，性格豪爽，手段泼辣，人称"强盗锦绣"，为上海女流氓之首。

金钢钻阿金　丈夫在三牌楼开万昌珠宝店。拜流氓尤正熙之妻为师，加入青帮。

阿桂姐　南市陆家石桥私娼，后成为妓院鸨母，为黄金荣早年之姘妇。在黄金荣的帮助下，后为粪霸。

林桂生　黄金荣之妻。

洪老五　扬州人，父洪九豹子开私娼妓院，承父业，且从苏北等地贩卖女孩到上海妓院。

小脚阿娥　宁波人，娼妓出身，精拳术，传为虞洽卿之姘妇。后开设妓院。

李宝英　上海人，丈夫陈六甲，为地皮经纪人。加入青帮，专事"仙人跳"、"放白鸽"等勾当。

陈宝姐　上海龙华人，姘夫祝宝山，两人狼狈为奸。

沈扣珠　苏北人，到上海帮佣，后为私娼，与姘夫冯子宝合伙拐骗妇女为娼妓，后从事"贩猪崽"。

丁宝英　苏州人，幼学评弹，后嫁珠宝商人童容春。与林桂生关系密切。设赌局害人。据说她后来在众位姐姐衰老后，自行建立了第二代青帮"十姐妹"。

林桂生在法租界和南市地界交汇的一枝春街开了家烟花间。烟花女清一色都是苏州女孩，是林桂生亲自到苏州挑选来的。因此，这家烟花间在这一地区算是相当出名的了。一次，林桂生从苏州选来个女孩长得端庄秀丽，且又灵活聪明。名字叫李志清。林桂生不忍心让她当妓女，便把志清领在身边，做了养女。黄金荣对这样一个有着强有力父亲背景的、工于心计的妓院老板兼青帮女流氓林桂生十分中意，美中不足的是梳着清汤挂面式短发的林桂生，不是个绝代美人。当然，黄金荣更不是美男子，他俩之邂逅，并非倾慕对方之容貌，而是志趣相投。

他们相处一段时间后，30多岁的黄金荣与林桂生结婚了。这时，法租界的华捕增加到了106人，黄金荣的市面也更大了。婚后，黄金荣住在八仙桥同孚里，同孚里为一楼一底的弄堂房子。过了十几年后，才入赘麦高包禄路林家老宅。

黄、林联姻，使黄金荣的人生跨入了一个新的阶段。这是因为当时黄金荣虽是法租界的华捕，但还没有发迹，对于黄金荣这样一个毫无根底的人来说，很需要利用林桂生家的势力和背景，所以黄金荣是以入赘女婿的身份"高攀"林家的。黄金荣心粗气浮，凭蛮力、狠劲闯天下，要说素养与计谋，他还是十分钦佩林桂生的，他知道眼光犀利的林桂生是他称职的智囊和参谋。黄、林携手，在20多年夫妻生涯中，共同创下上海滩黑道第一号之地位，黄金荣始终对她言听计从，恭敬有加。当然，到了黄金荣地位稳固后，他又因林桂生相貌平平且日益老去，遂另觅新人而中途分手，各奔东西。但黄金荣终以此事为始，开始了他的不可终止的下坡路程。

四明公所事件中的黄金荣

上海四明公所俗称宁波会馆，它建于1797年，当时的旅沪宁波人为联络同乡，发达事业，展开"一文钱愿捐"活动，共同出资在北门外二十五保四图处购买了30多亩土地，设立公所、殡馆和义冢，公所内的庙祠成为旅沪宁波人拜祭祖先的地方，而高耸的正殿又是他们议事的活动场所。1849年该地被划入法租界，门前的道路称宁波路。1873年冬，法租界当局欲将此地辟筑马路，遭到旅沪宁波人的坚决抵制，租界当局派兵强行冲入公所，准备拆除公所，宁波同乡群起反抗，遭法兵镇压，被杀7人，旅沪宁波人奋起反抗，捣毁外国商行多处，法国领事始知中国人众怒难犯，暂作退让。第一次四明公所事件发生时，黄金荣只有5岁，且还没有迁到上海来，当然不会有什么记忆。当第二次四明公所事件爆发后，黄金荣同情并参与了宁波人的抗法行动。

1897年法租界前议再举，以埋葬尸体有碍观瞻为由，又计划强征四明公所之地，遭到公所董事的断然拒绝。次年，法国领事白藻泰竟藐视民意，于7月16日，派兵强行拆毁公所冢地的围墙，准备筑路，其目的在于拆除公所。四明公所董事严信厚、叶澄衷等人出面向法租界交涉，没有结果，公所已岌岌可危。这时年轻的买办商人虞洽卿挺身而出。

虞洽卿（1867—1945），浙江镇海人。名和德，以字行。15岁到上海当学徒，后升跑街。1894年起先后任德商鲁麟洋行、华俄道胜银行、荷兰银行买办，是旅沪宁波人中的后起之秀。他主张用罢市、罢工的方式，发动所有的宁波同乡，逼迫法国人放弃侵犯公所的计划。他联络宁波帮工人领袖沈洪赉率领30万宁波各业工人罢工。一时，上海轮船停航，黄包车停拉，外国人家中的佣工也全部休息，叶澄衷、方继善等宁波人所开的近千家店铺全部关门，这实际上是中国近代第一次带有政治色彩的罢工、罢市。

白藻泰闻知宁波人的对抗行动后，决定实行铁腕政策，他命令法国水兵登岸，并命令全体巡捕出动，准备镇压宁波人。这时，虞洽卿得到消息后，立即找到祖籍余姚的黄金荣，晓之以理，动之以同乡之情。已接到镇压命令的黄金荣有些左右为难。他是法租界的探目，其职责便是维护租界的安全，但要屠杀自己的同乡手足，实在也是有点难以下手。很难说黄金荣有多少民族、国家意识，但是乡土观念还是根深蒂固的，就在他的住处周围邻居，也有不少宁波同乡，向他们开枪，将来有何面目做人。何况虞洽卿现在已崭露头角，给个面子，将来好做朋友。于是黄金荣表示，他和他手下的弟兄一定中立，不开枪不对抗。

黄金荣等尽管消极对抗法租界的命令，但到 7 月 17 日，法国水兵等还是开枪打死了 17 名中国人。血案发生后，惊动了上海各界，英、美、德等国领事也出面调解，8 月 10 日，上海道台与白藻泰达成协议，四明公所终于得到保存。从此，"阿德哥"声名大作，日益成为上海工商业的领军人物，30 年后，公所西侧的繁华之地西藏路易名为虞洽卿路。而在这一事件中，黄金荣与虞洽卿结下的友谊，也延续了数十年，蒋介石便是虞洽卿介绍而投入黄门的。

烟、赌、娼的后台

黄金荣的身份是巡捕房的包打听，是社会治安的维护者。然而在失序的法租界里黑白同道，猫鼠共穴。实际上，作为警察的黄金荣却成了烟、赌、娼的后台，流氓地痞的靠山。

黄金荣当上探员后，即令程子卿、丁顺华等收罗郑家木桥等处的惯窃老贼，在法租界各处设置眼线暗哨。

法租界的赌台，过去或遭到黑道的打劫，或受到巡捕房的冲击。自黄金荣担任探员后，黄便与赌台老板达成协议，黄金荣负责维持秩序，不准黑道敲诈赌台。而巡捕房方面，黄金荣与之约定：只捉"前和"，不碰"夜局"（黑社会暗语，日场叫"前和"，夜场称"夜局"）。白天，黄金荣让小喽罗等充当赌台的客人，如有巡捕见后捉人班房，不久即放出。而真正的大赌客则玩夜局，万无一失。这样，既能应付舆论，保持租界良好的"秩序"和"声誉"，赌业也照样繁荣。自然，赌台方面每月都要向黄金荣和捕房付出巨额的"保险金"。最得益的当然是黄金荣，他既得实惠，又赢得了好的名声。所以，法租界的赌台大多以黄金荣为后台老板。

抢鸦片是当时租界当局最头痛的事情之一。近代以来，上海便是中国毒品贸易和消费的第一大都市，甚至是全球最大的毒品中心。1909年，作为世界禁毒运动开端的万国禁烟会在上海最繁华的南京路汇中饭店举行，此后，鸦片在租界里一度成了违禁品，正因为如此，鸦片贸易从公开转入地下，毒品走私进一步猖獗起来。而地痞流氓也不甘心士商独占利润，而实行抢土，强行分肥。抢鸦片的方法主要有3种，即"挠钩"、"套箱"和"硬爬"。这"挠钩"，就是水上抢劫。土商在外国鸦片运至吴淞口后，为了逃避关卡的查禁，便利用黄浦江涨潮时分，将鸦片包抛入水中，鸦片顺着潮水而流向杨树浦，由接应人员在那里捞取。而抢土者则探准消息，派人预伏，烟土漂来，即用挠钩捞了逃逸。所谓"套箱"则是陆地行劫的办法。时土行多秘密设在新开河一带。商行运土，多放入煤油箱。抢劫者赶着马车采取突然袭击的方式，将预先准备好的木匣套上煤油箱，扔上马车飞驰而去。"硬爬"就是拦路抢劫，流氓事先派人埋伏于土商的必经之路，依仗人多势众突然袭击而得逞。

　　由于印度鸦片的价格高涨，抢土盛行，它成为流氓收益的主要手段之一。这样，流血事件层出不穷。走私的土商既不敢声张，又不能承受日积月累的巨大损失，于是只能悄悄托人请黄金荣破案。黄金荣要求土商吐出部分毒品利润，给予靠抢土为生的地痞流氓，流氓们得到了金钱，又有黄金荣的人情，自然不再铤而走险。黄金荣的中人不会白做，而法租界的治安则平静了许多。

　　敲竹杠也是黄金荣发财的一种方法。有时，黄金荣在法大马路商业区巡逻，事先让程子卿等派小流氓闹事捣乱，让商家无法做生意而又无奈。这时自己便出动，小流氓们见到他后大叫"黄老板来了"，即抱头鼠窜，黄金荣也会装模作样地严加训斥。旁人见了，认为黄金荣真有一套，其实都是预先安排的假戏文。有时，黄又运用另一种手腕，如对兴记咸货庄，黄先暗中遣人捣乱，一面又指使门徒去对店主说："这事只要黄老板出来一压，保证太平无事。"店主无奈，只得请黄出场，果然不再有人来捣蛋了。久之，商店老板等因为黄金荣能降服流氓、维持治安而塞钱送礼，将黄作为"护身神"。到后来为了息事宁人，有的便向黄金荣递上拜师帖子，甘心做黄金荣的门徒。这样，每年黄金荣从商家处敲来的钱财也不下数万元。

　　辛亥革命以后，租界流氓大亨纷纷开设赌场，致使麻将、牌九等赌博流行。1915年许荣福在山西南路昼锦里设立赌场，次年，蔡鸿生在郑家木桥建成一个新赌场。黄金荣自然也不甘落后。他在这方面的敛钱手法有二，一是亲自设立公兴赌台；二是充当赌场的保护人，按月向缘宝、永安、华民、西园、同庆、荣生等索要开销，坐吃俸禄，规模小的赌场每月向他支付特别津贴40元，大型的则要达到500元。

　　公兴赌台的创始人是杜月笙的青帮师父陈世昌，帮手有袁珊宝，黄金荣在其中也有股份。公兴赌台设在自来火街宝兴里，这里正是黄金荣的管辖范围。与黄金荣关系密切的是宋生赌台。

生吉赌台在西藏南路褚家桥生吉里。老板是马祥生和金廷荪，黄金荣名义上也是老板，但不公开，当然分红利自然是少不了他的了。生吉赌台资本雄厚，赌客多是生意场中人，因此输赢额巨大，抽头和赢利也有成千上万。前后营业时间达十年以上。

近代上海市井之繁华，甲于全国；娼业也异常兴旺。单是娼妓的各类等级和类型就有书寓、长三、二三、幺二、咸水妹、野鸡、钉棚等。1891 年，仅法租界内就有妓院 250 家，妓女达 2600 人。到 1920 年，娼业又有很大的发展，两个租界内的妓女共计 61141 人。后来统计，伦敦城每 960 人中有 1 名妓女；柏林是 580 人中有 1 名妓女；巴黎每 481 人中有 1 名娼妓；芝加哥每 430 人中有 1 名妓女；东京每 250 人中有 1 名娼妓；而上海比例最高，每 130 人中就有 1 人是妓女。从法律上来说，清朝是禁娼的，所以妓院要能立足，必须在帮会流氓或巡捕中找到有权势、有面子的后台作靠山。如有地痞乱人闹事，后台即可派人弹压；如遇到麻烦，像违反禁令拉客营业等，则可请后台通融缓解；若有了更硬的后台，则更能通行无阻了。这样，如日中天的黄金荣便成为妓院主们最理想的后台了。于是，自红灯区的领头羊——四马路起，各处的妓院纷纷请黄金荣来"撑市面"。有些老鸨干脆拜黄金荣为老头子，所以，黄金荣在娼业中也是一尊"门神"。

后来，黄金荣为扩展势力，不断地将流氓同道、徒子、徒孙等引入租界巡捕房，这样，"匪"成"警"，"警"变"匪"，法租界的巡捕房成了警匪一家、猫鼠同穴的场所。

结交孙中山

晚清时期的上海法租界，进出自由，当局还标举民主自由，反对清政府及后来的北洋政府迫害资产阶级革命者的暴行，他们甚至宣布：只要革命者不藏军火，就可以自由往来，受到保护。因此，中国早期的革命者多以法租界为根据地。革命者栖身法租界，自然对手握治安大权的黄金荣格外重视，而黄金荣出于自身利益的考虑，也乐得与革命者阵营进行交结。黄金荣有个门徒叫鲁锦臣，也在法租界巡捕房当差，鲁同时又是同盟会成员，对黄金荣接近革命党人起过相当的作用。

孙中山自 1885 年 4 月由檀香山首次到达上海，到 1924 年 11 月 17 日从广州经上海北上，前后来上海总领事共 27 次，为中国革命长期奔波，鞠躬尽瘁。在从事反清斗争的过程中，孙中山也致力联络上海本地的帮会势力的工作，以增强反清力量。

在这一过程中，黄金荣受孙中山伟大人格的感召，在一定程度上帮助了孙中山。

1906年4月21日，孙中山由新加坡秘密到沪，第9次登上黄浦滩。法国总领事方面对孙中山进行的反清活动极为重视，总领事提请孙中山注意安全，小心从事。随后，孙中山离沪奔赴日本。由于黄金荣在法租界巡捕房负责治安，现在虽尚无史料能证明黄金荣在孙中山在沪期间已认识孙中山或者保护过孙中山，但按照黄金荣当时的职务和地位，至少这时已经知道孙中山的大名，应该是没有疑问的了。

1906年6月，孙中山从日本回到上海，其行程由法租界公董局内的法国朋友负责向上海的革命党人传达。次年3月10日，孙中山再度到达上海，赴虹口宋嘉树寓所商议财政问题。1910年6月29日，孙中山又秘密来到上海，在宋嘉树寓所会见陈其美等，孙中山在南方屡遭失败，而陈其美在上海联络帮会工作却取得了很大的进展。陈其美兴奋地对孙中山说："现在上海的青帮和红帮一样听命于孙先生，可以为革命所用！"

孙中山经人介绍，已知道黄金荣在上海法租界的势力，因此很希望利用这股力量进行革命工作。于是，通过黄金荣的门徒徐福生与黄取得了联系。徐福生，广东人，因霸占天后宫的庙产而人称"闹天宫福生"，早年即拜黄金荣为"老头子"，担任过共舞台的稽查。徐在上海也从事商业活动，并协助黄金荣购买鸦片。清末上海的鸦片业主要为广东商人所垄断，徐福生因鸦片业务而与这些广东商人熟稔，孙中山则通过上海的广东商人而认识了徐福生。时年孙中山住宋嘉树的寓所里。孙中山首先给徐福生讲述革命道理，提出希望在法租界有很大势力的黄金荣能支持反清革命，并书写了一把扇面。然后，徐福生便拿着这把扇面来见黄金荣，转达了孙中山希望有机会相识之意。黄金荣听了，自然十分高兴，也愿意拜会这位著名的革命家，于是便约定了时间。

一天，徐福生陪同孙中山来到钧培里黄金荣公馆。黄金荣先到麦高包禄路钧培里弄口恭候迎接，然后与孙中山一起到二楼的会客厅喝茶叙谈。孙中山开门见山地说，黄先生在上海有很多关系，以后请对在法租界的自己的朋友和同志多加帮助和照顾，黄一口答应。接着孙中山向黄宣传革命道理，叙说十余年来自己的革命生涯，以及推翻清朝统治、建立民国的理想，希望黄金荣能在人才和经济两个方面进行援助。黄金荣表示责无旁贷，理所应当。

没多长时间，黄金荣即拿出1000银圆托徐福生转交孙中山，同时，还通知相知的企业家虞洽卿也援助了一笔钱。孙中山收到后，特地写信向黄金荣表示感谢。由于徐福生介绍有功，孙中山又给他写了两把扇面，其中的一把扇面，徐福生还特地装裱后配上精致的红木镜框，悬挂在寓所的大厅正中。

黄金荣曾告诉程锡文说，孙中山前后写过几封信给他，他曾保存多时，后来因时间久远，不知下落。另据黄金荣的秘书龚天健指出，关于孙中山写给黄金荣的这几封信件，他曾在大世界游乐场经理杭石君处见过。12月29日，各省代表选举孙中山为中华民国临时大总统。次年元旦，孙中山起程赴宁，并就任大总统职。黄金荣立即召秘书杭石君起草祝贺信，然后令杭石君亲自送往南京面呈孙中山。后来孙中山辞去临时大总统之职后，曾长期寓住沪军都督府为他准备的住宅——上海法租界宝昌路491号。法租界方面特派安南巡捕、中国巡捕各一人，在寓所周围日夜轮班巡逻，晚间还加派包探两名查巡，"妥为保护"。1916年袁世凯死后，黎元洪继任大总统，次年6月，张勋进京逼迫黎元洪解散国会，以推翻约法，孙中山即发表护法通电。护法运动时期，孙多次来上海，住在加拿大华侨赠送的莫利哀路29号寓所，这段时期，黄金荣也暗中保护过孙中山。1923年冬，孙中山等人自澳门抵达上海时，法租界当局曾阻止上岸，黄金荣据理力争，使得孙中山一行得以在太古码头登陆，进入莫利哀路寓所。黄金荣还在中外人士、各团体代表前往拜见孙中山时负责安全保卫工作。拜见结束后，又陪同孙中山登轮船而去。在此之后，孙中山为了在上海继续进行革命活动，仍与黄金荣保持着联系。

援助革命党

清末的上海是反清革命的基地，志士仁人进出海外的码头，黄金荣也曾结识不少革命者，并以不同的方式协助反清活动。

杨虎（1889—1966），字啸天，安徽徽宁人，早年毕业于南京将弁学堂。后投身反清斗争，1911年到上海活动，息于十六铺的福安旅社。曾在陈其美的率领下，与王柏龄等参与攻打制造局。上海光复后，在沪军都督府任职。

经杨虎的介绍，黄金荣与陈其美相识。陈其美早在1909年就在上海天宝栈设立反清革命机关。天宝栈遭破坏后，陈其美即移至法租界，在马霍路381号德福里1号建立总机关。接着与拳术家霍元甲共创精武学校。1911年7月创立中部同盟会，上海光复后，担任沪军都督。宋教仁血案后，陈其美举起反袁大旗。1913年9月袁世凯查封了陈其美在湖州的家产，陈全家遂移至上海海宁路10号，陈其美常在法租界嵩山路33号和渔阳里活动，他的住所还有萨坡赛路14号，秘密机关还有制作炸弹的工场宝昌路15号、隐藏军火的嵩山路11号、会议场所打铁浜45号和盟友住宿的后马路万安旅馆等。这些地段多在黄金荣的管辖范围内，因此，黄金荣多少与陈其美有过交往。1914年，革命党人、陈其美手下的大将范鸿仙在嵩山路33号遭袁世凯的特务暗杀，黄金荣曾参与破案，但未获凶手。1915年10月，袁世凯接受

"二十一条"的消息传出，群情激愤，陈其美坐镇霞飞路渔阳里5号，策划反袁。11月10日，击毙上海镇守使郑汝成，接着趁热打铁，于12月5日发动肇和舰起义，攻击江南制造局，陈其美率领徐朗西、吴忠信和蒋介石等在蒋之寓所——新民里11号策划指挥。黄金荣的手下徐福生等曾担任联络和军火供应的工作。次年5月18日，袁世凯派刺客在萨坡赛路14号暗杀了陈其美。案发后黄金荣立即率巡捕赶去，抓获歹徒许国霖、宿振芳等，凶犯随即押至法捕房，最后供认奉张宗昌等之命来沪暗杀陈其美。陈其美遇难后，遗体送至蒋介石寓所——蒲石路新民里11号，经黄金荣等华捕的努力，"法捕房以其为民党巨子，且曾任沪军都督，特从优待，不将遗尸昇堂相验"，允许市民前去吊唁，"法捕房现派越捕数名，在该宅门前守护"。

辛亥革命爆发后，12月25日，胡汉民陪同孙中山到达上海，此后长期在京沪等地从事革命活动。1916年陈其美被刺，胡汉民致挽联道："其魄至弱，其魂至强，死者亦有知，豺狼当道岂能久；为道太厚，为身太薄，天下正多事，麟凤非祥奈若何。"1919年8月到1921年4月间，胡汉民在法租界从事写作。以后，协助孙中山对国民党进行改组。国民党"一大"后，胡汉民担任上海执行部常务委员和组织部长。毛泽东则担任组织部的秘书，执行部的会议，一般是胡汉民任主席，而毛泽东做记录。执行部设在法租界渔阳里，对于这个国民党在上海最重要的据点，黄金荣也曾予以保护与关照。

还有一位需要一提，就是汪精卫。他早年以入京行刺摄政王载沣未遂，作诗"引刀成一快，不负少年头"而闻名。1912年3月，汪精卫在沪与陈璧君举行结婚仪式，此后经常在上海活动。一次，为扫除革命党势力，袁世凯手下要求法租界当局予以合作，派巡捕去望志路捉拿汪精卫和陈公博等。黄金荣接到命令后，暗派程子卿去通风报信，然后才率巡捕前往捉拿，当然最后是一无所得。所以黄金荣对于汪精卫还有救命之恩。1917年孙中山在沪创办《建设》杂志，汪精卫担任主笔。后来又协助孙中山改组国民党，并担任上海执行部常务委员和宣传部长。期间曾得到黄金荣的关照。

黄金荣交往的还有叶楚伧、马超俊、陈立夫、邵力子、褚民谊、王柏龄、桂崇基等。如叶楚伧（1887—1946），江苏吴县周庄人。早年积极在沪参加孙中山领导的讨袁、护法斗争。南北议和之后，他在上海创办《太平洋报》，又与邵力子等主办《民生报》、《民呼报》、《民国日报》等，致力于革命宣传。宋教仁被暗杀后，叶楚伧立即在《民立报》上撰《痛苦备尝之民国》一文，进行哀悼。这些报刊成为革命党人的忠实喉舌和舆论先锋，自然遭到军阀政府的反对，法租界当局迫于中国政府的压力，也会命令巡捕房派人到报社进行警告、恫吓。黄金荣遇到这等事，常常大事化小，小事化了。如对设在天主堂街（今四川南路）的《民国日报》社就曾进行过长期的保护。并因此与叶楚伦、邵力子等熟悉。其中有不少事情是黄金荣命令伶俐活络的徒弟杜月笙去做的。如帮助革命者"排难解纷，向导保护，或者代办一些鸡零狗碎的小事情"，还经常出钱解决困难。后来钱新之也曾回忆，说杜月笙"辛亥以还，时与党人通声气，且阴资其粮糈"。

青帮小史

黄金荣、林桂生夫妇，是对杜月笙的一生最有影响的人。有人曾说过，没有黄金荣就不会有杜月笙。这话是很有道理的。

黄金荣担任法捕房华探督察长，长达20多年，这些年间，黄金荣一直称自己是在帮人物。

所谓在帮，就是在青帮。当时，青帮是上海滩上势力最大的帮会。

说起青帮，就不得不追溯一下青帮的源流及其演变了。

青帮组织，实际上是在清朝雍正初年为了承运漕粮而形成的，但帮中人却把其历史渊源推前到明朝，以明永乐朝的文渊阁大学士金幼孜为其第一代祖师。

金幼孜号碧峰，祖籍应天府（南京）麒麟门外30里金家堡，生于顺帝至正六年（1346年），明洪武时中进士。先在北京燕王朱棣府任职，后随军南下，负责都督粮台。燕王南京正位后，任工部侍郎，永乐间迁都北京，改任文渊阁大学士。及成祖亲征辽东，金奉命都督粮运，不久辽东平定，随成祖凯旋回朝。当时，他看到仕途险恶，厌弃红尘，衷心仰慕达摩，因此上表辞官，隐居栖霞山紫云洞修炼。后又转至五台山求戒，拜佛门禅宋泉临济派三十六传鹅头禅师为师，取名清源，从此在紫霞洞隐修，数年后去世。

这就是青帮以达摩为始祖，把金幼孜尊为第一代祖师的来历。

青帮的第二代祖师是罗清，号净清，甘肃兰州府渭清县东乡罗家庄人。17岁时，罗清考中明嘉靖恩科举人，后赐进士出身，担任监察御史及户部侍郎。

吐鲁番犯边时，嘉靖帝任罗清为阃外都督，领兵直抵番边。

传说他领兵血战后不幸被困于两狼山下，粮尽三天，杀马充饥，忽来一和尚相告，寺后石崖下有本朝清源禅师北征时所储藏的粮食，往取果如其言。全军饱餐后次日出击番营，斩了番将，一直追到番都，番主出降，表示以后永不叛明，罗接受降书，大获全胜而回。

归途中经过五台山，访求清源禅师遗迹，由此寺方丈恨修禅师指引，从佛龛中取出金幼孜的经典遗物，并悉嘉靖曾封金为护国禅师。罗清深受感动，即由恨修领至金的塔下，拜金为师。后人在师父死后拜师，称为"灵前孝祖"，就是起源于此。

后来，罗清被严嵩父子暗害，入狱12年，万历年间由于边事需要，把他释放。但是，他立了功不愿受禄，乃至栖霞山紫云洞金幼孜修炼处修道，在那里终了一生。

青帮的第三代祖师陆逵，号道元，江苏镇江府丹徒人，自幼学武，精于技击，当过江右总兵。明亡后隐居茅山。后慕罗清征番之功及其能通满、蒙、藏语言文字之能，又为佛教禅宗嫡系，因此到五台山求道。

清初，他云游到新疆、甘肃一带，看到回民与汉人由于宗教不同而争执械斗，就向清廷条陈用宗教感化之策，为康熙嘉纳，授以西北宣化法师名号，赴西北宣化，订立"回汉约法"，规定回汉人民互相尊重风俗习惯，各守其制，两不相犯。

回京复命后，康熙大喜，议授以官，他却乞归学道，就封他为靖国尊人，并加封其师罗清为一清佛祖。

晚年，陆逵在杭州武林门外宝华山刘氏庵内讲经说法，听者甚众，殁于雍正七年（1729年）。

以上金、罗、陆三人，帮中人奉为"前三祖"，都与佛教禅宗有渊源，所以后来的青帮组织带有一定的宗教色彩。

青帮的真正祖师，起自陆逵的徒弟翁岩、钱坚、潘清三人，即所谓"后三祖"。

翁岩字福亭，号德慧，江苏常熟人，祖居山东东昌府聊城县，其后迁居河南南阳府。出身秀才，后弃文向河南嵩山少林寺僧习武，喜与绿林好汉交往，并入天地会，为会务奔走四方，到处为家，性情刚毅，不善词令。

钱坚字福斋，号德正，江苏武进人，迁居安徽徽州府。为人精明勇敢，幼从父经商，移居开封。16岁父母双亡，无心继承父业，改习拳术，入天地会，与翁岩同隶张岳部下。张岳是天地会中的首领。

潘清字清宇，号德林，浙江杭州人，先移住安庆，后又迁居河南开封。承父母余荫，富有财产，幼年读书，颇以诗词歌赋自豪，武艺亦佳。他为人勇义，好交游，地方上以"小孟尝"称之。

翁岩、钱坚二人奉张岳之命，到安徽访潘，三人都是天地会道友，一见如故，结拜为异姓兄弟。

三人结拜后，一起出门访求志同道合的人。到达杭州后，在陆逵处听讲，对陆非常敬服，要求投拜门下，陆见三人学道心诚，同意收为弟子。

雍正三年，清政府悬榜招贤，加强漕运，他们意图以粮帮为基础，组织一个大团体，乃至河南抚署揭榜承运。

当时的抚台田文镜是杭州人，三人向他条陈了整顿漕运办法，田与漕督同上奏本，经雍正批准，指定归漕运总督张大有节制，并听命于勘视河工的钦差大臣何国宗指挥，准许开帮收徒，以之统一粮务。

他们接受任务后，先在开封潘清家中招集各地天地会头目汇商，得到了一部分人的赞助，并联络旧有粮帮，统一了粮帮组织，推翁、钱、潘三人为首领，组成了一个"道友会"，供奉达摩为始祖，金幼孜为第一代祖师，罗清为第二代祖师，陆逵为第三代祖师。

他们开办粮运，首先设厂造船，统一尺寸，绘成图样，亲自监工督造，传说共造9999只半（所谓"无半不成帮"，半只是脚划子）。第二步是协助清廷开办浚河工程，动员山东民夫16.5万人，用银110万两，开浚河道，打通了南北水运。布置完成，乃大开香堂，广收门徒，翁岩接八仙之数收8名，钱坚按二十八宿之数收28名。潘清按三十六天罡之数收36名，三人按七十二地煞之数共收72人。

此后，徒弟又收徒弟，青帮组织从而扩大起来。

青帮建立承运漕粮后，翁等三人向陆逵请示，陆以祖传24字的字派相授，作为传统的帮内"家谱"。这24字就是：

清净道德，文成佛法，

能仁智慧，本来自性，

圆明行理，大通悟觉。

其中，"清净道"三字是在粮帮未成立前使用的，从"德"字起立帮，所以实际上前三字是教派，从第四字起才是帮派。

立帮后徒子徒孙越来越多，原来的24字怕不够用，乃由王德降（即王降祖，帮中称为小祖师）续订24个字，就是"万象皈依，戒律传宝，化度心回，临持广泰，普门开放，光明乾坤"。

解放以前，上海以"大通悟觉"四字辈居多，而以大字辈为最高，传说后24字也已开始用到，但究竟用到哪一个字无从查考。

青帮建立后，在杭州武林门外宝华山建立"家庙"及12座"家庵"（翁、钱、潘的高徒12人家庵），承运漕粮事务所就设在家庙内，并公议订立了十大帮规、香堂仪式、孝祖规则、十禁十戒、家法礼节等等规则。

此后，翁、钱二人至青海、蒙古去朝佛，再无音讯，帮务由潘清一人主持。

雍正十三年，潘清在黄河大风事故中身亡，帮务由王德降继任。

清乾隆年间，白莲教中人三伦，见青帮势力雄厚，乃与帮中人交结，并自立"清门教"，于乾隆三十九年在山东起义反清，一度发展至数万人，但结果失败被斩。

至此，清廷严厉查拿一切秘密会党，不过事实上秘密组织依然存在。嘉庆五年，八卦教刘子协、宋云清继起举义，游击清军于川、湘、鄂、豫、陕、甘各地，不久也因失败被杀。

其后，山东金丹八卦教主林清和河南八卦教主李文成联合反清，林清并贿太监高广福、刘金二人为内应。事败，预伏于城外黄村的林清被捕杀。

李文成原在滑县城外的关帝庙邀集主教36人议事，被捕囚禁于滑县城内。附近教徒闻变，顿时集合近万人，其中也有青帮人员，攻占了县城，杀死了知县，救出李文成，但最后义军失败，李文成纵火自焚而死。

乾隆年间，青帮本来是公开的组织，但自清门教、八卦教等相继起义反清，其中人员牵涉到粮帮，因之粮帮也在严禁之列，稍涉嫌疑，就难免杀身之祸，于是销声匿迹，转入秘密活动。

太平天国运动兴起后，粮运复盛，北方粮船大多为清廷服务，南方粮船大多被太平军改为水师，杭州的家庙祠堂被乱军所毁。至此，青帮势力消灭殆尽。

太平天国失败后，漕运废除，粮帮裁撤，不过青帮组织仍旧流传于社会。

青帮中人收徒，必须例行一种隆重的而又戏剧化的典礼，名曰："开香堂"。何谓"开香堂"？这就得从入帮的程序说起。

凡是"空子"（帮外人）想进门槛，必须先行觅得帮中人带领，开明履历，经引见师批准之后，再备了正式帖子去拜师。帖面上写明"信守"二字，内面写"敬拜某某老师门下"，下面写"甘心情愿"字样。在师父名字旁边，要写三代姓氏，末后署名"某字辈门生某某谨具"，旁边写"引见师某某押"，"传道师某某押"，其郑重程度，可比作过去田契纸上的卖主与中保具名一般。

开香堂的地点大都在僻静的庙宇中，事先必须禀明老头子，正中供定翁、钱、潘三位师祖的神位，在上面挂起罗祖像，各点香烛一副，桌下又点五支香，两头都用红纸包着，叫做"包头香"。庙门外，又设"陈四主爷神位"，也点一副香烛。

"陈四"者，据说是第一个进门槛的人，因为犯了帮规，被逐出山门。后人念他入帮最早，所以在开香堂时也给一副香烛，但又因此公已被逐出帮外，故将其神位设于山门之外。

开香堂大典时，凡是老头子的前人，和一般同参兄弟，都要到场，名叫"赶香堂"。赶香堂的越多，老头子的面子越大。万一开香堂时没人赶香堂，或赶香堂的人很少，那个老头子就倒了霉，不但人家瞧不起他，连他的徒弟也觉得见不得人了。

待到香堂布置妥当，候补的人也候次进入，便传令紧闭山门。老头子居中坐定，赶香堂的人分立两旁。然后由引见师引领各"空子"到罗祖和翁、钱、潘三主爷神案前同样磕头，同时在赶香堂的各人面前，也得磕上三个头。

总而言之，逢人便磕。

如果老头子面子大，赶香堂的人多至千儿八百，有些新徒弟就得磕上两三千个头。

徒弟们磕头之后，引见师便命他们在檐下排成长龙，司香的执事就把桌下的包头香划开，分给众人拿在手里。赞礼的人便高呼下跪，大家便黑压压地跪了一地。

这当儿，另有执事端上一盆清水，让大家一一净手。净手代表沐浴，取焕然一新之意。净手毕，老头子便在上面厉声问道："你们是自愿入帮，还是有人强迫你们入帮？"

"自愿入帮！"

"入帮并没有什么好处，你们知道吗？"

"入帮为拜师，不要好处。"

"十大帮规要遵守，你们知道吗？"

"甘受约束，誓守帮规！"

老头子便再谆谆训诲一番，在末尾说道："如果违犯帮规，定须家法从事，你们都能办到吗？"

众人齐答："能！"

之后，便由传道师给各人分发一本小折子，上面写着三帮九代的名称，以及各种"海底"盘答方法。这是帮中最重要的东西，徒弟们必须秘密珍藏，不得让外人阅看。

至此，仪式就算完结，众人再向祖爷、老头子各磕三个头，分班侍立两旁，老头子便安排筵席，跟赶香堂的各兄弟，欢呼畅饮，赶香堂的人也向老头子道喜，然后入席。这一顿大嚼，费用概由新进门槛的徒弟分摊。经过此番典礼，"空子"就摇身一变，成为"青帮"中人了。

旧病复发了

黄金荣没有正式拜过老头子，在青帮中应被称为"空子"。按规矩，没有进过香堂，就不能开堂收徒。但因为他位高势大，无需再去投师拜祖，就一直那么"空子"。尽管如此，还是有许多人涌到他的门下，拜他为师，尊他为老头子。

当时，上海滩辈份最高的青帮人物是"大"字辈，只有几人，在青帮中可谓举足轻重。但黄金荣却比几个"大"字辈吃得开。他自己也常常得意地说："我是天字辈，比大字辈多上一划。"

虽然如此，在黄金荣的门生中，却有不少是正式进过香堂的帮会分子。这些门生再开堂收徒，按理说就是黄金荣的徒孙辈了。而这些徒孙又辗转请人介绍，投拜黄金荣为师。这样一来，徒孙们就和他原来的老头子成了同门兄弟。这在帮会中叫做"爬香头"，是一件犯忌的事。可黄金荣管它犯忌不犯忌，还是照收不误。

自从拜了陈世昌为师，近朱者赤，近墨者黑，在嫖、赌两件事上，杜月笙都算是又"进步"不少。

首先发生的严重问题，是经济恐慌。起先在潘源盛水果行规规矩矩地做事，省吃俭用，一个月拿几块大洋薪水，还能够添置些衣服鞋袜，把自己打扮得光光鲜鲜，整齐体面。如今沉溺于嫖和赌，而且迷恋日深，常时流连，那屈指可数的几块钱，又怎么能够用咧？

当年的杜月笙，胳膊不粗，拳头不狠，虽有地痞流氓的"气概"，却做不了当保镖、抱抬脚这一类的角色。因此，白吃白嫖，也就难以轮到他的身上。而当两手空空，色欲和饥饿攻心时，他就不得不想办法了。

加入青帮，头一个好处是朋友多，有过硬的后台，无论走到哪里，只要背得出切口，通得过"盘考"，到处都有自己人，可以为他解决困难，壮势撑腰，最低限度不至于吃亏上当，受人欺侮。

王国生风闻杜月笙已拜过老头子，立即便利用他这一层关系，请他专任跑街。上十六铺码头提货、销货，到同行间送货收款，都是他。他头脑灵活，交际手腕颇高，在十六铺那许多家水果行的跑街里面，他无疑是最出色的一位。王国生因此大有知人善任之感。但是，他的烦恼接着也就来了。

杜月笙天天要去赌钱，在赌国上海，他喜欢的是麻将与挖花。麻将这一国粹，上海滩上，连三尺孩童也能上桌搓几圈。挖花是叶子戏的一种，也就是纸牌。从事这两种赌博，不但需要金钱，尤其浪费时间。

少年人体力强，精神旺，杜月笙的赌兴又特别浓，一上桌子就不想下来，往往接连搓上三天两夜。于是，潘源盛水果行便时常找不到杜月笙的人。有时候，他会接连失踪近十天。

念及当年一道做过学徒，看在师兄弟的分上，王国生隐忍不发，只是趁杜月笙红肿双眼呵欠连天地回来时，婉言向他规劝。

"做事是做事，白相是白相，凡事总要有个限度。"但杜月笙哪能听进？旷工的次数与日俱增。王国生的劝告也越来越多，话也越来越重。

杜月笙向来是受不住闲话，服软不服硬的。王国生劝他动之以情，晓之以礼，叫他赔出性命来，他也没话可讲。然而，王国生要是搭起老板的架子来，那他就绝不会服从的。况且，杜月笙正因为嫖、赌用尽了钱财，束手无策，心中的焦躁比王国生更胜十倍。所以他就等着和王国生翻脸。

杜月笙开始挪用店里的款项。只要有钱从他手里过，他就先拿去赌。赌赢了，回来把亏空填上；输了，就把希望寄托在下一次，等着翻本，等着捞。

亏空越来越大。

杜月笙觉得，麻将和挖花输赢有限，不如来牌九，赢得快，这一来，杜月笙输得更惨，什么法子也翻不过本来了。

潘源盛那边，亏空太大，他自己觉得不能再去了。于是，他离开了王国生，躲着他，不和他见面。

这一段时间，杜月笙跟着他的老头子陈世昌，沿街去套签子。

两三个月后的一天，杜月笙突然在八仙桥遇见了同参兄弟袁珊宝。

杜月笙觉得自己太寒伧了，他想躲开这位同参兄弟。

袁珊宝也看见了师父、师兄，他忙过来打招呼。他首先问了老头子和师娘的好，然后趁着陈世昌忙着做生意，悄悄拉了一下杜月笙的衣袖，来到一处墙角。

"你为什么不回潘源盛?"

"这……?"杜月笙急得说不出话来，张了半天嘴，才说道："我用空了店里不少钱，王国生一定把我恨之入骨，我何必再回去自讨没趣呢?"

"天地良心!"袁珊宝替王国生喊起冤来，忙不迭地说："王国生天天都在惦记你，常说:'这杜月笙也不知跑哪去了，自从他一走，我们店里少了个跑街的，生意越来越差。'至于你欠店里的钱，我还从未听他提到过一个字。"

几近绝望的杜月笙，听了袁珊宝的这几句话，觉得有一股暖流流进了心田。他觉得，王国生真是情深似海，恩重如山，自己应当知恩图报。

拉着袁珊宝的手，他们一起来到老头子陈世昌面前，对老头子说："王国生对我友情深重，不咎既往，我想还回水果行干老本行。"

"去吧，跟着我你是不会有大出息的。不过，要干好!"

"师父放心，我保证。"

听说杜月笙又回来了，王国生欢天喜地地从店里迎出来。

为了表示重新做人，有一个多月的时间，杜月笙下定决心，戒除嫖赌，连外出都极少。他自己要求不再跑街，只替王国生看店。

由于心灵手巧，又肯学习，这一个多月，他长进极大。杜月笙，不论在何时何地，当他拿起一只苹果或梨，持刀在手，便能一面笑谈自若，一面正眼也不瞧，极快地削掉薄薄的一层皮。这皮宽度如一，不折不断，重新拼拢起来时，又会成为一只实已中空的梨或苹果。

杜月笙有两个外号，一个是"莱阳梨"，一个是"水果月笙"。

俗话说，江山好改，本性难移。两个月没到，杜月笙又觉得寂寞无聊，日子难以打发了。在一个下雨的夜晚，他故态复萌，悄悄溜了出去，先在一家赌场里赌了一夜。天亮时，又钻进一家妓院，钻进别的嫖客刚刚离开的热被窝。

狂赌猛嫖几日后，杜月笙突然病倒了。

这次的病，来得猛，几天功夫，杜月笙已不能下床。

好在王国生极讲情义，整日请医抓药，诊治不休。

袁珊宝也知道了，见无人侍奉，就把杜月笙背到自己的小屋里，就近照料。

可是，杜月笙一连半个月发高烧，说胡话，一直昏迷不醒。医生说他有性命之忧。

有一天，趁着杜月笙醒来，袁珊玉和王国生一起问道：

"月笙哥，你在高桥乡下，还有什么亲戚没有？"

杜月笙此时神智已清，虽然身体虚弱，还是明白，自己一定是不行了。两位好朋友的意思，一定是自己死了后，该向谁报告这凶耗。回想自己幼年丧母失父，饥寒交迫，他不由满心酸楚，泪流滚滚。

"月笙哥，不必伤心，我们是怕你在病中思念亲人。"

杜月笙强忍住泪水，想道：父母双亡，继母不知流落何方？唯一的胞妹也不知道给谁了，听说外婆已经过世，老娘舅早已就看他不顺眼。至于自己的伯父和堂兄，从小到大，面都不曾见过几回，自己的死活跟他们有何相干呢？

想来想去，杜月笙想不起一个关心自己的亲人。他觉得，悠悠天地间，自己如同是一只断了线的风筝，将不知跌落在哪片荒草丛中。

泪水又涌出来。

王国生一见，也跟着流泪了。

杜月笙突然说："要么，你们去告诉我的姑妈。我姑父在高桥乡下种田，名叫万春发。他家有个儿子，叫万墨林，今年 10 岁。前阵子我听人说，也到小东门来了，在一家铜匠铺里学生意。"

十六铺总共只有几家铜匠铺，袁珊宝很快找到了万墨林。

万墨林太小，不敢独自回高桥，他说出了家里的地址。袁珊宝托一位经常往来上海浦东的朋友，带了封信。

几天后，杜月笙的姑母，迈动着小脚，颤颤巍巍地赶到了十六铺。她一见躺在床上气息奄奄的杜月笙，扑上去便是一场大哭。

心地慈祥的老太太，她为了救治侄儿杜月笙的病，不惜喧宾夺主，请袁珊宝让出房间，打张地铺，日以继夜，整整服侍了杜月笙 100 天。

医生不肯开处方，万老太太便到处求神拜佛，搜求单方。

不知是谁向她建议，蛤蟆粪是治他这种病的灵药。上海人所说的蛤蟆粪，其实是癞蛤蟆所产的蝌蚪。据说其性奇寒大凉。

杜月笙接连几天服下这味怪药后，居然寒热尽去，渐渐从死神手中逃了出来。

杜月笙大病初愈，身体衰弱，就在袁珊宝的房间里，又休养了半个多月。

袁珊宝是个最重义气的人，他对杜月笙百依百顺，唯命是从。

有时候，杜月笙熬不住了，又要去赌，袁珊宝总会拿出钱来，全力支持。即使是衣袋空空，也面无难色。

杜月笙一生，他一直都把袁珊宝看作同生死、共患难的朋友。

如果杜月笙一直这么混下去，结局如何，谁也无法想象。不过，就在他和袁珊宝山穷水尽之时，好运气却来了。

第二章

遇贵人福至心灵入黄门

以"义气"巧换无名指

杜月笙一生命运的转折是,当时有一个人名叫黄振亿,绰号"饭桶阿三的人"。他自己平庸无能,平时很欣赏杜月笙的聪明伶俐,活络机警。他今见杜月笙一场大病过后,不再到潘源盛店里去了,靠着袁珊宝,好吃懒做,穷赌狂嫖,形将成为无赖,心里不禁觉得可惜。

一天,黄振亿看到杜月笙正袖拢着双手,百无聊赖地闲逛,便跑过去拍拍他的肩头,很诚恳地说:

"月笙,你这样下去也不是事情。如果你要有上进心,我可以荐你到一个地方去,好吗?"

杜月笙懒洋洋的,抬起头看了他一眼:

"什么地方?"

"八仙桥同孚里",黄振亿压低声调,"黄金荣黄老板的公馆。"

乍一听,杜月笙简直不敢置信,像他这样一个默默无闻、潦倒不堪的穷小子,能够踏进同孚里,上得了黄大老板的门?

当时的上海滩,提起黄金荣三个字,早已如雷贯耳。在小白相人的心目中,一方面畏之如虎,一方面又衷心仰慕。法国巡捕房里的这位华探头目,财势绝伦,八面威风,高高在上,高不可攀,杜月笙能到他的公馆里行走吗?

同孚里距离民国路不远,一排两层楼的弄堂房子,里面住的,都是法租界里叫得响的人物。杜月笙不知几次走过弄堂门口,他总是远远的探望两眼,从来不敢越雷池半步。他曾眺望同孚里附近,那里人来车往,门庭若市,而那些进进出出的人,谁不是挺胸凸肚,趾高气扬,他们出手大方,醉生梦死。

杜月笙当时有些惊呆了,黄振亿连声喊他,才把他从沉思中惊醒。

"要是能跟随黄老板,我当然愿意,只是我怕自己不行。"

黄振亿说:"行,怎么会不行呢?"

"我还是有些担心。"

"你不用担心。你现在就去收拾行李,我马上带你一道去。"

杜月笙一听,就知道黄振亿有把握了。他大喜过望,连声道谢。

杜月笙回到十六铺,把这件事对袁珊宝一说,袁珊宝也高兴地跳了起来。

袁珊宝赶紧帮他收拾起行李来。所谓行李,就是一床破被,两件换洗衣服。

送杜月笙出门时，袁珊宝叮咛他说："我们的同参兄弟马祥生，不也在黄公馆厨房里吗？你进黄公馆以后，可以去找他。都是自家兄弟，他一定会照顾你的。"

杜月笙深深地点点头。

走出了弄堂口，两位好朋友分手时，杜月笙特地停下来，郑重地说：

"我这次进黄公馆，不管老板叫我做啥，我必定尽心尽力，把事情做好。所以，会有一段时间，我不能出来探望你。"

"我们各人做各人的事"，袁珊宝欣然鼓励他说："等你有空时我们再见。"

到了和黄振亿约定的地点，见了面，略谈两句，杜月笙便跟着黄振亿往同孚里走。

杜月笙永远记得，那是下午4点多钟，天气晴朗，他一路上心情欢畅，喜气洋洋，直想放声狂歌。沿途黄振亿对他说了许多，他总是答应，但一句也没听进去。

眼看着同孚里弄堂大门在望，杜月笙的心情却逐渐紧张起来。他想，等会见到黄金荣，他要是说"此人不行！"岂不麻烦？

紧张中，杜月笙随着黄振亿一同进了同孚里的总门。在弄堂口的过街楼下，一边有一条红木长板凳，凳上坐着五六名彪形大汉，穿着一色的黑香云纱褂裤，微微地掀起袖口，手臂上刺的青龙隐约可现。

黄振亿跟他们很亲热的打招呼，那班人皮笑肉不笑，带睬不睬地点点头。算是让他们进去。

穿过过街楼后，黄振亿对杜月笙耳语说：

"他们都是黄老板的保镖，在弄堂口随时等候差遣。一旦老板要出去，他们统统要跟着出去。"

杜月笙想，我到这里，保镖饭是吃不上的，这帮家伙，胳膊比我大腿还粗。

走进黄公馆的那座大门，只见门廊下，天井里，到处是人。黄振亿不停地打招呼。有时，他又命杜月笙站住，叫谁一声。

杜月笙原本紧张，此刻更加迷迷糊糊，头昏脑胀。从大门口到客厅，一路上碰见几个人，黄振亿叫他如何称呼，他一点也没有记住。许多年后回忆时，他常常笑自己当时太小家子气了。

黄公馆的客厅，布置得中西合璧，百彩纷陈，红木炕几，垫着大红呢毡，紫檀木的八仙桌与靠背椅，覆以鱼虫花卉的湘绣围披，波斯地毯，上置紫红丝绒沙发。四面墙壁，层层叠叠的挂满了名家字画，楹联立轴，王石谷的大幅山水，和西洋裸女横陈图，遥遥相对，几张洋文奖状，高悬在何绍基的屏条之上，正当中是一幅关公读春秋的彩色巨画，画上人物如同真人大小，栩栩如生。两旁悬着一副泥金绣字长联：

赤面秉赤心，骑赤兔追风，驰驱时无忘赤帝；

青灯照青史，仗青龙偃月，隐微处不愧青天。

"老板，"黄振亿走到一张方桌前，朗声说："我介绍一个小伙子给你。"

"噢！"一个方头大耳、嘴巴阔长的矮胖子应了一声，转过脸来，目光越过黄振亿的肩头，落在杜月笙的脸上。看了一会儿，他缓缓地说："蛮好。"

杜月笙心中的一块石头落了地，脸上不由地露出了笑容。

"你叫什么名字？"黄金荣和颜悦色地问。

此时的杜月笙已镇定下来，见黄金荣如此和蔼可亲，胆量陡增。

"小的姓杜，木土杜。名月生，月亮的月，学生的生。"

月生是杜月笙的乳名，也是他发迹前用了很多年的名字。后来他平步青云，才有章太炎为其另题雅号，生上加竹字头，取周礼大司乐疏：东方之乐谓"笙"，笙者生也。从此改称"月笙"。同时，又以同疏："西方之乐谓镛"，于是他便名镛，号月笙。不过，他自己随身携带的小小一颗金圆章，上面刻的阳文篆字，却仍还是"月生"。

此是后话，暂不详表。

杜月笙在黄金荣面前通名报姓，黄金荣一听，当即哈哈大笑，向在座的几位客人说：

"真是奇怪，来帮我忙的这帮小朋友，怎么个个都叫什么生的？苏州有个徐福生，帮我开老天宫戏院，前面还有金廷荪、顾掌生，厨房里有个苏州人马祥生……"

主客谈笑风生，一室益然，杜月笙神态自若，心中有说不出的欢喜，无意间往桌子上一望，他眼睛立刻瞪得滚圆，怎么像黄老板这样的大佬，也和自己一样赌挖花纸牌呢？

后来，杜月笙就知道了，黄金荣一生好赌，五六十年从未间断过。

在牌桌边上谈的这阵子，黄金荣的随和轻松，使杜月笙如沐春风。杜月笙觉得，黄金荣身上有种无形的力量，能牢牢地吸引住他，让他为他去肝脑涂地。

趁着黄金荣在抹纸牌，杜月笙仔细地打量了一下这位大老板。他大概比自己矮半个头，肩胛块头并不太大，因此显得他那颗胖大的头颅，和他的身子颇不相衬。但他那一对大眼睛，却不时露出凶光。

黄振亿唯恐吵扰黄金荣的赌兴，此时见好就收，提出告辞。

黄金荣似笑非笑，眼睛望着杜月笙，说："马祥生，你认得吧？"

杜月笙忙道："是。"

"你去找他。"黄金荣一挥手，"你去跟他一道住吧。"

杜月笙立刻鞠了一躬，道声谢，跟着黄振亿，走出了黄公馆的客厅。

跨出门槛的时候，杜月笙才想起，自己来时手里拎的行李不知丢到哪里去了。

是遗失在天井里了，还是忘在客厅里了？他回头望了一眼，没有见着，他心里很着急。

出了门，杜月笙再三向黄振亿道谢。他没有提起行李的事，他怕惹起纷扰，闹出笑话，同时，也怕给黄振亿添麻烦。

接着，有人带杜月笙到后面的厨房里。他发现，黄公馆的厨房相当大，除了一副灶台，橱笼薪炭外，还有两张大方桌，七八条红漆板凳。他心里想，难道在厨房里吃饭的人，就有两桌之多？

他被安置在灶披间，也就是和厨房毗连的一间小屋，可以堆放杂物，也可以住人。灶披间里有两张单人床，在空着的那一张床上，杜月笙发现了自己的行李。

不一会，马祥生进来了。他正待和这位同参兄弟表达见面之喜，马祥生却莫名其妙地望着他——原来，他们刚才在天井里就见过面了，而且他的行李，也是马祥生顺手接过来，替他放到这里来的。没想到，杜月笙却太紧张，把刚才的事给忘了。

进了黄公馆后的杜月笙，仿佛换了一个人，他沉默机警，事事留神，平时除了奉公差遣，经常足不出户。嫖赌两项，在很长一段时间里，他沾都不沾。

几个月后，杜月笙发现，掌握黄宅大权的，不是黄金荣，而是桂生姐。

桂生姐自从嫁给黄金荣后，外帮黄金荣出谋划策，处理各类疑难问题；内理家敛财，中兴家业，使黄金荣得益匪浅。每遇棘手之事，黄金荣总是与她商量，对她的意见十分重视。

杜月笙明白，抱住师母的粗腿，讨得她的欢心，便有好果子吃，有重用迁升的希望。于是，他便在师母身上狠用功夫。

桂生姐每顿饭后，杜月笙就送上削得滚圆雪白的梨子或苹果；桂生姐抽鸦片，他就打出不大不小不长不圆的烟泡；桂生姐搓麻将，他在一边出主意使眼色，递毛巾擦脸。甚至桂生姐洗完脚，他也会抱着那小脚丫修趾甲涂趾甲油。

不过，这多是在师父不在家的时候，"男人头，女人脚，只能看，不能摸"。摸女人的脚，别人往往会认为有不轨之心。

苍天不负苦心人，半年下来，杜月笙终于博得师母桂生姐的欢心。她觉得这条小光棍既忠心又灵活，开始外派差使，叫他去黄金荣开的"共舞台"收盘子钱——当时戏馆里的前座和花楼包厢座位前，除香茗外还摆上果品，供观众享用，任你吃不吃都得付钱，而且价钱昂贵，这是一笔好收入，行话叫盘子钱。

接着，桂生姐又派他到妓院去取月规钱，到赌场去"抱台脚"。

杜月笙收到这些钱款后，当即回黄宅，把款子如数上交师母，一分不差。直到这时候，桂生姐才把他视为心腹，把自己的私房钱由他去放"印子"——高利贷，并让他参加"抢土"的班子。

有一次，黄金荣把探得的消息告诉桂生姐：有个南京大客商从租界买了5000两印度大土，分装 10 大包，打算由龙华周家渡上船，从黄浦江水路偷运到嘉兴去。

桂生姐立即派人出动。当然，杜月笙也在内。

那是一个伸手不见五指的黑夜，徐家汇一带没有行人。一辆马车急驶而来，马蹄在石子路上发出"得、得、得"的响声。马车转弯，来到漕河泾，离周家渡几百米的地方，几根烂木头交叉横在路当中。

马车夫骂了一句"操娘的"，正要招呼座厢里的人出来搬开，话音刚落，只听"呼啦"一声，车夫脖子套进了一只绳圈，随即一拉，把他拖下车来。

车厢里的人正要动作，几支手枪与匕首，对准了他们。

套绳圈的是杜月笙。他当年跟在"套签子福生"后面"抛顶宫"——抢别人的帽子，学了一手甩帽子的功夫。这功夫与甩绳圈相通，他一练就会，一会便精。

这次劫土的头头是歪脖子阿广。

阿广正要命令手下人动手搬货，杜月笙忙上前阻止："我们找个隐蔽的地方吧！"

说着，他便牵住马笼头，往右边一拐，进了一片马尾松树林。

歪脖子阿广同手下人七手八脚地把四个押送大汉和车夫绑起来，然后从车上翻滚下几口酒坛子，一一敲碎，扒出包包烟土，各人用麻袋一装，扛上肩膀，一声唿哨，逃之夭夭。

半小时后，他们在徐家汇一间小屋里聚齐，一点烟土数目，竟多了两包。

歪脖子阿广眼珠子一转，从袜筒里拔出匕首，把两包烟土切成八块，让每人拿一份。杜月笙呆在一边不敢去拿，歪脖子发狠道："老板、老板娘要我们抢的是 10 包，这两包外快，弟兄们辛苦，分点香香手。'莱阳梨'，你怕什么，拿着！"歪脖子阿广边说边把剩下的一块烟土，用纸包了包，往杜月笙手里一塞，接着又说："我办事公平合理，每人一份。要是有人去师父那里打小报告，老子就再赏他个'三刀六洞'。"

当抢土的一班人马回到黄公馆，桂生姐已叫人在厨房里摆好酒菜点心，她自己端坐一张餐桌前等候着。

桂生姐让大家将麻袋里的烟土取出，一包包放在桌上，让她点数、过目。她十分满意，一面招呼大家坐下吃喝，一面挑出一包烟土打开纸包，叫杜月笙切成几份。她向几块烟土咂咂嘴，说："这趟买卖干得漂亮，每人拿一份吧。阿广双份，吃完了休息。——月笙，把货送到我房里去。"

说完，她上楼去了。

桂生姐住二楼，她的房间，除贴身使女以外，只有杜月笙可以进去。杜月笙将烟土搬进房里，锁入大铁箱后，走到桂生姐面前，从怀里掏出两包烟土，双手呈给桂生姐，随即把徐家汇小屋里私分烟土的事情悄悄地说了一遍。

桂生姐听了，柳眉倒竖，勃然大怒，一拍桌子，要传歪脖子问罪。

杜月笙忙拱手相劝，而后又在她的耳朵边嘀咕了一阵子。

桂生姐点了点头，他才退出去回楼下吃喝如常。

第二天晚上，桂生姐与黄金荣在大餐间里，周围站着金九龄、顾玉书、金廷荪、马祥生等几个徒弟。

黄金荣一抬下巴："叫歪脖子。"

顾玉书跑到门口一招手，候在门外的歪脖子阿广趑了进来。桂生姐看门外还站着四五个人，便发话道："让他们也进来吧！"

以歪脖子阿广为首的六个人，低头垂手恭敬地立在黄金荣夫妇面前。

黄金荣虎起麻脸，说："歪脖子，你这欺师骗祖的杀坯，在老子跟前掉花枪！原来我只晓得 10 包烟土，可是上午巡捕房报案有 12 包。你也真会钻空子，手脚做到我的头上来，活得不耐烦了吧？"

歪脖子阿广扑通一声跪下，浑身发抖。

"砰"的一声响，黄金荣一巴掌拍在茶几上，吼道："家有家法，帮有帮规。拖出去宰了！"

其余五个人也一齐跪下求饶。歪脖子阿广慌了手脚，爬到林桂生跟前拖住她双腿喊"救命啊"！

静坐一旁冷眼观看的桂生姐这才开始盘问："这两包烟土，你独吞了呢，还是私分了？"

"分给他们一份，我独得三份。"

"这主意是你出的还是别人？"

"是我鬼迷心窍。"

桂生姐鼻孔里冷笑一声："歪脖子，你不配当光棍。念你跟师父多年，放你一马，免了三刀六洞。你走吧！一人做事一人当，你们都起来。"

跪着的人谢过师母恩典后起来，歪脖子向黄金荣夫妇叩过头，灰溜溜地走了。

大餐间死一般沉寂，谁也不说话。

黄金荣猛吸了几口吕宋雪茄，喉结一动咽下肚去。过了一会儿，从鼻孔里长长地呼出两道清烟。

"这方面的事，以后由玉书主管。"

"好的，让月笙帮衬着干。"桂生姐马上跟着建议。

黄金荣看了看杜月笙，说："好。月笙还是挺能干的。对了，歪脖子那婊子养的，要不是你师母菩萨心肠，我早就剁了他。现在死罪饶过，活刑可不能免。月笙，你去一趟，取下他的一个手指来。"

"这个……"

"怎么，不敢去？"

"不是。我是想，这个婊子养的歪脖子肯定已逃出上海滩了。"杜月笙一看黄金荣板起脸，立即改口。

"这个你就不懂了！这赤佬是江苏青浦人，现在末班车早开走了，航船要等到明天。他一时还跑不掉，你给我马上去。"说着，黄金荣从角落里摸出一把短柄利斧，递给徒弟，"就用这个。要不要带几个人去？"

"师父放心，不用带人，我一定能办好。"

杜月笙接过斧子，转身放入一只蒲包里，披了一件夹袄，匆匆走了。

夜色苍茫，秋风萧瑟，寒气袭人。杜月笙打了个寒噤，接着来了个喷嚏。他拐进一家熟食店买了那小桌上摆着的熟菜肴，又去买了两瓶高粱浇酒，一并放进蒲包里，来到歪脖子的那间江边滚地龙小屋。

歪脖子阿广正躺在床上唉声叹气，地上满是老刀牌香烟烟蒂头。他一见杜月笙推门进来，霍地一下从床上跳下来，头上直冒冷汗。他知道，情况不妙。

杜月笙进门后，先把熟食打开摊在小桌上，再捞出一瓶白酒，而后拨亮油灯。

阿广呆在一边看着，等杜月笙在一条板凳上坐下以后，他才去门外张望了一会儿。没有别的随从，只有杜月笙一人。他放了心，闩上门，搬条板凳在杜月笙对面坐下。

于是，两人相对，喝起闷酒来。

几杯白干落肚，双方的眼珠子都布上了红筋。火候到了，杜月笙从腰间摸出白花花的八块银圆，放到猪舌头边上，说："我们两个师兄弟一场，今天你落难，小弟没有什么好相送的，这几只大洋送给大哥作盘缠……"说到后来，声音呜咽起来。

"这……怎么好……"阿广也动了情。

"兄弟我，一时半时也拿不出再多了。我们两个兄弟一场，你不会嫌太少吧？你收下来路上买碗酒喝。"说着，用左手背把一摞大洋推到阿广面前。

歪脖子感动了，半晌说不出话来。

"月笙老弟，师父、师娘待你不薄，好好干，前途无量。将来自立门户时，让我再来讨口饭吃。"

"唤，别说了！我也是泥菩萨过河，自身难保哇！"

"怎么，兄弟也遇到难题了？"

"我……算了，不说……我们喝酒吧？"杜月笙端起面前的满盏烧酒，送到唇边，一仰脖子咕嘟咕嘟全都灌了下去。放下酒盏，双手扭下一只鸭腿低着头啃起来。

阿广纳闷了。这水果月笙平时是相当爽快的，快言快语，从不含含糊糊，今夜怎么这般吞吞吐吐，内中必有缘故。

"兄弟，你要把我阿广当自己人，有何难处，只要我阿广能办到的，决无半点推托。

　　"阿广哥，你留个家乡地址给我吧。你是知道的，我没有什么亲人。说不定，过几天我要逃到你那里去……"

　　"怎么，你犯事了？"

　　"好吧，我就说了吧。本来，我喝完这碗酒后，是要和你告别的，现在，你一定要我讲，我只好从命！"

　　"快说吧，我阿广为你解难。"

　　"不瞒你说，一个时辰以前，师父硬要我来取你的一截手指，说帮内规矩不可坏，还亲手交给我一把斧头。"一口气说完，他眼睛朝角落的蒲包斜了斜。

　　"原来是为我……"

　　"阿广哥，我在路上就想定当了。你走你的路，这里的事体，我担当。大不了卷起铺盖另寻码头。"说完，杜月笙提起蒲包，从中取出另一瓶烧酒，递给阿广，"这瓶酒你带着路上吃。"

　　歪脖子却不去接酒，而向前抢上一步，抓过蒲包，掏出那柄寒光闪闪的利斧，说：

　　"兄弟，你是够哥们的，我也决不让你为难。师母说我不配做光棍，可我自个儿觉得是条光棍。"

　　阿广转身，左手叉开三指，撮起一盏烧酒，咕咕咕灌了下去，一转身凑在桌角上，咬住牙，提起利斧喀嚓一声，斩下一截无名指来。

　　"你！"杜月笙忙过去阻止，已来不及了。

　　阿广左手紧攥成拳头，右手一扬，把斧子扔在地下，显出英雄气概，眼珠子转向桌角上那根血淋淋的手指，"拿去交差吧！"

　　"保重！"

　　"后会有期。"

　　"回家后，遇到为难之事，就来找我。"

　　歪脖子阿广点点头。

独自擒"窃贼"

杜月笙开始崭露头角。

那一天，八九点钟光景，有人气急败坏地从外面跑来，报告桂生姐，说是有一宗货，装在一只大麻包里，已经得手，交给某人雇黄包车拖到黄公馆来了。谁知，断后的人都到了，问外面守门的，运货的人却不曾到，可能是出了什么岔子，请桂生姐快些派人去查。

桂生姐一听，勃然大怒。

黄金荣已经出去了，黄公馆里的保镖们都不在场。这是动家伙、拼性命的差使，一般"文角色"都面面相觑，不说一句话。

一旁的杜月笙却暗自高兴。他觉得，这是天赐良机，万万不可错过。他鼓起勇气问桂生姐：

"师母，我能不能去一趟？"

桂生姐看他一眼，瘦得三根筋样，没料却有捋虎须的胆子。一方面有些赏识，另一方面也的确无人可派，她只好点点头。同时又问：

"要不要再派几个人帮助你？"

这一次，杜月笙决定要做一次"拼命三郎"，得失成败，在此一举。他不想有人挤占这份功劳。何况，别人不乐意，硬拉人去帮忙，关键时刻，人家能给你拼命？于是他摆出一副久在江湖的"老闯"模样，用力一摇头，说：

"不必了，我这就去。"

问清了运送"麻袋"所走的路线，杜月笙从桂生姐手中借了一支手枪，又从自己的床下拿出一把匕首，疾步跨入黑暗之中。

来到弄堂口，杜月笙说了个地方，然后跳上一辆黄包车。

车夫飞跑起来。

黄包车在林荫道上飞跑着，杜月笙坐在车上，脑子飞快地转着。黑吃黑的偷烟土的贼既然敢从黄金荣虎口夺食，他决不会是等闲之辈，也决不会飞蛾扑火而到法租界来。不过，杜月笙清楚，这年头的上海滩，谁带一麻袋烟土，就等于带一颗不定时炸弹，不知道它什么时候会轰然爆炸。因为"黑吃黑"的抢土者到处都是，深更半夜独身一人带着值万千钱的烟土，随时都有挨刀子、吃卫生丸子、被打闷棍的可能。

杜月笙断定，偷土的这小子一定会就近找一个藏身之地，绝对不会跑远。

接着，杜月笙又往下想。

上海县城一到夜晚就四门紧闭，偷土之人进不去，法租界又不敢来。他必定会冒险穿过法租界，赶往英租界。英租界不是黄金荣的势力范围，在那边做烟土生意的，另有一批人多势众的"好汉"。偷土之人唯有逃到英租界里躲起来，才能够保全他的性命，才能保住冒死吞没的烟土。

判明了追赶方向，再细细计算时间和路程，他立刻吩咐车夫：

"快点，往洋泾浜那边跑！"

洋泾浜是法租界和英租界的接界处，一道小河沟，浜南是英租界，浜北是法租界。杜月笙想在法租界地段拦住那贼。这样，事半功倍。

夜已经很深了，街灯都已经熄了，无星无月，黯黯沉沉，风很猛。

杜月笙坐在人力车上，手握着手枪，他来不及担心害怕，他只能耳眼并用，凝神搜索人影和声响。

果然，他发现了一部疾走的黄包车。

一麻袋烟土有100多斤重，再加上那个偷土贼，重量太大了，所以那辆车的速度并不算快。杜月笙催促他的车夫快跑。转过一个街角，终于追上了。

黑暗中，杜月笙首先亮出手枪，枪口指着那人，很镇静地说："朋友，你失风了！"

那边车上的偷土贼，惊得魂飞天外。可是，他坐在车上，无法逃跑。同时，拉他的车夫又累又吓，不走了。

"你是谁?"那贼在车上声音颤抖地问。

杜月笙心落回肚里。他已判断出，偷土贼身上肯定没有手枪，不然，他不会先问话，一定会先开枪的。

杜月笙把手上的枪亮了亮，然后插回腰间，对拉土的车夫说：

"老弟，我知道没有你的事。不过，我要请你帮个忙，把车子拉到同孚里黄公馆。我赏你两块大洋。"

杜月笙这三句话，第一句先安抚了车夫，第二句说出了黄公馆，第三句有赏，车夫怎能不听?

两位黄包车夫并肩奔跑起来。

"停。"那位偷土贼坐不住了。

一位车夫停了下来。

"怎么了?"杜月笙抓住口袋中的手枪柄，厉声问。

"兄弟我是一时糊涂，财迷心窍。大爷，货全在这里，你老回去完全可以交差了，你就网开一面，让我走吧。"

骤然间，杜月笙觉得自己已经成了英雄。

听够了那人的苦苦哀求，杜月笙问：

"你只想保全这条性命，其他什么都不想要了？"

"是的，是的。大爷，求求你，一定帮我这个忙。"

"这件事用不着我帮忙。你老实跟我回去，横财是发不成了，性命总还会有的。"

"大爷……"

"放心吧，黄公馆里什么时候'做'过人呢？"

"只是……"

"跟我一道回去，挨桂生姐骂两句是免不了的。骂过以后，一出大门，你就离开这上海滩，另找生路吧。"

"大爷，你肯帮我讨饶，说个情？"

"你用不着求我，我说不说情都是一样的，充其量叫你走路。黄公馆是向来不会动刀动枪，这种事，你还能不晓得？"

"桂生姐厉害吗？"

"没关系的。"

回到黄公馆，桂生姐早已从楼上下来。

杜月笙初次出马，人赃俱获，干得干净漂亮，不负她的一番苦心。她桂生姐可谓是慧眼识英雄的。她早就站在门口，准备亲自迎接这位凯旋归来的小英雄。她以为杜月笙一见到她，便会绘声绘色、滔滔不绝地向她夸耀一番。没想到，杜月笙却很平淡。

"货已经搬进去了，人在客厅里面，顾玉书他们在看着呢，请师母发落！"

桂生姐心中更加喜悦。她觉得自己的眼力真是太准了，这杜月笙，是个能成大事的角，将来功业，绝不在黄金荣之下。

桂生姐匆匆下楼，亲自发落那个吃里扒外的偷土贼。

杜月笙的预料一点也不差。

桂生姐破口大骂，发了一顿大火后，既没打，也没杀，骂过以后叫他立刻滚蛋，从此以后不许他再到上海来。

杜月笙在那段时间立下了许多汗马功劳，渐渐成了桂生姐的心腹大将，开始和鸦片烟发生关系了。

黄金荣在法租界里，一向以兜得转，吃得开，破案最快而著名。有一阵子，他却被一连串的"黑吃黑"、"抢土"、"窝里反"等神秘恐怖的案件，闹得头昏眼花，束手无策。由于法租界当局对他逼的太紧，他极为苦恼，不为别的，就怕砸了自己的金字招牌。

这一连串的神秘怪案，全部是由于鸦片烟而引起。

鸦片烟由远洋轮船从海外运来，为了避免码头上军警的检查，必须先把违禁的鸦片烟卸下来。他们卸货的方式非常巧妙，算准了每夜黄浦江涨潮的时候，把装满烟土的麻袋一只只的往水里抛。

"土麻袋"浮在水面，体积大，目标显著。等到潮汐退时，水势倒灌，或由舢板捞起运走，或由预伏在岸边的好手，利用竹杆挠钩，再一袋一袋钩上岸。

这个秘密很快被其他人知道，他们立刻如法炮制，驾舢板的驾舢板，使挠钩的使挠钩，照样"接土"。一捞到或是一钩到，上了岸装上车子就跑。

江面宽阔，土商人手少，有时在江上遇见了，也无法可想。

上了岸，英界、法界、华界，错综复杂，各有各的势力范围，你找谁去？

当时的土栈，都设在新开河民国路一带，因为这里为华洋接界处，便于掩护。土栈运货，把鸦片分装在铁皮煤油箱里，由土栈里一箱箱的搬进搬出。抢土者便在光天化日之下，驾着马车，车中藏有原先装货的煤油箱外套的木匣子，在运货的队伍附近转悠，瞅准一个机会，他们便以迅雷不及掩耳之势把木匣套在煤油箱上，搬上马车就逃，令运土者措手不及，顾此失彼，无法追赶。

这种抢法，名叫"套箱"。

另外还有拦路抢劫、打闷棍等，令土商防不胜防。

当年上海最厉害的"抢土"人，是"大小八股党"。

上海的弄堂房子，前门和后门同样的重要，两者都是出入通道。只不过进进出出的人，走前门和走后门，身份地位及接洽的事情大不相同。

事事留心的杜月笙，到黄公馆后，很快看出黄公馆有两大系统。常走前门的，是黄金荣公事上的客人或兄弟，在后门厨房进出的，他们歇脚的地方就在厨房里。现在杜月笙明白，黄公馆的厨房为什么要那么大了，因为它是变相的客厅。马祥生这个打杂的其实是传达、联络员。

桂生姐不大亲自接见这些短打扮的小朋友，但是，这些人只要到了黄公馆，必定是接到了她的命令或指示。

所以，黄公馆明里是黄金荣在办公事，暗里则由桂生姐策划指挥。

杜月笙和桂生姐一接近，很快又发现，实际上，桂生姐要比黄金荣忙得多。她在忙什么呢？她忙的居然是"抢土"、"包赌"。

抢土案件越来越多，杀人越货，时有所闻，杀人伤害涉及刑案，捕房不能不管，但却又无从下手。外国人无法，只能责成黄金荣尽力。

黄金荣请来相关人士，秘密会商，当他洞悉内情，他顿时便感到这案子十分棘手。有这么一桩取之不竭、用之不尽的财香，那些江湖朋友怎能罢手不干呢？所以，他一连多日唉声叹气。

桂生姐见他这么烦恼，便再三追问。黄金荣把事情一说，桂生姐不觉怦然心动。她觉得，这"土"里的确有大文章可做。

要想做无本生意，再没有比"抢土"更简单便利、利润惊人的了。抢到一袋或一箱土，便是光洋巨万，而且所冒的风险并不大。桂生姐经过一夜的深思，想出了一个刀切豆腐两面光的办法。同时，她舌翻莲花，说服了她的探目丈夫黄金荣。

黄金荣答应照桂生姐的办法去做，由他和桂生姐分兵二路，双管齐下。

桂生姐的意思，土商那面，因是违禁贩毒，纵然损失颇重，也无法公然出面，请求捕房查缉。同时，他们都是久闯江湖的人，应该懂得"强龙不压地头蛇"的道理，做这么大的发财生意，落下点甜头给当地码头上的兄弟吃吃，实在算不上什么。何况，万一两虎相斗，事情闹穿，吃大亏的必定是土商他们自己。一天损失几包土，权当抽头纳税了。反正羊毛出在羊身上，抽大烟的人有的是钱。

捕房方面也有两重顾忌，一是因为抢土杀人，出了刑案非办不可；另一方面，他们都暗中得过土商的好处，也要对土商有所交代，所以，办也不好，不办也不好。

但是，如果黄金荣保证不会发生刑事案，而土商也"深明大义"，不再追究的话，外国人就会感觉很好。

抢土的人，三教九流，本地的"好汉"，外来的"英雄"，可以说庞杂奇异，无所不有。这种乱哄哄的现象应该得到控制。在桂生姐的授意下，黄金荣专门组织了一支"别动队"，半公开地武装押送烟土，土商们每次出一部分"土"做为保护费，由黄金荣收取。那些单独行动的各路劫贼，与黄金荣的别动队较量过几次，都大败而归。反过来，不少人只好求黄金荣，赏口饭吃，黄金荣便把这些人也拉进了别动队，长期护"土"，定期"分"土。

散尽千金

在黄公馆做事，上下人等并无薪水可拿，因为一般人都这么想：既然有黄金荣的招牌可以利用，底下人反过来按月孝敬黄金荣一些才对。

但是，杜月笙虽然获得桂生姐的信任，他仍然还不敢放手自寻财路。和公馆里的其他人相比，他除了不定时的赏赐，没有其他收入，自然显得比较寒酸。

桂生姐很快注意到了这一点。她决定给他一份美差。

有一天，桂生姐对他说：

"月笙，大众赌场，你知道吧？"

"是不是巡捕房旁边？"

"对。你去找他们的老板，就说是我叫你去帮忙的，照例吃一份俸禄。"

杜月笙差点跳了起来。

"大众"是当时法租界的三大赌场之一，整天车水马龙，门庭若市。杜月笙每次走过它的门前，总是不胜羡慕地往里面张望。没想到，桂生姐竟然派他到那里去吃俸禄，怎能不叫他欣喜若狂呢？

第二天，杜月笙兴冲冲地跑到大众赌场，把来意对老板说了。

"小伙子，空口无凭，我怎么信你呢？"

当众受此奚落，杜月笙偏偏无词以对。他满脸胀得通红，一转身，匆匆离去。

回去以后，杜月笙只好闷声不响。他怕说出来，让桂生姐觉得丢面子。

又过了一阵子，桂生姐偶然问道：

"月笙，大众那边，给你多少俸禄？"

杜月笙支支吾吾，答不出话。

桂生姐一见，顿时明白，"是不是他们不给面子？"

"也不是。"杜月笙望望桂生姐，"他们说空口无凭。"

"笑话。我说了，还不就是凭证，走，我亲自带你去！"

赌场老板看见桂生姐突然驾临，便知有事。再看她身后跟着的杜月笙，正是那天被他一句话打发回头的那个小伙子，不由得头皮直麻，忙上前先陪罪，后解释。

桂生姐仿佛全没听见，淡淡地一笑说：

"你要凭据，现在凭据自己来了。"

老板连连作揖，"误会，实在是误会。你桂生姐关照的事，我怎么敢驳回呢？"

接着，老板回头招过帐房，"给这位杜月笙先生吃一份长生俸禄，按月支领30块现洋"。

桂生姐此时才觉得她的面子挣回来了。望着那边一群人围着的一张牌九桌，她说："我来推几手。"

众人连忙闪开，把她让在了桌边。

落了座，只见桂生姐动作迅速，手法熟练，一看就是一位行家。十几手庄推下来，她已经赢了不少。

大概是桂生姐突然想起，以她这样的身份，久在赌场中流连不妥，望望桌边赢的二三百元筹码，回过头对杜月笙说：

"来，月笙，你接着来。"

杜月笙正在忸怩，桂生姐已经笑哈哈地站起身来，"我还有事，先走一步。月笙，你尽管在这里玩吧。"

桂生姐说着就走了。

很久没有赌过钱了。此时，杜月笙觉得自己风光十足，精神倍增。他呼幺喝六，赌得痛快淋漓。三个钟头下来，桌桌筹码，他竟赢了 2400 元之多。

对于杜月笙来说，这是从他出生以来所从未有过的快事。

再一想，这庄家是桂生姐叫他代的，手气是桂生姐的手气，彩头是桂生姐的彩头。还是见好就收吧。

"时候不早了，我还要回公馆做事情，先走一步了。"

杜月笙话音刚落，四周就叫起来了。

"你小子赢了就想走？"

"赌品太差！"

但是，大家都知道他是同孚里黄公馆的，尤其是刚才他由桂生姐亲自领来，谁也不敢阻拦他。

杜月笙也不客气，把筹码换了 2400 块大洋，用报纸包好，雇辆黄包车回同孚里了。

进了公馆，他径直找到桂生姐，"师母，我把你的钱带回来了。"

报纸一打开，桂生姐见他赢了这么多光洋回来，不由一怔。继而又笑道：

"月笙，这真叫是你的运道来了。我喊你代几副，原是想叫你赢两个零花钱，输了呢算你倒霉。哪想到你赢了这么多。拿去吧，这笔钱统统归你，我一文也不要。"

"我不能拿。我是代你来的，输赢都是你的运气。"

"不是我的运气，是你吉星高照，拿去吧，这钱是你的。"

"不，是你的。"

"好吧，我拿 400 块红钱，那 2000 块钱你拿走。"

"不，你拿 2000 块，我得 400 块就心满意足了。"

桂生姐有些不耐烦了，"叫你拿去你就拿去，不要多说了！"

杜月笙一副无可奈何的样子，慢腾腾地拿起 2000 块钱走了。其实，他心里像是抹了蜜一样甜。

当天晚上，桂生姐把这件事告诉了黄金荣。

"月笙是个小光棍，你给他这么多钱干什么？即使要给，也该叫他存起来，不要乱花掉了。"

"不不不，"桂生姐笑着说，"我正要看看他怎么用这笔钱。"

再说，杜月笙捧着 2000 块钱，欢天喜地地回到灶披间，进门就说：

"祥生，要不要用钱？"

马祥生正躺在床上，懒懒地说："你哪里有钱给我用？"

杜月笙并不介意，往床沿上一坐，抓起一把光洋，"你要多少，50，还是 100，还是 800, 1000?"

"不要穷开心了",马祥生说,"你能给我五十块钱,我就欢天喜地了。"

此时,杜月笙放下纸包,打开。马祥生一见那么多白花花的现洋,大吃一惊。他迅速跳起来:

"哪来的?"

杜月笙先没回答,拿起了 100 块,塞到马祥生手里。

"这是怎么回事?"

于是,杜月笙才慢慢对他说起来。

听完之后,马祥生啧啧称赞。

"你准备拿这笔钱做什么?存起来?还是买幢房子开片店,成家立业?"

杜月笙有些茫然,"这些,我还都没有想到呢?"

"那你想到什么了?"

"很久不曾到十六铺了,"杜月笙答非所问。"很想念那边的朋友的。"

马祥生有些感动,说:"今天晚了,明天,我陪你去那边一趟。"

第二天,两人向桂生姐请了一天的假,说是要到十六铺去看朋友。桂生姐什么也没问,点头答应了。

十六铺离同孚里很近,两人很快就到了。

最先找到的是袁珊宝。

三位好朋友重相聚,异常兴奋。仿佛他们已分别好多年了,有说不尽的别后思念。

谈了一阵子,杜月笙留马祥生和袁珊宝在一起聊天,他独自一人,踅到隔壁,潘源盛水果行依然如旧。

王国生一眼看到了他,高兴得跳了一下: "哎呀,月笙哥,什么风把你吹来了?"

一转眼,潘源盛的店员学徒,团团地把他围住了。他们互诉近况,不停地开着小玩笑。过了一会儿,杜月笙悄悄一拉王国生的衣袖,两人来到后房,隔着一张小桌子坐下。杜月笙面容严肃,语调恳切地说:

"国生,以前有些事情我对不起你。"

王国生脸一红,说:

"什么了不起的事,亏你有这么好的记性,到现在还能记在心上!"

杜月笙感激地望了他一眼,说:

"我知道你是不介意的,我每天夜里都会想起,你自己的境况并不好,那时候,我实在是拖累了你。"

王国生急了,断然打断他的话,"难得见一次面,你就不能说点别的?"

"好吧。"杜月笙说，"不过，这钱还是要还你的。"

王国生大感惊异。因为杜月笙递给了他一张纸条，上面杜月笙所欠的公款虽只有50多块，却分门别类记得清清楚楚。

"你是小本生意，要是遇到的店员都是我这样的，还不早已关门了？"说着，杜月笙递过200元大洋。

"你这是干什么？"王国生望着手里的钱，"给这么多干什么？"

"你这片小店，应该多添点货。"

"这算是你加入的股本？"

"不，"杜月笙站起身往外走，"连本带利加倍还你的。"

接着，杜月笙又找到了师傅陈世昌，荐人黄振亿，还有以前在这里赌钱时欠过帐的那些人。师傅和黄振亿他都送了钱。最兴奋的是那些早已忘记了他的赌客，他们得到了双倍偿还。

这些事情一一办完后，王国生、袁珊宝早已在一家小饭馆摆下一桌酒菜，请杜月笙和马祥生。杜月笙坐在桌边说：

"直到今天，我才觉得身上轻松些。"

回同孚里之前，又有一些朋友来看望杜月笙，他们早先都或多或少地和杜月笙相处过。见了他们，杜月笙一人塞上三五十元。

马祥生有些忍不住了，"月笙，你这是干什么？"

杜月笙耸耸肩，笑着说："这帮朋友，平时想意外得个三角五角都得不到，一旦到手三五十块，你想他们有多高兴！"

"他们高兴，与你有什么相干？"

这时，杜月笙凑近他的耳朵，悄声地说：

"不要忘记，我们自己也过过这种穷苦的日子的。"

巧夺食黑吃黑

一个月后的一天，桂生姐叫杜月笙到楼上去。

"月笙，钱用得差不多了吧？"

杜月笙早就想到过，自己如此大把大把地花钱，师母知道，肯定是要责备的。但他不愿隐瞒，他觉得，对于眼前的这位师母，这些小事不必隐瞒。他笑了笑，点点头，"花得差不多了。"

"出手不小啊。"其实，桂生姐早已把杜月笙的花钱之事掌握得一清二楚了。对杜月笙的这种花法，她很满意。

她觉得，假如杜月笙拿那2000块钱去狂嫖滥赌，尽情挥霍，那么即使他有胆有识，充其量不过是个小白相人的材料。假如杜月笙用他那笔钱存银行，买房子，开片店面，这样，他就不配做一个混迹江湖的人。他花大笔的钱去清理旧欠，结交朋友，就是在树信义，树招牌，等于在说，他不但要做个江湖之人，而且要做江湖上的人上人。从这一点上，桂生姐断定他是黄公馆里最需要的得力帮手，一定要好好培养他，扶植他。

杜月笙的位置开始上升，一有棘手的事桂生姐总是首先想到他。

有人向桂生姐报告，英租界巡捕房的探长沈杏山和水警营、缉私队的郭海山、戴步祥、谢葆生等人，利用工作之便，从抢土到包运烟土收保护费，全包了下来。收到的浮财，除一部分奉送给洋人之外，其余全部落入自己的腰包。现在，这帮家伙人人嘴角流油，个人腰缠万贯。

桂生姐听完，愤愤地说："这块肥肉，绝不能让沈杏山那帮人独吞！月笙，我限你三天，一定想出办法来！"

"要发财，大家发"，杜月笙胸有成竹地说，"我们也不是呆瓜，上海滩的财香，要捞大家捞，我有个主意，请师母定夺。"

杜月笙见桂生姐点了点头，便凑到她的身边说：

"各地运到上海的烟土，除了英、法等国从印度、暹逻运来以外，如今的烟土商有潮汕、两广、山西、云贵与川湘五大帮。山西帮从陆路运进沪，其余几帮大多通过水路，从吴淞口进外滩上岸的。特别是潮汕帮与两广帮，由海面运到吴淞口外，再由沈杏山等人派驳船去接应，直接运进租界码头。这不但可以免去一切关税，而且还由水警与缉私队护送，稳稳当当地进入英租界土行仓库。"

介绍完情况，停了一下，杜月笙又说："我们也来个'釜底抽薪'。不过，这么干，得有个内应。"

"内应？一时三刻恐怕难找。"

"师母还记得上一趟放人的事吗？这个人叫谢葆生，是和沈杏山在一起的。"

那是去年的早春时节，黄浦滩头正是"风吹新绿草芽折，雨洒轻黄柳条湿"的景致。

午后，正是聚宝茶兴楼上客的时光，来了个中年汉子。他拣了张靠窗的桌子坐下后，叫了壶乌龙茶。茶端来了，他并不喝，只把那茶盏盖取下来，戤在茶盏的左边。盖顶向外，盘底朝里。跑堂的回头一瞧，心里有数了，这是青帮中的规矩——挂牌，随即上楼报告坐镇聚宝楼的顾玉书。

顾玉书原是徐家汇一带的流氓，投到黄金荣门下以后，自己收罗了一班人马，成了黄门的得力干将。黄金荣两年前派他掌管这片聚宝茶楼，作为白相人与帮会的联络点。

早上，黄金荣已派人关照，近日可能有人来"讨帐"，不必客气。

顾玉书在裤腰里插上一把匕首，左手里擎着两颗鸭蛋大小的钢球，"叽咯""叽咯"地捏着踱下楼来。他先在这来客的茶桌边，由左到右，逆时针方向兜了一圈，像猫狗绕着圈子嗅刺猬一般地打量了对方一番以后，站到那大汉的对面，突然问：

"老大，你可有门槛？"

对方似乎早有准备，便恭恭敬敬地站起来，右手掸了掸衣袖，两手一拱，说：

"不敢，是沾祖师爷的光。"

"贵前人是哪一位？贵帮是何门号？"

"在家，子不敢言父；出外，徒不敢道师。敝家师姓陈名上江下山，是江淮四帮。"

顾玉书听了，眼睛一眨，心中有数，来人属青帮，想是讨债鬼来了。奉师父的命，得给他点颜色看看。便追问道：

"老大顶哪个字？"

"在下头顶二十一，身背二十二，脚踏二十三。"

"老大是'通'字辈罗！"顾玉书这才拉开桌边椅子，在对面坐下，又一伸手，"请"。他示意对方也归座。

接着，顾玉书又盘问道："老大在哪个码头发财？"

"一船漂四海，四海即为家。"

照青帮的规矩，问到这儿，对方应该亮底，可是，这汉子还是这么含混其词，不由使得这个小有名气的茶店掌管心里冒火，而且火上浇油，对方反问道：

"请教老大烧哪路香？顶的哪个字？"

顾玉书拜黄金荣为师，可是黄金荣自己这时还没有投过师，在帮会道上是个"空子"。现在要亮出辈分，自然抓瞎了。相互盘问海底，为的是摸清对方的来路与在帮的辈分，以后才可以讲斤两。

那茶客见顾玉书答不上来，愣住了，以为是个假冒角色来诓自己玩玩的，便双眼冒火，霍地一下站起来，问：

"敢问老大贵帮有多少船？"

顾玉书看出了对方的心思，从鼻孔里哼了一声，冷冷地扔出一句："一千九百九十只！"

"打的什么旗？"

"进京百脚旗，出京杏黄旗，初一、十五龙凤旗，船头四方大红旗，船尾八面威风旗。"

"船有多少板？钉有多少钉？"

"板有七十二，谨按地煞数！钉有三十六，谨按天罡数。"

大汉追问："有钉无眼什么板？有眼无钉什么板？"

"有钉无眼是跳板，有眼无钉是纤板。"顾玉书对答如流，而且马上反守为攻，弹眼凸珠也反问：

"天上多少星？"

"三万六千星！"

"身有几条筋？"

"剥掉皮囊寻！"

大汉发狠："一刀两个洞。人有几颗心，借来下酒吞——"

"吞"字刚一出口，双方哗地一声拉开椅子，各自往后退了几步，摆开架势。

这时，散在四近喝茶的一些茶客们，也乒乒乓乓地踢倒凳子，掀翻方桌，呼啦一下分别站到自己人一边。有的还从袜筒里、腰上拔出雪亮的匕首来。一些不相干的茶客见了这副架势，早已吓出尿来，慌忙溜出门去。

双方正在剑拔弩张的当口，有人气喘吁吁地奔进来，大叫："大家都不要动手！"

众人一看，进来的是个后生，大脑袋上一对招风耳，很是惹眼，原来是杜月笙。

顾玉书暗叫晦气，怎么这个马屁精跑来了？要是他迟来一步，那汉子便可以尝尝三刀六洞的味道了。

"水果月笙，你来搅什么？这儿没你的事！"

"我来同这位老兄会会。"

"这桩事，师父交给我办了。"

"可师母让我出面来同客人会会。"

"有对牌吗？"

"有！"随声一扬手，一支翡翠金簪已飞过几张桌面，"啪"的一声牢牢地扎在顾玉书面前的茶桌上。

顾玉书一见金簪，软了三分，转身朝手下人摆了摆下巴，说声"撤"，喽罗们哗啦一下退出门外，散了。

跨出门口时，顾玉书右手往后一摆，银光一闪，一枚钢球正好砸在茶盏里，茶水溅了那大汉一脸，这才算满足，头也不回地走了。

杜月笙上前几步，双手抱拳向那大汉一拱手，斯斯文文地说："刚才的事，全仗老大包涵。敝帮手下人有脱节之处，敝人转禀敝家师。朝庭有法，江湖有理，光棍不作亏心事，天下难藏十尺身。该责便责，说打便打，你我一家人，请息怒。长可以截，短可以接，小弟慢到一步，先上一碗礼茶敬奉老大！"

他说着打了个响指，招来跑堂的泡上一盏镶红茶，双手递过去："待小弟前去请敝前人来消消老哥的气。"

那大汉见杜月笙斯斯文文的样子，又听了这一番和和气气的软话，火气也就压下去了。于是，他顺着杜月笙搭的台阶，双手接过那盏镶红茶，点头回报一句："幸会，幸会!"

茶楼里的气氛顿时缓和下来，原来准备来这儿开打的"茶客"们也归了原位，继续喝茶谈话。

雨过天晴。

杜月笙向大汉一摆手，说：

"请老大上楼，有事好商量!"

原来，事情是这样的。一个云南客商从十六铺水路带进一只皮箱，内藏八大包云土。黄金荣探到这个消息，马上漏给桂生姐，桂生姐立即让徐福生带了五六个弟兄，抢了过来。

螳螂捕蝉，黄雀在后，想不到半路上杀出英租界的一伙人，把八包云土截了去。双方混战时，沈杏山的一个手下，撤得慢了一步，被徐福生他们抓住。今天到聚宝兴茶楼来谈判的大汉就是沈杏山派来的代表。

黄金荣指示顾玉书扣住来人，连同昨夜抓的一个，作人质。让对方用截去的八大包云土来赎，如果对方还手，就来他个"三刀六洞"。

杜月笙在一旁听了，觉得这个主意馊，便悄悄地上楼在师母桂生姐耳边喊里喳啦一番。师母听了频频点头，随即拨下头上的一支翡翠金簪递给杜月笙，改派他去妥善处理。

那个人跟着杜月笙上了楼，双方一起坐下。

"请问尊姓大名?"杜月笙问。

"兄弟姓谢名葆生，此次是为了被你们抓了的那个弟兄来的。这批云土，是从我们英租界过来的，我们派人一直跟踪盯梢，正在动手时，却没想到你们冲出来，乱打一通。本来吗，隔山打猪，见者有份，你们来抢，倒也没什么，但你们不该关了我们的弟兄。现在，我帮正式提出，请你们放人，赔礼道歉。"

杜月笙等他说完，忙说："这实在是一场误会。实话不瞒你老弟说，这批云土从云南一起程，我们就知道了，一直护着它到上海。光棍不断别人财路，不能说从你英租界过，就是你们的啦? 大家都在上海滩上混饭吃，有话好说，人也好放。只是，这八大包云土要原封归还。再说，我们黄老板就是不比你们沈老板强，但也不会比你们沈老板弱吧? 真撕破脸皮，到头来只能是两败俱伤。为了这八包土，值得吗? 天涯何处不相逢? 今天，我们权当是交个朋友，你交土，我放人，怎么样?"

谢葆生想了想，"杜老兄的话有理。"

桂生姐当然不会忘记这个人。

杜月笙说："这家伙是个见钱眼开的赤佬，临走时我给了他五块光洋，他千恩万谢了好几遍。要是给他一根条子，不怕这小子最后不上钩！"

桂生姐听了像第一次和黄金荣睡觉那样舒心，两眼眯成一条线，看着身边的徒弟，抿嘴一笑，"成！"

三天后的黄昏，暮色降临，华灯初上。逸园跑狗场门口霓虹灯闪烁，车水马龙，爵士乐诱人的旋律，招来了熙熙攘攘的人群，热闹非凡。

7点钟光景，一辆轿车开到门口，从车上跳下两个人来——谢葆生与顾嘉棠。顾嘉棠从口袋里摸出两张"蓝派司"，向守门的安南阿三（越南籍巡捕）晃了晃，便进了门。

一进门，就有一个侍者迎上来，点头哈腰地说：

"这位可是谢老板，杜先生在三号看台，等您多时了，请！"

那侍者说完，右手向前一伸，打了个请跟我来的手势，便往前引路。

这跑狗场是法国人开办的大型赌博场，在当时的中国也算是新玩艺了。

谢葆生与顾嘉棠跟在侍者后边，进入人山人海的场内，绕过人头济济的一号、二号看台，来到三号台。杜月笙已从座位上立起，挽了挽长衫的袖口，双手一拱：

"谢老板，多日不见，近来发财！"

"托福，托福！杜先生恩情我谢某人今生今世不忘。这会儿又要先生破费，请我看跑狗，叫我怎么感谢好呢！"谢葆生连忙打拱作揖，连声称谢。

"小意思，小意思。昨天，法国人送来几张跑狗票，请我凑凑热闹。前一阵，我一直穷忙，今天空一点，约你来玩玩，开开心。也乘机聚一聚，交流交流信息。我知道你喜欢跑马，可是跑狗也是很有趣的。坐，坐！"

他们俩并排坐下，顾嘉棠也在杜月笙的背后坐下。

第一次来看跑狗的谢葆生，对逸园里的一切都感到新鲜。他看到椭圆的场地中，12个看台全部客满，人们挨肩叠背地一层层坐在木凳子上，都伸长脖子看场地中央。中央有几个洋人在桌子周围指手划脚地议论着什么，四周是白线划好的弧形跑道。

赛狗一天两场，日场与夜场。现在是夜场开始上客的时候，电灯照耀得场内如同白昼。在洋鼓洋号打闹声中，十三四岁的孩子们每人牵着一条狗进场。12条狗排列在场地中央，狗身上的彩衣分红、黄、蓝、白、黑等颜色，彩衣上编着1到12号号码。军乐声中，12条狗绕场一周，让观众看看膘势。

"谢老板，你看哪只狗会中头彩？"杜月笙用胳膊碰碰看呆了的谢葆生。

"我只会养马、看马，对狗外行。"

"哪里，哪里！俗话说，隔行不隔理嘛，会相马，也一定会相狗。"

"先生，可要补买彩票？"赛狗票推销员走到杜、谢面前，弯腰鞠躬推销彩票。

杜月笙略微沉思了片刻，回头对身后的顾嘉棠爽快地吩咐："这样吧，嘉棠，每号买 5 块钱。"

"好！"顾嘉棠从皮包里取出一张 60 块银圆的庄票，付给推销员，接回 12 张彩票，叠好，整整齐齐地交给了杜月笙。

谢葆生见杜月笙出手这么大方，每条狗押 5 块银圆，一下子就付出了 60 块，惊奇的张大了嘴巴，一时合不拢来。

杜月笙接过彩票，笑笑说：

"难得来玩趟吧，每只随押 5 块，总有一只中头彩的。这点小意思，送给你讨个吉利！"

他说完，把一叠彩票全数塞在谢葆生口袋里。谢葆生受宠若惊，连忙再三再四地道谢：

"真是却之不恭，受之有愧呀！杜先生对我的好处，我一辈子也忘不掉。以后，先生有什么差遣，只管吩咐就是了。"

"交个朋友嘛……"

"不，我要投到杜先生的门下！"

突然，一声铃响，全场鸦雀无声。这是预备铃，预示着赛狗就要开始了，他们俩的谈话也就此打住。

隔了 1 分钟左右，第二声铃响，人们屏息睁眼盯着起点处看。

铃声一停，跑道的端线上，忽地跳出一只大白兔。这兔子一出笼，循着跑道风驰电掣般地往前跑。大约过了 3 秒钟，端线里的闸门一启，12 只狗没命地往前追。大白兔绕道逃到第三圈的时候，全场沸腾起来，特别是押了大赌注的人，瞪着血红的眼珠子，拼命地喊自己相中的那只狗的号码。而那些胖太太们，有的却闭上了眼睛，只用手在自己胸前划十字。

兔子在众人的吆喝声中没命地绕场跑了五圈，到了终点，倏然不见。原来，这兔子是一种品种独特，长得像兔子的狗，在各种狗中，奔跑是最快的。紧追着的那头狗是八号，后面接着的二狗为五号，三狗为十一号……

场的中央的旗杆上升起一块布告牌，上面公布得奖号码：八号头奖，五号二奖，十一号三奖。全场轰动，有的兴高采烈，有的目瞪口呆，面色土灰，不住地叹气。

杜月笙向谢葆生祝贺：

"祝谢老板发财！"

谢葆生咧开两片厚嘴唇，喜得不知说什么才好，只是傻笑着。人们开始散场了，他又听到杜月笙说：

"谢老板，我让嘉棠弟送送你，你刚讲要到我这里来的事，你在汽车里和他商量吧！再见，我不远送了。"

杜月笙两手一拱，随着人群走了。

黄浦江在月光下，像一条灰黄色的缎带子，从吴淞口曲曲弯弯地绕过来。东岸，沉睡的田野在月光下罩着一层淡灰色的青烟；西岸，万家灯火在薄雾中闪烁着。

"呜——"的一声汽笛拉过，一艘长江客轮，冲破光滑的黄水面，威风凛凛地驶过外白渡桥边以后，船头朝向东岸，打着慢车档，徐徐靠上浦东张家浜码头。

长江客轮停泊浦东码头后，旅客纷纷下船上岸，英租界的水警与缉私队拦在出口处，逐个搜查违禁品。

这时，郭海山与戴步祥走上跳板，来到客轮上。一个手臂上搭条白毛巾的茶房迎了上来，打躬作揖，问清是沈杏山手下的，便堆起笑容把郭、戴两人领到头等舱门口，用手指在门上"笃——笃——笃"叩了三下，接着喊道："洋行两位大先生来啦！"

"请进！"房内传出一个中年男子的声音，是四川口音。

两人进门后不到1刻钟，郭海山、戴步祥各提了一只大皮箱出来，后面跟着一个穿长衫、戴金丝边眼镜的中年汉子。他们三个来到船尾，用根绳子拴住大箱子往下放。底下已停着一只舢板，有四个人将两只大皮箱接住，放入舢板内几捆稻草的下面，一个人用竹篙对准轮船屁股一点，另一个架起支橹来，直往浦西方向摇去。

望着舢板在迷雾的月光下远去，船尾上的三个人放心地走下跳板，摇摇摆摆地上岸去了。

舢板划到江心，一只乌篷船早已横在那儿，挡住了去路。小舢板正要从旁边擦过去，忽地跳出六七个蒙面大汉。两个大汉用篙头钩住小舢板舷帮，其余的亮出手枪，上前逼住舢板上的四个人。两个蒙面人跳下来，从稻草堆里翻出两口皮箱，往乌篷船上扔。

小舢板上的人不敢动弹，眼睁睁地让人抢走了这批货，又眼巴巴地看着这条乌篷船扬起帆，架起两支橹，飞也似地向吴淞方向驶去。当时，谁也摸不准这些人是什么路数。

其实，乌篷船驶过外白渡桥以后，往东摇到公平码头就靠岸了。岸边早已等着一辆汽车，杜月笙正坐在驾驶室里抽烟。

等皮箱搬上车后，杜月笙才说：

"事情没有漏馅吧?"

"没有。"顾嘉棠抢着回答："他们还没明白怎么回事，我们已无影无踪了。"

"舢板上总共几个人?"

"四个。一个好象是季云青，还有一个便是谢葆生。另外两个不认得。"

"谢葆生这事做得漂亮，明天你代我送根条子给他。"杜月笙从驾驶室里探出身子，左手食指向顾嘉棠勾了两下，等顾来到他面前，悄悄地吩咐。

之后，杜月笙又拎出一袋银元，交给顾嘉棠，"弟兄们辛苦了，今夜先去乐一乐，明天夜里来分成。"

说完，汽车开走了。

汽车装着川土，直驶同孚里黄公馆。

桂生姐打开箱子一瞧，乌黑锃亮，香气扑鼻的川土足足有 2000 两，又发了一笔大财。她留出 300 两，让杜月笙分给众兄弟，其余的搬上楼去，锁进那只大铁箱。

这时，海关大楼传来"当当当"的 12 下钟声。

这次失手，沈杏山暗暗吃惊，他想不出上海滩哪一个敢在太岁头上动土。暗地里，他派人察访了几天，也摸不清底细，为了保险起见，以后又把接货的地点改到吴淞口，接货的方法也另有花样，觉得这总该万无一失了。

结果还是不保险。

那是深秋的后半夜，天上没有星月，几只秋虫"唧唧"地叫着，两三点萤火在吴淞口西岸废弃炮台上飘起又落下。远处传来几声狗叫。废炮台像只怪兽蹲着，它的前边有三五株矮树，如蒙面的强盗，窥伺着江面。

叶焯山坐在树下，伸手摸了一下头发，湿漉漉的，冰冷冰冷。再摸衣服上、腿上全是露水。他用胳膊碰碰旁边的顾嘉棠，轻轻地问：

"大哥，'莱阳梨'得到的情报，会不会是假的？"

"要是货不来，这三更半夜的活受罪……"芮庆荣嘀咕着。

"别说话，——潮水还没涨平呢？"顾嘉棠低声喝道。

又过了一会儿，一只三支桅的机帆船悄悄地驶进吴淞口，停泊在废炮台附近的滩涂边，但并不抛锚。江面上一片漆黑，船上也无灯火。船上一个大汉伸出一竿大竹篙，啪嗒一下，用篙头的鹰嘴铁钩，扎在滩涂的什么地方，把船带住。

接着，有人从舱里提出盏马灯，向东边江面上晃了几下，离机帆船很远的江面上，也随即发出一闪一闪的灯光。

船上与江面上联络以后，船上几条黑影背着一只只麻袋，直往滩涂上掼。掼完麻袋以后，打竹篙的大汉一挺身子，把篙头的鹰嘴钩拔出来，顺势往滩上一戳，船便离开江边，悄悄地向上海外滩方向开去。

船一开走，伏在炮台底下的顾嘉棠等人，急速奔到江滩边，用竹篙飞快地将丢在滩上的麻袋勾起来，每人一袋，背了就往江苏宝山县方向跑去。

等到季云青等人的舢板从江心摇到滩涂边，什么也没有了。只听到猫头鹰在江岸上的树丛里发出凄厉的、忽高忽低的叫声。

顾嘉棠领着手下人，背着麻袋摸黑跑了一阵，来到了一个土地庙，那里已有两个人两辆马车在等着。

"谁?"在美国领事馆当过司机,身怀百发百中绝技的叶焯山急忙掏出手枪,警惕地喝问一声。

"马腿折了!"对方回答。

"这里正好有兽医。"

暗号对上了。对方把车上围着黑布的马灯举起,褪下灯罩。

"杜先生关照,让我们从罗店绕嘉定到真如,再进市区。"车上的人说。

几个人都把身上麻袋装进马车后,跳进车厢。一声唿哨,一串"得得得得"的马蹄声,消失在寂静的夜幕里。

第三章

暗中扩展势力

拜师又收徒

杜月笙的地位在黄公馆提高了。

他不但是桂生姐的左膀右臂，而且还成了黄金荣大小事情的智囊，来到黄公馆的达官贵人、富豪巨贾都得先由他接待。

昔日与杜月笙在一起偷鸡摸狗的那帮烂兄烂弟们发现，现在的杜月笙，再也不是"水果月笙"、"莱阳梨"了，腿插匕首、腰别手枪，穿着短褂敞着怀的短打扮没有了，代之而起的是长衫礼帽，袖口的雪白衬里向外挽出一圈，口衔象牙烟嘴，头发整齐溜光，不紧不慢地踱着方步，俨然斯文智者一个。

令杜月笙自己满意的是，桂生姐与黄金荣让他调配各路人马他都调配得头头是道，各个渠道的生意都红红火火，财宝如同长江之水滚滚而来，黄公馆里的下人们都对他产生了由衷的敬畏之情。当然，这些也是令桂生姐和黄金荣极为满意的。

令杜月笙不能够满意的是，他还在黄金荣的手下做事。

从内心说，杜月笙是看不起黄金荣的，他觉得黄金荣不配做首领，不配做一个"唐"，一个"教父"；最多，他只能做个像李逵那样的"打手"。他没有一个"唐"、一个"教父"所应该具备的气质，更没有那种思想境界。即使到死，他也不可能改变张口就是脏话，常常敞着怀，裸露着大肚皮的那副瘪三德性。

杜月笙觉得，自己是个有智慧的人。他深深地认识到，一个人活在世界上，最主要的是要有智慧，智慧对任何人都是至关重要的。这是 1908 年 3 月 5 日，上海滩南京路有轨电车通车时，杜月笙恍然大悟的。

这路有轨电车，是英国商人在 1905 年成立电车公司时开始修建的。共花了三年时间，从现在的西藏路沿着南京路向东铺轨，一直铺到南京东路外滩。

此时，杜月笙已从王国生的水果行里出来，跟在套签子福生后面混饭吃。这通车盛典之时，他想捞点意外之财。

这一天，杜月笙早早赶到外滩，看到一节车顶周围插满了万国旗、可坐 24 人的车厢，停在轨道上。

人们围着这长方形的怪物，指指点点，都不敢上去坐一坐，那是因为当时人们传说："电车电车，车上有电，乘了触电，一电完蛋。"为了辟谣，英国商人想了个花招，在通车典礼时，特邀几个洋人与中国著名买办、上海闻人等来乘坐"首次车"，以示乘电车毫无危险。

那天应邀的有大买办、上海闻人巨富朱葆三，银行买办、上海首屈一指的绅商虞洽卿，英美烟草公司买办、出名的"光棍"郑伯昭等几个头面人物。

见到这些红得发紫的名人，杜月笙异常兴奋。他目不转睛地盯着他们看，终于从这些人身上发现了人生的真谛，隐约间望到了自己的出路，从中悟出了一个道理。

那个60来岁的糟老头，神气活现地与洋人平起平坐，叽哩咕噜地放洋屁，不就是上海滩上大名鼎鼎的朱葆三吗？他原来也是个穷光蛋呀！后来有了靠山，当上了日本商人的和平洋行买办才抖起来的。

这人脑子活络，一边当买办，一边干自己的营生，开设了专门卖洋货的新裕商行，后来又兼任水电、轮船公司的董事，发起了大财。

发了财，他"不忘本"，对洋爸爸的马屁依然拍个不停。他先是捐出舟山路地段上的一块空地皮给英国租界当局造监狱，这就是后来的全国闻名的提篮桥监狱。

洋爸爸不止一个，一碗水要端平呀？于是，他再捐出一条马路给法租界。租界分局大为满意，为了表扬他的忠心，就把这条路命名为朱葆三路（即今天的溪口路）。

杜月笙再看看那个40出头，穿得花团锦簇，俨然一副高等华人神气的虞洽卿，他13岁时，与自己一样衣食无着，才托人荐到一家颜料店当学徒。

动身的那天，天上下起了大雨，虞洽卿只好脱下唯一的一双布鞋，夹在腋下，光着脚走路，一直走进店中，不料，店堂里地面潮湿，滑腻腻的，他一踏进门就跌了个四脚朝天。

老板看了，皱着眉头正要发火，介绍人忙说："赤脚财神进门罗！你看，这小老弟跌在地下的样子，像不像个大元宝？"

经他这么一说，老板仔细一端详，果然。他这才转怒为喜，虞洽卿总算谋到一碗饭吃。

如今呢？人们带着羡慕的口吻称他为"阿德哥"，上海滩上哪个不买他的帐？前些年，他还花钱向清政府捐了个空头的"道台"当当哩。洋场官场没有他吃不开的。

再看看那个坐在电车里自鸣得意的郑伯昭，杜月笙更觉得惭愧。

郑伯昭30多岁时，还是永泰栈房的小职员，后来靠出了几个歪点了，才蹿了起来。那是前几年，英国派兵进攻西藏，全国与上海老百姓都抵制英国货。英美烟草公司出产的"皇后牌"香烟没人买了，专门销售这种牌子香烟的永泰栈房面临着要倒闭的危险。

郑伯昭灵机一动，向头头进言，偷偷地把"皇后牌"改装成为"强盗牌"、"老板牌"、"仙女牌"，于是，销路大开。

烟草公司发了大财，不忘记出谋划策的人，便提拔郑伯昭当这家公司的买办。

杜月笙越想越觉得自己本事不比他们差，可以说是干一行，胜一行。就从赌博来说吧，这几年混下来，骰子押宝、牌九麻将、洋人玩的沙蟹，他无不精通，总之，在赌场上的十八般武艺，件件精通，可就是发不了财。不要说大财，小财也没有。

王国生对自己的确天高地厚，但是一辈子就那么和和气气地卖水果，有什么意思？跟师傅一起出来混，肚子能吃饱，发财是不可能的。因为师傅自己套了一辈子的签子，连小财也没发呀？

经过一番对比分析后，杜月笙悟出一条道理：只要想发财，穷光蛋照样能发财，关键是要找准一条适合自己的路子，见人说人话，见鬼说鬼话，当然，有时也要见人说鬼话，见鬼说人话。

这些年，杜月笙常常有些自怨自艾，自己为什么到上海滩上通电车时才有所"悟"呢？有时，他也庆幸，幸亏上海滩刚通电车时，他就有所"悟"了。不然，自己现在还不知怎么样呢。

坐在黄公馆里，看着整日进进出出的各色人等，杜月笙觉得，自己绝不能够一辈子呆在这里。否则，就是到死，他也只不过是个精明、称职的管家而已。

"我要有自己的公馆！"在一个有月光的夜晚，他漫步在黄公馆后院的湘妃竹间，望着月下森严的房舍暗暗发誓。

"我还要有自己的汽车，自己的司机，自己的秘书，自己的管家，自己的一切。我需要做什么，就会有人来帮我做好。"

在梦想自己惊天动地的同时，杜月笙总是想，要是上天能给他机会，让他一举成功就好了。

那段日子，杜月笙心里常常蠢蠢欲动。他三天两头走出黄公馆，一家妓院接一家妓院去寻找，寻找那些让他看着更加冲动的妓女。他只要看见满意的，从不在乎多少钱。

他太需要发泄了。他心里的欲望之火越发泄越旺。他自己常常担心，自己是否会被这把火给烧死。

杜月笙的这一切，被桂生姐看在眼里。她以为，杜月笙如此，仅仅是因为需要女人。她想，这是一个得力的干将，必须牢牢抓在手中，要是老让他在外面打野鸡，被一个女奸细勾上，就坏大事了！必须给他安家找女人，稳住他的心。不过，女人也难免会吹枕头风，要是找得不恰当，便会从自己手里把他拉出去。这样当然也不好。她想来想去，终于想出了一个牢靠的办法——把自己苏州的亲戚沈月英嫁给他。

有一天晚上，桂生姐躺在后院藤椅上，杜月笙陪坐在一旁说着闲话，同时操着一把水果刀，手指灵巧地给师母削着苹果。

"月笙，你要交好运了！"桂生姐笑容可掬地打量着身边的杜月笙，神秘地说。

"嗯？啥好运？"杜月笙丈二金刚，一时摸不着头脑，"哦，我能在师父、师母手下做事，就是好运。"他担心地想：难道自己的心思被这个母大虫知道了？

"不光是这个，看你两颊红红的，可是要交桃花运啦！"

飞快地削着果皮的刀停下来了。杜月笙想："是她试探我呢，还是对我这阵子三天两头出去干女人的行为不满？"他吃不准，立刻装起糊涂，反客为主地说：

"我如今承师父、师母看得起，在你们面前走动就是最大的福分，哪里谈上什么交桃花运呢？"

"嗳，男大当婚，女大当嫁嘛！你看上次来做客的苏州阿四，怎么样？"桂生姐不理他的客气，马上说到实质性的问题上去，"要是你不嫌弃，我做主把她娶过来。"

杜月笙想起上个月来的一位女客，是桂生姐的远亲。当时，他没有细琢磨，现在想想，她白白的，胖胖的，照多年来的经验，她一定白乎乎的像个面人一般。

杜月笙知道，这姑娘叫沈月英，小名叫阿四，他有点不好意思地回答：

"好是好，只是我现在还没有落脚之处，在灶披间，能结婚吗？"

"嗳，这你就不用担心了。办喜事的一切费用、新房、酒席，我全给你包了。"桂生姐接过杜月笙递过来的一个削好的苹果，咬了一口说："不过，你得有良心，以后别忘恩负义。"

"我怎么会呢？"

"好，你明天就去找人写个帖子，这两天，我选一个吉日，叫老头子正式收你为徒。以后什么事，我们夫妇都能给你顶着。"

杜月笙来黄公馆做事，和许多下人一样，叫黄金荣师傅。其实，他们都没有递过帖子，不能算是正式的徒弟。

三天后是个吉日，黄金荣在同孚里黄公馆的客厅，接受了杜月笙三拜九叩的大礼，并接过了他的门生贴子。

当夜，桂生姐让黄金荣快活过一番之后，问："你说，杜月笙这小伙子如何？"

"绝顶聪明，没说的。"

"我也觉得他将来定会有大出息。所以，我不但叫你收他为徒，而且还要把苏州的阿四许配给他。"

"倒也合适。"

"过几天我就想把这事办掉。你这做师傅的，打算怎么帮忙？"

"要用钱，叫他到帐房里去拿；要要面子，对外就说我亲自做的媒。"

桂生姐笑了笑，摇摇头。

"这样还不行，你要怎么办？"

"我要你帮他做两件事"。

"哪两件？"

"第一件，法租界的三只赌台，你拨一只给月笙，让他自己有个财源。第二件，你帮他在同孚里租一幢房子，一来，住得靠近，联络方便，二则，也好给他面上贴贴金，杜月笙一步登天了，他跟黄老板一样，有个像样的场面。"

这一下，黄金荣有些为难了。

第一件，当时的法租界，一共只有三只赌台。所谓赌台，实际上是一家规模宏大、包罗万象的赌场，开赌场的，都是拥资巨万，财富惊人的广东大亨。杜月笙拨到一只赌台，那是叫他去负责一片赌场的安全，而这种所谓的安全，又不仅仅是抱抱台脚，保保镖，免得被人抢砸、偷窃、讹诈，而是要把上自外国衙门，下至强盗瘪三，三教九流，四面八方的人，全都摆得平，拢得转，使得赌场安然无事，闷头发财。

这份艰巨而繁杂的任务，对于年纪轻、刚出道的杜月笙，未免太显沉重了。

江南人有句俗话："皇帝不差饿兵"。赌场老板对于执掌安全重任的护卫头目，所送的开销和报酬，自然是一笔惊人的数目。但是，这一笔钱，护卫头目能装进自己腰包的，只是其中极小的一部分。

由于赌场利润丰厚，是个发大财的码头，几乎人人见了眼红，个个都在垂涎。工部局，巡捕房，但凡能够插一脚、挨上边的衙门机关以至个人，都得按期发放红包，分派香财。

除此以外，赌场本身还要雇用一批专责的保镖，专门应付突发事件。像赌场四周的叫花子，散兵游勇，输掉了老本而红了眼的赌徒，有时都会铤而走险。与这些人打交道，一不小心，小则赔钱受累，丢面子，倒牌子，大则枪林弹雨、性命攸关。

也是从爱护徒弟的角度去着想，黄金荣对桂生姐的建议，不得不认真加以慎重的考虑。

在同孚里替杜月笙租幢房子，另起场面，比起拨只赌台来，似乎要容易得多。不过，黄金荣的内心里，多少还是有点顾忌。他觉得，自己这黄公馆，怎么说也是藏龙卧虎之地，他手底下多的是文武两档的脚色，有人为他流过血，有人为他拼过命，有人为他赚过大钱，有人为他建过大功。无论从年龄、辈份、历史渊源和职责重要之类的哪一方面来讲，站在杜月笙前面的人比比皆是，骤然把刚刚崭露头角的杜月笙提到这么高的地位，是否会引起别人的猜疑，闹起内乱呢？

"你让我再想想看。"黄金荣对桂生姐说。

桂生姐当然也知道，想使杜月笙"一步登天"，的确是件大事，她不再坚持，同意等一阵子再说。

就在这时，有个苏州人，叫江肇铭，字小棣，硬要拜杜月笙做老头子。杜月笙当时在黄公馆中，尚未出道，按理是不能收徒的，但江肇铭硬缠着，他便收他为徒。这是杜月笙年轻时收下的唯一的一个徒弟。也就是他的开山门徒了。

江肇铭因为形象和举止都酷似清逊帝溥仪，人们就送了他一个外号——"宣统皇帝"。

"宣统皇帝"江肇铭十分好赌。这一天，他来到英租界西区的赌场。这家赌场的老板是严九龄，人称严老九，在上海滩上赫赫有名。"宣统皇帝"江肇铭，在赌博时抓到庄家的一个缺点，大闹起来，气得严九龄当时关了赌场的门。一问，才知此人是黄金荣徒弟杜月笙的徒弟，气得嘴吐鲜血。

第二天，消息沸沸扬扬地传开，英租界的大亨严老九所开设的赌场关门了，缘由是杜月笙的徒弟江肇铭去硬吃。

这种传闻虽然无形中急剧增高了杜月笙的身价，然而，它同时也给杜月笙带来天外飞降的奇祸，以及极其棘手的问题。

英租界和法租界，是泾渭分明的两个地区，双方"人物"虽有往来，但是利害关系和所持立场大不相同。

严老九在英租界财势绝伦，也是灼手可热的大亨，论声望，在上海滩上未必在黄金荣之下。而黄门未出道的徒弟杜月笙的徒弟江肇铭居然使他关了赌场，这一笔帐，全上海的人都在看着，严老九到底要找谁去算。

杜月笙此时没有退缩，他知道，自己不处理好这件事，定会给黄金荣带来麻烦。到那时，要是惹火了黄金荣，他自己就麻烦了。

杜月笙叫来江肇铭，当着大家的面，骂了他一通。然后带上一笔钱，领着徒弟，从法租界来到英租界，专程拜访了严老九。

杜月笙见了严老九，连连赔不是，说自己管教无方，并拿出钱，说是江肇铭赔的一点损失。他再三恳请严老九抽掉门闩，重新开张，并说：

"到时候，杜某一定约一帮朋友前来捧场驾势。"

严老九万没想到，年纪轻轻的杜月笙竟如此从容自在，落门落槛，心中不由得暗暗佩服。

在杜月笙送回面子后，严老九的赌场又重新开门。

由于轻松自如地摆平了这件事，杜月笙在英法两租界声誉鹊起，白相阶层的人们开始对这个名字关注起来。他既然能单枪匹马和严老九扳斥两，就有资格和这一类人相提并论。

黄金荣心中暗暗高兴，杜月笙这小子还真有两把刷子。无须再多考虑，法租界大众里赌台——大众俱乐部，由杜月笙管理了。

洞房花烛

1915 年春天，杜月笙第一次结婚。

黄金荣帮他在同孚里租了幢一楼一底的房子，并置办了家具、衣服等。

那夜，送走完前来吃酒的客人，杜月笙来到新房。

窗子开着，屋子里飘着淡淡的馨香，沈月英坐在床前，一脸娇羞。杜月笙关上窗子，来到沈月英面前坐下，轻轻地托起她的下巴，说：

"小乖乖，让我看看。"

沈月英的脸被托了起来。杜月笙觉得，她比记忆中的要漂亮得多，不由得心花怒放。

沈月英不知所措的当儿，杜月笙已解开了她的衣扣，将她的内衣撕开，脸埋在她的双乳上揉起来。沈月英只觉一阵快感如同电流一样涌遍全身，不由得呻吟起来。

杜月笙乘机把沈月英剥个精光扔进了被窝之中……沈月英大叫一声"哎哟！"

杜月笙翻开身子，只见殷红的处女之血流出，把洁白的床单染得鲜红。

"啊！太痛快了。处女，我尝到了处女。老四，我真没想到你还是处女。实话告诉你，我 15 岁就开始睡女人，到现在遇到的你是第一个处女。我一定要好好待你，让你过得比王母娘娘都好。"

说完，杜月笙对沈月英狂吻起来。

这一夜，他反反复复在沈月英身上发泄，弄得沈月英泪水涟涟。

"我求求你，以后再弄吧！"

"不，我就是要干！我要决心干成我自己的事业，我不会放过任何微小的机会的。"

蜜月还未度完，杜月笙就开始去大众俱乐部当权。上任开始，他就因解决了两种令赌客们头疼的事而名声大震。

第一是"剥猪猡"。

剥猪猡原是上海黑道的隐语，它的意思和打闷棍差不多。先是有些饥寒交迫的人，活不下去，常铤而走险，埋伏在隐蔽偏僻之处，趁夜深人静，向孤身行人施以突击。他们多半谋财而不害命。不过，"谋财"却彻底，不但金钱饰物全要，还要把人的衣服也扒掉。后来，有些地痞就专营此道了。

各赌台夜场打烊，时间都在午夜以后。赌徒们不但衣冠楚楚，珠光宝气，有些人身上还有不少钱财，他们是"剥猪猡"的最佳对象。租界边，一街之隔便是两国地界，加上两边街道纵横、弄巷复杂，是"剥猪猡"的理想活动地区。于是，从赌场里出来而被剥光了衣服的，日有所闻。所以，那些赢了钱的赌客，有的只好在赌场里干坐一夜。

鉴于这样，有些胆小的人，到了晚上就不敢进赌场了，大大影响了赌场的生意。

杜月笙了解这些情况后，仗着朋友多，耳目灵，加上沾着青帮中人的光，在各个白相地界都有说话的资格，很快就找到了那一批铤而走险的地痞的头目，跟他们坐下来谈判。

谈判结果，由杜月笙负责，法租界的三只赌台，按月在盈利项下抽出一成，交给对方，分配给那些小地痞。地痞们得保证，法租界三只赌台出来的赌徒，任何人都不能受到"剥猪猡"的"礼遇"。

对方很高兴地说：

"杜先生，就凭你的话，我们保证那些小兄弟们一定照办。"

掌管另外两只赌台的是金廷荪和顾掌生，他们都十分乐意照此解决。

很快，法租界的赌场空前红火起来。

赌博是租界里违法的小案子。起先，赌徒被捉进捕房，只是罚几个钱。但不知从何时起，一位外国捕头定了一条惩罚措施，赌徒被捉进捕房，要用绳子一连串地绑起，押到马路上去游街。有人见他们一串串地绑着，如同菜场上卖的大闸蟹，就谑之为"大闸蟹"。

凡是能到赌台专赌的赌徒，多半都是有"身份"的人，罚几个钱没关系，当"大闸蟹"游街，被小孩子跟在身后调谑哄笑，实在有失身份。这样一来，赌场的生意也大受影响。

为此，杜月笙找了一些小兄弟，通过黄金荣和捕房里的人串通好，洋人一叫抓赌，就让这些小兄弟去充当赌徒，当"大闸蟹"游街。

赌徒们有了这挡箭牌，又都欣然来赌，赌场的生意一天比一天好。

由于场面渐大，杜月笙的生活与派头也随之水涨船高起来。他不仅讲究吃穿，而且喜欢赌，吆五喝六，一掷千金，毫无吝色。他身为大众俱乐部当权的，当然不能下赌台赌，但他常和一帮狐朋狗友打麻将、推牌九。有时，杜月笙能把饭钱都输掉。

除了赌钱，杜月笙也染上了黄公馆众家弟兄的习惯，早上"皮包水"、下午"水包皮"，逍遥自得如神仙。

他每天九十点钟起床，先往茶馆里一坐，泡壶茶，吃点心。中午回家吃过午饭，两三点钟便到澡堂里泡着，擦背敲腿扦脚捶背，一天来一遍。

所以，他们这些人办公既没有写字间，又没有联络处，而日常事务又千头万绪，接触的人物则是九流三教，茶楼浴室便成了他们谈生意、讲斤两、开会议、见朋友的联络站。

这种生活，为杜月笙提供了一个更广阔的天地，使他结识了更多的新朋友，获得了更多的好信息。

杜月笙在关注"赌"的同时，时刻也没有忘记"土"。他清楚，自己将来要是在上海滩求得发展，必须牢牢地抓住"土"。"赌"和"土"是他的两条飞毛腿，缺一不可。

当时的土行，多半开设在英租界，基本上被英租界巡捕房里的探长沈杏山和他的大八股党垄断了。法租界这边较少，全部被黄金荣垄断了。以前，虽然暗里组织人去抢过，去劫过，但到民国七年却不行了。

因为大八股党已经建立起了包括水警营和缉私营在内的庞大的保护队伍，明目张胆地收取土行的保护费，然后再武装护"土"。这一来，桂生姐的财路也断了。

少不了，桂生姐要把杜月笙找来，问他怎么办？

杜月笙苦苦思索了三天，最后说："他们有个大八股党，我何不来个小八股党，以八股对八股，和他们较量较量呢？"

征得了桂生姐和黄金荣的同意，杜月笙开始招兵买马。他利用脑子里的一本活人事档案，先选定了四个艺高胆大却又缺钱花的人。

第一个是顾嘉棠。此人以前就参加过劫"土"。他擅拳术，方头大耳，个子不高，但身坯结实，胳膊粗壮，拳头硬，是个稍不如意就动拳头的人。

第二个是高鑫宝，球童出身。他个子高，骨头硬，外国人在网球场上打球，他便跑来跑去的捡拾，经年累月，训练出一口无师自通的英语和眼明手快、反应敏捷的功夫。此人后来发迹，干到"大英总会干事"，是地道的洋奴。

第三个是叶焯山，以前也参加过劫"土"。此人人称"花旗阿根"，阿根是他的小名，"花旗"在当时上海人的心目中是指美国，因为美国的星条旗看起来花哨得很。叶焯山的枪法在杜月笙一生结交的朋友里数第一，他可以在一个小房间里，无论何时由别人抛出一枚铜板飞向天花板，他从容不迫地从腰里掏出枪，一枪击中尚未落地的铜板，出手极快。他那"花旗阿根"的绰号，指的是他曾在美国领事馆开过汽车。

第四个是芮庆荣，此人绰号"火老鸦"，腰圆膀阔，臂力惊人。他家世代居住在上海的曹家渡，开铁匠铺打铁，人人都是火毛性子。

这四个人早就与杜月笙相识，有些人还一同劫过"土"，现在一听说还要吃"土"饭，发"土"财，个个磨拳擦掌。

不久，杜月笙又物色了四个人：杨放棠、黄家丰、姚志生、侯泉根。小八股党真正建立了起来。

杜月笙为了拢住这八个人，每人都给了不少钱，只要有事，就让他们去摆平。

创建三鑫公司

黄金荣和桂生姐十分惊奇，杜月笙怎么这么快就建起了"小八股党"？

此时，鸦片走私，早已改变了方式。资金雄厚的土商们，以每艘 10 万银元的代价，包租远洋轮船，从波斯口岸，直接运送烟土到上海。轮船到达吴淞口外的公海后，岸上接应的人早已得到了电报。大八股党利用军警和缉私队，在岸上戒严，并用全副武装的小艇，驶往公海接货，然后再驶回有武装保护的码头。烟土上了码头，往英租界运，依然有武装保护，但一艘轮船上拉的烟土少则几百吨，多则上千吨，一箱一箱从码头往英租界的库房里运时，"战线"就显得长了。

杜月笙和他的小八股党总是趁这种机会频频出击，抢夺烟土。

抢到烟土后，杜月笙让手下全都辗转运送到三马路的潮州会馆。

潮州会馆房屋幽深，地点偏僻。会馆的后进是一排排阴风凄凄、鬼影幢幢的"殡房"。殡房里有排列成行的棺材。这些棺材中有的装着尸体——客死异乡，等候家属扶柩还乡下葬的潮州人士，有的是空的——那是做好事的潮州籍人，买来存放在那里，以备遇到路毙或无力殡葬者时，抬出去作施舍用的。

杜月笙和小八股党，看中了潮州会馆这个地点和殡房里的那些空棺材，买通了会馆管事，深夜里，抢到了土，便运来放在空棺材里。然后，等机会适当，再化整为零，一小块一小块取回去。

杜月笙一开始抢土，只是想打破"大八股党"一统天下的局面。没想到，这一"抢"，就一发不可收。潮州会馆的空棺材毕竟有限，怎么能存放那么多呢？

与此同时，法租界里的几家土行，惯于大八股党保护下的土商，垄断货源，哄抬价格，他们很快知道杜月笙手里有土，就推举代表，向杜月笙交涉，希望从他这里进货。

杜月笙听了，灵机一动，先没说什么，忙着跑去找桂生姐商量：

"我们手里有货，法租界也有很大的市场，我们为什么不自己来开一个土行呢？"

桂生姐一想，这办法不错，但她却摇摇头，苦笑着说：

"只是，老板可能不答应。"

"为什么？"杜月笙问，"人家能做，我们为什么不能做？再说卖土的事我们也早就暗中做了，与其偷偷摸摸地卖，倒不如堂而皇之地开个土行。"

"这里面大有不同，"桂生姐说，"暗地里我们做，没有人敢拆穿，公开亮牌做，立刻就会有人说闲话。老板忌讳的就是这个。"

"那么——"杜月笙沉吟片刻说："我们就不要老板出面。"

桂生姐想了想，"也行，你们先干起来，不要让老板知道。"

杜月笙心花怒放起来。

"你要多少本钱？"

"我想，要么不开，要开就要开得像样点。买幢房子，装修装修，再多预备些将来办货的本钱，得要两三万块钱，加上手里的货，我们才可以开土公司。"

"对，既然是开公司，做生意，一切都要按规矩来。公司要找哪些人入股，各人负担多少股本呢？"

"人吗，当然是越少越好。"杜月笙小心地说。"不管师傅他知不知情，他都要算一股，其余的呢？你一股，我一股，金延荪一股。一共四股，一股5000元，一共2万元的股本。"

桂生姐听了，爽声笑道："一笔写不出两个黄字来，我跟老板只能算一股。你一股，金延荪一股，我们一人出1万元，总共是3万块钱。"

金廷荪，小名阿三，生于1884年。祖居浙江宁波城里镇明里哑子弄。家里很穷，兄弟五人（延荪居三，所以乳名阿三），都没有经济能力入学读书，靠父亲金殿林在湖桥头地方摆咸货摊过活。

金廷荪10来岁时，还没有找到正当职业，只帮他父亲管管咸货摊，做些零星的家务。那时，湖桥头有一家稍有名声的肉店金德兴，店主人是其同族宗亲。金延荪的父亲就靠他的支持在湖桥头附近开了一家小浴室，以后老四金廷范就在浴室里工作。

金廷荪到14岁（1897年）的时候，因家境并不转好，感到住在宁波没有出息，想向外发展，就由他父亲托人介绍他到上海八仙桥一家钉鞋作坊里当学徒。

到了第二年阴历年底，依照上海习惯，家家要祝福祭神，做年夜羹饭，饭后金照例洗碗抹桌，偶一不慎，把一叠碗盏打得粉碎。师傅闻声过来一看，大发其火，认为岁尾年头敲碎碗盏，是不吉之兆，就大骂大打。

金廷荪受不了，就从后门逃跑。可是，他在上海没有什么亲戚可以投靠，又不愿回到宁波来，就在马路上过流荡生活，成为"马路浪荡"，金常常向朋友们提起这段事情。

上海滩的"马路浪荡"生活，使金廷荪渐渐染上了城市小流氓的习气，从舐碗盏，抛铜钱，卧街路，到借贷，做临时工，以至学着别人偷偷摸摸、做小贩、跑街，这些事情，他都经历过。

因为金廷荪为人伶俐，善于应付，慢慢弄到一些钱，认识了许多下层的流氓朋友，生活渐渐地好了起来，就开始住小客栈。

日子住久了，他发现小客栈主人的女儿张宝林常常起得很迟。那段时间，她的父母都到外面去买东西，家里只有两个佣人在家。于是，在一个早晨，他悄悄地摸进张宝林的房间里，在她床上把她强暴了。

张宝林不敢张扬，金廷荪一有机会就去睡她。一个黄花大闺女，不多久肚子就大了。

小客栈的主人无法可想，只好把女儿嫁给了金廷荪。

生活有了定处，朋友多起来，道路宽起来，金廷荪的经济状况也随着好了起来。为了在上海滩立住脚，他拜了一个青帮首领王德林为老头子。

不久，帮里的兄弟引见他认识了杜月笙。

金廷荪进黄公馆，比杜月笙还早，极获黄金荣的信任。

桂生姐做事，向来是干脆利落。三言两语计议停当后，她马上就打开保险箱，取了 1 万块钱的银票，交到杜月笙手上。

杜月笙拿到钱，却没有走，似乎还有什么话要说。

桂生姐斜了他一眼，"你是不是凑不出 1 万元股本？"

杜月笙点点头。

"差多少？"

杜月笙笑笑，没开口。

桂生姐又打开保险箱，重新拿出 1 万块钱的银票递给杜月笙，说：

"算是我借给你的，什么时候赚到钱什么时候还。"

"谢谢师母！"

杜月笙出了门，立即来到澡堂里，找到金廷荪，两人在一个单间坐下，杜月笙说：

"同意了。"

金廷荪大为高兴。他们私下已就这事商量过了。

当天，两人花了两个小时，拟出了公司的一些章程。

"公司叫什么名字呢？"最后，金廷荪问。

杜月笙想了想，说：

"三鑫。"

"三鑫？"

"一二三的三，三个金字的鑫"。杜月笙笑着说："师傅的名字里有个金字，你的尊姓也是金，我杜月笙虽然没有金，但是托你们的福，也算一金吧！"

三鑫公司最初设在法租界维祥里，办公室和仓库连在一起，从弄堂口起，有一道道的铁栅栏，日夜都有安南巡捕分批守卫。由于黄金荣只能幕后操作，不便出面，公司的董事长就由杜月笙出任，金廷荪则任总经理。

有了规模宏大的三鑫公司，法租界的烟土，零售批发，全部集中在此，场面挺红火。但开办之初，比英租界最有名气的潮州帮大土行要逊色得多。但它发展势头迅猛，大有后来居上之势。

从这个时候开始，杜月笙财源滚滚。他觉得，是时候了，应该叫高桥镇的人看看，当年的穷小子的威风。

这是1918年，从这年夏天起，杜月笙每年夏天都要出资购买大量的施德之"痧药水"、雷台上"行军散"，亲自或派人运回浦东高桥故乡，挨户散发。同时叮咛乡里父老，在炎炎夏日要注意卫生，严防疾病流行，以免重演当年疫病大流行的惨状。

冬天呢，他每年都购买棉衣，赠发给高桥故乡的贫民。

现在，他俨然是一个慈善的大富翁。

他一次出资7000块银元，重建高桥沙港的观音堂，儿时，那曾经是他坐在檐前晒太阳取暖的地方。

他一口气建造了高桥乡间的23座大小石桥。

也许，杜月笙觉得自己发的是不义之财，每每周济贫寒，修桥铺路，建造寺庵，送经礼佛，借以消除他内心的不安。

1919年1月初，申报上登了一则消息，万国禁烟会议，将于1月17日在上海举行。

杜月笙很快得到消息：因万国禁烟会议在上海举行，英租界碍于国际观瞻，将宣布禁烟。潮州帮开设的各大土行，肯定存身不住，会迁到法租界来。因为法国人只管收税，对烟土向来睁一只眼闭一只眼，不会因什么禁烟会议而宣布禁烟的。

果然，禁烟会议前夕，潮州帮的大土行统统搬进了法租界。法工部局的头目们高兴得手舞足蹈。

沈杏山的大八股党一见财路要断，马上表示要跟到法租界，想要继续收保护费。

"在老子的地盘上，他们做梦。"黄金荣听了杜月笙的报告，愤愤地说。

沈杏山当然也不会眼看着钱财从自己的手中又流到别人的手中去的。

双方明来暗往，剑拔弩张，都憋着一口气，想大干一场。

此时，北洋军阀政府也借"万国禁烟会议"在上海召开之际，下了一道禁烟令，令曰：

"鸦片危害最烈，迭经明颁禁令，严定专条，各省实力奉行，已著成效。惟是国家挽回积习，备极艰难。所有前次收买存土，业经特令汇集上海地方，克期悉数销毁。……致私种、私运、私售，均将厉禁，并当各懔刑章，勿贻伊戚。"

这道禁令下达以后，北洋政府派了一个专员张一鹏到上海监视鸦片，大有雷厉风行之气势。

三鑫公司刚开张不久，生意正红火，杜月笙当然不能让他禁了。当天，他的内线谢葆生偷偷地跑来报讯，说明天，总统特派专员张一鹏就要到上海，英租界探长沈杏山已打点好"烧香拜佛"的"香烛"，要杜早作准备。

　　杜月笙立刻禀报桂生姐，然后连夜调兵遣将，布置行动。两天后的一个晚上，在一品香旅社的一个套间里，禁烟专员张一鹏与杜月笙交谈着。这一品香旅社建于清朝道光年间，房屋陈旧，设备落后，在上海是属于相当老式的旅馆。它主要接待北路客商。在这个旅社当差倒是响当当的，因为许多北方佬，见到水灵灵的南方姑娘，十分喜欢，舍得在姑娘身上花银子，从而使一品香在花界颇有佳誉。

　　通过种种关系，杜月笙已打听到这位张专员的为人爱好——不亲烟赌而好色。因为要对症下药，投其所好，于是选中这一品香。

　　"我在京都就听说黄老板手下有个杜月笙，非常人物，今日相见，果然不同凡响。敝人初次到沪，人地生疏，正想找些社会贤达了解沪上鸦片的情况，有人推荐了您。一鹏理应登门拜访，不意杜先生破费，今晚在此招待，实在不敢当。"

　　"哪里，哪里！张专员是总统特使，钦差大臣。上海滩上有些内幕情况，我晓得一点，理应提供给专员。本想请专员到寒舍，后来觉得专员公务在身，多有不便，所以就包了这房间，供专员在上海期间散心用。"

　　"那太不好意思了……"

　　"小意思。"杜月笙摇手道，"刚才专员问起上海滩鸦片烟贩卖情况，我了解到大英租界的棋盘街麦家圈一带有几片大土行，叫李伟记、郑洽记，还有一片叫郭煌记。这几片是潮州帮开的。还有本帮的广茂和土行，开在三马路。听说英租界捕房里什么人带头拉起了一帮人，组成了'八股党'，专门做这一路生意。这些土行不封闭重办，光烧毁查明的存土，禁土还是一句空话。"

　　"你说得对，要查封！这是条约上规定的了，可是办人，就难罗！"张一鹏长叹了一声，接着说，"那些家伙是在英国人庇护下的，他们会把鸦片转移，我这小专员动不得他们一根毫毛啊！"

　　"要是张专员信得过我杜月笙，我请黄金荣探长去对付，保证会把他们治得服服贴贴。"

　　"黄探长肯帮忙么？"

　　"包在我身上！"

　　"什么包在你身上？"一个娇滴滴的声音，从隔壁套间里飘了出来，接着出来一个妖冶的女人。

　　只见她穿着一件紫色的软缎旗袍，裹住了苗条的身腰，胸口隆起的乳峰隐约可见，一双肉色的丝袜罩着半个白腿，在开叉旗袍下时隐时露。一双大红的绣花拖鞋，轻盈地从地毯上移来。看打扮，20不到，19有余，那张粉脸，嫩得滴水，一双窄长而黝黑的眉毛，遮护了流动着粼粼波光的眼睛，每一流盼，都在显示出盈盈的笑意。

她走到杜月笙跟前，嗲声嗲气地说：

"杜先生，快点回去吧，刚才茶房来关照，说府上太太打电话来，有客人在等你。"

说完，她妖媚一笑，就在一把椅子上坐下来。这时，整个房间里弥漫着氤氲香气。

"曼蕾小姐要赶我跑了，我只得从命罗！"

"我是关照你，要是回去迟了，你那位苏州老四发起脾气来，你可吃不消啊！"说着，向杜月笙打了一个媚眼。

"我家老四可不像你，是个大醋缸。我是真有事，一个朋友约好的。"

杜月笙站起来，向曼蕾小姐挤挤眼，卖个俏，意思是这里的事，全交给你了。然后，他拎起皮包，向张一鹏点点头说："专员，我走了。你托我的事，我一定办到，再见！"

张一鹏站起身送客到门口，转身轻轻地带上房门，弹簧锁啪的一起锁上，再坐回双人沙发上。

曼蕾款款地走到张一鹏面前，隆起的胸脯一耸一耸，紫色旗袍里那两条几乎赤裸的大腿在他眼前一晃一晃的。

张一鹏眼睛直勾勾地看着她，不由地抬起手，要往旗袍的叉下摸。在他的手接近旗袍的瞬间，曼蕾屁股一扭，移到了一边。

张一鹏刚坐稳，曼蕾又走过来。她这次有节奏地摇晃着身子，让胸前那对丰满的乳房一晃一晃的。张一鹏看着曼蕾身子有节奏地摇晃，猛地想起昔日那些京城女子。但她们全比不上眼前的曼蕾。

张一鹏站起来，想上前去抓那乳房，曼蕾屁股一扭，又躲开了。

眼看鱼就在嘴边，却吃不到，张一鹏急红了眼，端起桌上的一大杯白酒，一口气灌下去，正当他想扑上去抓住曼蕾时，曼蕾却猛地一屁股坐在他的身边，把胸脯紧紧地贴在他的肩膀边，搂着他的脖子，凑在他的耳边，压低嗓音，嗲声嗲气地说：

"我跟你去北京，好吗？"

张一鹏顾不上回答，一只手从旗袍的开叉插进去，在那丰满滑腻的大腿上摸捏，一只手在胸前的那凸凸的乳房上抓挠。不一会儿，他又发现曼蕾的那张粉脸还没有动，又趴下来不停地亲。

总之，他手忙脚乱啦。

曼蕾被张一鹏放在沙发上揉着，两只眼睛里露出一副不胜娇羞的模样。见他手忙脚乱，她身子一歪，从沙发上滑到地上。

张一鹏这才想起，应该剥去曼蕾的衣服。他顾不上去解纽扣，伸手抓住旗袍的

上海三大亨

——杜月笙·黄金荣·张啸林

下摆，猛地一扯，旗袍一串脆响，前面的那面被撕去了……

"你把人家的衣服撕坏了。"

"要什么衣服，你天天就这样陪我，我才开心呢。"

"那我怎么出去呀？"

"大爷我有的是钱，什么不能给你买？"说着，就在地板上行动起来。

曼蕾"唉哟"了一声。

"爷爷真不信，你还能真是黄花闺女？"

"就是吗，人家从来是卖笑不卖身的，不是杜先生关照好好侍侯张大人，我怎么能让你这样。"

过了很久，张一鹏才起来。他看看地上，并无丝毫血迹。

"我说呢，上海滩上还能有这样的大姑娘等着我来。"

"人家就是吗。把人家搞这么疼，还说这种话，太没良心啦！"

"好啦，管你是不是处女，大爷都喜欢你。"说着，张一鹏在她的嫩脸蛋上拧了一下。

"我跟你去北京，好吗？"

"北京的风像刀子，你这嫩脸蛋给吹糙了，大爷我可赔不起呀！"张一鹏又在曼蕾的脸蛋上拧了一下，说："哎，听说法租界有个三鑫公司，也做鸦片生意，可是真的？"

曼蕾摇摇头，嘟起红嘴唇，不胜其烦地说："什么鸦片呀，你们男人就离不开那烂东西。谁留心那破玩意？不过，三鑫公司我倒知道，我有个表兄在公司里做事，这公司是做地皮生意的。"

"鸦片赚大钱，杜先生为什么不做呢？"

"听说英租界巡捕房里有个叫沈杏山的人，独霸了上海滩烟土生意，不准别人插手。"

"喔，原来是这样。"

揉和着浓香的话语，又是从樱桃小口里吐出来的，张一鹏哪有不信的？他深信不疑，鸦片的大本营的确在英租界里。他觉得从侧面了解的情况更可靠，心里有底了。

此时，子夜已过。张一鹏扶起曼蕾，揽住她的细腰，要往卧室去。

"张大人，我该走了。"

"瞎说，大爷我正在兴头上，怎么能让你走呢。"

曼蕾半推半就，两人重又上了床。

俗话说得好，画虎不成反类犬。这位张大员想自己是总统的特命专员，顶得过清政府的钦差大臣林则徐。林则徐到了广州禁烟，洋人还与他为难，不买他的账，而现在我张一鹏虽然没坐八抬大轿进上海，可是一踏进上海滩，洋人、"土人"全来巴结，送金送银送美人，要啥有啥，可谓八面威风！林则徐有虎门销烟，威镇四海，我何不来个"浦东销烟"，日后也好流芳百世。

张一鹏主意一定，第二天下午便开始行动。他带了 10 名随员，浩浩荡荡地来到海关监督税务司查点烟土储存情况。

这海关何来储存的烟土呢？说起来话长。

早在 1915 年 4 月 29 日，正在做皇帝梦而苦于经费太少的袁世凯，突然任命清朝末年担任过上海道台的蔡乃煌，到上海担任苏赣粤三省的禁烟特派员。

这里玩的是什么把戏呢？原来，当时的江苏、江西、广东三省还是禁烟的"世外桃源"，没有被禁绝种植和输入烟土，因此，三省内积存有大量的印度鸦片。这可是一大把馋人的油水。清朝末年，不少官吏以禁为名，征收销烟"损耗款"，大发横财。这一次，袁世凯是来个"故伎重演"。

蔡乃煌深晓袁世凯的心意，一到上海，马上与上海、香港两地经销印度鸦片的烟土联社签订《苏赣粤三省禁卖烟土合同》。合同以准许联社在江苏、江西、广东三省运销积存的鸦片为条件，规定联社每销售一箱鸦片向政府交纳三千五百元"捐款"。果然，蔡乃煌此举，为袁世凯进帐达千万元。

可是，这一招激怒了上海人民。尤其是蔡乃煌的同乡认为蔡大伤了广东人的脸面，纷纷与他决裂。蔡乃煌顿时声名狼藉，成了孤家寡人。

转眼，合同到期，民怨沸腾之下，上海口岸正式宣布禁止外国鸦片进口，公共租界工部局也同时收回在租界里的烟土售卖执照。北京政府国务会议只得顺应民意，决定取消积存鸦片的合同。

这样，联社的另外 1000 多箱鸦片销售只好停止。

这就是海关鸦片的来历。

张一鹏到了那里，按单据一检查，原来的 1600 多箱鸦片，现在只剩下 1200 箱，有 400 多箱已被盗卖。张一鹏并不知道，这 400 多箱，都通过杜月笙的三鑫公司销掉了。

他无心再追究，只把剩下的鸦片全部运往浦东。

为了扩大影响，张一鹏特意不用车子装载，而是到中国地界调了几千民工抬着鸦片，由沪军士兵押送过静安寺路，从外滩过外白渡桥，从至达码头过江。

这天下午，黄浦江两岸挤满了看热闹的人群。万国禁烟会议的代表坐游艇过江到场察看。

当太阳快要落山的时候，1000 多箱鸦片排列在浦东稻田里，当场开箱，让各界人士检验过目。

想不到开到第 57 箱时，里面竟是一条麻袋包着一堆砖头。官员们面面相觑，张一鹏脸上红一阵子白一阵子，请来观瞻的洋人们不停地耸肩，不住地做鬼脸。

幸好柴禾已架好，火一点，便噼噼剥剥地焚烧起来。

第二天，在万国禁烟会议上，张一鹏宣布了他的调查结果，英租界的探长沈杏山，利用职务之便，在英租界里大肆保护、贩卖烟土，希望英租界工部局予以调查、取缔。

英帝国主义是极其虚伪的，一面当婊子，又一面立牌坊。当时表示，英租界绝无此事，同时，回去对华捕探长沈杏山严加审查。

很快，沈杏山被上司严重警告了。因为他以前做的，也都是上司所支持的。这一次，上司不过是做做样子，罚了他3000大洋。

原来就窝着一肚子火的沈杏山，此时更加恼怒，他决心要好好整治一下杜月笙。

猛虎张啸林

◎

1876年5月26日，杭州湾的气候已渐渐热起来。在通往原属浙江宁波府慈溪县的一个偏僻乡村的田间小路上，一位衣着褴褛的中年人，身后背着木工工具，正迈着疲乏的步子往家里走去。

当他听见从自己破旧的茅屋里传来婴儿的阵阵啼哭声时，不由地加快脚步，气喘嘘嘘地向家门口奔了起来。这个本来日子过得就比较清苦的木匠家庭，从这天起又添了一个男孩。他，就是张啸林。

张啸林，排行第二，哥哥名大林，故父母为他取名小林，乳名阿虎，后更名为寅。啸林这个名字，是他在上海当流氓出了名后才改的。因为张啸林乳名阿虎，取"猛虎啸于林"之意，以显示其"高雅"。

张啸林出世以后，父亲为使全家四口人不致挨饿，整天拼命在外做木工。那个年月，一个木匠的收入是很微薄的，加上银贵钱贱，张家的生活过得十分艰苦。不久，父亲积劳成疾，过早地离开了人世。一家人的生活全依靠母亲来维持，日子比父亲在世时更艰难了。

1897年，张啸林20岁。全家在乡下实在难以度日，不得不背井离乡，移居离慈溪140多公里的杭州拱宸桥。张啸林与大林一起进了杭州一家织造绸缎的机房当学徒。

但是，他不务正业，游手好闲，专同地痞流氓为伍，不时纠众滋事，寻衅打架，各机房的老板都对他头痛万分。大家暗中约好，谁也不接受他进机房。

1903 年，张啸林迫于生计，考入了浙江武备学堂。在校与同学周凤歧、夏超、张载阳等人结为密友，这是他后来能够同一些军阀勾搭上的由来。

浙江武备学堂是个专门培养军事人才的学校。张啸林在入学以前已染上地痞流氓的恶习，入学后不是把精力集中在学习上，而是用在与官府衙役的勾搭上，想以此为资本，抬高自己的地位，扩张自己的流氓势力。他未毕业就离开武备学堂，拜杭州府衙门的一个领班（探目）李休堂为先生，充当李的跑腿。

不久，他依仗地方官府的支持，在拱宸桥一带开一茶馆，以此作为结交地痞流氓、聚赌敲诈的据点。

当时，拱宸桥一带有一个赌棍，诨名叫"西湖珍宝"，拥有相当势力。张啸林采取小恩小惠的方式，勾引他的赌徒，逐步扩大自己的实力。"西湖珍宝"不甘被张挖去墙脚，便经常纠集赌棍，寻张殴斗。张啸林被打得狼狈不堪，无法在拱宸桥立足，不得不另谋出路。

1907 年，张啸林结识了杭州一个外号叫"马浪荡"的江湖艺人。马浪荡本名叫陈效岐，原是个唱滩簧的。

滩簧是苏州、上海、杭州、宁波等地流行的一种曲艺。陈效岐每次出堂会，就让张啸林帮着扛丝弦家什，演完一场后赏他几文钱。

次年 10 月，在清政府曾任武英殿大学士的杭州人王文韶病死。出殡那天，陈效岐受雇扮戏参加送葬行列，张啸林便伴在陈的身边。

出殡队伍经过日本租界清河坊，张啸林无意中撞倒了一位看热闹的日本小孩。这下子，惹了马蜂窝，住在清河坊的日本人倾巷而出，拦住了王府的孝帷，强行勒索赔款。

送葬的人气愤不平，双方争执不下。

这时，张啸林大喝一声："开打"，成百上千的掮执事、骑顶马、吹吹打打各色人等，立刻像潮水一样地冲向日本人，吓得日本人回头便跑，纷纷关上大门。

待到出殡诸事完毕，队伍解散，张啸林又约了数十个艺人和以往的机房朋友，开回清河坊与保佑坊，看见日本人开的店铺，不分青红皂白，冲进去便又打又砸，掀起了一场较大的风波。

事后，杭州官府在日本人的压力下，决定惩办带头闹事者。

陈效岐为保护张啸林，以滩簧先生首脑的身份，挺身而出，结果被判在拱宸桥头，披枷带锁，示众一月。

陈效岐的枷锁示众，更激起杭州人民的反日情绪。他们自动组织起来，一致拒买日本货。日本人难敌群愤，只得相继迁出清河坊。

经过这次事件，陈效岐十分赏识张啸林，并与张结成了过房亲家。

然而，此时的张啸林仍然不改聚赌诈骗的恶习。

每年春茧上市和秋季稻谷收获之际，他便雇佣小帆船一条，到杭嘉湖一带，以三粒骰子做赌具，巧立青龙、白虎等名目（俗称"颠颠巧"），引诱农民赌博，设局骗取农民钱财。乡间农民受到张啸林的欺骗，有的输得当空卖绝，有的输得投河上吊，引起了极大的民愤。

为此，杭嘉湖一带人民曾写状上告，杭州府与钱唐县均曾出签访拿张啸林，但终因一班衙役都受过张的贿赂，屡屡通风报信，使张啸林几次避过风头，逍遥法外。

但后来有一次，张啸林在茶馆里为争座位，对旗人大打出手，险乎酿成命案。他怕被官府捉拿，逃到了绍兴安昌镇，投靠他的老朋友在安昌任巡官的翁左青。

不久，武昌起义爆发，旋即杭州光复，张啸林托人探得自己的案子不了了之，于是又堂而皇之地回到了杭州。

辛亥革命后，张啸林参加了"三合会"，作一名普通的门徒。一次偶然的机会，他结识了洪门大哥杭辛斋，并靠着杭辛斋的关系，利用一批旧日的机房朋友作班底，逐渐发展成为颇有势力的一霸。

张啸林的外貌与黄金荣、杜月笙略有不同。他中等身材，圆头大耳，长着一对豹眼，滴溜滚圆；两颧高，双颊陷，颈子特别长，清瘦中有些杀气，令人望而生畏。

张啸林从绍兴安昌镇回到杭州不久，本性难改，又闯了大祸。一天，他在朋友家喝了几杯喜酒，不觉已有三分醉意。回家途经拱宸桥附近时，看到几个人合力殴打一个人，就向前劝说，那几个人看到张啸林在旁多嘴，就围住他动起手来。

张啸林什么阵势没经过，见三人打来，便飞起一脚朝中间的那人的下身踢去，正中睾丸，那人当场倒地身亡。他知道又闯了大祸，急忙挣脱身来，也不敢回家，连夜逃到上海。

张啸林逃到上海后，落脚在小东门外东昌渡一带码头上，更名为林生。这是他第一次来上海。

经同乡、投机药商黄楚九介绍，张啸林拜青帮"大"字辈樊瑾丞为"老头子"。由于有些文化，他很快熟记了"海底"术语，下一辈的流氓都称他为"张爷叔"。

又过了一年多，杭州官府对他打死人命一事搁置起来以后，他又公开露面。

张啸林在东昌渡码头，最初是与杭州锡箔船商打交道的。因杭州锡箔船商见张啸林在码头上的流氓帮里有些路子，就和他商量，为保护每船来货在码头上不受损失，愿按来货所值拿出若干，作为保护费。

张啸林见有油水可捞，就在十六铺码头上的流氓群中寻找合作者，因为他深深懂得"强龙不压地头蛇"的道理。结果，他找到一个外号叫做"水果月生"的杜月笙，此时，杜月笙正跟在套签子福生后面乱转。

张啸林提出，如果杜月笙能保证杭州船商来货的安全，他愿让出一部分保护费。杜月笙听了非常欢喜，认为这是天上掉馅饼，立刻答应下来。

杜月笙把杭州锡箔船商的货物引渡到"小浦东"卸货，从中收取保护费。这事很快被其他的流氓得悉后，就互相勾结，纠众前来明抢，与杜月笙和他的小兄弟们在十六铺码头上发生了一场恶战。

这场恶战，因为涉及各自的利益，简直是有你无我，互不要命。

杜月笙这帮因寡不敌众，被其他流氓帮打得落花流水，各自奔逃。杜月笙本人也被打得奄奄一息。

张啸林把杜月笙背到自己租的房子中，延医诊治，并精心调养。当时，张啸林的经济也很困难，为了支付杜月笙的医药费，不得不当了身上的棉衣。

因此，杜月笙对张啸林的救命之恩，终生不忘。

这期间，通过杭辛斋介绍，张啸林也认识了黄金荣。但黄金荣觉得，他这个杭州湾来的小痞子，没有必要交往。所以，虽见过面，但一直没有来往。

不久，上海新开河码头建成，但外省的船商因不堪上海稽征吏的勒索，通过张啸林等人的关系，纷纷到此卸货。这班稽征吏从侧面打听到原来是张啸林在船商中暗地里捣鬼，砸了他们的饭碗，决意要把张啸林擒到手，结果他的性命。

一天，张啸林正在南码头联系事务，被驻该处的稽征吏发现，立刻纠集10余个稽征巡警，不问情由，把张啸林强拽进稽局内捆绑起来，痛打一顿，准备夜深人静时，把他扔进黄浦江里淹死。

当天下午，张啸林的随从急忙去找杜月笙求他无论如何设法营救。杜月笙得讯后，一面叫手下把兄弟到稽查局搞清虚实，一面和几个头目商量营救办法。

大家认为，若白天去抢张啸林，稽查局里有枪，难以得手，不如等到傍晚，趁巡警们下了班，冲进去，打它个措手不及。

大家计议停当，随即挑选了数十个流氓，作好了准备。到了晚上，杜月笙和李阿三率领这班流氓一齐冲入稽查局，救出了张啸林，然后一哄而逃。

张啸林脱险回家，休养了数日，打听到把他往死里整的稽征吏头目，名叫"金狮狗"，是一个手段非常残忍的家伙。为了报仇雪恨，他请了三十六股流氓的头子"吊眼阿定"助他一臂之力。

"吊眼阿定"对"金狮狗"也非常看不入眼，于是答应了张啸林的要求。

一天上午，"金狮狗"照例出来巡查商船，正独自走到江边时，突然被早就埋伏在那里的十几个人掀倒在地，一顿拳脚后，又被七手八脚地拖到江边，一声号子，用力往江中抛去。此时，正好漂来一只大粪船，只听"扑通"一声，"金狮狗"被抛进了大粪船中，虽然保住了性命，但已饱尝了大粪的滋味。

"金狮狗"爬出大粪船时，张啸林等人早已逃得无影无踪了。

上海呆不下去了，张啸林只好又回杭州。

1919 年 8 月 14 日，浙江督军杨善德病故，卢永祥由淞沪护军使升迁，护军使一职则由卢系大将何丰林继任，江翰廷任护军使署秘书长，刘吾圃任淞沪警察厅主任秘书，俞叶封调充缉私营统领。这批分居要津的大官，与张啸林均有私交。

张啸林觉得，又该来上海了。他觉得，上海滩这片天地比杭州广阔多了，能使自己有更大的发展。

这一次，张啸林把妻子娄氏也带到了上海，同时还带来了两个好友，一个是号称文武全才的翁左青，此人后来做了杜月笙的秘书，一个是他的过房亲家陈效岐。他决定和他们一起"共创一番事业"。

到了上海，听说以前的老朋友杜月笙已在同孚里黄公馆发迹，他马上便来拜访。

杜月笙见了张啸林，自然十分高兴。第二天，杜月笙带他去见了黄金荣，并力请黄金荣重用张啸林。

虽然三鑫公司此时已垄断了法租界的烟土市场，牢牢掌握了上海滩上的烟土业，展望前景，一片金山银海，瑞气万千，但是，他们还有一道关口却无法突破，从吴淞口到高昌庙、龙华进入租界，这一条路，都是淞沪镇守使衙门的天下，水警营、缉私营、警察厅，乃至各级队伍，侦骑密布，虎视眈眈，不小心就损失一批烟土。这道关口要是无法突破，运输方面说不定还要走"水里抛、顺江流"的老路，危险万分不说，还会时时造成损失。而有了张啸林，由他出面去联络，这道关很可能就打通了。

黄金荣觉得，杜月笙说的在理，他决定接纳张啸林。

当年的军阀，大多数以鸦片烟为主要的经济来源，他们长袖善舞，经验丰富，利害所在，一眼便可洞察。在租界里经营鸦片，对他们来说有百利而无一害，何丰林、俞叶封何尝不垂涎这股财香？只因为地位悬殊，关系搭不上，因而才有水陆查缉，以便通过没收、罚款搞些钱。

张啸林从杜月笙处领了交际费后，腰缠万金，一副大款模样。他打着满口杭谚，自下而上，由外而内，一步步地向俞叶封、何丰林进攻。何、俞二位早已求之不得，马上把张啸林敬为上宾。

接着，军阀、租界、帮会三方合为一体，大家同心协力发"土"财。

局面豁然开朗，三鑫公司的事业蒸蒸日上，沈杏山觉得，自己不可能斗过杜月笙了，只好悄悄地撤出力量。

第四章

扶摇直上跃龙门

黎元洪秘密抵上海

　　黄金荣在三鑫公司内部稳坐江山，指挥若定，金廷荪总揽业务，掌管帐目，杜月笙和张啸林负责外务，交际联络，上下相融。小八股党们如今都已换下短衫，穿起长衫，各自在三鑫公司里担任职务。

　　杜月笙通常要到九十点钟起床，匆匆梳洗，便赶到三鑫公司去转一转，然后开始见客、拜客、饭局和赌局，有时深夜两三点钟回家，有时整夜不归。

　　此时，杜月笙的姑母万老太太，在乡下听说他发大了，便不辞辛苦，迈着一双小脚跋涉进法租界，她找到杜月笙，开口便说：

　　"现在你有了这么大的场面，可以帮帮穷亲戚了。墨林在十六铺做铜匠，工钱少，生活苦，你帮个忙，把他安插到三鑫公司去，也好多赚两个钱，将来好成家立业。"

　　杜月笙考虑了一下，说："你叫他到我这里来，先在我这里打打杂，三鑫公司那边，我先给他挂个名。"

　　万老太太一听，满心欢喜，亲自去十六铺把万墨林叫了来。

　　杜月笙见到万墨林，表现得很亲切。这位表弟今年19岁了，头大，个子高，衣着朴素，在上海城里住了近10年，还是一副乡下孩子的老实相。

　　杜月笙心想，要让他成为一个贴身的跟班，恐怕还得经过一番磨练。他沉吟半响，说：

　　"你跟我来。"

　　万墨林诚惶诚恐，跟杜月笙上了楼。他们来到一间卧室，只见四周垂帘垂幔，美轮美奂，靠里面的一张贵妃榻上，躺着一位丰腴的少奶奶，正在吞云吐雾。

　　"他叫万墨林。"

　　杜月笙把万墨林带到榻前，介绍给沈月英说："他是我高桥乡下的表弟，我叫他来服侍你怎么样？"

　　沈月英看了看土头土脑的万墨林，说：

　　"很好。"

　　因为原先替沈月英烧烟泡的华巧生，经常有事外去，她常常抓不到他的人影。她觉得，土头土脑的万墨林正好专门供她使唤。

　　杜月笙留下了万墨林，下楼去送姑妈。万老太太觉得，杜月笙二话没说收用了万墨林，是很看重他的老面子的，很高兴地走了。

万墨林外表土头土脑，头脑却十分好使。他事事留心，样样都暗中学习。不久，他就能烧出一手好烟泡，很讨沈月英的欢喜。

为了试试万墨林是否诚实可靠，沈月英有一次耍了个小花招。他叫万墨林去拎开水，在他走后把一张 5 元的钞票悄悄地放在了楼梯口。不一会儿，万墨林拎了一壶开水回来，还没进门，就高声叫道：

"这张 5 块钱是谁的?"

万墨林中气足，嗓门高，用力一叫，吓了沈月英一跳。她忍不住笑起来，说：

"别叫了，拾起来给我吧！"

从此，沈月英常在杜月笙面前，称赞万墨林老实、规矩。杜月笙对他很快建立起了信任感。以后的日子，万墨林也一直勤勤恳恳，任劳任怨，由跟班升至总管。

不久，黄金荣一家搬到了钧培里。杜月笙等人也从同孚里搬出，迁入金福里。这里的房子也是黄金荣买下用来出租的，他每月只收杜月笙四五块钱，算是意思意思。一起开公司赚大钱的小八股党和其他人也都纷纷在八仙桥一带买房租屋，成家立业。

自从张啸林参加了黄、杜集团后，三鑫公司的触须，开始伸向官场和军界。

1921 年前后，全国各地的军阀、政要，只要是有些气候的，没有不在上海设有代表处或办事处的。由于租界及上海市的特殊地理位置，在南北对峙，各省四分五裂的情况下，上海就成了情形微妙的政治中心。

许多次议和在上海进行；政治家或政客在此发表对于国事和时局的看法；政治和军事的秘密交易；情报的搜集和交换；军饷、政费的筹措；搜购军火，运销鸦片；下野的军阀，政客隐居、避难以及全国甚至世界各地货物的进出口——那些代表们办着五花八门包罗万象的事情。

这些人来到上海后，都纷纷去拜访黄金荣、杜月笙，他们都是代表各地的军阀和政治巨头的，手中十分有钱，杜月笙常常设赌局和他们大战，每每能赢不少钱。

袁克文就曾把几十万元的巨资输给杜月笙他们。

袁克文，号寒云，河南项城人，是袁世凯的次子。他不愿做官，却喜欢在江湖上散混。当时，他见青帮遍布天下，人多势众，便从北京跑到山西，在一位"礼"字辈前辈的坟前摆上供品，磕一串响头，摇身一变成为"大"字辈人物。由于他的老爷子是国家总统，也就没人和他顶真，大家顺水推舟，默许了他这"大"字辈。

当时，全中国的"大"字辈也没有多少人。

袁克文知道上海是个花花世界，心中十分向往。开始，他常常给上海老牌小报《晶报》写稿，一时名气大作；加上又是袁世凯的二公子，所以，他人虽不在上海，上海人却都知道他，俨然一位社会名流。

就是这样的一位社会名流，在袁世凯死后不久来上海滩上游历时，却还是被杜月笙骗了一刀。

那次，袁克文带了几名随从来上海，其中有一名侍从名叫韩荣浦，与黄金荣有旧关系。袁克文通过韩荣浦的关系去面见黄金荣。一见面，袁克文就忙不迭地送上10枚金币作为见面礼，竭力巴结这位上海滩上的"闻人"。

这些金币是袁世凯当上总统后，由英国人为他铸造的，上面有袁世凯的头像，极有收藏价值。

杜月笙看到后也连声称好，黄金荣就送给他三枚。

杜月笙见袁克文眼中只有黄金荣，没有他自己，心中十分不快，决心狠狠骗这小子一刀。

于是，杜月笙出面，替黄金荣尽地主之谊，大摆宴席，隆重招待袁克文。他陪袁克文大吃大喝，游览名胜、寻花宿柳，最后还以赌博助兴。

开始时，袁克文和杜月笙、金廷荪他们搓麻将，总是"手气"很好，袁克文的赌瘾也因此越来越大，赌注由千元上升到万元。眼看时机已到，杜月笙他们便三吃一，直到袁克文输得身无分文。

杜月笙还挺讲"义气"，赞助袁克文5000元，让他回北京去。

辛亥革命后的10年间，在中国这块土地上没有一天不在打仗，兵连祸结，民不聊生，人们渴望着战乱停止，和平统一。一部分工商业者，资产阶级知识分子和中间阶层人士，以为只要废除各省的督军制度，裁减现有的军队，中国的和平统一的局面就能实现，因此，他们大力提倡废督裁兵，化兵为工。一些军阀政客为了欺骗人民，笼络人心，也高唱这种论调。于是，废督裁兵，化兵为工的政治思潮很快就流行起来。

1922年7月，上海中华全国工商协会、中华国货维持会等20多个团体联合发表了《废督裁兵宣言》，全国商会联合会发表了《筑路养兵意见书》，都是提倡废督裁兵的。

为什么要提倡废督裁兵呢？他们提出，民国以来，"各军阀自由招募，保卫个人地盘禄位，增兵无已，目前统计全国已有百五十余万"，"四万万主人翁，除以血汗供二万万余两军饷外，所受军人酬报者，十年来之哗变劫杀，南战南，北战北，南北交战等之流离颠沛与奸淫掳掠而已，老填沟壑，壮散四方，战线内之兄弟姐妹，无辜饮弹"，"更因兵患酷烈，无力经营，酿成水旱灾荒，连年冻饿死者，又不知有若干千万人，农工失业，商务摧残，教育破产，青年失学，垄断元气，危及国本"，认为当前"首先办到裁兵一件大事"，"若兵不能公开裁处，一切国宪、省宪、自治与联省自治省，均是骗人之假名词。共和幸福，绝难实现"。因此，他们一再劝告军阀，"正宜顺从民意"，"试放下屠刀立地成佛"，"爱国爱民善始善终"。

在此形势下，因张勋复辟而被赶下台的原总统黎元洪，在直系军阀曹锟、吴佩孚的"拥戴"下，复任总统。

实际上，黎元洪复位是直系军阀因无法收拾残局，而勉强拉出来的，让他充当傀儡，暂时过渡一下的权宜之计。俟挤走徐世昌，迫使孙中山放弃护法旗帜后，再由直系军阀"名正言顺"地独掌政柄，把曹锟捧上总统宝座。

1922年6月11日早8时，黎元洪在旧国会参众两院议长王家襄、吴景濂等人的陪同下，登车启程，于11时5分自津抵京，在中南海怀仁堂举行就职典礼。

接着，由周自齐依国会参众两院议长之请，将大总统印捧呈黎元洪。

6月12日，黎元洪迁至中南海居仁堂办公。

这次上台后，直系军阀不断干政，使黎元洪政不出家门，以致内阁更叠频频。一年后的6月7日，曹锟指使京城一带的军、警武力索饷；又指使一批流氓组成"公民团"，在天安门前集会请愿，"请"黎元洪退位。

1923年6月13日上午10时左右，黎元洪忽接报告，说王怀庆和冯玉祥定于翌日下午2点将率兵到东厂胡同，强使总统下台，否则将发生莫大危险。

黎元洪闻报，匆匆处理了一些事情，然后乘专列赴天津。行前，他把总统印信大小15颗一并交与如夫人危文绣收藏。又责令总统府秘书瞿瀛随同保护，一起携往东交民巷法国医院暂住。各事嘱毕，他于当日午后1时20分离京赴津。

结果，直隶省长王承斌奉曹锟之令在天津杨村车站截车索印。在天津住了一段，黎元洪也住不下去了，只好前往上海去想办法。

1923年9月11日，黎元洪秘密抵沪。在其未抵沪之前，他的秘书饶汉祥即先来沪，就黎元洪的安全问题与有关人士商量。

有人告诉他："去找杜月笙。"

饶汉祥去了。杜月笙见到他的巨额银票，立刻答应。为感谢杜月笙的相助，这位名重一时的骈文大师欣然为杜月笙题了一副对联：

"春申门下三千客，

小杜城南五尺天。"

这副对联把杜月笙比作了战国四公子之一的楚国春申君。当时，春申君的封地正巧是在上海一带，上海简称为"申"就是从此而来。杜月笙对这幅对联十分喜爱，以后一直挂在他的客厅里。

黎元洪抵沪后，寓居杜美路二十六号，有人说这房子是杜月笙所赠，其实不然，这房子是广西军阀陆荣廷的故宅。杜月笙只是派人打扫、整理了一番。

当天，黎元洪就和章炳麟、唐绍仪、李烈钧、岑春煊等旅沪名流和褚辅成、章士钊、许世英等政界重要人物，以及各省、各派代表在宅邸开会，讨论形势。黎本人想在上海重组新政府，但很多人不同意。

此次活动近两个月，收效甚微。

这期间，杜月笙除了做好黎元洪的安全保卫工作之外，还陪黎元洪和他的如夫人危文绣去共舞台看过戏。当时，著名坤伶露兰香正在献艺，黎元洪闹中取静，听听戏，逛逛街，对杜月笙十分感激。

11月8日，黎元洪携如夫人从上海乘高丽丸号轮船前往日本。行前，他送给了杜月笙一只纯金做的大烟枪。

侦破宋教仁暗杀案

1913年，黄金荣承办侦破了他一生中最轰动的一项谋杀案。他亲自把暗杀中国国民党代理理事长、前农林总长宋教仁的凶手——武士英迅速逮捕归案。

1913年3月20日，晚上10点多钟，宋教仁先生从上海寓所抵达北火车站，他要搭乘10点三刻的特别快车到南京，然后转乘津浦路车由天津到北平，出席国会。

10点40分，距离开车还有5分钟，躲在办公室与售票房附近的刺客武士英，向宋教仁开了一枪。顿时，北站人声鼎沸，秩序大乱，有很多人看到那名凶手，他身材矮小，动作敏捷，穿一身黑色军服，下手后立刻趴在地上向左右连开两枪，用以吓阻追捕。然后，他急速起立，混在人群之中，穿过大半个候车厅，一路往铁路公司方向低头猛冲，拚命奔逃。

宋教仁惨遭暗杀，震惊全国。

坐镇北京的袁世凯编造谣言，先发制人，诬赖沪军都督陈其美派人刺杀了宋教仁。陈其美正为遽失良友而伤心，突然又受到恶意中伤，忧急愤慨，迅速采取行动，联络有关方面的同志和朋友，请他们全力以赴，以最快的速度侦破宋教仁被刺的血案。

此时，黄金荣与陈其美也早有接触，平时小有来往。黄金荣是法租界巡捕房的包打听小头目，同时在上海又有广泛的交际网和雄厚的实力，所以陈英士也嘱托黄金荣追查刺客。

3月23日的深夜，黄金荣已经睡了。杜月笙（那时刚进黄公馆不久）忽然进来喊醒他，报告英租界巡捕房打电话给法租界，说是在湖北路迎春坊妓女李桂玉家里，抓到了一个叫应桂馨的人，可能与宋教仁血案有关。英捕房要求法捕房明天早晨派人去搜查他的家里，希望能找到一些证据。

黄金荣得报，立刻率领五六名巡捕在夜幕中赶往应桂馨的住处法租界文元坊。

应宅的客厅里有几名男女，见巡捕一拥而入，个个惊慌失措，神色仓皇。

黄金荣见状，高喝一声："不许动！"

只见一个身材矮小的男子，扭头就往后面逃跑，黄金荣立即拔步追赶。

应家客厅后面，有一条长长的走廊通往厨房，厨房之后，又是一个小小的天井，连接着高逾丈许的后墙。

这一路没有一线灯光，黄金荣凭听觉感到那人穿过厨房，准备翻墙逃跑。黄金荣暗中作了准备，待那人纵身扳上墙头之时，黄金荣一个箭步窜上去，几乎捉到了他那两只悬空的脚。那人身手异常矫捷，一个引体向上，左脚一跨，便越墙跳到墙外的地下。

黄金荣身材微胖，连跳三次才爬上围墙。借着微弱的天光，他看见那人已经从地上爬了起来。黄金荣情急生智，站在墙头上纵身向下飞扑，恰巧扑在那人的身上，两人同时高呼一声："哎哟！"

那人虽被黄金荣按在地上，仍作困兽之斗，幸亏黄金荣的助手赶到，齐力把那人制服，押回应家客厅。

灯光下，黄金荣一眼看去，顿时想起一张熟悉的面孔，冷笑道："你叫武士英！"

那人身体震了一震，却仍在竭力掩饰："我不是武士英，我叫吴福铭！"

黄金荣把脸一沉，喝道："瞎讲，你明明是武士英，你忘记啦？今年2月，你代别人销卖三支肉桂，偷拿了两支还嫌不够，又把另一支卖得的100多块钱吞没了。法捕房里，你不是坐过一个月牢吗？"

至此，武士英无话可说，只得默默地低下头去。

押解到捕房，黄金荣直截了当地审问道："是谁指使你刺杀宋教仁的？"

"应桂馨。"武士英招供道："应桂馨给我1000块钱，一张照片，一支手枪和六颗子弹，并且拨四个人相助，其中一个叫叶玉如，一个叫杨什么仁，另两个则忘记了名字。应桂馨要我带这四个人到北火车站，依计行事，行刺照片上的人。我根本就不知道要去刺杀的那个人是谁。"

天快亮了，黄金荣命武士英在口供上签了字，然后押入囚室。

黄金荣认得应桂馨，并且一向对他很注意。应桂馨的被捕，是由于一位国民党员找到专门贩卖古董字画的河南商人王阿法，陪同他到英捕房去报案。

据王阿法说：一个星期以前，他到应桂馨家去卖画，应桂馨曾经拿出一张照片给他看，就是要他"办"这个人，事成愿意给1000元酬金。

王阿法回答说："我没有办人的能力。"

"那就算了。"应桂馨迅速收起照片。

宋教仁被刺后，王阿法看到报上的照片，才知道应桂馨要"办"的就是宋教仁，并愿意为此案到公堂作证。

3月24日下午4时，黄金荣带着随从杜月笙，邀同法捕房的蓝总巡捕，总翻译曹振声，四名华捕，三名西捕，一同到文元坊应桂馨的家里正式搜查。

武士英行刺时使用的六响手枪，以及枪内余存的三颗子弹一并搜了出来。

黄金荣立刻派人持枪去查对，枪中所存子弹，和宋教仁身上开刀取出的弹头一模一样。搜查应家时，黄金荣和蓝总巡捕商量，宋教仁被刺案全国瞩目，关系重大，所有在应家的男女人等，应该一律带回巡捕房，分别侦讯，再决定羁押还是释放，免得会有人犯漏网。

蓝总巡捕答应了，在重要证据运走以后，再把应家上下人等集中一处，竟有26人之多。

英国领事鉴于应桂馨生性狡猾，必须将羁押在法捕房的武士英提来，和他当面对质。法国领事表示同意。

杜月笙对黄金荣说："这个犯人太要紧了，说不定袁世凯、赵秉钧都会派人来伺机将他刺死加以灭口。"

"不错，我将严加防范。"

押解武士英去英租界的那一天，一路上便衣密布，人人紧张。黄金荣和四名西捕坐一辆汽车，荷枪实弹地看着武士英，一点也不敢大意。

武士英见了应桂馨有点畏惧，他企图推翻被捕时在黄金荣面前所作的供词，一会儿说他只跟应桂馨见过一面，一会儿又虚构出一个叫"陈玉生"的人来，说是陈玉生指导他如何行刺宋教仁的。

主控律师一一加以驳斥。之后，法捕房方面请求公开黄金荣他们搜应宅时所获的证据，那里面赫然有赵秉钧和洪述祖往来的密电码，以及洪述祖指使应桂馨行刺的电报与信件，证据确凿，应桂馨和他所聘请的四位外国律师，至此已无法再作狡辩，于是全案真相大白，应桂馨在会审堂上俯首认罪。他说：

"确是因为袁世凯畏惧宋教仁北上出席国会，深恐对他有所不利，所以由国务总理赵秉钧，授命洪述祖指使本人，贿买凶手行刺是实。"

4月25日，上海地方法院宣布正式开庭，审理应桂馨、武士英行凶杀人案。就在头一天晚上，拘押在中国监狱的武士英，竟会突如其来的吃红头硫磺火药"自杀"，事后查悉，那些致命的火柴头，是有人逼他吃下去的。

黄金荣闻知此事，无限懊恨，十分感慨，那么多人花费多少心血所得到的收获，在一夜之间付之东流。

7月25日，应桂馨公然逃狱。事先，他花了大量的金钱贿买"典狱者"，同时指使他一批手下，里应外合，居然劫狱成功，让他逃了出来。

应桂馨越狱后直接逃往青岛，住在租界里面，隐名埋姓，平时很少露面。

一天，他从北平乘快车回天津，结果被袁世凯的特务发现行踪。当他坐在头等车厢时，忽然从门外闪进来一条大汉，手一扬，砰的一枪，打死了应桂馨。

距离应桂馨之死不到一个月，赵秉钧在天津督军衙门宴客，当场中毒死亡。袁世凯杀死了赵秉钧，还假惺惺地送上块匾，上面写道："凄怀良佐"。

几个帮凶虽然死了，但真正的元凶袁世凯还窃据着大总统的宝座，继续干祸国秧民的坏事。

孙中山在宋案发生后，对袁世凯的面目有了新的认识，提出了武力讨袁的主张。

二次革命爆发后，陈其美虽然面对着强大的北洋军和军械物资严重短缺等困难，但他在上海依然举起了武力讨袁的旗帜。

1913年7月16日，陈其美担任驻沪讨袁军总司令，并在南市设立司令部。7月18日，宣布上海独立，发布《讨袁宣言》，痛斥国贼袁世凯"残害忠良"，"私借外债、丧失主权"，"破坏共和、掳掠奸淫"等滔天罪恶，宣告"共图讨贼"。

为了发动讨袁战争，陈其美负责成立了陈果夫等领导的奋勇军；命蒋介石潜往龙华运动中曾由他指挥过的旧部第九十三团；组织联络沪军、浙军和调拨滇军至沪；还与沈缦云等筹划经费。

7月22日深夜，陈其美在南市讨袁军总司令部召开前线诸将领军事会议，作临战动员，并宣布进攻计划。

7月23日，陈其美发动了进攻江南制造局的战斗，并同蒋介石等亲临阵地指挥，接着又于7月24日、25日和26日的夜间发动了攻击，之后在沪宁车站、吴淞、宝山等处与袁军发生过几次交战，均先后被击退。

由于外国侵略者的干涉，加上兵力有限，后援无济，8月13日，陈其美所领导的上海讨袁战争最终失败。

当时，陈其美的处境十分艰难。上海的大街小巷遍贴着袁世凯通缉陈其美等革命党人的悬赏布告，但他仍以顽强的拼搏精神，利用租界进行反袁活动，并同蒋介石冒险奔赴浙江宁波，联络浙军起义。

这时的陈其美避居租界，黄金荣和杜月笙给他提供了一些财物。不久，他第二次东渡日本。

1915年夏末，孙中山召集中华革命党各部长举行会议，决定正式组织中华革命军。陈其美被指派到上海，组建东南军总司令部，在法租界霞飞路渔阳里5号设总机关部。同时，招蒋介石、杨庶堪、丁仁杰、余祥辉等返沪，具体筹议上海讨袁斗争。

11月10日，陈其美物色中华革命党人王晓峰、王明山刺杀了坐镇江南的袁世凯悍将、上海镇守使郑汝成。

袁世凯大为震惊，辍食终日。他决定派出得力杀手，刺杀陈其美。

杀手来到上海，杜月笙很快得到消息，告诉了陈其美。

陈其美"哈哈"大笑，说"让他们来吧，丈夫不怕死，怕死事不成，我等着他们"。

其实，袁世凯在密谋刺杀宋教仁之后，就把陈其美列为在上海的第二个刺杀目标了。他先后三次筹划了刺杀行动。

三刺都督陈其美

1916 年 4 月 23 日傍晚，春雨霏霏，三辆黄包车来到上海四马路杏花楼门前，从车上下来三个身穿短褂的汉子，大步进门，直上三楼，在临窗一副座头前坐下。

一个中年跑堂快步走上前来，欠身问道："三位先生，用点什么？"

三人中的那个高个子张口报出了几个菜名后，举目四顾，发觉食客不多，嘴角边掠过一丝笑意，压低了声音对两个同伴说："等会儿他来了，先别动手，看到老尚发信号再开枪。大总统给这家伙最后一个机会，若他回心转意，今天就不用响枪了。"

这时，头两道菜上来了，三人斟了蛇胆酒慢慢地吃喝起来。高个子的眼睛不时往楼梯口瞟一下，等待目标出现。

"当！当！当……"外滩的海关大钟敲了六下。杏花楼门前来了一辆老式"福莱狄"轿车，停稳后，从里面也下来三个人：为首的那位是个干瘪老头，年近六旬，偻腰曲背，后脑勺拖着条长到腰际的辫子；第二个年约 40，瘦长个子，一张略显瘦长的脸，戴着眼镜，此人就是名震一时的上海都督陈其美；第三个 40 多岁，身高体大，四方脸，粗眉大眼，他叫尚晓忠，是暗杀陈其美行动的直接指挥者。

他们也走上三楼，在面朝楼梯口的墙角处座头前坐下。跑堂上前，瘦老头点了许多菜，要了两瓶汾酒。

先前那三人一见这三人，顿时紧张起来，六只眼睛紧紧盯着陈其美。有一个家伙沉不住气，竟把手颤颤抖抖地往怀里伸，隔着衣衫去摸手枪。

其实，陈其美此时根本没想到他今天来赴的是鸿门宴，刀爷手近在咫尺，只是和瘦老头以及尚晓忠讲闲话。

瘦老头姓陈，是陈其美的同乡，此次被袁世凯的特使尚晓忠以重金拉拢，特地从家乡经浙江吴兴赶来上海劝陈其美退出政治舞台。

酒过三巡，尚晓忠乘陈其美不留意，告诉他："袁大总统汇大洋 70 万元，现在在交通银行，给你出洋游历。大总统让我转告你：此款可以随时提取。"

陈其美笑道："现在我们党里很穷，供给党里作革命经费很好。"

陈老头连忙重申："这笔钱是给你出洋用的，不能作其他用。大总统说过，如果你不要这钱，便将这笔款子用来对付你。总之，这款子要用在你陈英士身上。"

陈其美大怒，声色俱厉道："我干我的事，他听他的便！"

他一番话语把陈老头弄得好不尴尬，愣了一会儿才重新缓和下来，准备起身告辞，行前仍让陈其美再考虑考虑。

今天，陈老头以给陈其美介绍生意朋友为名，把他请到这里，听他的回音。尚晓忠决定，如果陈其美不识抬举，执迷不悟，那就发信号让刺客下手。

当下，陈其美哈哈大笑，"我陈其美向来一锤定音，这么一桩小事难道还要三番五次的声明？"

"唉——"陈老头叹了口气，给陈其美斟酒说："英士，这汾酒气味芬芳，入口回味生津，余香无限，再干一杯吧。"

"好！"陈其美举杯，仰脖一饮而尽。

尚晓忠见劝降无望，遂起杀心，眼睛迅速往刺客那里一扫，咳嗽一声。高个子见雇主发出信号，手指往桌上一叩："准备行动！"

就在这时，楼梯上传来一阵脚步声，上来五个穿海军军官服的年轻人。为首的那位一见陈其美，就惊喜地叫道："陈先生，您也在这里啊！"

陈其美定睛一看，笑吟吟道："哈，原来是你们几个啊！怎么，闲着没事来喝酒？"

这五人是海军"应瑞"舰的下级军官，都是国民党党员，又是青帮成员。陈其美既是国民党，也是青帮头领，是他们敬重的上司。

这几个人马上走过来，向陈其美行礼致意。陈其美性格豪爽，手面阔绰，当下挥手叫来跑堂，让给五位客人上一桌酒菜，由他最后一起结帐。

那高个子刺客姓盛名单，原本已准备下手，这时连忙用眼色止住两个副手。因为他发现，这五个军官腰里都佩着手枪，倘若现在动手，这五人一定会一起护卫陈其美，自己是必遭惨败，甚至会丢了性命。他们是流落江湖的散兵游勇，并不是袁世凯的部属，受尚晓忠重金雇用，那钱眼下只到手一半，这会儿把小命玩掉了，还有一半就拿不到了。因此，盛单决定罢手。

尚晓忠才不管刺客死活呢，他要的是陈其美的性命。当然，他也估计到军官们会拔枪相助，但他们决不会知道这鸿门宴就是他摆的！他见发了信号不见反应，又发了一次信号，但刺客们还是无动于衷。

尚晓忠火了，站起来，嘴上叼支香烟，假装借火，走到盛单面前，狠狠瞪了一眼，点了香烟，扔下火柴返回座位。

尚晓忠跟盛单说好刺杀陈其美，事成后可得3000块大洋，事前先预付一半。盛单也想尽快行动，尽快拿到另一半赏金，但今日情况确实不能轻易下手，他见尚晓忠执意要他下手心里不由得火了，暗地里在骂："他妈的！咱们三个的命总共才值1500哪！对不起，老子不干了，大不了把钱退还就得了。"

想着，他站起来，朝两个副手一眨眼睛："我们走吧！"

三人大摇大摆走过尚晓忠这一桌，腾腾腾地下楼而去。尚晓忠目睹此状，又气又恼，却又无可奈何，眼睁睁地看着他们走掉。

一场精心策划的暗杀行动由于偶然因素而流产了，而陈其美此时还蒙在鼓里。

次日，尚晓忠找到盛单，让他再次寻机会下手。

盛单一口答应。不过，时隔一夜，他增加了两项条件：第一，陈其美乃赫赫有名的辛亥革命风云人物、沪军都督，一条命不止3000大洋，要求把赏金提高到6000元，活动经费除外。第二，陈其美行踪诡秘，手下又有青帮门徒和昔日旧部，身边还有保镖，一时恐怕不便立即下手，要求不限时日，伺机行事。

"这个……"尚晓忠手抚下巴，面有难色，"这个，第一个条件嘛尚可考虑，我尚某人向来讲义气，朋友既然提出增加价钱，想必是手头拮据，我可以增加些数目，哪怕让我自己掏腰包都干。第二项嘛，就难啦，上面可是限了时间的……"他把话打住，因为不能透露后台是袁世凯，也不能说自己在大总统前立下了军令状：一个月之内如不杀掉陈其美，就送上自己的脑袋。

盛单听了则冷冷地扔出一句："老尚，那可别怪咱哥儿们不仗义，我只好把定金还给您了。只是，上海滩肯向陈其美下手的角儿恐怕一时还找不到哩！"

尚晓忠想了一想，转而笑吟吟地说："这样吧，定金你们先拿着，你再考虑考虑。这两天我要去外地跑一趟，回来再谈，如何？"他清楚上海滩敢于刺陈其美的人确实不好找，但重赏之下必有勇夫，他想另找杀手，实在找不到再来同盛单谈，所以没有把门封死。

此时，尚晓忠忽地想到是否可以找个洋杀手来试试，因为当时上海滩上虽有一些外国瘪三在上海发迹，但大多数洋瘪三在上海混得并不好，为了金钱，他们什么罪恶勾当都愿干。尚晓忠熟谙这些情况，遂决定雇个洋瘪三当杀手。

尚晓忠在公共租界一家名叫"非洲野人之家"的酒吧里结识了一个名叫勃罗特的法国人。此人30多岁，身体高大，金发碧眼，头颈粗似牛脖，雄赳赳地往那里一站，一看就知道是打手一类的角色。他冷眼观察，见勃罗特身穿肮脏不堪的旧西装，皮鞋头上补了一块，叫一杯廉价的啤酒喝半天，一双深陷在眼窝的眼睛色迷迷地在歌女和女客身上转。

尚晓忠主动和勃罗特搭讪起来，替他要了威士忌和西菜，又把整包香烟递给他。

勃罗特在上海已混了四年，结结巴巴地能说几句中国话，几杯酒下肚，尚晓忠已经大致摸清了他的情况：他是法国退役军人，曾在巴黎一家赌场当保镖，后来因见钱眼红，抢了一个赌客的钱袋而被捕入狱，判刑5年。由于不堪忍受监狱生活，打伤了看守，越狱潜逃来到上海。

在上海，勃罗特先是跟人合伙做生意，开始还不错，但后来人家知道他的底牌，怕惹出事来，便把他撇下了，目前他基本上靠别人的恩赐过日子。

尚晓忠了解了勃罗特的底细，暗忖这倒是一块合适的料：穷瘪三，当过兵，会打枪，并且有做案经验，看他的眼神，肯定敢杀人。他试着跟对方谈交易，勃罗特倒爽快，一口答应，索价也不高，只要1200元，要求付黄金，说是便于藏匿。

双方谈得很融洽，最后商定第二天晚上在外滩碰头给枪，并先付一半赏金作为定金。三天之内，勃罗特干掉陈其美以后，再付另一半赏金。

尚晓忠恐怕这个洋流氓耍滑头，拿了钱就逃之夭夭，于是在临分手时特地发出警告："勃罗特先生，我可是代表官方来跟你谈这个交易的，你若想要手段骗了钱逃掉，那可是打错了算盘。我只要打个招呼，上海的水陆通道马上封得严严实实，你插上翅膀也休想飞出去！"

勃罗特双手一摊，耸耸肩膀："哦，先生把我当什么人了？法兰西人说话算数！"

"那好，一言为定！"

谁知第二天晚上，勃罗特收下折合600元的金条以后，从尚晓忠手里接过左轮手枪，突然把枪口对准尚晓忠问："先生，你想试试它的性能吗？"

尚晓忠心头一沉："你这是什么意思？"

勃罗特微晃手枪，不无得意地说："如果你不乖乖跳下黄浦江，那我就要试试这把手枪的杀伤力了！"

"好啊！你这洋瘪三！你想谋财害命？"尚晓忠转脸四顾，夜深人静，附近一个人影都不见，心里不禁有些发怵。

勃罗特冷笑："我本来想谋财不害命，幸亏你昨晚临分手时给了我一番忠告，为了能安心地使用这笔款子，只好封住你的口……"

尚晓忠是武将出身，自然不会束手待毙，他趁勃罗特得意之际猛地飞起一脚，踢中勃罗特持枪的手腕，手枪在飞出去的同时，"砰"的朝天射出一颗子弹，尚晓忠腾身上前，一拳击向勃罗特的头部，被他闪过了，又一拳上去，击中下巴，勃罗特仰面倒地。

勃罗特跌得快爬得也快，一跃而起，施出西洋拳击解数反攻。

两条大汉在朦胧月色中，一来一往，展开了生死格斗。正当他们打得正酣时，耳畔冷不防进响了一声炸雷："都不准动！"

"啊！"勃罗特一惊，胸口挨了一拳，跌倒在地。

"住手！"

尚晓忠一看，来人是一个高个子英国青年警官，手里握着一支手枪，大声喝道："听着，你们两个跟我去巡捕房走一趟！"

一副白铜手铐套到了尚晓忠、勃罗特的手上，他们无可奈何地被铐在一起，垂头丧气地往大马路巡捕房走去。

尚晓忠、勃罗特被带到巡捕房，分开关押在临时留置室。

青年警官先讯问了勃罗特。

勃罗特对警官照实招认，只是到最后为减轻罪责，他否认自己准备杀人，而说是尚晓忠逼他立刻下手，他一时没答应，双方争执起来，尚晓忠拔枪威胁，结果就打起来了。

警官听了也不说什么，让勃罗特在拘留证上签了名，把他关了起来。

尚晓忠独自待在留置室里，心里倒也并不怎么着急。他知道即便勃罗特供出实情也没有什么大关系，一则英国人对陈其美并无好感，二则此案未有行动，巡捕房知道他的真实身份后，也只好不了了之。

难办的倒是这个计划泡汤了，下一步该怎么办？时间过得飞快，离规定时限只剩下半个来月了！他不由地打了个寒噤。

正在此时，牢门打开了，一个"红头阿三"在门口叫道："出来，提审！"

尚晓忠被带到一间10来平方米的办公室，里面坐着拘捕他的那个青年警官。"红头阿三"出去后，警官关上了门，微笑道："先生，你现在是在和詹姆士警官打交道。"

尚晓忠点点头："唔。敝人姓尚，高尚的尚，名晓忠。"

詹姆士打开抽斗，把勃罗特交出的金条和现场收缴的手枪放在桌上："先生，这两项物品你可以收起来了，物归原主。"

尚晓忠觉得奇怪：这洋警察怎么连案情都不问，一上来就还东西呢？他用疑惑的眼光望着对方。

詹姆士警官显然看出了尚晓忠的疑虑，笑道："尚先生，我没有必要向你问什么，因为你是受中国官方的重托来干这件事的，不可能提交法庭审判。"

尚晓忠知道勃罗特将隐情和盘托出了，他既不肯定也不否定，只是笑而不答。

詹姆士说："陈其美在上海很有势力，先生单枪匹马来上海干这件事，很有胆量，本人甚为钦佩。只是，先生的目光不准，看错人了，物色了勃罗特这样一个流氓。"

"嘀嘀……"尚晓忠笑出声来，他觉得这个警官有点反常。

接下去，詹姆士说出了令尚晓忠更觉反常的话语："先生，此事你若让我去办，明后天倒也许成功了。"

"警官先生是开玩笑吧?"尚晓忠大感意外,不敢相信。

"不,不!先生,如果你有兴趣,我们之间倒可以谈谈这项交易。"詹姆士接着说。

原来,詹姆士即将调回英国。他想临走时,从古董贩子手里买几件古玩字画带回伦敦去倒卖。

这是一本万利的买卖,但詹姆士本钱不够。为了筹足这笔钱,他这几天寝食不安,便跑到外滩转悠,再寻谋财之道。

这"道"还没找来,他竟遇到勃罗特、尚晓忠在作生死格斗,便顺手牵羊把他俩带回捕房。没想到这倒是一条送上门的生财之道!讯问勃罗特之后,詹姆士立即向尚晓忠摊牌。

听了詹姆士的一番话,真使尚晓忠喜出望外,当下便让对方开了价钱。

詹姆士也不客气,开口就是5000银元,保证三天之内除掉陈其美。

尚晓忠觉得这价钱不算大,当场应允。他把勃罗特交出的金条留给詹姆士作为定洋,还留下一个地址给詹姆士,让他事成之后去那里取其余赏金。

第二天,詹姆士就打听到陈其美最近正在南市一家名叫"怡乐院"的妓院里,跟一个名叫"红丽小姐"的妓女厮混,便决定当晚即去行刺。

这天华灯初上时分,詹姆士打扮成外国水手模样,一摇三摆地来到"怡乐院"。他先站在门口看一盏盏灯笼上写着的妓女名字。他会说一口流利的中国话,却故意大着舌头问道:"你们这里,过一夜要出什么价钱?"

看门人忙答道:"嘿嘿,不贵,三五元、六七元、八九元都有,最好的不过20元。洋先生是飘洋过海的人,手面阔绰,才不在乎这么点花粉钱呢!"

詹姆士掏出一块银元扔给看门人作为小费,迈步就往里走。

一个年过50的老鸨把他引进帐房间坐下,奉上烟茶,问他要点哪个档次的姑娘。詹姆士醉翁之意不在酒,但他怕点低了档次会惹人怀疑,便掏出10块钱放在桌上:"我要个七八元的吧,余下的算茶水费。"

老鸨立刻奉上一本花名册:"这一档的我们院里有12位,今晚有7个已接下客人,其余的供洋先生挑选。"

詹姆士翻开花名册,随意指着一张照片:"就这个吧。"

老鸨一看,奉承道:"洋先生好眼力,点了这位'荷花仙子'!"

她叫来一个黑胖粗俗的女人,吩咐道:"你领这位洋先生去'荷花仙子'房里,让她好生待客!"

詹姆士随黑胖女人进去,那"荷花仙子"是一位十七八岁的少女,自是殷勤接待。詹姆士头回当刺客,目标又是上海名人,心里自然紧张,哪里有心思鬼混,推说还没吃晚饭,摸出钱来让仆人去叫了一桌酒菜,让"荷花仙子"陪着浅酌慢饮,顺便问起"红丽小姐"。

"荷花仙子"说："这里有两个红丽，大红丽 28 岁，小红丽 19 岁，都是 20 元一夜的价。这几天大红丽陪客人去苏州了，只有小红丽在。"

詹姆士记在心里，不再说话，默默饮酒吃菜。

9 点过后，"荷花仙子"让娘姨撤去酒菜，送上水果、香茶，娇声问道："洋先生喝杯茶后，上床歇息吧。"

詹姆士点点头："也好！我先去院子里透透风。"

詹姆士出了房门，顺着走廊来到楼梯口，四下一看无人注意，便悄悄蹑上楼去。楼上是高档次妓女的房间，只见各个房间房门紧闭，窗子却半开半掩，不时传出荡音淫语，哼哼哈哈，也有唱小曲的。

詹姆士来到标着"红丽小姐"字样的房间门口，抽出手枪，轻轻推上膛。他走到窗下，那窗敞着一条缝，把手伸进去想撩开天鹅绒窗帘，却没撩开，原来里面系住了。他掏出小刀，在窗帘上划开一条缝，凑近往里观察。房间里摆着一套古色古香的红木家具，墙边床上纱帐低垂。灯光透过纱帐照到床上，依稀可见躺着一对赤膊鸳鸯。

詹姆士未及细想，心急慌忙地举枪冲床上连发三枪，返身就跑。

枪声响起，妓院里顿时大乱，惊叫声、哭喊声、吆喝声四起，却没一个房间敢开门出来看个究竟，只有那个胖娘姨在楼下厨房里探出身子，指着正往外奔的詹姆士返身奔逃，边跑边往后开枪。

巡警火起，打了一阵排枪，詹姆士应声倒地，当场毙命。

这就是轰动一时的"怡乐院血案"。

当时，詹姆士打死的并不是陈其美，而是一个做丝绸生意的嫖客。陈其美前一天是在怡乐院，但这天下午因临时有事，带着大红丽去了苏州，结果逃过了一场杀身之祸，但他并不知晓。

真正知道此事底细的，只有尚晓忠。

詹姆士行刺失利，令尚晓忠大为懊丧。屈指一算，离交差时间只有 10 来天了。尚晓忠急得像热锅上的蚂蚁，一筹莫展。最后，他孤注一掷，决意亲自出马刺杀陈其美。

5 月 8 日，尚晓忠去找盛单，告诉他们自己的新计划。谁知，刚走出旅馆大门，迎面碰上袁世凯的贴身卫士袁继良，不禁吃了一惊：他妈的，准是大总统派他来催问这事的！

尚晓忠把袁继良领进房间，客气了一番，试探着问："继良兄是来上海出公的？"

袁继良悄声道："奉大总统之命，让我来问问刺陈其美进展如何？"

尚晓忠把两次行刺失利的情况详细说了一遍，临了说："正在准备搞第三次，我决定亲自动手。"

袁继良笑了笑说："不必尚兄亲自下手，大总统自有良计妙策，我就是为此事来上海的。"

原来，同盟会有个小头目叫李海秋的，是陈其美的好朋友。最近，他在北京被捕，重刑之下，供出了同盟会的机密。袁世凯灵机一动，计上心来：尚晓忠行刺陈其美到现在还没有成功，何不命令这个李海秋前去协助？陈其美还不知道李海秋叛变，正可以利用李的关系下手。

于是，袁世凯立即叫袁继良带着李海秋赶来上海，交给尚晓忠指挥。

尚晓忠一听，喜出望外："哈哈，天助我也！继良兄，这姓李的这会儿在哪里？"

"他在巡警队。我先来说一下，回头让他来找你。"

尚晓忠一见李海秋立即设宴款待。席间，尚晓忠问道："你的意思，怎样才能干掉陈其美？"

李海秋说："此事说难也不难，只要对症下药。据兄弟所知，陈其美最近正为党内经费短缺发愁，我们不妨在这上面动动脑筋，就说有一个煤矿公司，准备向日本人抵押贷款，苦于没人介绍，如果谁能介绍签约，谢他一笔款子。陈其美会上钩的。在签约那天，可以让刺客到约定地点下手。"

尚晓忠想了一会儿，脸上绽开了笑容："好啊！此计极妙！这个'公司'由我来操办，约定签约的时间、地点就是了。"

李海秋连连点头："是！是！"

尚晓忠接着说："此事若成功，你就立下大功了，我向大总统保举你当官。"

尚晓忠、李海秋分手后，各自行动。尚晓忠找了朱光明、许国霖、程子安等人，让他们假设一个"鸿丰煤矿公司"，为了使陈其美相信真有这么回事，"鸿丰煤矿公司"还煞有介事地在报上登出启事，表明寻找抵押贷款伙伴。随后，他又去找了盛单，说已找到机会，让他们随时待命，准备下手。

李海秋要找陈其美，可也不是一桩容易的事。陈其美向来行踪诡秘，别说李海秋，就连他的保镖有时都不知道他下一个小时去哪里。上次吴兴家乡来的那个陈老头，还是凭着陈其美胞弟陈蔼士的亲笔信才辗转找到了他。可是此后便不见踪影了。

詹姆士是凭着他的职业嗅觉，才偶然打听到陈其美的下落的。

但李海秋在同盟会中，大小也算是个头目，认得不少跟陈其美有过近期接触的人，他花了好几天工夫，终于打听到陈其美的下落，马上往那边拨了个电话，说有急事求见。

陈其美说他即刻离开那里，让李海秋去老城隍庙春风得意楼等候，他会派人代表自己跟李海秋谈的。

李海秋遵嘱去了春风得意楼，招呼跑堂沏了一壶安溪铁观音，慢慢地呷着。

约摸半小时后，陈其美独自赶来了。原来他先前的那番话是假的，为的是蒙蔽他人，隐其行踪。

李海秋一见，大为高兴，连忙招呼跑堂的沏茶。

陈其美呷了几口香茶，推推眼镜，睄着李海秋问："有什么急事？"

"哦！英公，是这样的：我有几个朋友合伙开了一家鸿丰煤矿公司，在安徽淮南，上几年倒还好，近来情况不妙，眼看就要维持不下去了。最近他们准备从日本购买新式设备，重振矿业。但苦于缺乏经费，万般无奈，只好将公司作为抵押向日本实业界人士贷款，但一时又找不着介绍人……"

李海秋把话打住，掏出一张旧报纸放到陈其美面前，"您看，他们已经在报纸上登过启事了"。

陈其美浏览了一下，信以为真，饶有兴趣地问道："他们准备给介绍人多少头寸？"

李海秋说："他们那公司注册固定资产为 300 万元，准备全部抵押贷款 100 万元，言明谁若是从中介绍签约，愿以贷款的百分之三十相酬。我想英公曾留学日本，跟日本人有交往，若肯介绍签约，无疑是一笔财喜，因此特来报个信。"

陈其美正为第四次反袁起义缺乏经费而发愁，听李海秋这样一说，不禁怦然心动：100 万元的百分之三十，就是 30 万元，这倒是一笔巨款；再说事情并不难办，日本企业界有朋友，只要联系一下就行了。

一边想，他一边问道："对方现在在淮南，还是在上海？"

"他们已经来上海了，正急着找门路呢！"

"此事我可以一试，三天之内听回音。你给我留个电话号码，到时候我打电话通知你。"

"好的。"李海秋见陈其美果然上钩了，不由得心花怒放。

陈其美求款心切，对李海秋所言之事未经详察就相信了。第二天，他就去虹口一家日本洋行，那经理是他的好友，听说这事，也热心为其撮合，向国内总公司拍发电报，述说情由。总经理跟陈其美也熟识，当即复电同意向鸿丰煤矿公司贷款100 万元，并委托陈担任总公司代理人，代表日方跟鸿丰煤矿公司签约。

陈其美于是给李海秋打电话，约定 5 月 18 日下午 3 点带贷款意向书底稿来萨坡塞路（今淡水路）14 号寓所签约。李海秋闻讯大喜，马上报告尚晓忠，尚晓忠立即作了布置。

5 月 18 日下午，李海秋带着朱光明、许国霖、程子安来到陈其美寓所。陈其美在客厅里接待他们，朗声笑道："哈哈，诸位请坐！"

李海秋装模作样地在一旁给双方介绍："英公，他们是煤矿老板，这是陈都督。"

朱、许、程三人拱手作揖："久仰！久仰！"

陈其美招呼娘姨奉上烟茶，目视三人："三位老板，抵押贷款一事李先生已经跟我说过了。我和日本朋友联系过了，他们委托我作为代表，先和贵公司签意向书，之后，总公司将派人和我一起去淮南检查贵公司固定资产，如确认无误，就可以签正式协议，然后汇款，另外，我根据李先生所转达的贵公司愿向介绍人支付百分之三十报酬的意思，起草了一份合同草稿，诸位也可以过目一下。"他把几张写好内容的纸放在桌上。

李海秋冲着朱光明等人以目示意："你们把意向书拿出来，请都督过目。"

许国霖连连点头："好的！好的！"遂从皮包里取出意向书交给陈其美。

此刻，李海秋忽然站起来说："我去买包香烟。"

李海秋走出大门，朝站在马路对面佯装等人的盛单三人打个手势，自己匆忙离去。

盛单留下一人望风，自己带着另一人径进陈宅。那天也该有事，陈其美的两个保镖都不在身边。因此，刺客得以顺利登堂入室。

陈其美听见脚步声，抬头一看是两个陌生人，惊问："二位找谁？"

刺客并不答腔，把手往怀里一伸，掏出手枪。

陈其美虽然不是习武之人，但他在同盟会中是以"四捷——口齿捷、主意捷、手段捷、行动捷——而著称的，一看苗头不对，迅速站起来伸手摸枪。

可是，一切都晚了。"砰！砰！砰！"两个刺客同时开枪，陈其美头部中弹，朝前一扑，栽倒在桌上。

当天，上海就爆出特大新闻：辛亥革命风云人物陈其美遇刺身亡！

蒋介石拜师黄金荣

陈其美被刺死后，蒋介石在政界失去了靠山，在经济上也开始拮据。他只好另辟门路，寻找庇护者，开始与张静江、戴季陶、陈果夫等人关系密切起来，并跟随他们参加了上海证券交易所的活动。

证券交易是一种投机活动，开始，蒋介石挣了一点钱，但不久就接连赔本，背了一身债，处境十分狼狈。

在被债权人逼得无路可走的情况下，蒋介石决定离开上海，避债到广州去投奔孙中山先生。

因为债务所缠又缺乏盘费，蒋介石就去找虞洽卿商量办法。蒋介石以前曾认虞洽卿做干爹，虞没有答应。他觉得，蒋介石跟在陈其美后面"搞革命"，风险大，牵连到自己划不来。

这一次，蒋介石山穷水尽，来找他，莫非是要钱。他不肯做这种赔本的买卖，就替蒋介石出了个主意，介绍他去投帖拜黄金荣为老头子，一可以利用黄金荣牌子，对付债权人，二可以向黄商借盘费。

两人商量当定，先由虞洽卿与黄金荣谈妥并约好日期，并陪同蒋介石前去举行拜帖的仪式。

按照青帮投师拜祖的常规，普通的压帖赞敬自几十元至几百元，最起码的也需5至10元。若照当时黄金荣的身价，压帖赞敬，至少是几百元，甚至有几千元的。赞敬越多，越受老头子的看重。

拜师之前，要填具门帖经黄金荣允准方可。这门帖是由黄金荣帐房间印就的，约6寸长4寸半宽的淡黄色双层摺子，里层印着姓名、年龄、籍贯、住址、介绍人等，左角上还要贴上2寸的照片。举行仪式的时候，所堂里点起香蜡烛，黄金荣坐在中堂，地上铺着红毡条，门生跪在红毡条上叩三个头，算是行大礼，正式拜师。

所有门帖由黄金荣秘书骆振忠管理。骆是上海人，经常办公的地方在帐房间里，门帖也保管在帐房间橱内，还备有一本名册，经常可以查考。

这是一般的规矩。但是，蒋介石拜黄金荣为师，却是另外一种情况。

虞洽卿到八仙桥钧培里黄公馆后，向黄金荣说明情由，要求录收蒋介石为门生。

黄金荣因为虞洽卿在当时的商界地位高，势力大，也很想结交，所以对他提出的要求都无条件答应下来。

因为虞洽卿不熟悉投拜老头子的手续，第二天陪同蒋介石到黄金荣处时，只投递了一张写着"黄老夫子台前，受业门生蒋志清"的大红帖子，既没有拜师应有的蜡烛、香，更没有致送压帖的赞敬。

黄金荣事先已从虞洽卿处知道蒋介石的困难环境和拜师目的，同时也为了讨好虞洽卿，所以非但不计较压帖赞敬，还摆了一桌丰盛的酒宴款待蒋介石。

第二天，黄金荣又让杜月笙拿着200块大洋找到蒋介石，以资他南下广州的路费。

当时，黄金荣、杜月笙都没有想到10年以后，他会那么风光地回来。

第五章

雄霸上海滩

黄老板被抓

杜月笙在上海名声越来越大了，但是，他总是感觉自己被一片巨大的阴影笼罩着。在这片阴影中，他常常感到一种莫名其妙的懊丧，许多夜晚，他常常举首仰望夜空，寻找升腾的契机。他有时会想，也许，师傅不死去，自己就不可能逃出那片阴影。师父的魔力太大了。在上海滩，师傅的那张麻脸可谓无处不在。

送走黎元洪的这天晚上，杜月笙心中更加不平静。因为他被黎元洪的如夫人危文绣的美色惊呆了。他想，做人做到黎元洪这一步，就是不当总统也不错。就他那半截老头子，晚上搂着一个那么如花似玉的女子，快活得还不似神仙？

师傅似乎比黎元洪还要厉害，是不是呢？杜月笙觉得弄不清楚，不过，走出师傅的阴影还是必要的。

第二天，杜月笙起得很迟。

来到茶楼，喝下一壶热茶，吃了两块点心，他正要上黄公馆，顾嘉棠突然满头大汗，上气不接下气地跑来：

"杜……杜先生，大事……不好了，黄老板被抓走了。"

杜月笙以为顾嘉棠说什么没说清楚，便说："有什么大不了的，这么慌张？坐下，慢慢说，说清楚点。"

"是这样，刚才有一伙持枪的便衣，把黄老板抓进一辆汽车，开走了。"

"什么？"杜月笙手中的茶壶"啪"地掉到了地上，"真有这种事？"

"我这种时候还能说假话吗？"

杜月笙此时也镇定下来。他想这上海滩真是不可琢磨，黄金荣这个架人拉票的大祖宗竟然被别人给绑去了，岂不是天大的笑话？看来，真要出人头地也并不那么容易。这黄金荣黄老头子一跺脚，上海滩都要晃三晃的人物，说跌就跌了。

顾嘉棠正要向杜月笙详细叙述事情的经过，黄公馆的桂生姐来了电话：

"月笙吗？"

"是我，师母。"

"金荣的事你知道了吧？"

"刚听顾嘉棠跟我说。"

"那好，你快点过来，我们商量一下该怎么办。"

杜月笙放下电话后，沉思了片刻，吩咐顾嘉棠说：

"公司营业照常，当心别人趁火打劫，你告诉金廷荪经理，准备好一批款子，备用。"

说完，他坐上车走了。

杜月笙走后，顾嘉棠也马上出门，前往三鑫公司去找金廷荪。

张啸林与桂生姐已在客厅里等着。他们前面的墙上供奉着"关圣帝君"像，两旁挂着一副对联，上联是："师卧龙，友子龙，龙师龙友；"下联是："兄玄德，弟翼德，德兄德弟。"横批一个"义"字！

"何丰林这龟儿子，竟然不见我！他妈的，老子是看在卢永祥、张载阳的面子上，才对他客气的，等他撞到我手里，我非教训他不可。"张啸林性情火爆，不停地跺着脚。

桂生姐呢，丈夫被绑架，先是心里有几分痛快。这个麻皮，搞的女人也太多了。几年前，他去搞盛家七姨太，桂生姐大吵大闹过几次，但都无济于事，一有空儿，他就跑到盛家七姨太那里过夜。这次，他又勾搭上了个露兰春，开头还偷偷摸摸的，后来干脆作小老婆养起来，每夜都大摇大摆地抱着那婊子睡觉。现在，报应了。让兵大爷教训教训他这色鬼，让他受受罪，也好！

杜月笙来到黄公馆，听到师母的一番唠叨，才明白八九分。

原来，事情是因为露兰春。

这露兰春是从武汉来沪的京剧女演员，18 不到，17 有余，长得唇红齿白婷婷玉立，一口地道的京腔令沪上人倾倒。

在上海滩一出场，黄金荣就看上了她。于是，他让手下人在露兰春演出时不停地捣乱，使露无法演下去。

露兰春万般无奈之中，有人告诉她，请黄金荣出面维持，戏就能演下去了。

为了在上海滩演下去，露兰春只好去求黄金荣。

黄金荣一见美人求上门来，满脸堆笑，每一颗麻点都笑得如同一朵花。他当即答应，并找了一处房子，让露兰春居住。

几天后，有人来向露兰春作媒。

"露老板吉星高照，我们黄老板看上你了。"

露兰春说不愿意。

但是，黄金荣当天晚上就来了，硬上了露兰春的床。

夜里，露兰春无意中摸到了黄金荣的麻脸，感觉到一阵恶心，呕吐不止。

睡过露兰春后，黄金荣就在华法交界的"九亩地"上建造了新共舞台，让她挂头牌演戏。

当时，戏剧舞台上男女合演还很不普遍，黄金荣取共舞台的意思，就是男女"共"演的戏院。

没想到，有个人到共舞台看了几次戏，一下子被露兰春迷住了。只要有露兰春登场，他每场必到，捧场、献花，到后台约请吃饭，简直到了日思夜想的程度。

这个人是卢筱嘉。

卢筱嘉是浙江省督军卢永祥的儿子，当时与孙中山的儿子孙科、张作霖的儿子张学良、段祺瑞的儿子段宏业被人并称为"四大公子"。

那时候，上海淞沪护军使何丰林是卢永祥的部下，他名义上受江苏督军齐燮元的管辖，而实际上，他则事事听命于浙江督军卢永祥。所以，上海实质上成了卢永祥的势力范围。

卢筱嘉年方二十有二，在上海滩横冲直撞，如花似玉的上海姑娘，也不知被他睡过多少。他不相信，露兰春这样的一个戏子，又不是地道的黄花闺女，自己有什么睡不上的。

他并不知道，露兰春这朵鲜花已经插在了黄金荣的麻脸上，别人只可在台下远观，但不可就近亵玩。

黄金荣得知卢公子近似疯狂的举动以后，勃然震怒："竟敢到老子头上动土！老子的女人是你敢想的吗？"

他警告露兰春，凡是姓卢的这小子送来的花篮一概扔出去，约请的饭局坚决拒绝。同时，告诫手下人，严加防范，不准卢公子跨进后台一步。

为了保险起见，黄金荣场场坐镇共舞台，严防别人捣乱。

卢筱嘉呢，因为露兰春老是不赏脸，十分气愤。凭老子卢公子，什么样的大姑娘没睡过？想和你露兰春睡睡，那是看得起你。凭爷们这年轻、俊俏的模样，怎么也比那麻皮要强得多，那一脸大麻子，夜里摸上去，还不硌手？要是不出出你这小破货的洋相，你不知咱哥们对付女人的手段。

这一天，卢公子在报上看到"露兰春主演《落马湖》"的广告，那"露兰春"三个字，每个字足有鸡蛋那么大。卢公子知道，《落马湖》说的是金镖黄天霸的故事，他看过。不过，卢筱嘉是百看不厌的，戏还没开场，他便带着两个马弁，早早地来到包厢。

共舞台的剧场里，锣鼓喧天。

这一天的观众又是济济一堂，除了每场必到的黄金荣外，还有虞洽卿、杜月笙、张啸林、王晓籁等。

剧场里的锣鼓一停下，就听见乱哄哄的谈话声和"嘛嘛叭叭"的嗑瓜子声。

黄金荣不时地摸摸下巴子，显得十二分得意。

此时，在后台的化妆室里，露兰春却浑身无力。她有些发烧了。这些天，她太累了，白天天天要唱戏，夜里黄金荣那200来斤的身子整夜整夜地压她。她太累了。

台上传来《空城计》里激越的唱腔。

露兰春听了一会儿，想振作精神，但头还是有些昏，她不由地有些担心，下面一场，她的大轴戏《落马湖》就要开始了，她急忙站起来，走到门口，做了几下深呼吸，使神智清爽一些。

戏开锣以后，卢筱嘉就想着露兰春立刻上场，可上上下下的尽是些别的角色，"妈的，兰春这宝贝怎么还不上场？"

过了一会儿，露兰春扮演的黄天霸登场了。

"三尺雕翎箭，开弓人马翻，杀敌逞英豪，英雄出少年。我乃金镖黄天霸！"

随着念的声，露兰春从"出将"门上场，甩了一下水袖，移步台中亮相，想把腰上的垂带踢上肩头，连踢了三下，都没成功。这是最起码的腿子功，三四流武旦都不在话下。

"嗬——！嗬——！乖乖，好功夫！"卢筱嘉突然开心起来，大声吆喝！

露兰春情急之中抬头用粉眼朝卢公子一瞟，作了个应景的俏眼。意思是请包涵一下，我身体不好。

而卢筱嘉却喝彩依旧。

台上的露兰春难看极了，顿然觉得头晕目眩，身子晃了一下，差点晕过去。

台下的黄金荣也差点被气昏倒，骂咧咧地站起来，"妈的，想不到在上海滩上，竟然有人敢在我黄金荣头上拉屎，怎么拉的我怎么叫你吃掉。"

说着，他一挥手，手下的打手们纷纷涌上前去。

卢筱嘉正在得意洋洋，忽见一伙人凶神恶煞般地走来，知道不好。但想逃是来不及了。这伙人抓住他的衣领，把他从包厢里拎出来，迎面就是一拳。

两个马弁早已被人制住，动弹不得。剧场之中，卢公子像个皮球，被踢过来踢过去。不一会儿，笔挺的西装被撕成碎片，他的脸上和身上都流血了。

直到这批人一哄而散，马弁们才得以上前，把半死不活的卢筱嘉抬出剧场，走上停在门外的汽车。

车子正准备开走，蓬头垢面的卢筱嘉突然又鼓足力气，推开车门，对着刚刚走出剧场的黄金荣恶狠狠地说："黄麻皮，不出三天，老子叫你尝尝你家小爷的厉害！"

说完，汽车一溜烟开走了。

当时，杜月笙也听见了卢筱嘉的话，他朝黄金荣看看，黄金荣冷笑一声，"娘的，上海滩上，你动老子一根汗毛试试！"

杜月笙也想，确实，在上海滩上，谅你也不能把黄金荣怎么样。

再说卢筱嘉遭打以后，连夜赶回杭州，向父亲卢永祥哭诉。卢永祥虽因儿子寻花问柳生气，但对黄金荣如此作为却大怒：

"这个麻皮，不过是法国佬的一条狗。我的儿子再不行，也轮不到上海滩上的白相人来管。我倒要看看这麻皮有什么能耐，你太岁头上就是有一座山，老子也能给你挖掉！快，叫郑秘书！"

郑秘书代卢永祥拟了一份电报稿，发给了淞沪护军使何丰林。

过了两天，共舞台正上演《枪毙阎瑞生》。这是根据当时轰动一时的社会新闻——阎瑞生诱骗杀害妓女黄莲英的故事改编的。露兰春饰妓女黄莲英，她唱的"莲英惊梦"最为动人，当时，还灌制了唱片，在留声机里放。

黄金荣看得很入神，露兰春那不停扭动的细腰常让他想起夜晚他把她搂在怀里她不停动作的动人情景。

突然，一批便衣闪电一般来到他的包厢前，两人上前揪住他的两只胳膊。黄金荣一愣，正要使劲甩开，却觉得后脑勺上已顶着冰凉的枪口了。

"麻皮，你的命连一条狗命都不值，要是不识相，爷们现在就送你上西天。"

说着，有人上前，轮起大巴掌，狠狠地打了他十几个耳光，打得黄金荣耳朵"轰轰"响。他刚想动动，又有两个人上来，飞腿朝他身上猛踢。

黄金荣挨了几下，再也不敢乱动。

那伙人这才把他拖出包厢往门口走。往外走的过程中，黄金荣才发现，所有的路口都有拿着手枪的人在守着，戏院里的人都在老老实实地坐着，没一个敢乱动的。

出了剧场的门，黄金荣被拖上门口停着的汽车。汽车往龙华方向开去。

租界以外的沪南地界，当时是军阀的世界，流氓地痞也要受军警控制。何丰林的司令部就设在龙华。

杜月笙和桂生姐、张啸林商量了半天，终于理出头绪，决定兵分三路，立刻行动。

桂生姐打电话给黄金荣的好朋友、道胜银行买办，大名鼎鼎的虞洽卿，请他去说情，先稳住何丰林，以防不测。

张啸林亲自去杭州，向卢永祥求情。因何丰林现在已拒绝见他。

时间一天一天地过去了，黄金荣还是被扣押着。

法捕房前去交涉，何丰林置之不理。

虞洽卿凭着三寸不烂之舌去求情，何丰林也不买帐。

桂生姐此时把黄金荣乱搞女人的坏处全忘记了，使出浑身解数，打听到何丰林的母亲信佛，每天拜菩萨。她觉得，这或许是一条不错的路子。

她从自己的保险箱里取出一尊金观音，又把黄金荣敲诈来的一尊竹节罗汉拿来，放进提包，径直去龙华拜访何老太太。

何老太太一见"观音"和"罗汉"这两件稀有的见面礼，笑得差点一口气没上来。桂生姐嘴巴滴蜜一般"妈呀妈"的叫个不停，把个何老太太喜得屁直放，不到一小时，就认她做干女儿了。

后来，桂生姐提出放人，何老太太一口答应。

张啸林到了杭州，磨了几天，终于见到了卢永祥。在他的百般解释与万般保证下，卢永祥终于答应向何丰林打个招呼，说："筱嘉的气已出，就放麻皮一条活命。"

外围的障碍都已扫清了，可是，何丰林还是迟迟不肯放人。黄金荣手下的几千名徒子徒孙，生怕今后失去靠山，有不少人来找杜月笙说：

"杜先生，你下命令吧。我们今晚上就去攻打何公馆，就是死也要把黄老板救出来！"

"不行，你们千万不能乱来。不然，事情就难办了。"

此时，杜月笙觉得机会在突然间降临了，他将要走出黄金荣的阴影了。

那种蠢蠢欲动的欲望之火又在他的周身燃烧起来。等不到天黑，他就离开钧培里的黄公馆，直奔自己家，把沈月英拉进卧室，扔到床上。

用智谋解救黄金荣

在龙华何公馆有一个地牢，坐落在后花园一座假山下，不走进太湖石堆起的小门，谁也想不到这玲珑剔透之下还是一个如此恐怖的世界。

黄金荣就被关在这地牢里。在这里，他已经被关五天了。

地牢很高，顶上全是用太湖石筑成，每每望上去，黄金荣都很担心，这些石头会不会掉下来，砸烂他的头。但他这担心纯属多余，这地牢很坚固。不但很坚固，上面的缝隙还能透下亮光，如同天窗一般。

他明显的瘦了，脸色苍白，连黑麻点也变白了。他的脚上，戴着沉重的脚镣。脚镣很紧，勒得他的脚脖钻心地疼。

墙壁很潮湿，他依然靠在上面——他觉得，这样，人要舒服些。

忽然，一扇铁棚门被打开了，一个士兵端着一碗热水进来，"吃饭吧！"

"你……你们难道要饿死我？"

"饿死你？那不如什么也不给你了！"

"你们天天让我喝水……"

"你自找的！给你饭你不吃，怪谁？你关在这里，就是人犯，就得受罪，你以为你是黄金荣就不得了了？"

"求求你，给我点儿吃的吧。"

"行！不过，还是黄米饭。"

不一会儿，士兵又进来。他端了一盆黄米饭。黄金荣接过，马上狼吞虎咽起来。

吃了一会儿，他抬起头看看士兵，"能不能给我点菜，盐水也行。"

士兵笑了笑，从口袋里掏出一块大头菜扔过去。

"谢谢，谢谢，太感谢了。"

一盆黄米饭很快吃完了。黄金荣觉得太舒服了。他伸个懒腰，躺在地上睡去了。

不知过了多少，黄金荣被人弄醒了。他睁开眼睛一看，两名五大三粗的士兵站在他面前，"起来。"

"干什么？"

"请你去会客。"

黄金荣慢慢站起来，但刚一动，脚钻心地疼。

"求求你们，把脚镣松开吧，我是不会跑掉的。"

"谅你也跑不了。"这时，黄金荣才发现门外面站着一个青年军官。"把脚镣打开。"

一个士兵上前，打开了脚镣。黄金荣顿觉十分轻松。

出了地牢，走过后花园，黄金荣被带到一个大厅之上。

青年军官在厅中立定："报告师座，犯人带到。"

"进来。"

黄金荣被带进旁边的一间房子。一进去，他惊呆了，坐在写字台后面的竟然是淞沪护军使何丰林。

"黄老板，这几天过得还好吧？"

"何……何师长，这……这是干什么？玩笑不能这么开呀？"

"是的，这玩笑是有点过火了。不过，这可是黄老板开的好头噢。"

停了一下，何丰林高声说：

"四公子，你出来见见老朋友吧。"

随着他的喊声，卢筱嘉一步跨了进来。

"黄麻皮，怎么样，你有没有尝到小爷的厉害了？"

黄金荣一见头上缠着纱布的卢筱嘉，立刻明白了，他真是捅到马蜂窝上去了。

"我，我……"

"你个杂种，竟然那么狠！按说呢，君子报仇，十年不晚，不过，我卢筱嘉气量小！说叫你三天之内知道厉害，怎么样？算话吧？一顿一碗热水，好过吧？"

黄金荣心里窝囊万分，他怎么也想不到，在自己开的共舞台，竟然栽得这么狠。

"我真想把你的麻脸整平！"

卢筱嘉说着向黄金荣靠近，黄金荣胆怯地后退。

上海三大亨
——
杜月笙·黄金荣·张啸林

118

"来人"！卢筱嘉喊了一声。

立刻，两个壮汉手提皮鞭上来，站在黄金荣的对面。

何丰林立刻站起来，挥了一下手，壮汉们退到了一旁。

"黄金荣，你是上海滩上有名的大亨，这不错。我们平时和你是井水不犯河水，这次的事，你自己说应该不应该。喝句倒彩，这在哪里没有？值得你下这么狠的手？"

"误会，误会！"黄金荣连连点头。

"误会？"何丰林一跺脚，"是卢公子，你就说误会了，那要是普通百姓呢？你以为你是大亨，有法国人撑腰，想怎么来就怎么来了？"

"何将军，卢公子，这事是我黄金荣的不是，下次，我再也不会这样了。"

"下次，你还想有下次？"卢筱嘉在一旁说。

黄金荣看了看卢筱嘉，眼里闪着绝望的光。

"唉！"他叹息一声，"人们常说阴沟里会翻船，没想到，我就撞上了。惭愧，惭愧！"说着，黄金荣大笑起来。

"你还笑！"卢筱嘉一步上前，重重地打了两个耳光。

"带下去，再饿他三天！"

何丰林点点头，"带下去吧，我就不信，我堂堂的护军使治不了一个上海滩的白相人！"

黄金荣又回到了地牢。

看守的士兵过来，又给他戴上了脚镣。他流泪了，杜月笙呢？张啸林呢？那些徒儿徒孙呢？你们怎么都见死不救呢？

其实，杜月笙早已成竹在胸了。他很清楚，师父这次"跌霸"是跌了，再也不可能再回复到原来的形象了。也就是说，在上海滩上，他的霸主地位已经动摇了。他迟出来几天，对于自己，也并非是坏事。只是自己必须行动，让他们终究把师父放出来，这样，自己在上海滩就能"取而代之"霸主地位了。

黄金荣后来才知道，他刚刚被重新投入地牢，杜月笙就来了。

杜月笙是只身一人前来的。

何丰林见了，不由地暗暗佩服杜月笙的胆识。

"何将军，杜某久仰大名，一直想和啸林兄前来拜访，但总是不凑巧，碰不到一起，只好今天一个人来。"

"杜老板太客气。谁不知杜老板是沪上闻人，何某哪敢当！"

"兄弟身在江湖，身不由己。平日为伍的都是下九流，只怕何将军看不顺眼。"

"哪里哪里，何某一介武夫，没见过世面，怕大上海的人笑话。"

"何将军不必过谦，贵军驻扎上海，保土安民，今日一见，实在是三生有幸。"

"杜老板，兄弟是一介武夫，喜欢小胡同赶猪，直来直去，今日登门，有什么话，请直说。"

杜月笙看了看旁边的卢筱嘉，说："月笙我胸无点墨，最喜欢直来直去。"

"这样最好不过。"卢筱嘉接了一句。

杜月笙喝了口水，说："卢公子，这次露兰春在共舞台演出，按理应该把大红请帖送到何将军这儿，一来请诸位捧场，二来请诸位指教。只是因为兄弟一时疏忽，把这件大事给忘了，实在失礼！今天，兄弟特来赔罪！"

"杜老板，这就不必客气了。今天你来不是送戏票的吧？"卢筱嘉有些不快。

"共舞台这几日停演，票自然没有，等再开场时，我定当送来。"

"那戏我们可没胆量看。"

"卢公子，关于共舞台发生的事，完全是一场误会。"

"误会？"

"卢公子有所不知，当天深夜，黄老板就把我们手下人叫去，狠狠地训斥了一顿。他当时真不知道是你。"

"杜老板，我不是3岁小孩子。没有黄麻皮的命令，他们吃豹子胆也不敢。"卢筱嘉从腰里抽出一把匕首，用力插在了桌子上，"要不是何师长阻拦，我早把他那张麻皮剥了。"

杜月笙愣了一下，说："卢公子，兄弟们同在上海滩混，磕磕碰碰的事在所难免，冤家还是宜解不宜结。"他回头看了一下何丰林，"何将军，你说对吧？"

何丰林点点头，"有道理！"

卢筱嘉说："杜老板，不要绕了，我们还是有话直说吧！"

"请讲！"

"你今天到这来，到底是为了什么？"

"当然是想请你们高抬贵手，放黄老板回家喽。"

"人，我们肯定会放的，不过，得有条件。"

"卢公子尽管说，只要不让我上天摘月亮，其他什么条件都行。"

"杜老板还是喜欢绕。我说实在的，只有三个条件。"

"3000个也行。"

"好，你听着！第一，叫露兰春来三天，由我一个人独自听她唱戏，算是赔罪；第二，叫共舞台的那些打手到何公馆前，每人叩三个响头；第三，在上海的所有报纸上都登出一条消息，黄金荣请卢筱嘉饶命。"

杜月笙鼻子都气歪了。

"卢公子，恕我放肆，斗胆给你换三个条件，你看好不好：第一，露兰春已经名花有主，我看就不必难为她了。我让稻香楼里的头牌小木兰，做你的夫人。这位小木兰，虽说是长三堂子，但卖嘴不卖身，依然是黄花女。"

卢筱嘉有些心动了，有漂亮的黄花姑娘，自然是美事。

杜月笙接着说："第二，共舞台的那些保镖，不管怎么说也算是上海滩的好汉，其中还有四个是我的徒弟。弄不好，他们卷铺盖走人，就是黄老板也没办法。他们都是上海滩吃得开、兜得转的人物，到哪挣不到一碗饭吃？干脆就让他们在稻香楼为你卢公子摆酒压惊，当面道歉，是不是更好些？以后，大家成了朋友，还能彼此不照应？"

卢筱嘉觉得，这也挺有道理，不由地点点头，说：

"那第三呢？"

杜月笙微笑了一下说："这第三条，报上的消息这样登：杜月笙诚邀卢公子赴宴，黄金荣敬酒三杯。"

卢筱嘉一听三条都挺不错，气消了一大半。只是一想到露兰春，心里还有点疼。此次事情，全是因她而起，若不睡她个三天两夜的，心中这口酸气，怎么能消掉呢？

"其他我都可以接受，露兰春我也不多为难她，只要她到我这赔罪三天。怎么样？"

杜月笙忙说："我已和四公子说过，她已名花有主……"

"不是我吃不到葡萄说葡萄酸，她算什么名花，不过比妓女的名字好听一些。黄麻皮都能随随便便地睡她，咱爷们叫她敬酒赔罪三天又哪里闪了她呢？"

杜月笙没有办法，只好撇下他，对何丰林说："何将军，我们办了一个公司，想请将军入股。"

"办公司？"何丰林无论如何也想不到杜月笙会说这事。办公司赚钱，是他喜欢的。便侧过身子，伸长头颈问："入一股要多少钱？"

"一个铜板也不要。只要将军肯赏脸参加，股份我们奉送。"

"那太不好意思了。"

"凭将军的名望和财运，月月都可以分到大股的红利。"

接着，杜月笙又详细地告诉何丰林，他已和黄金荣、张啸林三个人筹集了1000万资金，准备开一个名叫"聚丰贸易公司"的烟土公司，全力从事鸦片贩卖。如果何丰林与卢永祥两位愿意加入，所得红利，五人平分。何、卢不必出钱，只需在运销上向部下打个招呼，在江浙各地，"聚丰"的货畅行无阻就行。

这无本万利的生意，何丰林激动地当场拍板成交。

卢筱嘉也代表他的父亲卢永祥拍板成交。

公司说着就成立了。

黄金荣也是公司里的人了，大家是一家，放回的事，便不言而喻了。

何丰林正要说服卢筱嘉同意不要叫露兰春赔罪，把黄金荣叫到司令部里来，一道谈谈，杜月笙却摇手说：

"不要忙，我还有一个条件。"

杜月笙想得很周到。原先威风凛凛的黄金荣被抓到龙华关了六七天，灰溜溜地放出来，脸往哪搁呀？

"何将军，你看是不是这样，由我做东，明天晚上，在六国饭店请客，庆祝聚丰公司成立，也算是何、黄两家认干亲的家宴。当然，何老太太一定要出席。另外，请何将军在卢督军面前多多美言几句，使卢督军呈请北洋政府陆军部颁给黄老板一枚奖章，并聘请他做护军使衙门的督察。"

何丰林听完，不由地皱了皱眉头，半天不说话。

"黄老板这下跌得够惨了，何将军，总得给他个台阶吧？"

何丰林想了想说："也好。不过，我也提一个条件，请露兰春陪我们卢公子三天。"

杜月笙看看何丰林，又看看卢筱嘉，心想：陪就陪吧，谁说漂亮的女人就该哪一个男人睡的？其他人去睡睡，她或许会活得更丰富多彩的。

娶少妻结发妻子出走

汽车飞快地行驶着，两旁的高楼迅速从车窗上闪过。黄金荣坐在车子里，一直低着头，他不知等一会儿该怎么跨下汽车。他觉得，他仿佛经过了一次蜕化，原先身上金光闪亮的硬壳蜕去了，现在浑身一片黑暗。

杜月笙看着蔫蔫的老头子，心中的喜悦一阵接着一阵，他知道，今后的上海滩上，该他杜月笙耍了。不过，他表面上却是一副诚惶诚恐的样子，生怕惊动师父。

车子开了很久，黄金荣抬起头来，深深地叹了一口气。杜月笙轻轻地说："师父，您受惊了！"

黄金荣似乎没听见，头靠在椅背上，过了一会儿，才嚅嚅地说：

"你……你能干啊！月笙……月笙老弟！"

杜月笙一听"老弟"二字，心中不由一阵狂喜，但很快说："师父，千万别这么说，月笙的这两手，还不都是师父传的。"

"不，你老弟将来了不起。"

"师父，您千万不能再这么说了。我可担待不起。"

黄金荣睁开眼睛，有些羞愧地看了杜月笙一眼，又低下头叹了口气，一只手紧紧握住杜月笙的手："这下我黄金荣塌台是塌到家了,上海滩,不能混了。"

"师父,这话您没说对。明天晚上,何丰林要在六国饭店宴请您,北京政府陆军部还要颁给你一枚奖章呢。"

黄金荣一阵激动,几乎流出眼泪,向杜月笙说:"月笙,多亏了你呀!从前,你给我一张拜老头子的帖子,明天我就把它还给你,我们再换一张,以后你我就兄弟相称了!"

"那怎么行呢,师父?"

"有什么不行?这才叫'换帖兄弟'嘛!"

回到家后,黄金荣立刻命令管家在华格臬路造了两幢房子,都是三间两进,前一进是中式二层石库门楼房,后一进是西式三间三层楼洋房。

新房落成后,黄金荣把西边的一座216号送给了杜月笙,东面的一座212号送给了张啸林,以感激他们在此次事件中的全力相救。

黄金荣回到家中以后,桂生姐自然十分心疼,但有时,却又不停地唠叨,"活该,还不知道哪天死在野女人手里呢?"

黄金荣知道理亏,也不与她计较,但在他的心里,一个愿望却越强烈,那就是不让露兰春再唱戏,而是把她娶进门。他觉得,他为这个女人付出的太多了。

不过,黄金荣觉得难以启齿。做为人生伴侣来说,桂生姐对于他是没说的。他的成功,可以说有一半是因为有了桂生姐。望着露兰春那如花似玉的面孔,黄金荣最终还是决定要娶她。

自己不好向桂生姐开口,黄金荣就请杜月笙代他向桂生姐说明。

杜月笙明白,黄金荣是心里窝着一团火,无法发泄,只好以娶露兰春来求得一下平衡。不过,桂生姐一直对自己不错。可以说,自己就是她一手拉上来的,这种消息,不是太令她难以接受了吗?

本来,杜月笙是想劝劝黄金荣的,露兰春才十七八岁,他已年近花甲,玩玩自然是不成问题,真娶进门,能驾驭住吗?但他突然又想到,也许,共舞台的这次打击,还没有把这老家伙最后击倒,露兰春要是再能给他一次打击,就会使他再也不能振作了。这样一来,自己不就完全能够"取而代之"吗?

想到这一层,杜月笙乐了。很快,他向桂生姐透露了黄金荣要纳露兰春为妾的决定。

桂生姐早已知道黄金荣常常去睡露兰春,虽然有气,却也无法。没想到,这麻皮竟然得寸进尺,要把戏子讨到家里来。她不由地震怒了。

"不行,一百个不行,这个小妖精是个祸害虫,决不能让她进门。"

她请杜月笙答复黄金荣:"黄金荣再讨十房八房小老婆,我都不反对,就是不准讨露兰春,否则的话,就只有一条路,我走,露兰春来。"

123

第五章　雄霸上海滩

黄金荣听了，沉默很久，说："我是讨定了，她要走就走吧。"

露兰春当初是无可奈何被黄金荣强占了的，内心中她十分讨厌这麻皮，听到他要娶自己做妾，她当然不乐意，但她不敢说。

为了寻求退路，露兰春提出了两项条件：

"你要娶我也可以，我要拥有桂生姐所拥有的一切大权，从保险箱的钥匙，到全府上下的人事使唤、收入支出，都得由我过问。另外，我得坐八抬龙凤花轿，正式嫁入黄家，随随便便是绝对不行的。"

黄金荣一心想讨得小美人的欢心，他一拧露兰春的脸蛋，"行，我的小宝贝，只要你晚上把我侍弄得酣畅淋漓，你要天上的月亮我都马上要人架梯子。"

露兰春无法，只好同意嫁给黄金荣了。她觉得，自己不嫁，也没大意思，早已就被这麻皮睡过了，还说什么不嫁呢？"

黄金荣讨得了美人的欢心，却无法面对桂生姐，许多年来，是桂生姐才使他的"事业"逐渐发达的。他常常自比诸葛亮，把桂生姐比作诸葛夫人，现在，他怎么去对"诸葛夫人"开口呢？

两难之中，杜月笙来了。黄金荣眼睛一亮，马上把杜月笙叫过来，"月笙老弟，你再去做做桂生姐的工作吧，让她先让让步，将就一下把露兰春迎进门，我是绝对不会让露兰春当这个家的。"

杜月笙当然不乐意做这件事，但在"诸葛"和"诸葛夫人"之间，他觉得，宁愿失去"诸葛夫人"，而不可失去"诸葛"。硬着头皮，他来到桂生姐的房间。

"师母，"杜月笙恭敬地叫道。

"月笙，你太客气了，老板都称你老弟了，你怎么还这样叫我？你要是心里真还有我，就叫我桂生姐吧。"

"桂生姐……"

杜月笙吞吞吐吐地把事情说了出来。

桂生姐坐在那，如同掉进了冰块下面，半天不开口。

"桂生姐，你……"

桂生姐抬起头，冷笑道："露兰春要正式进宫了。那我就让她。月笙，你去告诉麻皮，我跟他的缘份到此为止。他不必多伤脑筋，我也懒得多费唇舌，夫妻一场，好聚好散。我没别的要求，让他拿5万块大洋来，我卷盖铺走我的路。"

"你就要5万？"杜月笙有些惊讶。

5万大洋，对于林桂生几十年和黄金荣同心协力赚到的庞大财富来说，不过是九牛一毛，不明底细的人，以为她所要求的太少，要替他抱不平。

所以，杜月笙有些惊讶。可见，桂生姐是一个多么攻于心计的人，连贼精明的杜月笙都被她蒙了。

124

其实，桂生姐自有她自己的如意算盘，黄金荣的万贯家财主要来源是做鸦片烟生意的三鑫公司。桂生姐在公司拥有巨额股份，一年三次分红利，数额之巨，令人咋舌，她的小金库里钱多着呢。

黄金荣听了杜月笙的报告，说桂生姐自动提出拿5万元的赡养费脱离黄家，如逢大赦，激动万分，"月笙老弟，你真能干！"

他急匆匆地取了几张道契，到钱庄去抵押了5万大洋，交给了桂生姐。

当天，桂生姐收拾好了自己的东西搬出了黄宅。

三天后，在上海麦高包禄钧培里的黄公馆新宅张灯结彩，鞭炮轰鸣，鼓乐喧天，一只八抬龙凤花轿，迎来了一代名演员露兰春。

露兰春到了黄公馆后，立即以主妇的姿态出现。黄家保险箱的钥匙，由黄金荣和她各执一副。

老夫少妻之间，黄金荣对她事事迁就，处处巴结。

很快，黄金荣觉得不对了，许多夜晚，他明显地感觉到自己的气力跟不上。而怀中的露兰春也不似以前温柔了。以前，她在共舞台演出时，任他怎么弄，她都是极温柔的。现在，成了名副其实的太太，她就一点也不温柔了，很多夜晚，她都是带着一种厌倦感，应付一下，草草收兵。

黄金荣很不甘心，他觉得，自己是个有力量的男人，能驾驭住任何东西，何况是一个小小的女人呢？

黄金荣命令手下弟子，大量购买虎鞭，他每天吃一条虎鞭。那时是旧中国，当局对珍稀动物也不加保护，其他人也没有保护动物的意识，所以虎鞭能源源不断地运进上海。

连吃了三条虎鞭，黄金荣到夜晚就成了头凶狮……。

黄金荣很得意。他觉得，这一下露兰春肯定很快活了。

但是，露兰春却对他更加讨厌，认为他是对自己这朵娇花进行摧残。因此，再也不开笑脸了。

杜月笙很快发现露兰春有些不对劲。每次来到黄宅，杜月笙都发现露兰春对自己很热情，常常眉来眼去的。杜月笙虽然被露兰春的美貌所震慑，但因为她是黄金荣的老婆，所以每每强咽下口水，忍痛离开。

解救人质少妻出墙

◎

1923 年 5 月 5 日深夜，一列从上海途经南京、济南、天津开往北京的火车，在离山东临城车站约三四里的地方，遭了近千名土匪的袭击，乘客遭到了绑架。

被绑架的乘客中，除了中国人外，还有一些外国人。其中，有法国天主教主教裴于松·雷狄。

这批被绑架的旅客大部分反穿着睡衣，被押往事先布置的抱犊崮山麓内。泥泞小道坎坷不平，又逢风雨交加，"肉票"们叫苦连天，哭声震野。

裴于松·雷狄主教，与法国驻沪领事、法捕房总巡等关系密切，奉命在上海和南京等地以传教为名暗中进行间谍活动。据说，此人在第一次世界大战时曾获得"勇士"奖章，在上海法租界有幕后操纵的实力。他为了开辟传教基地，亲自由上海乘火车，还装着几箱子银元准备到天津去开办教堂。

事件发生后，轰动国内外，法国驻沪领事限令法捕房火速破案，将雷狄主教营救出来。为此，捕房动员所有的侦缉人员，四处打听、搜索，但没有得到任何消息，只得采取高价悬赏的办法：凡知道雷狄主教下落通风报信者，赏银洋 3000 元；凡能找到雷狄主教者，赏银洋 1 万元。

黄金荣对此事极感兴趣，认为是升官发财的大好机会，于是，千方百计寻找线索，甚至亲自到城隍庙烧香求签，祷祝城隍保佑，使他能获得线索，破案立功，并许愿将来青云直上后，一定整修城隍大殿，装塑城隍金身。

再说山东抱犊崮的情况，它的地形似倒挂葫芦，山顶大约有 20 亩地的盆地，山腰狭小，陡峭的山壁抬头难望尽头。山壁两旁凿有攀石作扶手，或嵌以扶手的木桩，攀登时如若不小心，就有跌入万丈深渊的危险。

时至 5 月 7 日，山中匪首孙美瑶在北洋政府派遣围剿抱犊崮的军队连连遭挫的情况下，命令先将外籍女票释放，要她们捎信给北洋政府军，停止进攻。

孙美瑶是山东滕县人，年仅 25 岁。他的大哥孙美珠原是张敬尧的旧部，后落草为匪，被北洋政府军所杀。

孙美珠死后，那些土匪均由孙美瑶接统。他向官方提出和谈条件：要求任命张敬尧为山东省督军，要求划邹、滕、峄三县为他们的割据地，政府在百里内不得驻扎军队；对苏、鲁、皖、豫四省"同道"中人，须一律收编，并要求英、美、法、意、荷、比六国公使签字担保等等。

由于条件苛刻，无法和谈，双方僵持。

说来凑巧，这起绑架巨案，却从一个到上海来的山东人被扒去 100 元而获得侦破线索。原来，在山东临城地方有个名叫韩荣浦的，是吴佩孚部下的副官，从临城乘火车到上海来买东西，火车到了上海，他从拥挤的人丛中走到车站附近的旅馆登记住宿时，发现装在肚兜里的 100 元钱不翼而飞。

韩荣浦沮丧万分，想起有个姓隋的同乡在法租界捕房当巡捕，于是抱着一线希望到法捕房去寻找姓隋的巡捕。姓隋的巡捕替他报了失窃案，并介绍他和黄金荣见面。

黄金荣一听是从天津附近来的，便不放过机会，向韩荣浦打听上海火车开往天津前被拦车抢劫和法国神甫被绑架的事件。由于韩荣浦是吴佩孚手下的副官，熟悉行伍中的事，而且吴佩孚的部队和张宗昌的部队都驻在天津附近，双方所干的坏事，互有所闻，所以韩荣浦就将听到的关于雷狄主教的消息一五一十地告诉了黄金荣。

一听有了线索，黄金荣大为高兴，立即付给韩荣浦 150 块钱，要他回到临城去详细打听肉票藏在什么地方，一有下落赶快到上海来报信，再给 500 元赏金。如果能够破案，还有重赏。

由于黄金荣慷慨解囊，打动了韩荣浦的心。果然，韩荣浦回到临城之后，几天时间就同绑架雷狄主教的孙美瑶匪部取得了联系，打听到了雷狄主教关押的地方，那是抱犊崮上的一座山神庙。

很快，韩荣浦第二次来到上海同黄金荣接头，商量赎票问题。

黄金荣点子多，叫韩荣浦不必去找土匪头头开价赎票，而是叫韩荣浦设法去买通看押雷狄主教的看守。

同时，黄金荣又与陶翻译商量，先向捕房支领 2000 元，给韩荣浦 500 元，另交 1000 元叫韩荣浦立即去买通看守人员，并答应等黄金荣到达关押主教雷狄的地点时，再付 2000 元，要这些看守人员逃往外地。

最后，黄金荣又叫陶翻译用法文写了一张纸条告诉雷狄主教，请他放心，黄金荣会亲自到临城来救他出险的。

韩荣浦又回了临城。

为了尽快营救雷狄脱险，由法国驻沪领事帮办脱司曼带领六名中国侦探，其中一名就是黄金荣。他们一行七人化装成土匪，深入山区，打听山神庙坐落在何处。

他们穿过几座丛林，绕过迂回险道，从高崖上极目远望，发现山峦里隐约有一座建筑物，他们揣度一番，可能就是山神庙。他们到达离山神庙不远处的一座丛林中潜伏下来，在半夜时分发出暗号。一直在山神庙中焦急等待的韩荣浦也发出回应信号。

雷狄主教被救了出来，安然返回上海。

第五章 雄霸上海滩

黄金荣用釜底抽薪的办法，不去同孙美瑶直接谈判，而只花了几千元买通少数看守人员，竟把雷狄主教营救出险，法捕房不得不对他刮目相看。

原来，法捕房中重要职务都由法国人担任，但这一次，法国驻沪领事立即提升黄金荣为法租界麦兰捕房的督察长，成为华人在法租界巡捕房中职位最高的人物，还专派八个安南巡捕保护他的安全。

黄金荣带着这八个安南巡捕进进出出，权势越来越大，名气越来越响。他觉得，共舞台上，露兰春让他摔了一跤，现在，他又重震雄风了。

可黄金荣万万没想到，自己又跌了，而且跌得更惨。

年轻的露兰春要出逃了。

早在露兰春在共舞台演出时，就对一个年青小伙子发生了兴趣。他是颜料大王薛宝润的儿子薛恒，是戏院里的常客。上海滩上的漂亮姑娘，他也不知睡过多少了。一见到美丽动人的露兰春，他立刻被迷上了。

于是，薛恒常常买鲜花到后台。

一来二去，两人熟了。

薛公子青春年少，风流倜傥，风月场中，经验丰富，很快勾动了露兰春的心。

开始，黄金荣并不知道这一切。他依然觉得，与卢筱嘉冲突那次，是阴沟里翻大船。除了卢筱嘉，上海滩上不会有人打露兰春的主意了。就是有，最多也只是有那个贼心没有那个贼胆之辈。

孙美瑶劫车案发生后，黄金荣一心扑在案子上，常常夜不归家。后来，他又到山东峄县抱犊崮去，又是好几天没在家。回到捕房后，立刻被提拔为督察长，他不由得心花怒放，洋洋自得。

此时，他才想起，许久没有和小美人露兰春玩玩了。

出了捕房大门，黄金荣立刻赶到共舞台——他以为，露兰春一定还在台上唱戏，不知他"载誉归来"呢。没想到，空旷的戏院里连个人影子也没有。

黄金荣这才觉得不好，他浑身禁不住冷汗直淌，飞快地直奔钧培里的家中，发现家中保险箱被打开，保险箱里的黄金美钞、珠宝首饰一件不缺，但一只装有重要文件的大皮包却不翼而飞了。

黄金荣顿觉天旋地转，眼冒金花，两腿一软，跌坐在了沙发上。

露兰春到什么地方去了呢？正在他心慌意乱之际，外面传来了汽车驶近的声音，黄金荣奔到阳台上，看到家门口停着一辆派克轿车，前座有一男一女，女的正是露兰春。

黄金荣气得七窍生烟，恨不得叫楼下的保镖立刻把两个当场打死。但是，他没有下命令。他知道，半夜开枪打死送露兰春回家的阔少爷消息一旦外泄，惹麻烦不说，面子岂不是全丢尽了？

黄金荣尽力克制住了自己。

这时，他想起了那只大皮包，它肯定是被露兰春拿走了。在那只大皮包里，有数不清的文件，如果把包里的文件公开出来，尽够上海各级法院、治安机关忙上几年。

文件包括各项明里暗底的帐簿，与各界私下往还的重要函件，以及江湖上的秘密，官场中的罪证。露兰春认为捏牢这张王牌，就等于抓住了黄金荣的小辫子，就可以为所欲为了。她已秘密包下都城饭店五楼的501套房，和薛恒在那儿同居。

这天夜里回来，露兰春是为了拿一件东西的。

黄金荣没有张扬，但他也没有让露兰春走。露兰春虽然握有黄金荣的把柄，但见黄金荣回来，依然吓得小腿发软，立刻让一手下人去通知门外汽车里的薛恒，"快走，黄老板已经回来了。"

薛恒只好驾车离去。

第二天，黄金荣叫来了杜月笙，对他说了露兰春和她拿走那只大皮包的事。

"露兰春好办，上海滩上美女如云，你觉得她不合适，以后再换一个。关键是那只大皮包，那可不能落在别人手里。"

"月笙老弟，你有能力，你看着处理吧。既要让我解心头之恨，又要把事情办得圆满，那包里的文件一份都不能少！"

"大哥，你放心，我一定办得刀打豆腐两面光。"

杜月笙先让人找到一个风骚美丽的妓女，亲自给了她3000元钱，"你去勾引薛恒，要把他迷得神魂颠倒，然后带他去苏州。回来后，再给你3000元。"

妓女见天上掉下馅饼，喜不自禁，一口答应。她把自己打扮成一个女大学生样，找个机会与薛恒搭上了。没到半个月，薛恒果然神魂颠倒，既不回家，也不去找露兰春，整天像影子一样跟着"女大学生"。

"女大学生"乘机提出，要去苏州逛逛园林。

薛恒正求之不得，马上带她去了苏州。

薛恒一走，露兰春如同失了魂一样，独自一人住在都城饭店五楼的501套房里，度日如年。

此时，杜月笙只身一人来了。

露兰春一见杜月笙，不由地眼睛一亮。

杜月笙一见露兰春，满脸堆笑说："露老板，好久不见了，一向可好？"

露兰春的眼泪立刻滚滚而下。

"杜先生，你是明白人，我怎么能好呢？我这年纪轻轻的身子，让那老麻皮糟踏了，我常想不如死了算了。"

"露老板年轻美丽，技压梨园，怎么能说这话呢？"

"是的，别人也像你这样劝我，所以我才没走那一步。"

"谁？"

露兰春抬起头，看了看杜月笙，有些哀怨地说："杜先生真的不知道？"

"不知道。我的确不知道。"

"那我就告诉你，是薛公子。"

"薛公子？是不是颜料大王薛宝润的儿子薛恒？"

"是的，杜先生认识他？"

"怎么不认识？还很熟悉。他现在正带着他的女朋友在苏州白相。听薛宝润说，他儿子下个月就要娶这位女大学生进门了，还准备请我证婚呢。"

"真的？"

"真的。这是他们的订婚照片。"说着，杜月笙从怀里掏出一张男女合影的照片递到露兰春面前。

露兰春一看，果然是薛恒和一个俊俏女子的照片。

"这个狼心狗肺的东西！"露兰春一下把照片撕了。

"露老板，我真人不说假话，你都看见了，还是回黄老板那去吧。"

"不回，我就是死，也不跟那麻皮了。"

"何必意气用事呢？"

杜月笙说着靠近了露兰春，用手轻轻地抚摸她的头发，"要听话，黄老板是明媒正娶你的，你不回去，他会不客气的。"

"那又怎么样？他的那一大包罪证都在我手里，我随时都可以把它们公开。"

"公开了又能怎么样？上海滩上有地位的人还不都是彼此彼此，谁也干净不了多少。只是你一公开，黄老板定然会让你性命难逃，何必呢？"

"杜先生！"露兰春一下子歪在杜月笙的怀里，哭泣说，"杜先生，你娶我吧。说心里话，我早就喜欢你了。"

杜月笙心里快活极了。他掏出一条洁白的手绢，轻轻地给露兰春擦着眼泪说："露老板，我也喜欢你呀，只是你已经属于黄老板了，我就不敢想了。"

"我不是他的，是你的，你娶我吧，哪怕做小，我都愿意。"

"不行，我真的不能娶你。不过我的确很喜欢你。"

说着，杜月笙的手插到了露兰春的胸前……露兰春一阵颤抖，紧紧地抱住了他。

两人上了床后，杜月笙想，我现在决不比黄金荣差了，他能享受到的女人，我一样也能享受到。

"你愿意听我话吗？"

杜月笙问。

"愿意。"

"那你就把那个大皮包还给他。"

"为什么?"

"你还给他,然后提出离婚。"

"他会同意吗?"

"放心吧,有我呢。"

经过一番周折,黄金荣和露兰春办了离婚手续,那个公文包原封不动地交回了黄金荣。

不过,黄金荣规定了两个离婚条件:一、露兰春今后不许离开上海一步。二、露兰春不准再度露面唱戏。

过了一段时间,杜月笙找到露兰春,给了她一笔经费,让她悄悄去了天津。行前,她得到一个消息,薛恒已从苏州回上海了。他在苏州被一伙蒙面人打得遍体鳞伤,后来一直住在苏州的医院里。

了结了与露兰春的风流孽债,黄金荣觉得自己一下子老去了许多。很多事情他都觉得力不从心了。他隐隐地意识到,这上海滩上,他的霸主地位将消失,不管他乐意不乐意,杜月笙都将崛起了。

第六章

威震上海滩

小姐调包暗算莽汉

杜月笙搬入华格臬路后，就把前面中式住房楼下三间打通成为大厅，楼上的三间让沈月英居住。

他又把后面的西式楼房的楼下分为三间，西面厢房前部为秘书室，后部为古董间，杜月笙就在这里与一些人谈重要的事情。中间是客堂，东厢房是大房间，内设杜氏本人的写字台、烟铺和沙发等，并在这里接见普通的客人，总帐房办事、吃饭和电话间也在这里。

二楼和三楼，杜月笙已做好准备，将给再娶的老婆们居住。

自从黄金荣在共舞台"跌霸"之后，杜月笙的名气在上海滩上如雷灌耳起来，很多人开始重新审视起他来。上海滩三大亨的排列由昔日的黄、张、杜一改而成杜、黄、张了。临城劫车案后，黄金荣有些心灰意冷，渐有"归隐林下"之意，杜月笙觉得是天生我材必有用，天将降大任于斯人，积极运作起来。

一个黑社会的总头头、威震旧中国几十年的"教父"，经过几十年的风风雨雨在上海滩这块畸形的土地上生长了出来。

搬进公馆的第一天晚上，杜月笙一宿没睡，他在院子里不停地踱步。

遥想当年，他浪荡街头，常常寄身于别人的屋檐之下，十分可怜。若不是1906年南京路有轨电车通车时恍然有悟，此时，也不知自己身在何处呢。现在，他终于有了自己的公馆。当然，需要的东西还很多，他相信，自己都会有的。

不过，眼下，杜月笙觉得，自己最急需的是人。

宝大水果行的黄文祥先生，在他当年浪迹街头卖水果时，常常把好水果当作烂水果给他，使他度过不少难关。如今，他的儿子黄国栋已经长大。他来找过杜月笙，想谋职位。

杜月笙知道，黄国栋跟他的父亲黄文祥学做过不少年的生意，最能理财，就决定让他前来做帐房。银行取款，支付各项开支，管理来信和分派事物，重要来客的接待等，就全交给了黄国栋。

此外，杜月笙又找了杨筠心、邱曾受、赵琴波三人给黄国栋作助手。

杨筠心负责处理发来的各种婚丧喜庆帖子，逢时逢节各处送礼发信，写回单薄，管理电话、水、电的修理装置和各种报纸，分发零星开支、年赏、节赏，管理大厅清洁，招待来客的汽车司机和侍卫人员等。

上海三大亨
——杜月笙·黄金荣·张啸林

134

邱曾受管理伙食帐目，厨房炊事员的人事调动，并负责每月发放杜月笙救济贫苦孤老的"善折"金额（孤老经人介绍，取得"善折"后，每月可凭折领取救济金10元到50元不等。这些孤老大部分为英、法两租界死亡的包探和巡捕家属），发信时写回单薄等。

赵琴波负责带领"小开"们到外面玩耍，管理电话、水电费和所有大小挂钟等。

管家依然用万墨林。这万墨林认不得几个字，记忆力却极强，任何电话号码只要听上一遍就可牢牢地记住。万墨林原名叫万木林，杜公馆的人都认为"木林"难听，就请常来走动的杨度把"木"字改为"墨"字。

万墨林负责管理茶房（服务员）、汽车驾驶员、厨司、门警、卫队等，外面打给杜的电话，都由万先接听，后交杜接。杜向外打电话，也都由万打通后再交杜接听。万墨林能记住亲友、门生、机关、企业等190多个电话号码，成为杜月笙的活电话号码簿。

为了做好文字工作，杜月笙又请了翁佐卿、邱访陌、王幼棠、胡叙五四个人做秘书。其中，胡叙五是由黄炎培介绍的。

为了做好防卫，杜月笙又选了近身侍卫四人。

陆桂才，是张啸林的门生，此人做过旧军队的军官，在社会上，人称陆大麻子。他广收徒弟，有一二千人之多。他家住南阳桥，开设维扬大舞台和荣贵祥香烟批发行等。

陈秦鹤，是台州白相人，也收有不少徒弟，兼开西藏路恒茂里内的恒雅书场和恒雅剧场、八仙桥第一旅馆、东自来大街的恒雅茶馆、八仙桥第二旅馆、顺昌路同乐剧场，另外还有同乐旅社等。

陈继藩，较有文化，能说法语，由法租界领事公馆华董张翼枢介绍而来。杜月笙认为此人老实厚道，抗日战争发生，杜月笙去香港后，把他叫去。

高怀礼，北方人，曾在法租界巡捕房做过包打听，在淞沪警察厅担任巡官等职。

后来，杜公馆又购进八部汽车。十几个司机由王宝钰管理。

厨房里，万墨林聘请了苏州帮二人，杨州帮二人，本帮三人，北京帮二人，下手三人。

同时，杜公馆还有夜班卫队四人，门警六人，后弄路卫队二人。大菜间专职待客茶房四人。

在烟榻房，还有一个专门为杜月笙装鸦片烟的人，此人叫郁泳馥。他原在十六铺摆水果摊，身刺花。后来，此人任新城隍庙总稽查、上海纱巾交易所总稽查。他带两个助手，帮他烧鸦片膏。

杜公馆中还有杂务工二人，管冷气的工人，打扫天井、大厅、送信等杂役八人，花园司务三人，女佣 20 人。

除了杜公馆配备各样人手外，杜月笙还广交朋友，黄炎培，张翼枢、章士钊、陈群等都是座上客。

另外，刘春圃、杨度、洪帮大哥高士奎、律师秦联奎、江一平、王荫泰、陆殿东、朱文德、王思默等，工商界的闻兰亭、钱新之、王晓籁、虞洽卿、刘鸿生、潘公展、徐寄顾、吴开先、杨管北、杨志雄等，加上杜的门生金廷荪、陆京士、唐世昌等都常来常往。

有了人，有了广泛的社会关系，杜月笙的事业开始走向顶峰。此时，正是 1923 年底和 1924 年初的时候。

1923 年底和 1924 年初，杜月笙通过一系列行动，证明了他在上海滩的地位至高无上。

用不着多说什么，后来者就能明白杜月笙的威力。

杨多良坐在何丰林的客厅里，佣人不停地替他烧烟。这大烟膏子是由上等的印度土熬制而成，平时，抽起来，杨多良是向来觉得特别过瘾的。但此时，他却觉得索然无味。

他已经三天三夜没合眼。那六大皮箱的珠宝古玩使他的心如同被一剪子一剪子剪碎那样疼痛，如果找不回来，他这后半辈子和一家老小的生活便毫无着落了。要是真这样，他会一直睡不着的，眼睁睁地看着自己最后死去。

在福建，他是督军周荫人的秘书长。20 年来，他曾让许多人陷入家破人亡的境地；当然，他也曾使许多人飞黄腾达。结果，他自己从任上离开时，有了这六大皮箱的珠宝古玩。

上海这个花花世界，是有钱人的天堂，只要有钱，山珍海味，名酒美人，应有尽有。他以前曾因公事在这住过一个月，最令他难忘的是那些美女，要多少有多少，仪态万方，风情万种，一晚上换 10 个都有，永远有新鲜的感觉。当时，他就想，将来一定要到上海来享受享受这一切。

谁知，上海并不像他想象的那样好。当他派四个保镖押运着多年搜刮而来的六大皮箱珠宝古玩乘着法国邮轮来上海时，却被上海的女人给暗算了。

那两个女人是什么时候上船的，四个保镖都不清楚，但船至长江口时，她们出现了，这一点千真万确。

当时，她们俩在舱门前说笑。

"看他那肚皮，还想和我跳舞，我躬着腰也搭不到他的肩呀！"

"真小气！请我们吃完牡蛎后，又问我们要钱，还能算男人吗？"

四个保镖在舱内吸着纸烟，似乎谁也没有听见。

"两个小婊子，还我钱！"这时，外面又响起一个男人粗粗的声音。

"姐姐，快跑！"

"跑，往哪跑？"

"哧——"一声，什么东西被撕烂了。

"流氓！"

"老子一没摸二没睡，流氓什么了？"

接着，外面又响起了撕打声。

终于，有一个保镖忍不住了，打开了门。

"救命！"只见一个身上只穿着胸罩和裤头的女郎耗子一般钻进舱门。接着另一个女郎也钻进舱来。

"正好，老子就在这里把你们都解决了。"

保镖们这时才看清，这是一个肚皮比戏台上的猪八戒肚皮还大的家伙，脖子下挂着一条猪尾巴样的领带，脸上的胖肉差点把眼睛给挤合缝。

"让我进去，"他用力一拨舱门边的一个保镖，"她们拿了我的钱了。"

保镖被他一拨，差点摔倒。不由地瞪起眼睛。

"眼不要瞪得像牛卵子样的，当心老子给你抠下来。"

说着，他又看看周围的其他三个保镖，"通通给老子出去，我要在这里干干这两个婊子……"

保镖们都没动，胖子走上前，拉住一个往门外带。眨眼间，四个保镖一人动了一只手，把胖子击倒在地下。其中一个人飞起一脚，胖子像皮球样滚出门外。门边的那个保镖跟着又一脚，胖子换了个方向，从走道上往那一头滚去。

当保镖们都进来时，那位身上只剩下胸罩和短裤的女郎已披了一床床单在身上，两只美丽的大眼睛里依然流露着惊恐的光。

"太感谢你们了！"

另一个女郎从随身带的挎包里拿出一瓶洋酒，拿起桌上的杯子倒了一杯，"姐姐，压压惊吧。"

披床单的女郎接过，手一扬，"咕嘟"一口喝下肚去。"吓死我了！"

"你们来一点点？这可是正宗的法国货！"

保镖们看了看，都摇了摇头。

"几位先生，再麻烦你们看着我姐姐，我去替她拿衣服来换。"

女郎把酒瓶装进挎包，拉开舱们，刚跨出，突然大叫起来，原来那个胖子又来了。

保镖们全站到门外。

胖子抓住想往回跑的女郎就往另一头跑，保镖们急忙追了过去。

拐过一个弯，胖子不见了，而那个女郎却坐在甲板上哭。原来，她的长裙也被扯掉，身上只剩下胸罩和短裤了。

"那家伙哪去了？"

"往那头跑了。"

两个保镖顺着她指的方向走过去看了看，没有发现人，马上折了回来。

四个保镖围着女郎，"怎么办？"

"我的破裙子在这里，我用它暂且遮身，去取衣服吧。"

"要不要我们保护你？"

"不用，我们的舱房就在前面。你们快回去，防止那家伙再去找我姐姐麻烦。"

"对，快回去，防止意外。"一个保镖似乎突然想起什么，大家也似有所悟，纷纷往回跑。

推开舱门，他们全愣住了。那个女郎已消失，地上扔着她的胸罩和短裤；那装满珠宝古玩的六只大皮箱一个也不见了。

此时，汽笛长鸣起来，邮轮已驶进吴淞口了。甲板上，很多人正在往岸上眺望。

杨多良接到珍宝丢失的消息，立刻赶到上海。

淞沪护军使何丰林是他的老相识，他请何出面，帮他查找珍宝的下落。何丰林倒也爽快，对他说："三天后来听音讯。"

杨多良从往日在福建的经验中得出，只要何丰林出面，事情差不多能解决。但那些珠宝古玩是他一生的心血，不怕一万，就怕万一，所以，三天来他一直没睡着。

10分钟后，何丰林来到客厅。这是一个双腿奇长的人，进门就说：

"实在抱歉，老兄，兄弟无能，你的东西实在难以寻找。"

杨多良一屁股坐到地上。

旁边的佣人立刻上前扶起。

"难道，难道，"杨多良结结巴巴地说，"难道就这么丢了！"

"哎！老弟，在上海滩，并不是一切都是我说了算。这就不是你在别处领兵所领教过的了。可以说，谁来，都没有办法，它一半华界，一半洋界！"

"没有办法？我这后半生，就这么完了？"

何丰林踱了两步，"去找杜月笙吧。杜先生肯定是有办法的。"

这是1923年底的事。

当杨多良拿着自己的名片来到华格臬路216号的杜公馆，心里十分不安。杜月笙的名字他早已听说过，但他绝对没想到他有这么大的影响，有这么大的能耐。

杜月笙看过杨多良的名片后，立刻把他请进客厅。

杨多良行过礼后，在一张太师椅上坐下。这时，他仔细看了看坐在他对面的这位名震上海滩的人物。

这个人突出的特点是有一个剃得光亮的大脑袋和两只如树上的蘑菇那样支楞着

的耳朵。他的脸坑坑洼洼，很不规则，宛如装满土豆的袋子。杨多良并不知道，这是他小时候常常挨揍的结果。他的嘴唇在突起的牙齿外面绷得很紧，总是呈现出一副笑的模样——其实，这是一种假相，他即使是发怒时也是这样。他的左眼皮耷拉着，好似老在眨眼，有一种挑逗的味道。

杨多良实在摸不透，对面这个大耳朵的家伙到底是什么样的人，有什么能耐。

杜月笙倒显得很闲适。他简单问了问事件的经过，即叫来管家万墨林，"打电话给顾嘉棠，叫他快点查一下。"

接着，他又问了杨多良在福建任上的事，便吩咐送客。

杨多良临走前，杜月笙说：

"杨先生放心，只要东西一有着落，我立刻派人通知你。请你放心，不会超过今天。"

杨多良将信将疑地回到了旅馆。

事已至此，急也无用。他要了一瓶酒，四个小菜，自斟自饮起来。

过了一个多小时，杨多良酒足饭饱。疲倦从脚底缓缓而来，他沉沉思睡。

"杨先生住这吗？"

外面响起了敲门声，把杨多良吓了一跳。他立刻开开门。

"我是杜先生的手下顾嘉棠。你的东西我帮你找回来了，请过目。"

说着，他轻轻一摆手，后面进来三个人，一人拎了两只大皮箱，放在了他面前。

杨多良激动地抚摸着皮箱，"是我的，正是我的。"

"杨先生，请打开看看东西少不少"。

杨多良一只一只地把六只箱子全部打开，里面各种珍宝和古玩整整齐齐地摆着。他一一过数，全部都在。

"不少！一个也不少！"

"那好，杨先生歇着吧，我们告辞了。"

"别，别走！兄弟我这有点零钱，请弟兄们喝碗水吧。"

当天下午，杨多良带了一尊金佛、一个金香炉、两颗猫眼、一串大珠来到了杜月笙的公馆。

"杜先生大恩，没齿难忘。这点小意思，万望笑纳！"

杜月笙看了看几样东西，连声称赞说："果然是好东西！自家人，何必这么客气？你带回去吧。"

"哪里哪里，杜先生不要客气。"

"带回去吧。今天，我们就算是交个朋友，以后有什么事，尽管开口吧。"

罢工闹工潮

　　许多事实都可以无可辩驳地说明，1924年初的杜月笙在上海滩的青帮中已是当之无愧的领袖，他在黑社会中的手段和他手中掌握的黑社会的力量使他在整个中国的帮会中已变得举足轻重，如同遍及意大利和美国的黑手党的党魁们一样，他的触须已延伸到或者正在延伸到各个领域，他已成为那个时期中国最著名的"唐"，一个地地道道的"教父"。

　　那个时候，上海滩上流行着这么一句话：

　　"找杜先生去！"

　　1924年春天，浙江发生水灾，在租界里做寓公的孙宝琦等人不甘寂寞，乘机发起了一个"救助乡亲赈灾会"。

　　孙宝琦字慕翰，浙江人，前清即为显宦。在北洋军阀时代，曾历任驻外公使、总长、国务总理，在上海滩也算是一个名人。但"救助乡亲赈灾会"成立后，却应者了了。近一个月，才收到千把块钱的捐赠。

　　孙宝琦能使出的解数都使出了，但是没人愿买他的帐。

　　轰轰烈烈地开场，寒寒伧伧地结束，孙宝琦觉得脸上实在过不去。整日里，愁眉苦脸，唉声叹气。

　　"还是找杜先生吧。"有人向他献策。

　　"杜先生？是不是杜月笙？"

　　"正是。杜先生急公好义，如果慕老出马，多了不说，万儿八千的，杜先生定然会慷慨解囊的。"

　　"真能吗？"孙宝琦将信将疑。

　　"怎么不能？如今在上海滩，谁有难处不去找杜先生呢？"

　　于是，孙宝琦准备了每个重20两、印度产的"大土"三个，乘车到华格臬路216号的杜公馆拜访。

　　杜月笙看到这位"孙总理"亲自来访，不免一怔。他和孙素未相识，此次来访，意在何为？他不敢怠慢，马上命人把孙宝琦热情迎进客厅。

　　孙宝琦寒暄一番坐下后，仿佛不在意地请教："照目下的行市，不知印度大土每只值多少钱？"

　　杜月笙说："目前禁烟甚严，大土久已绝迹，没有行情了。"

"哪里话，我这就有三只。"

孙宝琦说着，吩咐跟班立即到汽车里取来，放在桌上。笑着又说："以前听说是 200 两银子一只，现在算它涨了几倍，也不过千把元一只吧。"

杜月笙连忙说："这么好的东西，大概决不止千元一只，怕要 2000 块钱吧。"

孙宝琦有些得意，说："听说杜先生有时喜欢'香'两口，古人云：'宝剑献于烈士，红粉赠之佳人'，这就献给足下吧。"

"不敢当，不敢当。"杜月笙连忙说："让我照价买下来，送给时疫医院，救济病人，为慕老造福罢。"

孙宝琦忙说："那么，就算捐给善会吧！"他连忙取出捐款簿，摊开放在桌上。

杜月笙吩咐秘书："写 1 万元，开张支票给慕老。"

接过支票后，孙宝琦万分感激，兴冲冲地告辞。

上了汽车，司机对他说："这三只大土，已经送回，放在后座上了。"

1924 年春去找杜先生的人除了达官贵人、社会名流外，还有一些普通人。

当时，有一家小报曾经登载过这么一则小故事：

租界马路对面的一个弄堂里，住着一家王姓居民，家中不幸被窃，两箱子衣服全被偷走了，其中有几件是祖传的"传家之宝"。

王姓居民情急之中，也"去找杜先生"。

杜先生的名声王姓居民当然知道，他会不会帮忙实在难说。

当他转弯抹角找到杜先生时，杜先生却微笑着说："让我想想办法吧。"

第二天清早，王姓居民起来准备去买菜，开门一看，一卷纸压一块石头下。拿起一看，是一叠当票和几十块钱。

他顾不上去买菜，拿着当票跑到当铺，把衣服给赎了回来。

那个时候的法租界中，职工大多数是中国人，但他们的工资却少得可怜。当时在水电公司的法国籍员工，月薪起码有 200 多块光洋，华工却平均只有 12 块。公司每次答应了工人提出的改善待遇的要求都从不兑现。

1924 年 3 月中旬，水电公司工人实行总罢工，要求履行增加工资的诺言。法方不但不理会，反在第二天关闭厂门，拒绝工人上工。

法商水电工会于是决定实行罢工，并正式提出每人每月增加工资 8 元，废除罚款制度作为复工条件，法商方面完全不愿接受。

淞沪护军使何丰林几次邀请劳资双方进行调解，法方拒不参加，且态度异常蛮横。几天过后，法商方面宣布，所有罢工的工人一律开除，另外招雇了一批白俄和新工人接替工作，双方矛盾加剧。

为了使罢工取得胜利，工会里的杜月笙徒弟说："我们去找杜先生吧，他一定会使我们取得胜利的。"

杜月笙果然爽快，接到工人们的求援信后，立刻吩咐管家："墨林，立刻给法商工会送去 2 万元，让他们支持住。就说我杜月笙说的，不加工资，绝不复工。"

万墨林刚走，法国资本家的代理人、法商水电公司买办沈叔眉跟着来到，他说："杜先生，这工潮越闹越大，无论如何你得设法制止。"

杜月笙忙说："沈先生放心，这事我不会不问的。你回去对甘格霖总领事和费沃礼总监说，就说我杜月笙说的，工人工人，就是做工的，不做工，绝对不行。"

罢工最初只限于机务部门，自从法国人指使越南巡捕在华成路开枪打死一名去参加开会的工人后，车务部门的工人也参加了罢工，弄得法租界内电灯不亮，电车停开，自来水供不上，预定在 7 月 14 日举行法国国庆狂欢也不得不宣布改期。

7 月 21 日，法国巡捕枪杀在水电工会俱乐部开会的工人，当场死伤 20 余人。这一惨案激起全市工人的愤怒，其他工会也纷纷行动，支持罢工。

法国总领事甘格霖和巡捕总监费沃礼，请杜月笙出面，设法不让工潮继续下去，可是对工人提出的要求却不肯接受。

为了讨好法国人，杜月笙叫来门徒陆京士等人说："你们去组织个'罢工后援会'，处理有关事宜，既要让法国人给工人长工资，又要迅速让工人上工。"

法国人态度十分强硬，对陆京士等人提出的要求根本不予理睬，并宣布法租界实行戒严，加派铁甲车巡逻，同时继续逮捕领导罢工的工人。

令工人们气愤的是，这些领导人跑到华界，警察局也同样逮捕他们。

工潮一直坚持到 8 月中旬，由于法租界水电供应一天比一天紧张，电车交通断绝，垃圾堆得到处都是，法国当局只好去找到陆京士："我们愿意给工人增加工资，每人每月 2.4 元。但是，那领导罢工和带头闹事的 40 人要全部开除。"

杜月笙听到这一消息，说："要的就是这个效果，该死的法国人，不给他点颜色看看，他就不知道上海滩上还有我们这些中国人。京士，去和那些头头说，立刻复工。"

"那被开除的 40 名工人怎么办？"

"这帮刺头，开除得好！不然，他们就会认为在上海滩上他们是老大了。就按法国人的意思办。"

陆京士嘴一歪，"不行啊，杜先生，这 40 个人都是头头和积极分子，一听说开除，他们无论如何不会叫工人复工的。"

杜月笙想了想，"好吧，你去对那 40 个人说，让他们一定要同意复工。至于工作，我负责安排他们到工会中去，工资归我支付。"

罢工的工人终于同意复工。

在签字的时候，却又掀起了一些波澜。

工人代表说："复工前，请先释放被捕的 45 名工人。"

法国人说："这些家伙全是一帮捣乱分子，这时候放他们出来，无异放虎归山。你们先复工，复工过后我们视情况再定。"

"不行，一定得复工之前放！"

"不行，只有复工后视情况再定。"

双方从早上争到中午，没有争出所以然，结果，字未签成。

下午，杜月笙亲自驱车找到工会的头头，说："不是都谈好了吗？怎么不签字呢？"

"杜先生，我们有45个弟兄在罢工期间被他们抓进去了，我们要求先放出来，但法国人却硬要复工以后视情况再定。"

"那也没什么，他们还能不放人？"

"法国人什么干不出？有这几十个人关在里面，复工后，他们就会要挟我们，想怎么干就怎么干！再说，这几十个兄弟是为了大家共同的利益才被他抓进去的，现在我们工资加了，但我们怎么能忍心看他们还在受苦呢？"

杜月笙频频点头："好，好，有情有义。我这就去找甘格霖总领事和费沃礼总监，让他们放人。"

来到总领事馆，见到甘格霖和费沃礼，杜月笙说："我是来要求放人的。"

甘格霖说："你能保证这些人出去后能老老实实？"

费沃礼说："我们让他们吃了许多苦头，他们会继续煽动工人罢工来报复我们的。"

"这件事，我想是没有关系的，既然大部分人都同意复工了，他们这几个人也不会有什么办法，再说，还有我呢。"

"杜先生，你能保证他们出来后会老老实实？"

"我完全能够保证。如果他们出来后再闹事，我愿意赔偿双倍的损失。"

法国人立刻同意放人。

第二天，罢工的工人全部复工。

不过，法方要开除的那40个人，杜月笙垫了两个月的工资，就把他们打发走了。

这些人不服，纷纷到杜公馆说理，万墨林说："杜先生说给你们发工资，不是已经发给你们了？"

"只发两个月，现在为什么不明不白就不发了？"

"杜先生又没说要一直发下去，发两个月不行？你们自己想想，整天不上工，白花人家的工资，天底下有这种事吗？"

"这……"

"去吧，去吧，法国人不要你们，你们再找其他活儿，何必要在一棵树上吊死呢？"

工人们觉得不好再说什么，悻悻而去。

恭敬不如从命

杜月笙的地位在法租界中空前巩固，上海滩的所有的青帮人物都开始托关系与他结识，叙"兄弟"情。

不久，一件与外国人牵连多日的事，使杜月笙的声望更加高涨起来。

那是法租界的费沃礼总督被革职后，法伯逊中校奉命来接替。此人比较耿直，而且清廉，更兼有法兰西民族的傲慢，同时也接受费沃利同流氓来往而被革职的教训，所以十分讨厌流氓，更不屑与流氓来往。

但杜月笙不理这一套，上海滩上，他不愿给你，你拿命也换不去；他要给你，你不要命也得给你。

那是一个晴朗的日子，在法租界的一幢漂亮的洋房里，颇有军人气质的法伯逊中校迎来了三位客人。他们在书桌上放下一只精致的红木圆盘，像一只微型的小圆台。在小圆台上，他们排下了黄灿灿的金碗、金碟、金勺和两双金筷。

一束阳光穿过窗户照在小圆台上，把书房映得金碧辉煌。

"尊敬的法伯逊中校，这是杜先生的意思。"

法伯逊毫无表情，他围着书桌踱方步。忽然，他停止了脚步，往书桌边的椅子上一靠开口道："你们听着，本人不吃这一套，把桌上的东西拿回去！还有，转告你们主子，要他解释清楚，这是什么意思，然后登报声明保证，以后不再发生类似事件。否则，我将下逐客令，不准你们呆在法租界！送客！"

送礼的人回到杜公馆，把情况一说，杜月笙笑了笑，没吱声。高鑫宝恰巧在一旁，火冒三丈地说："他娘的，强龙不压地头蛇，这小贼新官上任三把火，烧到我们身上来了。得给他点颜色看看。"

"何必呢？老弟，"杜月笙缓缓地说："人各有志，不可强求。"

三天后，法商电车公司的工人全部罢工。工人们提出了反对压迫、改善待遇等一系列要求。

罢工的领袖是赵子英和沈静彝，他们鼓动起了每一个工人，使罢工的声势越来越大，法租界的电车交通全部瘫痪。

法伯逊十分尴尬，上任不久，就遇到这样的事，上司不知内里，定会觉得他无能，所以，他很想快些平息事态。他多次与工人们交涉，但总不能达成协议。

两个月后，有人告诉法伯逊，赵子英和沈静彝都是杜月笙的徒弟。

焦头烂额的法伯逊万分气愤，却依然叫人找来杜月笙，"杜先生，公开登报声明的事就算了，但请先生写个书面保证，保证下次再也不会有这样的事发生了。"

"可以，中校先生。但是，这点小意思还是请中校先生笑纳。中国有句话，叫做'恭敬不如从命'；中国还有句话，叫做'下不为例'。先生既然来中国，还是要明白的。"

法伯逊中校只好将原先退给杜月笙的金器全部收下。

第二天，法商电车公司的工人全部复工。

杜月笙当然也没有写什么保证书。

和洋人打官司

这一时期，杜月笙还做了另一件震动上海滩的大事，那就是帮助"江北大亨"与洋人打赢了官司。

"江北大亨"是当年上海滩对天蟾舞台的老板顾竹轩的称呼。

顾竹轩，江苏盐城人。清末民初，苏北天灾兵祸，顾家子女众多，顾竹轩排行第四，有一年逃荒到上海，当过工部局巡捕，拉过黄包车。

几年后，顾竹轩稍有了积蓄，开了一片车行，拜"大字辈"曹幼珊为师。继而，他也收徒弟开香堂，人称"顾四爷"，在闸北大统路、潭子湾一带作威作福，因其祖籍苏北，故称其为"江北大亨"。

顾竹轩开车行不久，结识了一个小寡妇，此人叫王月花，有财有貌，扬州人，满嘴扬州平话般的口音。顾竹轩经常以老乡的身份找她聊天，谈家乡风土人情。一来二去，两人有了感情，成了相好。

从此，顾家车行里不断添置新车，王月花俨然以老板娘自居，发号施令，顾竹轩对这位财神奶奶也言听计从。

顾竹轩开车行发财以后，经常和王月花一起到湖北路和丹桂舞台听戏。

那时，京剧在上海十分走红，像丹桂这样的戏院，几乎天天客满。

顾竹轩想，开车行毕竟和黄包车夫打交道，难以和上流人物攀辈份，不如开个戏馆。他虽然这样想，却不曾和别人讲过。恰巧那一天和他一起当过巡捕的马小六子来看他，两人多日不见，一问起来，小六子已经升了巡官，专门管南京路到福州路一带的茶楼、戏馆、妓院、书场。

顾竹轩留下小六子吃饭，两人边饮边谈。

小六子说："老四，开戏馆确是很赚钱，你有意思，完全可以开一个！"

顾竹轩哈哈大笑说："小六子，你喝醉了吧，而今上海是寸土寸金，买地皮，造房子，全套弄起来，总要得上万元。我到哪儿去弄？你别瞎说了！"

小六子带了几分醉意，说："我不是酒后胡说，丹桂斜对面，湖北路南京路路口的那块空地，地段不错吧。这块地是工部局圈了的，现在想标价卖掉，这事我有办法，出几千块钱买下来，造个戏院是没有话说的！"

顾竹轩仍然摇头。

小六子面孔一板，把洒杯重重一放说："老四，我对你一片真心，从不开玩笑，你说钱不够，我指点你一条路。"

顾竹轩忙问："找谁？"

小六子神秘地一笑说："找你的心上人王月花嘛！"

顾竹轩不由脸上发烧，当晚果真和王月花商量投资开戏园的事。

顾竹轩的意思是把车行全部盘出，专门开戏园。王月花不同意，她说："多经营一样，多一条财路，你看黄金荣、杜月笙他们，样样都干，苏北人难道比他们差？争口气，我帮着你，一定干出点名堂来！"

顾竹轩听了，望着王月花深情地说："我何尝不想，不过我财力不够，你有，可那是寡妇人家活命钱。我全心经营的戏馆，不会有太大闪失，但是别人的闲话难听，也对不起你。"

王月花用手指头在他的额上一戳："咱们俩还分什么，你去张罗吧。要开戏园就大大地干一番！"

和王月花谈妥后，顾竹轩就到巡捕房去找小六子，商量吃下工部局的那块地皮。小六子拍胸脯帮忙，接着顾竹轩又亲自找了这一地盘的地头蛇季云卿，打通关节，一切都弄得妥妥帖帖，不久，一座崭新的大戏院就在一乐天茶馆对门盖了起来。

顾竹轩给戏园取名天蟾舞台，大家都知道刘海戏金蟾，当然有天赐金蟾，发财之意。

戏园开张，顾竹轩福至心灵，聘请当时有名文武老生花旦丑角演出连台本戏《开天辟地》。这是一出神怪戏，机关布景奇妙，噱头十足，场场客满。

因此，顾竹轩很快财源滚滚。

正当顾竹轩财运亨通、踌躇满志的时候，一天，杜月笙打发人来请顾竹轩去他家叙谈。

杜月笙说："前两天黄老板要我告诉你，你那个天蟾舞台要保不住了！"

顾竹轩听了真是大吃一惊，忙问："杜先生，这是怎么回事？"

杜月笙有些着急地说："你园子旁边不是永安公司吗？他们要你这块地方，准备盖10层大楼，开旅馆、咖啡厅，这公司是在英国注册的，工部局是要买他们帐的，听说准备给价收回天蟾地皮。你合计一下。怎么办？这事我和黄老板都帮不上忙。租界是人家洋人当家，我们的力量仅此而已！"

"我怎么这么倒霉？"

"当然，你还可以拼一拼。"

"怎么拼？"

"和洋人打官司。这样，有可能赢。"

"拼不赢怎么办呢？"

顾竹轩有些胆怯。

眼看戏院要保不住，顾竹轩心里真是凉透了。

他告辞了杜月笙，回家的路上，又想起情人王月花：如果戏院关门，怎么对得起她？自己回去再当黄包车行老板，就永远算不上上海新闻人了。

一路想来想去，不小心脚下被石头绊了一下，一跤跌倒在地上，摔得屁股生疼。但是，这一跌却把顾竹轩的狠劲跌了出来，他一瘸一拐地走着，自言自语说："大不了摔倒收场，回老家种地去。我要拼一下，不能就这样便宜永安公司！"

不久，工部局命令天蟾舞台一个月内拆迁，象征性地给几百两银子的迁移费。正巧，派来执行命令的巡官还是小六子。

小六子面带愁容走到戏园写字间，见到顾竹轩，坐下来叹了一口气："老四，端人碗，受人管。这倒霉的差使偏偏派在我头上。说什么呢？老四，我尽力拖着，你去想办法。"

顾竹轩反而哈哈大笑，用手掌重重拍了一下小六子的肩膀："小六子，我怎能怪你？不过我顾老四也不是好惹的，我要和永安公司打官司，打不赢我从此不在上海滩上混！"

小六子有点胆怯地说："老四，永安公司的后台是英国总领事，你能跟英国人斗？"

顾竹轩微笑不答。

其实，两天前，顾竹轩已去找过杜月笙，杜月笙表示坚决支持他与洋人打官司。不然，洋人今天能挤掉"江北大亨"，明天就能挤掉他这个"上海大亨"。

当天，杜月笙带着顾竹轩去找了另一位名人，"三北大亨"阿德哥虞洽卿。他觉得在上海头面人物中，他是最有办法的。

虞洽卿听了顾竹轩讲了这事的前因后果，就说："竹轩，打官司洋人与中国人不同，洋人有时认理不认人，不像我们法院认人不认理，只要理在你手里，你就不用怕。不过，打官司旷日持久，不知道打到哪一年？你有没有这么多钱？舍不舍得？"

"没问题，阿德哥，有我呢。"杜月笙在一旁一拍胸脯说。

此时，顾竹轩表情十分庄重，说："虞老，我顾老四争气不争财，我准备全部家私赔光，决不退让，大不了回苏北种地去！"

虞洽卿连声拍掌说："好，你有志气！这忙我帮定了。我给你请两位外国律师，官司打下去，准有好消息！"

于是，这场天蟾舞台做原告，控告工部局违反合同，强迫迁让，要求赔偿的官司，先告到了英国驻上海的总领事馆。

这诉状一递进总领事馆，顿时使总领事目瞪口呆：中国人告工部局的事，他还是头一次见到。他想："此风不可长，以后租界里的中国人还能管得了吗？"

他马上叫来工部局经办这事的人，问清了前因后果，半晌讲不出话，只好摇了摇头说："你们办事太笨了，这块地方怎么能卖给那个中国戏院老板呢？他有了产权，就费事了。不过，决不能让那姓顾的打赢官司。"

大约过了半个多月，英国总领事馆的批文下来了，当然是一纸英文，顾竹轩忙拿去找他请的那个外国律师穆安素。穆安素拿来一看，皱皱眉头说："这文批得十分滑头。你看说是该地皮原系工部局产业，虽卖给天蟾舞台使用，但现在收回，可两方商议议价赎回。"现在这事，密斯特顾，你如果愿意就此了结，工部局会赔偿你的地皮价数。但按照惯例，此款只限地皮款，不包括地上建筑，上面的建筑可以由你处理！"

顾竹轩一听，气得跳了起来，说："这真是洋人的蛮理，只收地皮，不管上面盖的房子，哪有这种道理。穆大律师，我不能这样了事，反正我已花钱到了这个地步，现在不打赢我不罢休。"

穆安素听顾竹轩的口气，是不惜孤注一掷。这官司打下去，自然还可以得到一大笔酬劳，这下精神也上来了。

他笑吟吟地说："按照法律规程，总领事只是第一层次的裁决，如果没有公使或大使一级外交官的指示，他的裁决不发生效力。"

顾竹轩问："如果我们告到公使那儿，公使裁定，算不算最后判决呢？"

穆素安摇了摇头说："还不能算是最后裁决。因为根据英国法律规程，伦敦大理院的裁定，才是最后的裁定。可是我可以告诉你密斯特顾，上诉到北京公使，还在中国境内，花费不算太大，告到伦敦，那就需要用外币付款，我可以尽力，但我不能说裁决对你一定有利。当然，你要是准备把官司打下去，我仍然十分高兴为你效劳。你慎重考虑一下，过两天给我回音。如果决心继续诉讼，我们再签订委托书。"

顾竹轩从穆安素那儿出来，心中有点惶惶然，他走到湖北路。路过天蟾戏园门口，这时天色已逐渐黑下来，街上华灯初上，戏馆门口车水马龙，十分热闹，他望着熙熙攘攘的人群，伫立在南京路，心潮起伏。这官司是个无底洞，自己已陷在洞里，必须挣扎爬出来，他横了横心，打，打到伦敦也要打，就是输了，我顾竹轩也名扬四海了。

但是，顾竹轩还是拿不准，他想先找杜月笙商量一下，便叫了一部黄包车，径直来到华格臬路216号的杜公馆。

杜月笙听了他的话，思索了一会儿说："打是定下来要打的。不过具体的事，还是要听听阿德哥的。"

两人随便喝了两杯，就坐上杜公馆的汽车，直驶虞洽卿家。虞洽卿刚刚吃完晚饭，正懒洋洋地靠在藤椅上休息，见顾竹轩他们进来，一摆手要他们在旁边椅子上坐下，问道："官司听说打下来了，你们打算怎么办？"

顾竹轩把穆安素谈话的内容大致和他讲了一遍，最后说："虞老，官司已打到这个地步，骑虎难下，我想和工部局奉陪到底。您看如何呢？"

虞洽卿睁开朦胧的睡眼，坐直了身子说："竹轩，这官司你只能打到底，如果一软，恐怕连那几百元地皮银子都拿不到。'破釜沉舟'，这仗准能打赢。你这次敢把官司打到伦敦大理院，这是上海有租界以来，由普通中国人讼到伦敦的第一件案子。因为涉及国际视听，英国人也许不能不重视。况且外国人司法独立，不受行政干扰，依法裁断。我研究过，这事工部局是理亏的，不过你还得按层打上去，先诉北京的英国公使，当然我不会袖手旁观，我是工部局华董，可以给你造些舆论，使工部局在这件事上有点灰。这样以后那些洋董就不那么神气了，我的话也可比以前讲得更响亮些。"

"对，这段时间，我派一些弟子四处放放风，就说工部局的人接受了永安公司的大量贿赂。"

"这样最好。"

第三天，顾竹轩和穆安素签定了委托书，向北京英国公使上诉，理由为裁判不公，应赔偿损失，不迁让。

且说北京英国公使接到这份诉状，觉得十分棘手。这个公使是个老官僚，他觉出这事工部局理亏，虽然地皮原是工部局官产，可是已经卖断立契，就属于个人私产，不可侵犯，自然有权不让。

可是永安公司在香港政府注册，而且工部局未曾与顾竹轩协商，就答应把地皮给他，还签下合同，这不明明是一个女儿许了两家亲事吗？

于是，公使命令秘书通知总领事和那个姓顾的商量，给予一定代价迁让。

顾竹轩这天正在家中休息，他在等北京英国公使的批复，诉状上去一个多星期了，为什么没有消息呢？他正在胡思乱想，忽然佣人来回禀说："有一个洋人，带着翻译来找你，说是工部局的。"

顾竹轩一怔，但马上想到这可能是北京的状子生效了。于是，他吩咐客人到楼下小客厅见。

那洋人满面笑容，把顾竹轩吹捧了一番之后才转入正题："顾先生，关于天蟾舞台事宜，公使已通知总领事，要工部局妥善解决。我是工部局英籍董事史密斯，工部局授权予我和您磋商，想听听您的意见。"

顾竹轩平常见了这些外国人都有三分惧怕，七分尊敬。但从打官司以来，他已经和他们较量过了，觉得这些高鼻子蓝眼睛家伙，吃硬不吃软，你越怕他，他就越欺侮你。

这时，他的嗓门也高了起来："史密斯先生，我的要求、办法总共有两条，一是不动迁，我也不向你们索取任何赔偿。二是如果一定要动迁也可以，地点一定要在市中心，给我盖一座三层楼的大戏园。不然，我还要继续打官司！"

史密斯脸上的笑容收敛了，他板起了脸，严肃地说："顾先生，还有没有第三条可以接受的办法呢？"

顾竹轩想了一下说："其他办法我是不能接受的。"

史密斯悻悻然地站起来说："我很遗憾，不能给顾先生提出更好的解决办法。不过，我要奉劝顾先生一句，恐怕将来的解决办法未必能达到你的要求，那时你不要后悔！"

顾竹轩听了洋人的要挟，火气上来了，但他还是竭力放慢语气说："我顾某官司打到这个地步，大不了全部家当弄光，成个瘪三。不论怎样我都不会退让的。请你转告工部局的各位先生，这好意我无法接受。"

史密斯走后不到一星期，穆安素打电话告诉顾竹轩。北京英公使的回文寄给他，表示这事不能由公使馆解决，可以上诉到伦敦大理院作最后裁决。

他征求顾竹轩意见，是不是按原来商定的步骤，向伦敦上诉。

顾竹轩在电话中斩钉截铁地说："穆大律师，就这么办！"

谁知诉状到了伦敦，一连两三个月，杳无音讯。

这时，有人劝顾竹轩说，算了，船帮船，水帮水，洋人总归帮洋人，最后裁决如果仍和工部局、总领事一样，更会弄得敬酒不吃吃罚酒。

此时，顾竹轩也有些后悔了，心想我顾四在上海混了多年，最后弄个两手空空，回苏北老家去吃山芋稀饭，大概也是命中注定的。不过，这戏园的资本，大半都是王月花的，两人相好一场，把她也拖下去，想着心里就难过。于是，趁着月色皎洁，他往王月花家里走去。

顾竹轩上街看着行人都手提月饼盒，这才想到已是中秋佳节。于是，便买了点熟菜和一瓶洋河大曲走到王月花家。

自从打官司以来，顾竹轩的心情一直不好，好久没到王月花家去了。王月花看他瘦了许多，心中不免有点酸楚，禁不住眼圈红了。

顾竹轩也动了情，从口袋里掏出手帕，轻轻给她拭去泪痕说："月花，我对不住你，把你也拖进来受苦，这辈子算完了，我下辈子做牛做马还债吧！"

王月花听得伤心，也深情地说："不要说这种扫兴话。现在判决没下来，谁也不知怎么样哩！就是官司打输了，家当败光，你到哪里，我也到哪里，嫁鸡随鸡，嫁狗随狗，嫁一根扁担我抱着走，我宁愿陪你做一辈子讨饭婆，决不分手！"

顾竹轩紧紧握住王月花的双手说："好月花，有你这句话，我死了口眼也闭了！"

两人泪眼相对，还是王月花先说："竹轩，咱们伤心也没用，今天是中秋，是个团圆节，我们来喝上一杯解解闷吧！"

这时，忽然响起一阵十分急促的敲门声，王月花赶快跑下楼去开门，原来是顾竹轩的一个贴身亲信，他跑得上气不接下气，"四爷，四爷，杜先生找你！"

"什么事？"

"他和穆大律师一起来找你，说伦敦大理院的判决下来了。"

"怎么样？"

"你赢了，杜先生说你赢了。"

顾竹轩激动地跳了几下，对王月花说："月花，我先去看看。"

到了天蟾戏台的写字间，杜月笙和穆安素正在那里坐着。见顾竹轩来，他们马上递上一份文件。

顾竹轩一看，正是大理院判决书的中文副本。上面写着："顾竹轩先生，你的上诉经本院终审裁定，工部局违约拆迁不合法，应赔偿损失费 10 万元，由你择新址，重新修建天蟾舞台。"

当时，一栋房子只几百元，10 万元可是一笔相当可观的数目。

顾竹轩名气一夜之间响彻上海滩，而杜月笙，身上的光环更耀眼了。

第七章

美女如云享艳福

东方不夜城

虽说杜月笙已有"教父"之称，在上海滩上的地位举足轻重，甚至可以说至高无上，但有一件事却让他一直气不顺，那便是她的大老婆沈月英。

且说杜月笙与沈月英结婚后，整日忙里忙外，新鲜劲很快过去了。沈月英一人独守空房，难免生出些寂寞。她是苏州人，小时候是在表哥家度过的，因而，她常常想起那秀丽的竹林、洁静的茅舍和月下的小河及河上弯弯的小桥。

表哥比她年长几岁，时常拿着一只洞箫在河边吹奏，少年的沈月英时常双手托腮，静静地听着那动听的乐曲。

而杜月笙呢，偏偏在忙碌中又看上了别的女人，这女人叫陈帼英，是个舞女。

杜月笙平日喜欢嫖赌，对抱着女人的细腰嘭嚓嚓地跳华尔兹、普鲁斯并不感兴趣，他喜欢的是抱着赤裸裸一丝不挂的女人上床，所以不大高兴去跳舞。

有一次，张啸林硬拉他到丽都舞厅去跳舞，正好碰上走红一时的陈帼英。

旧上海素有"东方不夜城"的美称。每当夜幕降临，舞厅的霓虹灯此亮彼暗地闪烁起来，入口处极其性感的红舞星巨幅照片特别醒目。衣饰华美的众多舞客，兴致勃勃地步入舞厅。随着优美的舞曲奏响，舞客和舞女成双成对地步入舞池。

1843 年上海开埠后，西方的交谊舞厅开始传入，但当时只是洋人的自身娱乐活动。上海最早出现交谊舞的是外白渡桥的礼查饭店，稍后又有与国际饭店相邻的卡尔登戏院。每逢周末和星期天晚上，这两个饭店就举办不对外售票的"交际茶舞"，这是上海公开开设交谊舞场所的开始。从此，交谊舞在上海盛行起来。

上海最早开业的营业性舞厅是"黑猫舞厅"、"月宫舞厅"等。到了 30 年代，舞厅蜂拥而起，独领上海滩风骚。头等舞厅有静安寺的百乐门，江宁路的大都会，南京西路的仙乐斯，西藏中路的半高梅，等等。这些舞厅装潢华丽，设备高档，舞女年轻貌美，技艺娴熟；延安东路的新大华，黄陂路的维纳斯，南京西路的大沪，位列二等；大世界和永安等游乐场附近的舞厅，各属下等。还有些像大华饭店、华懋饭店和卡尔登等的舞厅，则是西洋风味的外国舞厅，其规模设施，豪华奢侈，只有显赫的社会名流才能光顾得起。此外，一些小型舞厅也应运而生，如"夜总会舞厅"、"惠令登舞厅"、"逍遥舞厅"等等。这些小舞厅收费低廉、舞女伴舞五至八次才收费 1 元，光顾者都是商贩、中小工厂的老板、职员等。

舞厅是靠舞女唱"主角"的，所谓舞女，是以伴舞为职业的女性，人称为"龙头"，舞客则被称为"拖车"。舞客邀舞女伴舞，行话称"拖车配龙头"。

按规定，舞女必须领取从业执照，方能在公开舞厅中伴舞。上海领有执照的舞女最多时达1000多人。舞女的来源有小职员、公务员、逃妾和侍女等等，她们多为生活所迫而沦为舞女。

有一个叫李菁的少妇，家里穷得揭不开锅，看着老母亲和嗷嗷待哺的一双儿女，她忧心如焚，整日以泪洗面。最后，她画了眉毛，涂了口红，到维也纳舞厅当了舞女。美国水兵都喜欢让她陪着到处兜风，三天两头开吉普车来接她。人们称她为"吉普女郎"。由于过分劳累，她患了严重的心脏病，卧床不起，终于命归西天。

舞女中也有些竟是十几岁的中学生。父母虽然贫困，却省吃俭用，积攒点钱送她们上学堂，她们为了减轻父母负担，白天到学校读书，晚上则借口有事出去，实际上是偷偷地到舞厅伴舞。有一个中学生姚梅碰到的顾客竟是隔壁的邻居；第二天晚上，父母问她上哪儿去。她起初支支吾吾，看父母问得紧了，不由得放声大哭，父母也陪着落泪。

舞女的收入一般以舞票为主，每次以舞票多少与舞厅老板拆帐。最走红的舞女可得约十分之七，次一等的约十分之六，末等的不到十分之五。

舞女并不能全部拿到拆帐后的钞票，还要遭受"舞女大班"的"提成"。舞女大班是一种"招脚大班"，实际上是地方的恶霸流氓。另一种大班是介绍舞女陪客、伴舞的"望台子"的舞女大班，实在像工厂里的女包工头。他们负责向舞厅推荐舞女和介绍生意。"舞女大班"每天要拿去舞女收入的十分之一二。

经过舞厅老板和舞女大班的"提成"，舞女能拿到手的钞票只有一点点了。还有的舞女居然"吃汤团"，也就是没有一分钱的收入。

舞女都希望舞客的施舍。舞厅规定，舞客每去买一瓶十几元最贵的香槟，舞女可得2角。一曲终了，舞客喜欢请舞女一起喝香槟。如果舞客不买的话，舞女常常要明指暗示，这时舞客往往很有派头地掏钱买香槟。

有时，乐曲声中，舞客将一条藏有钞票的花手绢悄悄塞到舞女手中，舞女则报以甜甜的一笑，伴舞更尽心尽力了。舞客送钱给舞女，不能让侍役转递，又不能到舞厅外送，于是就采用这个办法。

少数红舞女，像大华舞厅的陈雪莉、爵禄舞厅的李丽娜、桃花宫舞厅的欢笑风笑，凭着过人的色艺，倒也收入颇丰。但她们只是上流社会的玩物。大多数舞女，步入舞厅犹如跌进火坑，人前强颜欢笑，人后以泪洗面，还有的舞女沦落为娼。

所以，很多舞女都是趁着年青貌美走红时，嫁一富庶的男人，以便终身有靠。

陈帼英就是这样做的。

她原是一个中学生，初二那年15岁，因家里太穷，便在晚上悄悄地出去伴舞。伴到18岁，伴成了一个婷婷玉立、丰乳细腰肥臀的大姑娘，舞客们人见人爱。

但是，陈帼英每每婉言相劝，请舞客放尊重些。

当杜月笙来到丽都舞厅时，老板请过陈帼英，杜月笙立刻被她的美貌和气质给震住了，半天说不出话。

"这就是大名鼎鼎的杜月笙先生。"

陈帼英在上海滩，当然知道杜月笙的大名，立刻投入地跳了起来。

对跳舞无大兴趣的杜月笙，竟如魂牵梦绕一般，随着那动人的乐曲，飘飘欲仙。临走时，杜月笙就有些依依不舍。后来，因忙于贩鸦片开赌场，没有时间再相会，但有时想起，心里总是油然而生出一种向往和怀念之情。

此段姻缘，不知怎么被谢葆生知道了。

谢葆生原是沈杏山的手下，被杜月笙拉过来后，依然在沈那里卧了几年底。后来，沈杏山被杜月笙彻底打败，他才正式打出杜月笙徒弟的旗号，兴高彩烈地倒戈过来。只是因为这小子爱财如命，马屁拍得山响，杜月笙心里并不喜欢他。

谢葆生过来后，就用昔日集攒的钱，开办了仙乐斯舞厅。开舞厅须对付三教九流，必须得有个靠山、背景，以镇住捣乱寻隙生事人。杜月笙当然是最合适的人选，但由于杜心里讨厌谢，所以接到发来请求剪彩的大红喜帖，就来了一个婉言谢绝。

谢葆生当然也不是寻常之徒，等闲之辈，他擅长揣摸人意，对症下药。他懂得怎样才能请得动对他有戒心的师父，在这紧急关头，无可奈何之时，他甩出了一张"黑桃皇后"，舞厅开张的那天下午，他找到杜月笙，说：

"师父，您即使不看在小徒的面子上，也得看在陈小姐的情分上，去走一趟吧！"

"这关陈小姐屁事！"

"师父有所不知，仙乐斯舞厅特地请陈小姐挂头牌伴舞。陈小姐起初不肯，后来听说我是你的徒弟，今晚师父光临剪彩，她才点头同意。如今她已在舞厅的幽会室里翘首以待哩！"

"你也真会找由头，把她骗来干什么呢？"

"师父，您去剪个彩，同她见个面，那我不就不是骗了吗？"

"咳，真拿你没有办法。"杜月笙摇摇头。他又想整日穷忙，这块肥肉为什么不吃一吃呢？

想到这，他钻进自己的汽车，吩咐司机说："随着谢先生，去仙乐斯舞厅。"

汽车沿外滩向北行驶，过了海关大楼，向西一拐，进了南京路。两边高耸入云的摩天大楼把千百辆汽车夹在当中。在车水马龙中游弋了一段时间，车子在"仙乐斯"门前的霓虹灯下"嘎吱"一声刹住了。几个制服笔挺的仆役上来开车门迎接。

进大门后，一大堆来宾见杜月笙到场，便噼噼啪啪地来了一阵热烈掌声。

掌声中走出陈小姐来。她穿了件无袖印度绸旗袍，大红色底子上缀着一朵朵嫩黄的小菊花，滚边是嵌金线的墨绿丝绒。她脚上穿着一双乳白色高跟皮鞋，长筒丝袜套到大腿弯儿上，蓬松的卷发像绿云扰扰披散下来。摆动着雪白的手臂，扭着细腰肢走来，吊着杜月笙的膀子发嗲：

"哎唷，杜先生的架子真大，要我们谢老板三请诸葛，才出山呢。"

"让陈小姐、让各位久等，实在对不起！因为有些小事情绊住，迟来一步，请大家原谅！"杜月笙向大家拱拱手，然后文质彬彬地拉起陈帼英的手，厚嘴唇贴上去亲了一下，陈嫣然一笑，依傍着杜走到舞厅内。

舞池四周的小圆桌子上，摆着鲜花与汽水、果子露、香槟等各种饮料，供客人们随便取用。乐池里着白西服带黑领带的乐队队员，个个抱着乐器专等指挥的小棍一动。溜光滴滑的舞池，像面镜子，可以照得出人影。四壁柔和的灯光，混和着微香，洒向人群。两对十五六岁的童男童女，拉着一幅大红绸子，横过舞池，在红绸子当中打了两只斗大的彩球。

当杜月笙一踏进舞厅，乐队奏起了迎宾曲，陈小姐挽着杜月笙的膀子，走向舞池中央。一个女孩端着一只红漆盘子随在后边，盘内有把镀克罗米的大剪刀。

杜月笙站了片刻，让来宾们都进厅了，他才拿起剪刀，在人们噼噼啪啪的掌声中，剪了彩。

这时，四壁灯光慢慢转暗，镶在地角旮儿的脚灯放出淡淡的微光。几盏宇宙灯开始旋转了。乐队奏起一支中四步的舞曲，来宾们翩翩起舞，杜月笙斯斯文文地向陈帼英一鞠躬，随后抱着她的细腰，双脚踩着节拍移来移去，沉醉在嘭嚓声中。

慢慢地，陈帼英的身子越来越紧贴着杜月笙，她的脸蛋先在他肩上轻轻地摩擦，而后移过来依偎在他的腮旁，她微微踮起脚尖仰起头亲着他的脸，喃喃地动着嘴唇，可又听不清她要说什么。

杜月笙漾起一片热潮，把陈帼英搂紧了，挺起了胸，腿贴了上去，在原地扭动着。此时此刻，他才生出一种感触：舞厅，是一杯美酒，香醇而甜蜜。大丈夫在世，这醇美至醉的酒，是不可不饮的。

陈帼英知道，杜先生这会儿被征服了，可以进一步提出自己想好的要求，可惜，乐曲终了，人们纷纷归座。

开张剪彩仪式到此算是结束，一些熟人都过来向这位大亨打招呼请安问好致敬。

在嗡嗡扬扬的寒暄声中，乐声又起，那是支快速旋转的华尔兹曲子。嘭嚓嚓的节拍惹得人脚底痒兮兮的，杜月笙却觉得头晕，不想再加入这疯狂旋转的队伍。他向一直陪在身边的陈帼英说：

"陈小姐，我得走了，下次再和你跳，怎么样？"

"那到后头的小间里休息一下吧！"陈帼英说。

"师父怎么要走了？这可不行。"一直躲在一边，让陈小姐出面笼络着自己师父的谢葆生，不知从哪儿跳出来，"还有几桌酒席，要请师父赏光，要不，现在就开宴。"

"不用了，我还有点事情。你去忙吧，不用送我了。"

"那请陈小姐代送一下吧！"谢葆生向陈帼英悄悄地使了一个眼色。

陈帼英会意，挽起杜月笙的胳膊，依傍着下楼。

一出门，杜月笙的汽车就开过来了。陈帼英嘟起红红的小嘴嘟哝着说：

"杜先生，你真无情无义。"

"怎么讲？"

"我等了一个下午，想等你来陪我喝杯酒，可现在又丢下我要走了！"陈帼英说着扬起手，向前方打了个响指。

另一辆黑色轿车开了过来，陈帼英拉着杜月笙走了过去，到车子边，她拉开车门，先是自己钻进去，趁着杜月笙与她俯身吻别的当儿，勾住杜月笙的脖子，将他拽进车里，吩咐司机道：

"汇中饭店。"

杜月笙本来也没什么大事急着要走，只是给谢葆生这小子一点教训，同时也为了给自己的身价加点码，摆一下架子。现在既然有美人主动送上来，当然也就来个顺水推舟。杜月笙这一夜便在谢葆生为陈帼英包的汇中饭店一个房间里度过。

那陈帼英虽是舞女出身，但只是陪舞，从不陪身子，一些急得口水直淌的男人想占她的便宜时，也只能隔着那紧身的衣服从外面摸摸捏捏，最厉害的家伙也不过是从领口插下手去摸摸。

所以，陈帼英的身子如同是一嘟噜十分成熟的葡萄，甜、香，色泽诱人，挂在枝头上，摇曳不已，只要轻轻一碰，就会从枝头跌落，甜美的汁水会随之四处飞溅。

当杜月笙和陈帼英一起来到包房时，久经风月场的杜月笙依旧像开始一样，坐在沙发上，不紧不慢地吸着纸烟，摆出了一副不为所动的模样。

陈帼英似乎并不在乎这一切，她进了房间之后，就背对着杜月笙，自己轻轻地解开了旗袍上的纽扣，又自己动手解开了胸罩上的纽扣，把胸罩轻轻地挣掉，这一切动作完成之后，她把两只手轻轻地从旗袍的袖子里挣出来，接着猛地一抖身躯再接着转过身靠在了墙上。随着她身子的一抖，那旗袍滑落下来，又随着她的转身靠墙，滑落了一半的旗袍恰到好处地被她的屁股抵在了墙上。

此时，陈帼英的上身光落落的如同玉雕一般，而肚脐以下部分则被滑落的旗袍虚掩着……

杜月笙惊住了，眼前这美妙绝伦的场景使他五脏六腑都空了。

杜月笙不由地狠狠地拧灭了烟头，急步走上前来，恨不能一口吞了陈帼英。陈帼英见杜月笙来到身边，马上莲步轻移，晃到一旁，杜月笙的手按到了墙上。

而陈帼英由于身体与墙分离，那旗袍也就彻底滑落到地上……轻盈如同燕子一般在房间里乱转。

此时，杜月笙早已乱了方寸，大亨的派头消失了，陈帼英一闪身进了旁边的浴室，杜月笙马上跟进来，关上了门，"我看你还往哪里跑？"

陈帼英却出人意料地猛地回转身，扑到杜月笙怀里，双手勾住他的脖子，轻轻地吻了他一下，嗲声嗲气地说：

"我要你先带我洗澡。"

浴缸里的水已漫上来，房子里被蒸汽笼罩了。陈帼英无言地走到杜月笙身边坐下，撩起热水往他脊背上淋。……

当夜，两人就在那间房子里住下了。

时间近午时，杜月笙和陈帼英才依依不舍地从被窝里爬起来。

"帼英，我要娶你，做二房，做二房，你答应吗？"

"我身子都给你了，还有什么不答应的？只要你常常陪我，我才不在乎什么二房三房的呢。"

"好！"于是，杜月笙立刻给管帐的杨渔笙打电话，要他马上收拾好后进二楼的房子，把四壁都贴上金纸，他要来个金屋藏娇。

当天下午，杜月笙就派人用一辆彩车把陈帼英接到了杜公馆后进二楼的洋房。从此，二楼全部给了陈帼英居住。

自从得了这个迷人的娘儿们，杜月笙吃喝拉撒全改在了后进的二楼，不是十分重要的事，他就不出二楼。接连好几个月，他也没有进原配夫人沈月英的房门，这可砸破了醋坛子：

"哼，这狐狸精迷得他不知天日，连林宝的生日也忘了。"

这天夜里，沈月英想起明天就是儿子维藩（系抱养的，小名林宝）的生日，丈夫没有一点表示，更加愤怒，"我去找他，看他到底想干什么！"

"噔噔噔"，沈月英气急败坏地跑到后进楼里，跑上二楼，摸到陈帼英的房门，正要用拳头擂几下，却从开着的窗户里传出了女人清晰的喘息声，这声音里含有一种欢快、满足的情调。因为天气暖和，窗户开着，只拉上一薄薄的窗帘，沈月英憋着一肚子火，走过几步，伸手撩开窗帘，一幅图像摆在她的眼前。

只见幽暗的房子里，席梦思床上，陈帼英仰卧着……

此时，沈月英五内俱焚，股股酸水海潮般直往上涌，她不由地想到自己当初才嫁给杜月笙时的情景，浑身上下如火烧一般，禁不住大吼道：

"不要脸的东西！"

房内听见突然的骂声，静了几秒钟，接着便是哗啦一声，像是一只开水瓶从窗口掷出来，几点开水溅到了沈月英的脸上，烫得有些疼。沈月英气得浑身发抖，捂住鼻子咬住嘴唇往楼下跑，背后传来了半句话："……黄脸婆！"

沈月英回到自己房内，哭了一夜。第二天红肿着眼皮儿，坐车到钧培里桂生姐跟前哭诉。桂生姐听完后，同病相怜，唏嘘着告诉她自己的丈夫黄金荣也同样喜新厌旧——当时，桂生姐还没与黄金荣离婚，如今，抱着露兰春这小娘们儿不放，"也冲着我叫黄脸婆哩！"

说着，桂生姐也抽泣起来。随后是两个人抱头痛哭了一阵子，共同得出结论：男人都是没良心的色鬼，都是吃着碗里看着锅里的馋猫子。如今，生米已煮成了熟饭，闹也无用，还不如自行其乐，自己尽情地玩耍玩耍，许他州官放火，就不许咱百姓点点灯？

从钧培里回来后，沈月英像是变了一个人。她把孩子的事，全部掼给佣人去管，自己跑戏院，上公园，看跑狗，赌赛马，还拉上一帮小姊妹，轮流做东搓麻将。她在杜公馆来去自由，没有人去管她的闲事，而杜月笙呢，也就落得耳根清静，与陈帼英一心一意做好事，再也不必担心有人败兴了。

俗话说：好花不常开，好景不长在。春去秋来，时间早过了半年。原来婷婷玉立的陈帼英，不知怎么搞的，一下子全变了模样，也有了一张蜡黄皮，腆着个大肚子，整天想着吃杨梅。

杜月笙觉得没劲了。

且说自清朝康熙年间"驰海禁"以后，放宽了对海上运输的禁令，上海做为一个港口城市得以迅速发展了以后，大批洋人来到上海滩，把上海变成了"冒险家的乐园"，旧上海的娼妓发展也随之登峰造极。

最早进入上海开业的妓女有两种，一种是苏州妓女，她们是善于弹唱说书的艺妓；还有一种是民间戏班中的坤伶，她们是由原来的卖唱艺人逐渐转化成公开或半公开的妓女的。但上海在清朝道光以前，妓女往往标榜"卖艺不卖淫"，妓院称为"书寓"。

鸦片战争前后，因增加兵防，妓院迁进租界，由于租界完全受西方资本主义影响，市面"繁华"，加之租界基本上不制约妓院活动，只要妓院向租界工部局领取执照，按时交纳营业税，即可公开挂牌营业。这时，上海妓女的卖淫公开化。

旧上海的娼妓主要来源于江苏、浙江、广东三省，其中江苏约占90%，浙江约占6%，广东约占4%，另外还有少数其他地区来沪的妓女和外国妓女。妓院开设较集中的场所，最早在东门一带，清道光后，迁入西门附近，到清末，主要在宝善街一带。

民国时期，妓院或妓女集中的地区有好几处，如闸北的天道庵路一带，十六铺的横马路一带，以及虹口、八仙桥、北四川路等地。

这些娼妓原本多是些良家女子，她们之所以堕落风尘，沦为妓女，有多种多样的原因，但主要原因还是因为生活所迫，不得已卖身还债以及被拐骗引诱。一旦落入陷阱，就一辈子受流氓、老鸨、龟奴的钳制，永远无法跳出火坑。

民国初年的一天，在上海南京路大广里生生美术公司楼上一间破旧的小亭子间里，一个老妇缩身病榻，凄凉而死。死后，竟没有人来替她收尸。谁会知道，这个枯瘦如柴的老妇，就是1897年被上海的《游戏报》评为沪上四大姿色超群的妓女之——"林黛玉"。

从"林黛玉"之死，足见旧上海娼妓的命运多么悲惨！

旧上海的妓院和娼妓也有等级的，主要有以下几类！

1. 书寓：妓女被称为"先生"，她们以陪酒弹唱为主，用艳色招来客人，一般不卖身。

2. 长三：低"书寓"一等。妓女被称为"倌人"，也有称"先生"的，这里的妓女卖唱也卖身。

3. 幺二：妓女大都是老鸨的"讨人"或"押帐"，失去身体自由。陪客留宿一般收费2元。

4. 烟花间：在销售鸦片的烟店里，雇用一些女子，名为给客人装烟，实则全部秘密卖淫。

5. 钉棚：开在棚户区里的妓院。妓女多老丑不堪，故都在晚上暗中接客。

6. 野鸡：这类妓女没有固定妓院，也没有营业执照，一般在马路上"游击"拉客。其中有些是临时妓女，待还债赎身后从良。

杜月笙是个闲不住的人，陈帼英肚子大了，他就把注意力转向了那些形形色色的妓院，他常常找那些姿色艳丽的妓女，一睡就是一夜。

这一日，杜月笙来到一家书寓，想找两位漂亮的"先生"开心，看能否弄到外面去睡一睡。

忽然，一阵悦耳的琵琶声传来，他寻声看去，只见一身材小巧的少女，杏眼含春，正在专注地弹奏。

大概是发觉到有人驻足，少女马上停止了弹奏，提起琵琶进里屋去了。杜月笙这才发现这少女生得小巧玲珑，一副小鸟依人的模样，十分惹人喜爱。

当即，他找来书寓的老板，问：

"刚才弹琵琶的'先生'是谁?"

"她呀，叫孙佩豪，是唱苏滩的筱桂苏的外甥女，怎么样，杜先生，愿意不愿意指点一曲啊?"

"哪里，哪里，此曲只应天上有，人间能得几回闻？我愿意洗耳恭听，不知孙先生可愿以雅和俗。"

说着，挥了一下手，后面的随从递上了500块钱。

老板见了500块钱，眼睛亮了许多，兴奋了许久，说："杜先生实在太抬举敝馆了，能为杜先生操琴，那可是佩豪的福气呀。"

说着，老板把杜月笙领进了一间洁静的雅舍，坐定后，孙佩豪款款而至，对着杜月笙鞠了一躬，启动朱唇说：

"请问杜先生赐教哪首曲子？"

"孙先生太客气！只要是你弹的，我都愿洗耳恭听。"

"那我就见笑了。先来一曲《凤还巢》吧。"

孙佩豪说完，就开始运动十指，在琵琶上操鼓起来。虽说她是纤纤细手，但弹拨起来琴弦却十分有力，琵琶声如同疾风吹雨，响彻屋宇。

杜月笙原来并无听琴的雅兴，他的两只眼睛不住地盯住孙佩豪的小脸蛋。那小脸蛋恬静而秀美，眼睛和鼻子都透着一种天真无邪的气息，最迷人的是胸前两个微微凸起的地方……

一曲终了后，杜月笙找到书寓的老板，问：

"刚才这位孙先生年方几何？"

"正值二八年纪。"

"身子还完好吗？"

"完好，这点请杜先生放心，我们这里的姑娘是只卖唱，不卖身。"

"那好，这位孙先生由我包了，不准她再见任何客人。"

杜月笙挥挥手，有人送上来一张支票。

"啊，2万块呀？杜先生，你真是太客气了。"

"不是客气，我是要为孙先生赎身。"

"这，杜先生？"

"好，再加1万，这总该行了吧？"

老板一来赚了3万多块，二来他不敢得罪杜月笙。

"去汇中饭店包一套房，这几天让孙先生在那里住。"事情讲妥后，杜月笙吩咐手下人。

当天晚上，孙佩豪告别了书寓，住进了汇中饭店。她知道是杜月笙赎了她，他要娶她，但她不知道他怎么娶。

从杜公馆来的女佣人侍候着孙佩豪洗过澡后，杜月笙来了。

孙佩豪急忙起身，"杜先生，晚上好。"

"孙小姐，你好。"

女佣人此时知趣地离开了。

"佩豪"，见房里没有其他人，杜月笙把孙佩豪揽进了怀中，"晚上，一个人住在这里怕不怕？"

孙佩豪脸涨得通红，说："怕。"

"我在这里陪你，不用怕。"

说着，杜月笙就动手解她胸前的纽扣。孙佩豪虽不情愿，但也不敢怎么反抗。

"你不要害怕，别的我不敢吹，这个事情我还是在行的……"

16岁的孙佩豪赤裸裸地躺在床上后，浑身上下都透着水灵，杜月笙像是欣赏一件艺术品一样，把她的浑身上下都把玩一番，最后……

几天后，杜月笙把孙佩豪也迎进了杜公馆，住进洋房的三楼，他富丽堂皇地装饰了一番，全部留给孙佩豪居住。

沈月英更加绝望了。她原想自己被冷落了一阵子以后，丈夫会看在结发夫妻的情份上，改变态度，重温旧好，起码也可以和二太太平分秋色。自己还不失内当家的身份。可是，杜月笙又娶进来一个二八年纪的三太太，竟把二房太太也丢在一边了，何况我这个30开外的黄脸婆呢！

幻想彻底破灭了。她在心里恨恨地说："许你沾花惹草，就不许我在外面接露水？要我为你守活寡，办不到！"

红杏出墙

过了一段日子，杜月笙接到一个女人的电话，要他到头坝浪摇宝赌台见面。

这个女人何许人也？她在当时与黄金荣老婆桂生姐齐名，绰号强盗金秀，曾是杜月笙的"红粉知己"。此人人高马大，身躯健硕，性情暴躁，敢做敢为。她有一件轰动上海滩的杰作，就是用苦肉计争得赌台上长生俸禄的一幕。

有一天，有几个流氓起哄说：

"隔壁赌场生意火红火爆的，只是台上的俸禄，像你金老板这样的人怎么挨不到呢？实在不公平。"

金秀受这么一激，窝起一肚子的火。傍晚，当赌客陆续上市的时候，她突然闯进头坝浪摇赌窟，似疯似癫地往摇宝台上躺，口里大叫：

"老娘要用银子，你们不要不服气，今天老娘宁愿挨你们一顿。"

抱台脚派的打手一见，原是认得的强盗金秀，熟人熟面却爆出这个冷门。要不打她，老板面上不好交待，于是把她拖下来，四五个壮汉围着她打了半个多钟头。其中，有个新入伙的楞头楞脑的壮汉，不认识金秀，下手不讲分寸，直往金秀的阴门踢了几脚。

说也怪，这位女英雄除了哼了几声外，绝不叫痛，更不讨饶，一味熬苦受难，直到打手们认为应当罢手为止。这边一住手，她翻身而起，跃上赌台一坐，俨然一尊女金刚。

依照赌台的规矩，经得起这番考验，才够资格在赌台上吃俸禄。金秀终于占领了这赌台高地，每月坐吃俸禄，因而她又得了一个"铁逼金秀"的浑号。

杜月笙得志之前，赌债满身之际，金秀对他帮助很大。几天若无钱去妓院，闻不见女人的味道，杜月笙就会死皮赖脸地来找金秀，过一过瘾头，金秀若不愿意，他就跪在地上抱着她的双腿不放她。

自从杜月笙娶了沈月英以后，便与金秀疏远了。近年来，杜月笙威风起来，她遇有难题，便来找他帮忙。而有些时候，杜月笙还得求金秀帮忙。因为她泼辣到毫无忌惮的程度，曾只身闯进男浴室找债户讨账。上海滩有名的人物阿富郎和范恒德就曾尝到这棘手的一招，在上海滩上大坍其台。

现在，这铁逼金秀已有自备汽车，威风得很，今天打电话来约自然有急事要谈。

一向大大咧咧的金秀，这一次见面时，说话却有点扭扭捏捏吞吞吐吐。杜月笙是个眼观六路，耳听八方的乖角儿，一轧苗头，便知道有件于自己面子有碍的事发生了。他仍然十分文静地笑着说：

"金秀，今天你怎么了？讲话吞吞吐吐，躲躲闪闪，全不像你平常样子。你大胆讲吧，就是天大的事，我也顶得住！"

"好，我说，不过，你可不要发火。"

"我保证。"

"外面传说，你家里人不规矩……"

"谁？老大，还是老二？"

"你看，你看，我一句话还没讲完，你就急得这副样子了，我可不多嘴了。"

"我的金大姐，别卖关子了，你把事情摊开来讲吧，不要拐弯子，我一定会冷静下来。"

"我问你，你家老大可有个表哥？"

"前几年听她说起过。"

"如今来上海了，天天相会。"

"告诉我，在什么地方？"杜月笙的醋劲上来了。

"我可不是你的包打探，"金秀放意荡开一笔，逗一逗这位小老弟："我也只不过是道听途说，在你面前多嘴。"

"不，不！金大姐，你的用意我心里有数，"杜月笙慢慢地平静下来，"怕我莽撞乱来一气，哪能会呢？俗话说，家丑不可外扬，我杜月笙虽是草包，可这点道理还是懂得的。你告诉我他们约会的地方，让我先看看真假。我不会乱来的。"

"她是你的人，乱来不乱来，关我屁事。"金秀酸溜溜的，从口袋里掏出一张"香槟票"，扔给杜月笙。

"金大姐，谢谢你啦！"

"谢我？你怎么谢？"

"这……"杜月笙有些不知所措。

杜月笙上前："我的好大姐，小弟今晚再向你讨教几招。"

"别光耍贫嘴，有什么本事晚上施出来才算呢。"

两人说笑着，一起去包房间了。

且说静安寺路的南边，有一个赛马场，是洋人所办的赌博场所，上海人称为跑马厅。

1862年，洋人开办这个跑马厅的时候，不让华人进内，只限于跑马协会的成员，而后觉得向华人开放可以刮进更多的钱财，就改为购票入场。

于是，想发财的人们，争先恐后地购票进厅，赌一赌自己的运气。

后来，洋人又想出法子，赛马票可以事先购买，各场得胜马号报上公布，凭票兑奖。在春秋两季，颁发"香槟票"，商店、码头、栈房、街头巷角的摊头到处代售，每张10元，上面印有号码。一旦中彩，就可以发大财，立刻变为富翁。

买有"香槟票"的，总想自己福星高照，只要有空，便到跑马厅里去亲眼目睹一下为自己尽力的马匹的奔驰；即使未买"香槟票"的人，想去刺激刺激自己的神经，看看红红绿绿的彩票，是如何变为白花花的银子的。所以，这跑马厅场场客满，生意日日兴隆。

165

金秀扔给杜月笙的那张"香槟票"，正是这一年10月第三个星期六举行的大赛。报纸上正在大做广告，爱热闹的上海人，都准备入场观览一番。这又是情人约会、流氓盯梢、扒手扒窃的好时机、好去处。

在被窝里，杜月笙把那张"香槟票"的开赛日期看了几遍，记在心里，然后双手奉还给金秀，笑笑说：

"我有数了，过几日我会好好谢谢你金大姐的。"

"你大有长进了！你真要谢我，就还到这里来，我在这等你。"金秀双手搂着杜月笙的脖子，嗲声嗲气的说。

两天后，那个星期六终于来到了。

下午1时左右，跑马厅门口，一辆辆呜呜叫着的小汽车，来到车门口停住，车门一开，下来几个男女，车子嘀嘀一声，冒几股黑烟开走了。进场的人越来越多，沈月英坐着黄包车也来了。

她今天穿了件红线绒的旗袍，扁脸上漾着喜气。

她刚下车，一个长衫礼帽的中年人立即迎上前去：

"月妹，我已等了你半个钟头了！"

沈月英嫣然一笑，挽起中年男人的胳膊随着人群进了大门。在他们的后边，大约离五六米远的地方，有个穿短裆衣衫的青年人跟了进去。

"到上海来，不看看跑马，等于白来一趟。"进门以后，短裆打扮的人听沈月英依傍着中年人，轻轻地说。

"是啊，这趟来上海，大开眼界了。"中年人兴奋地说，并加紧了脚步，"咱们找个好位子。"

跑马厅像个椭圆形的城，东西长，南北狭窄，四周的看台似城墙。不过是斜坡形的。一级一级往上升的是木凳子。他们两人找了转角地方的第三级坐下，那短裆打扮的也便挨在他们的背后的第四级坐下。那由"城墙"围住的场地便是驰道。用短栅栏分成外档和内档。驰道上几个穿号衣的人在清除纸屑。

"月妹，我原以为这辈子见不到你了，现在我死了也心甘情愿……"

"胡说，青天白日下红口白牙地说这不吉利的话。"沈月英斜了中年人一眼，凑在那男人的耳朵边，说："表哥，想法子在上海开个小店吧，我们时常好见见面。至于开店的本钱，包在我身上。"

"钉铃铃"一阵响声，打断了两人的谈话。场内嘈杂嗡嗡营营的声音一下子静了下来，接着像是什么地方的缸瓮店倒坍了似的，一阵军乐声奏起，应着节拍走出七八个骑师，身上穿着五颜六色的号衣，在起点上，向全场观众鞠躬致谢，而后牵出自己的坐骑——高头大马，向下彩的主人亮相后，再将马牵回栏内。

"这儿不好，咱们换个地方吧！"

沈月英用胳膊肘捣捣表哥，自己站起来就走。中年男子跟着她走下看台，穿过不少看客，七拐八弯地来到南看台，找了个位子坐下。

"月妹，你跑得这么快做什么？"中年男人用手帕擦着汗。

"刚才坐在我们后面的那个瘪三，真讨厌。鬼头鬼脑的，他那只狗头，差不多扑到我们俩肩膀上了，鼻子里呼出阵阵腐臭气，熏得我够呛。我可受不了。"

沈月英从手提包里取出小镜子照照脸，然后用一方绣花手绢在额上、两颊处贴了几下，吸掉渗出的细细汗丝。

"砰！"一声枪响，几万双眼睛盯住那道栅栏门，一下子打开了。八个骑士跳上马背，八匹骏马跃出来，风驰电掣般地绕场驰骋起来，先是循内档跑，三圈后转入外档。在外档驰道上，挖了1丈多宽的壕沟，还设有两米来高的障碍物。

跑在前头的是6号马，顺利地跃过了沟渠，场内欢声雷动。那些买6号彩的人们，疯狂地呐喊着，有的竟手舞足蹈起来。

在热烈的欢呼声中，6号马奔到障碍物前约五六步光景，只见它两只前蹄向上一提，全身腾起，轻轻地飞过了障碍，落下地来。不知怎的，6号马前腿一别，来了个马失前蹄……

"啊哟！"沈月英失声惊叫起来，闭上了眼睛倒在表哥的怀里。

"好！"在他们座位后边的一个喝了个彩。又是一股口臭味，前座的沈月英被刺醒了，睁眼一看，驰道上的3号马急忙赶了上去，已超过了6号。

怎么又一股口臭味？

沈月英掏出小镜子，装着擦口红的样子，把镜面往后排一照，"怪呀"，那个鬼头鬼脑的短裆打抢的家伙，什么时候又在背后冒出来了？

"不好，一定是有人盯梢。"沈月英当机立断，附在表哥耳边说了几句话，离开看台，往出口走去。

这时，赛马已接近尾声，有许多看客已陆续离场。沈月英回转头一瞧，"糟了！"那家伙紧紧地跟在后边，离自己只有两步远。她向表哥挤了挤眼，在他背上推了一把，让他先出大门，自己突然站住。

那短裆打扮的人急忙上前，正好碰到沈月英的白胖胖的粉嫩臂膀。

沈月英勃然大怒，蛾眉倒竖，叉开五指，向那短裆人"啪啪"掴了两记耳光。

在那人眼冒金星，不知所措之时，沈月英推着表哥钻进了人群。

到了外面，他们各自登上一辆黄包车，同时对车夫说："光华旅社。"

到了光华旅社后，表哥下了车，付了车钱，便和沈月英一起进了一间客房。

这是今天早晨表哥才来订的单间。到上海来与沈月英相会后，两人感情之火一日甚似一日。那日在公园的树丛里，表哥再也忍不住，两人在泥地上云雨一番，以后，就一发不可收。

沈月英知道自己是谁，如此的放荡，要是让杜月笙知道了，自己命不足惜，但表哥的小命就完了。她很想快刀斩乱麻中止这段关系，但一回到杜公馆，整夜见不到杜月笙的身影，她又气不打一处来。

她14岁时就父母双亡，以后就一直在表哥家生活，与表哥情同手足，感情是十分深厚的。但后来因舅妈的唠叨，她跑到了上海，做桂生姐的侍女。这一别，两人就再也没有见面。谁能想到，这许多年后又相见了呢？

为了能够日日都享受这种快乐，她从私房钱中拿出了一部分，交给表哥：

"你去找中档的旅社，一天换一家。"

"这干什么？"

"打一抢要换一个地方，不然，他知道了还不要你命。"

表哥高兴地去做了。与表妹分手十几年了，真想不到她已变得那么丰腴，那么白嫩，那么高贵，比他平日里在街上远远地看见的那些贵妇人要迷人得多。现在，有比她们更迷人的表妹，怎么能不高兴呢？

进了光华旅社的客房后，……

沈月英忧心忡忡地说：

"表哥，今天的那家伙可能是盯梢我们的，可能水果杜月笙这家伙发现什么了。你得赶快离开上海。"

"不，我要在这里开个小店，没事就把你接到家里来。"

"不行，你得听我的，一定要走。"

跑马失前蹄

◎

沈月英让表哥快走，但他就是迟迟不动身。一是因为沈月英太迷人了，他舍不得离开她，二是因为他迷上了跑马。

关于上海滩跑马的历史，前文已有所交代，这里再赘述两笔。

跑马厅的历史，是帝国主义冒险家们侵略和掠夺上海的历史的一个组成部分。

早在1850年，上海开辟为通商口岸后不久，当时租界工部局尚未成立，即由贩卖鸦片为主的麟瑞洋行大班英国人霍格等五人，组成"跑马总会"，这是一个以消遣作乐为名的赌博组织，利用他们洋行里所豢养的大批运送鸦片和邮件的马匹作为赌博的工具。

他们用极低的价格，将界路（今河南中路）、花园弄（今南京东路）至教堂街（今江西中路）一带80亩农田强占去作为赛马场地，看台就在今江西路西南京路北转角处。除赛马外，还有花树和球场，当时上海人称之为"老公园"和"抛球场"。这就是上海历史上的第一个跑马厅。

由于1853年上海小刀会起义，住在城内的地主豪绅迁入租界，从而地价大涨，于是，"跑马总会"便把这80亩地高价出售，而以低价强行购买了170亩土地，于1854年开辟第二个跑马场。地点在今湖北路、北海路、西藏中路和芝罘路一带。看台是在今六合路第一百货商店旁边，当时人们称这第二个跑马厅为"新公园"。

到了1860年，第二个跑马厅一带的地价涨得更快，"跑马总会"又准备"三迁"。

当时，有一个董事耀武扬威地骑了一匹马，从现在的工人文化宫，当时的泥城浜畔开始奔驰，经过芦花荡（今黄陂北路）、静安寺路（今南京西路）回到原处。凡是他骑马经过的地方，都命人竖起木桩，用绳子圈了起来，共有460多亩地，其中有河浜、村庄、农田和坟地。

圈定之后，"跑马总会"便勾结当时清政府的上海道台和当地的地保，用低价向当地农民强行征购。这就是上海跑马厅的第三个跑马场。

1861 年，"跑马总会"把第二个跑马厅的场地卖出，获取暴利。他们售出的第二个跑马厅，每亩售价将近 300 两银子，而买进的价格每亩不过付出 30 两。

第三个跑马厅共约 500 多亩，实际只付了 430 多亩的款，仅花去银洋 12500 元，平均每亩 29 元。就这样，许多业主被赶出了世世代代所居住的家园。他们流离失所，无以为生，有的甚至沦为乞丐。

"跑马总会"是一个以"赛马"为幌子的赌博组织，表面上好像是一个体育组织，实际上是帝国主义冒险家们诈骗钱财的"股份公司"。其发起人是东印度公司的嫡系人物、老牌鸦片贩子、麟瑞洋行大老板英国人霍格。

"跑马总会"会员最初共 25 人，都是些英美在沪的洋行大班。后来由于会员陆续增加，于是会员分为"基本会员"和"普通会员"两种。初以 1896 年 3 月 31 日簿册上的会员为基本会员，以后加入的都称为普通会员。在 300 名基本会员出缺时，即可由普通会员申请补任，他必须由投票委员会进行会议投票表决。

"跑马总会"的入会手续规定除华人外，不论在沪任何国籍的外国人（不包括殖民地国家的人），只要年满 20 岁而有"正当"职业者，均可以申请入会为会员。

上海跑马厅原由股东合资开设，后全移归"跑马总会"所有。普通会员在跑马厅赛马期间可以不买门票，自由出入，并享有会内一些"福利"。

至于"跑马总会"的产业和跑马厅的一切管理事宜，只有基本会员才有权利过问。历年来会员以英国人为最多。

"跑马总会"下设董事会，设主席或董事长一人，委员或董事若干人。第一任主席是英国世袭伯爵、怡和洋行大老板约翰逊。委员中先后有祥茂洋行大老板盘尔哥、新沙逊洋行大老板沙逊、汇票大掮客马立斯等帝国主义冒险家。

上海最早的跑马比赛有记载的是 1850 年的秋天在第一跑马厅举行的，共赛七次。《英工部局七十五周年纪念册》上说，"每逢赛马日，像一个大节日，男女盛装前来参加，并进行少量赌博。"

此后，上海跑马厅的跑马却是一种大规模的赌博方式。

当时，目睹者曾这样描述：跑马厅的跑道旁设有白色栏杆，跑道内分为数圈，中间的空地铺有草坪，可作为球场，外圈为赛马跑道。起赛时至少七八骑，多至 10 余骑。骑师穿着五色的彩衣，临赛时勒马立在场地的西北角黑柱下，铃声响，马起跑，骑师们驾驭着马沿栏杆疾驰，以先到原黑柱处为优胜。赛跑时赌客们如醉如狂，人人心目中都留意着自己所下了赌注的马匹。

上海跑马厅在赛马赌博上的赛马名目种类真是花样百出，除上文谈到的香槟票外，还有什么金樽赛、大皮赛、新马赛、马夫赛、余兴赛、拍卖赛、初学骑赛以及各种平力赛等等。而跑马票的种类也搞得五花八门。例如，有什么"位置"、"独赢"、"连位"、"摇彩"等。

所谓"位置"，即购有两个号码的马票，如果这两个号码的马有一匹跑得优胜，便可以得奖。

所谓"独赢"，即买某一号马票，如这一匹马跑得优胜，即可得奖。

所谓"连位"，就是购买两个号码的马票，如"2、3"或"6、4"等，比赛的结果必须这两个号码的马跑第一和第二，而且次序不可颠倒，才可赢钱。例如。购买的是"2、3"连位马票，那么必须2号马跑第一，3号马跑第二才能得奖。

所谓"摇彩"，就是在前文说的"香槟票"中彩。当时，外国人在中国的许多城市行销跑马"香槟票"。香槟票设有大小奖金若干。比赛时，先进行香槟预赛，预赛及格的马匹参加香槟赛，每次约十几匹，然后用铜球按每一马匹摇出香槟票号码一个。最后根据这些比赛结果，决定得奖的香槟票号码，如在比赛中得头名的马号，就是得头彩奖金的票号，等等。

表面上看起来，好像买了马票的都有中彩得奖的机会。其实，这不过是一个骗局。因为"跑马总会"用来支付中彩的奖金，并不是出售跑马票的票款收入的全部，而是在总票款收入中先要扣除20%到35%的头钱和开销，剩下来的部分才分配给得奖者。

但是，一般买马票的人也不会轻易得到。因为决定胜负和名次的是"跑马总会"所豢养的马匹与雇佣的骑师，有时售出的马票比较集中在某号的马匹，即使这匹马跑了头马，也分不到多少奖。

这时，"跑马总会"便会故意把赌注下在别人较少注意的马匹上面，来个出"冷门"，而他们则完全可以根据自己的赌博利益，通过他们所雇佣的骑师来进行随心所欲的幕后操纵。

在赛马的赌博中，最大的骗局就是前面所说的香槟赛。"跑马总会"为了骗取钱财，每年在春秋两季各举行香槟赛的大赛马一次。他们利用小市民侥幸发财的心理，发售香槟票，名曰："发财票"，巧立头彩、二彩、三彩和另彩等许多大小不等的彩金，并把头彩定得特别高，只要是中了头彩，便可立即成为"富翁"，借此诱人上当。同时，在全国各大城市大量发售这种香槟票。

香槟票每次约发行10万张，每张10元，后来为了便于推销，把原来的一张改称为一条，并分折为10张，每张1元。

许多城市中的烟纸店都代售香槟票，不少商店还在店堂内红烛高烧，大书"头彩在此"，以广招徕。

上海跑马厅在每年5月、11月香槟大赛马时，各洋商银行和洋行于赛马期间都停业三天，从5月、11月的第一个周的星期一到星期三连续举行三天，大香槟赛排在最后一天举行。到星期六照例举行一次余兴赛，那天并有大跳浜赛。

香槟票的最高额为售出 5 万号，头奖从 10 万元、15 万元逐渐递增至 22.4 万元。

上海跑马厅的大香槟票，也称 A 字香槟票，因为只限本会会员可以购买，中国人欲购者，必须委托该会会员代购。如果侥幸中彩，领奖又必须由该会会员签字后才能领取。因此，洋人往往借此勒索佣金或硬要手续费。

上海跑马厅看到厚利之所在，当 5 万张 A 字香槟票全部售出以后，再发行一种 B 字香槟票，3 万至 3 万张，办法与 A 字香槟票完全相同，其彩金按出售数量和 A 字香槟票作比例递减。

由于 10 元一张的香槟票，侥幸得中头彩，便有 22.4 万元，十足双倍的"一本万利"，因而购买者踊跃。

但实际上，香槟票摇得一个零奖的机会，也只有 1/50000，得中头奖更似大海捞针，难如登天。

即使侥幸得中头奖，那些"跑马总会"所豢养的流氓、地痞、恶霸便会借口检查马票的真实与否，要中彩者将马票交出来，或则讲"斤头"（即讲条件），逼迫中彩者答应把大部分奖金分给他们，作为保证得奖人"安全"地领取奖金的"保护费"，否则，得奖人准会被他们打死在领奖的路上，或者干脆把中了彩的马票抢去。

每当赛马日，跑马厅的看台上，密密层层有如蚁聚，全都像饿极了的鸭子急待饮料般伸长了脖子，全神贯注地盯住奔驰在跑圈内的赛马，不时发出一阵阵叫喊声，几万人的呼吸，凝结成薄雾罩着看台上空，形成了一个乌烟瘴气的场面。

不一会儿，头马冲到了终点，看台上立刻爆发出一片嘈杂声。

此时，只见人们个个垂头丧气，脸色惨白，早先寄托着美妙希望的"彩票"，顿时变成了"冥票"。

许多人就是这样被骗得走投无路。

在赛马季节报纸的社会新闻中总有几则因买跑马票负债过多或倾家荡产的人沦为骗子、强盗，或是自杀身亡的消息。其中多是小职员，也有工人，还有不少家庭妇女，把丈夫给她的家用钱输光，以致夫妻口角，愤而自杀。

曾经轰动上海的阎瑞生害死王莲英一案，也与跑马有关。

1920 年，洋行职员阎瑞生，热衷买跑马票，输光了钱，便去骗取妓女的钻石戒指卖掉，再去购买马票，又输得一干二净。当时上海有个出名的妓女王莲英，颇有些首饰，阎瑞生便骗王莲英坐汽车去"兜风"。开到北新泾农田旁，阎将王莲英勒死，劫去首饰，逃到徐州，在火车站上被捕，落得个被某军阀枪毙的下场。

当时，还有人以"枪毙阎瑞生"为题材，编成京戏和文明戏的。共舞台上，露兰春就曾演过妓女王莲英。

沈月英的表哥也梦想靠买香槟票中彩发大财，过大亨的生活。所以，他不听沈月英的劝告，迟迟没有离开上海滩，结果惹下了杀身之祸。

遗失宝贵的项链

这几天，杜月笙有点倒运，正应着一句俗话：福无双至，祸不单行。铁逼金秀捅来的消息证实以后，想不到卢筱嘉卢公子又打电话来，"杜先生，我有个故事，想说给你听。"

"什么故事？"

"当然是与杜先生有关的，但不知杜先生愿不愿意听。"

"怎能不愿意呢？我最喜欢听故事。"

明媚的春光中，龙华寺的钟声"嗞嗞"地响着，进香的人们熙熙攘攘，随着钟声、钹声，和尚们的领诵声，沈月英与贴身丫环踏进山门。

在大雄宝殿里，沈月英在蒲团上跪下，恭恭敬敬地上了一柱香。她的脖子上挂着的那串宝石镶珍珠的项链，在缭绕升腾的香烟中，熠熠放光。

卢筱嘉带着女朋友小木兰此时正好走了进来。

"啊，多美的项链啊！"

听到赞美，沈月英回过头来，望了小木兰一眼。

"原来是她！"卢筱嘉认出了沈月英。

"谁？"

"杜月笙的太太。"

"这就是杜先生的太太？"小木兰不由地又盯着看了一会儿。

沈月英也发现了卢筱嘉，她似乎有些不好意思，匆匆忙忙地走了。

说完这段故事，卢筱嘉说：

"杜先生，小木兰看见了沈太太脖子上的那串宝石镶珍珠的项链后，喜欢极了，硬吵着要买一串同样的货，没有现成的，只能照样子打一挂。所以，我想请杜先生无论如何要借一借做个标样。如果贵太太实在难以割爱，让银楼的师傅上去看一下式样也行。"

自从共舞台与黄金荣打了一架后，卢筱嘉便与杜月笙熟悉了，他与小木兰，就是杜月笙牵的线，所以，杜月笙也没多考虑，说：

"小木兰小姐要是喜欢，我与贱内说一声，送给她得了。"

"若是这样，那是再好不过。可是，就怕杜先生当不了这个家喔。"

"卢公子这话怎讲？"

"玩笑一句，杜先生不要介意。"

到了晚上，杜月笙去了沈月英的房间。

他已有几个月没来了，房间里显得有些阴冷。沈月英见到他，竟然激动起来，话都说不出来。

"那串宝石镶珍珠的项链，卢公子想借去照样子打一挂，明天叫人送到前面帐房去。"

"什么项链？"

"就是那天你去龙华寺进香时戴得那挂。在大殿里，卢公子的女朋友小木兰看见了，想要一挂一样的。"

沈月英的脸"唰"的一下全白了，她努力镇定了几下，才站稳。

"那项链……"她支支吾吾起来。

"那项链怎么啦？"

"那天从寺里出来，人很多，不知怎么搞的，项链不见了。我们又回去找，也没找到。"

"就是，我和太太找了一个多小时呢。"在一旁的贴身侍女也忙说。

"你不说话，没人把你当哑吧。"

"我回来以后，怕你知道会生气，没敢告诉你，再说，我也常常见不到你。"

杜月笙点点头走了。

此时，杜月笙才发现事情有些蹊跷：一是卢筱嘉这个电话，故事有些怪，二是太太的神色不对头，三是她的话是假话。这里面肯定有鬼。说不定，和铁逼金秀说的事情会联系在一起。

回到自己的房间，他立刻叫来郁咏馥，烧了几个烟泡，狠狠地抽了一气。

过足了瘾，杜月笙叫来了手下人，把沈月英的贴身丫头叫了进来。

"你说，太太的项链哪去了？"

"她不是对你说了，那天在龙华寺丢了。"

"真丢了？"

"是丢了，我们找了一个多小时都没找到。"

"放屁？"杜月笙一拍桌子，"给我狠狠地掌嘴。"

有两个壮汉走了上来，大巴掌"噼噼叭叭"地落了下来。不一会儿，丫头的嘴上鲜血淋淋了。

杜月笙挥挥手，大汉停下来。

"你说，那项链到底弄哪去了？"

"杜先生，那项链的确丢了，你就是打死我也还是丢了。"

"看来你是真不愿说喽？"

"我说过了,杜先生。"

"那好,"杜月笙冲两个大汉晃了一下脑袋,"你们把她的衣服扒了,下猛力干一晚上,要是干不死她,明早就把她卖到堂子里去当婊子去!"

两个大汉兴高彩烈地走了上来,只听"嘶"的一声,丫头的上衣被撕开了……

"我说,杜先生,我说。"丫头跪倒在地上,双手掩住了胸。

"我真当你见了棺材也不掉泪呢。贱货!"杜月笙手一摆,大汉走了出去。

"说,那项链到底弄哪去了?"

"被太太送给她的表哥了。"

"怎么送的?"

"那天太太去龙华寺进香,是为了和表哥相会。在大雄宝殿的后面,太太从脖子上摘下了项链,送给表哥说留作纪念。"

情况终于清楚了。

杜月笙有了主意,但他没说什么。丫头正要把被扯开的上衣掩上,杜月笙上前,微笑着又把她抖开……

"杜先生,别……"

"你放乖点,让老子快活快活,不然,我明天照样把你卖到堂子里当婊子!"

丫头再也不敢动了……

等丫头哭丧着脸离去后,杜月笙才背着手,缓缓地踱出来,坐在了一张八仙桌旁。

徒弟芮庆荣悄悄地踅过来,凑在师父的耳朵边上,叽咕了几句。

"饭桶!"杜月笙大发其火,站起身把手中的茶杯摔在地上,手指点着芮庆荣额角头摇头叹息,"真是抓鸡不着蚀把米,盯不住梢不说,还赚回了两巴掌,你怎么会派这样的木头疙瘩去?"

毕恭毕敬的芮庆荣解释说:"派这人去是因为师母不认识他,不会引起师母的注意。结果还是被发现,跟到跑马厅出口处,又莽莽撞撞地撞在师母的膀子上,吃了两耳光,晕头晕脑的,再也没找着那男人的影子。"

"嗳,这饭桶知道不知道她是什么人?"杜月笙问。

"我当然不会让他知道。"

"这就好。"

"不过线还没断。他听到师母对那男的说,明天兆丰公园见……"

"什么时候?"

"好像是下午2点钟。"

杜月笙又站起来,在房内踱起方步来。他的两手背在背后,手指节骨捏得咔咔响。他不停地转着,最后,又停在芮庆荣的面前,对他耳语一番。

芮庆荣不住地点头，然后又匆匆忙忙跑出去。

杜月笙又回到烟榻上，过瘾去了。

第二天下午，一个身穿长衫，颇有风度的男子，在熙熙攘攘的南京路上由东向西走着。他蓄着一头乌发，厚厚地抹上金刚钻发蜡，颇有几分斯文劲。

在他身后10来米处，一个戴着墨镜的青年尾随着他。

走了一会儿，中年男子见对面来了辆黄包车，招了下手，黄包车停下，他上去，对车夫说：

"兆丰公园南门口。"

后面戴墨镜的青年也叫过一辆黄包车，对车夫说：

"紧跟着前面那辆车。"

车子过了静安寺，转到愚园路，而后在兆丰公园的大铁门口停住。从乌黑的铁门栅栏中望进去，园内花木郁郁葱葱，特别是进口处不远的一池秋水，碧绿清澈，在午后的斜阳映照下波光粼粼。

园内游人稀少。

公园门口不远地方有棵高大的榆树，在秋阳下顶天立地，树下有卖香烟、五香豆的小摊子。那有风度的男子站在榆树底下，默默地抽着香烟，眼睛尽向车边的愚园路上看。

"先生，请问您是等沈女士吧？"盯梢的青年早已摘掉墨镜，很有礼貌地鞠躬，问。

"你？"

"喔，我是沈女士派来的。她说见面地点临时改在德国公园，让我来接您。"

说完，他左手一扬，在空中打了一个响指，忽然，一辆黑色汽车不知从哪里开过来，在大树边戛的一声煞住。车内跳下一个彪形大汉，打开车门。那青年将这男子一推，说了声"请吧"便把他弄进车里。

车子朝西北方向，着了魔地飞驰而去。

第二天，上海北郊大场地方的乱草中，丢着一具衣衫剥得精光的男尸，挖去了眼珠子，手脚全被斩掉，成了个肉冬瓜。这便是沈月英的表哥。

处理掉这个男人以后，杜月笙又叫人把开车送沈月英去龙华寺的司机的双眼刺瞎，然后终身养着。

最后，杜月笙来到沈月英的房间，当着沈月英的面，把贴身丫头的衣服全部撕光，然后按在地上，痛快淋漓地施暴了整整一上午。

"怎么样？"他完后起来对沈月英说，"在上海滩，只要我想，要干多少女人有多少女人，而你既然跟了我，就得由我，找别的男人，你是找死！"

当天下午，沈月英的贴身丫头还是被卖到堂子里当了婊子。

沈月英自己呢？则被撵到早年住的老屋里幽禁起来。每月 500 元生活费外，再加上一盒子福寿膏（鸦片），算是特别优待。

这一幽禁就是 10 年。直到她的儿子维藩结婚时，在她的苦苦哀求下，才允许以婆婆的身份出席婚礼。那时，她白发苍苍，一副老态龙钟的模样，其实，只不过四十有三。此系后话，按下不表。

不动声色而又干脆利落地摘掉了头上的绿帽子以后，杜月笙把二房陈帼英和三房孙佩豪招到大餐厅，问：

"你们知道不知道太太搬出公馆的原因？"

两人摇摇头。

"这骚货同别的男人鬼混，我要关她 10 年禁闭！"

陈帼英、孙佩豪两人面面相觑，吓得不敢做声。尤其孙佩豪，两腿嗦嗦发抖。

杜月笙故意停住了话头，他要看看自己这几句话的威力。当他看到两个女人在他面前心惊肉跳的样子，心里得到极大的满足，他觉得自己的话已达到预期的效果，这才从衬衫口袋里掏出一串钥匙，郑重其事地交给陈帼英：

"帼英，今后家里的事你要多操心。这是银箱的钥匙。"

陈帼英接过了钥匙后，杜月笙对孙佩豪说：

"佩豪，今晚你到帼英屋里睡，你们两个各自都拿出本领来……

此时，杜月笙脸上现出一种似笑非笑、似怒非怒的表情，点上一根纸烟，他抓起电话，拨了一个号码：

"我要卢筱嘉先生听电话。"

"我就是啊。"

"啊，卢公子忙啊。我是杜月笙呀！……哪里，哪里，这两天正好赶上外地来了客人，得接待一下。你关照的事情，我已和老大说过了，这挂项链在这里，你听听，抛起来声音挺悦耳的。"

"这么心爱贵重的宅物，贵太太肯借吗？"对方的口气有些惊讶。

"那是你卢公子面子大，哪有不借之理？你看，是我派人送去，还是你与木兰小姐一道来取？"

"我们马上去府上拜访。"

"好，我杜某恭侯大驾光临。"

上海三大亨

——杜月笙·黄金荣·张啸林

176

金屋藏娇

一切都朝着良好的方向发展，杜月笙的心情又日渐开朗起来，每日里忙个不停，但一有空，他就要去听戏。

忽一日，有人告诉杜月笙，黄金大戏院来了母女三人，个个月貌花容，京剧唱得如同行云流水，已连演了 10 日，依旧场场爆满，若不去听一听，定会遗憾终身的。

得到这个消息，杜月笙立刻让人到黄金大戏院去订了一个包厢，第二天便去一睹这三名女伶的丰彩。

这三名女伶，母亲是唱京戏老生的小兰英，她的丈夫是著名的京戏丑角"七盏灯"，但已英年早逝。那两个女儿姐姐叫姚玉兰，妹妹叫姚玉英，一个 20，一个 18，均是水灵灵、鲜嫩嫩的大姑娘。

那日，黄金大戏院上演的是《盗仙草》，姚玉兰扮白娘子，姚玉英扮小青，两人一出场，即博得了阵阵的掌声。杜月笙不由地跃跃欲试起来，"太漂亮了！真想不到，这对姐妹在这里演 10 天了，我竟然才知道，惭愧、惭愧！"

他吩咐手下人说：

"给我送三只花篮到台前去。"

手下人连忙去办了。

当晚，杜月笙在大华饭店宴请小兰英和她的两个女儿，席间，他向她们三个表达了爱慕之情。

过了几日，杜月笙请黄金荣的大儿媳李志清出面，给自己做媒。开始，杜月笙给了她两根大金条，权当茶水费。

那李志清本是黄金荣为自己的大儿子选的媳妇，早早地就收留在黄公馆生活。不料，黄大公子早早地夭折了，李志清还未开苞就守了寡。而黄金荣虽然年纪大了些，身体倒是十分强健，所以，名义上李志清从未近过男人身，实际上早被她的公公黄金荣调教成了风月之事的老手。

"杜先生，你给我两根大条，要我给你说谁呢？"

"这——"杜月笙停顿了一下，心里想：要是能说得让她们姐妹二人都陪我，那是再好不过了。不过，这话说不出口啊。

"我知道你一向胃口大，是不是都想吃呢？"杜月笙一向自由出入黄公馆，以前和李志清又是同一辈份，所以背着黄金荣，可没少与李志清打情骂俏。后来与黄金荣辈份扯平了，但李志清不当回事，杜月笙也不计较，一有机会，就摸摸掐掐的，所以，她开出口来十分直率。

"大奶奶可别这么说，母女一起来还不乱辈分？"

"那又有什么？那小兰英徐娘半老，丰满圆润，那两个小的就更不用说了。依我看，你不如把她们一块儿接回去。"

"这怎么行，人家怎么也不会答应呀！"

"不会答应？我李志清出面她们不答应，这可能吗？再说，是谁看上她们了？是杜先生，名震上海滩的杜月笙，摸她们一下都是抬举她们，别说想娶她们了，那还不是天大的面子？"

"这不行，别人要是知道了……"

"这还不好办？只要你肯出血，小事一桩。当然了，要想睡美人，就是要得大出血。实话跟你说，要不是黄老头子肯出血，我还能在黄公馆呆到今天？"

"对，对，你说得对。我的为人，你知道，花什么钱眨过眼？只要能办成，花多少钱都行。你说，怎么办？"

"这还不简单，你来个金屋藏娇，不就解决了？"

"怎么藏法呢？"

"辣裴德路不是有许多楼房对外出租吗？"

"对，我就在那租一栋楼，来金屋藏娇。"杜月笙兴奋地说。

"那么这两根条子？"李志清掂了掂。

"我马上让人再拿四个来。"

再说小兰英母女，听到李志清说杜月笙对她们发生浓厚的兴趣后，有些不知所措，她们都知道这位大亨家里已有三房太太，现在又看上她们，分明是想娶第四房。

李志清把她们带到辣裴德路，进了那栋洋楼后，李志清说：

"这就是杜先生为你们准备的房间，以后，你们不要去唱戏了，一切吃喝用度，全由杜先生包了。"

小兰英母女走南闯北，市面也见过不少，但这样豪华气派的房间还从未见过，更不要说住了。

"这房子，一天得多少钱呀？"玉兰惊讶地问。

"不贵，每月的包银8888。"

"我的天，这么贵呀！"姚玉英也惊讶起来了。

"不然怎么说杜先生看上谁就是谁的福气呢？偌大的上海滩，能到这里面来看看的人都没几个，别说长期住了。"

"这我们得怎么感谢杜先生呢？"小兰英说。

"没关系，杜先生对你的两个姑娘都感兴趣，他想把她俩同时娶来，来个并列第四房太太，你看行不行？"

小兰英心想："不行，绝对不行。我的两个女儿说什么也是名角，给人家做小已经够委屈了，别说同时做了。"

李志清说："这其实也没什么，杜先生是重情义的人，比那些狼心狗肺的男人强多了。就算她们俩都是花容月貌，那又能保持多久？将来还不是人老珠黄？不如都嫁给杜先生，有的是钱，将来什么也不愁。"

小兰英说："这我怎么也接受不了。"

"这是 10 根大条子，杜先生给的见面礼，你就是唱 10 辈子戏也不一定挣到。事情就这么定了，今晚上杜先生就要来享受洞房花烛之喜，二位小姐可得好好洗洗澡，打扮漂亮一些。"

李志清说完就走了。

小兰英望着 10 根金条，泪水不住地流了下来。

当夜，杜月笙来了。在辣裴德路的三层洋楼里，他上半夜睡了姚玉兰，下半夜睡了姚玉英。

姚玉英想反抗，但杜月笙带来了两个女帮手……

第二天，姚玉英就发起烧来。杜月笙急忙把她送到医院，一个星期后，姚玉英竟然死掉了。

姚玉英死后，杜月笙把精力集中到了姚玉兰一个人身上。但他那色迷迷的眼睛却也常常盯着小兰英转。

小兰英害怕起来，在一个阴郁的日子里，她乘上小火轮，来到普陀山，削发为尼了。

姚玉兰就成了杜月笙的第四房太太。沈月英嫁给杜月笙后，没有生育，她领养了一个儿子维藩。虽是养子，但此子进门后，杜月笙事事顺利，所以爱得甚过己出。

陈帼英是二房，共生了三个儿子，即维垣、维翰、维宁。

三房孙佩豪，生了两个儿子，即维屏、维亲。

第四房姚玉兰后来生了两个儿子和两个女儿，即维善、维嵩和美如、美霞。

抗战胜利后，杜月笙又把著名京剧演员孟小冬搞上了，后来在香港举行婚礼，但孟没有生育。此是后话，以后再表。

杜月笙一共有八子二女。

第八章

谋算计划

奢华的赌场

有一天，杜月笙来到一家酒吧，这是"吃角子老虎"大王美国人杰克·拉莱开设的。

上海人将硬币称为角子，旧时市面流通的角子有银制和镍制的，分2角、1角两种。所谓"吃角子老虎"是一种赌具，它体积不大，外形方方正正像只匣子，上面有一个可塞进角子的小孔，下面有大漏斗状的出口。赌徒把一枚角子塞进小孔，再扳动匣子右方的铁柄开关，匣内的机械装置就转动起来，待停转后，下面的出口处有时会吐出二枚、四枚甚至大批的角子，这时赌徒便赢了。但大多数时出口处一无所有，这时赌徒便输了。

由于这种赌具吃进角子后一般都只进不出，似猛虎吞食，故被人们称为"吃角子老虎。"

"吃角子老虎"本是美国市场上出售糖果的自动售货机，后经改装成为赌具，风靡欧美。将这种赌具运进上海，骗取中国人钱财的，就是杰克·拉莱。

杰克·拉莱在美国时是个无业流氓，曾因使用空头支票诈骗被判刑坐牢。刑满释放后，这个穷极无聊的流氓在美国实在混不下去，他听说中国上海是"冒险家的乐园"，便远渡重洋，孤身一人来到上海。

开始，杰克·拉莱在一家外国人开的酒吧间当服务员，后来又在大华饭店打杂差，这些工作都相当辛苦，收入也不多。

浪荡惯了的杰克·拉莱不堪忍受，便想方设法另谋出路。

这时，他看到上海赌风盛行，便想到了家乡的"吃角子老虎"，他在美国时是玩"吃角子老虎"的老手，深知这种赌具对于赌徒来说是十赌九输，而对赌主而言则利市百倍。于是，他回美国偷运来一台"吃角子老虎"，在上海街头摆了个小小的赌摊。

当时的上海人，从未见过这种新式机器赌具，出于好奇心，不少人都掏出角子塞进"吃角子老虎"里试试运气，结果大多数有去无回。而杰克·拉莱却每天能从它肚子里捞取几百元钱。

杰克·拉莱发了一笔小财后，又从美国运来几台"吃角子老虎"，当时中国海关禁止赌具进口。为了瞒过海关稽查，他将机芯拆散混装在行李里，运抵上海后再装配。

他这样经常拆拆装装，几年后对机器构造已相当熟悉，便自己投资设厂在上海生产制造，这样，大批的"吃角子老虎"就成群结队地出笼了。

到了30年代，"吃角子老虎"已遍布上海，凡舞厅、戏院、咖啡馆、游乐场等公共场所，到处可见，总数达千余台，杰克·拉莱成了"吃角子老虎"大王。

当时，每台"吃角子老虎"平均每天能获利200多元，由赌具的所有者和设置场地的主人按比例分成。杰克·拉莱因此暴发，从一个穷流氓变成了腰缠10万美元的富翁，还在上海开了三家颇有气派的DDS酒吧。

坐在豪华气派的酒吧里，杜月笙想，应该向杰克·拉莱学学，也开一个赌场，上海这地方各色人等都有，赌场只要办得有自己的特色，那一定会赢得广大赌徒的青睐的。

主意即定，杜月笙便去找黄金荣、张啸林商议，二人听后，拍手赞成。

"上海滩的赌场我也进过不少，都不够气派，我们要选一个气派点的房子。"张啸林说。

第二天，三大亨又找来了金庭荪、顾嘉棠、范回春、马祥生等人在"三鑫公司"的密室里商议了半天后，一致认为开赌场与贩鸦片同样是好买卖，并选定了环境幽静、装饰豪华的福煦路181号洋房作为赌窟。

福煦路181号的这幢大洋房，原系汇丰银行买办席鹿笙之父所建，后由于席家又住了别的房屋，便闲置。杜月笙一出面，就买了下来。

杜月笙看中这幢洋房的一个重要原因是考虑到赌场的安全问题。181号前门是公共租界。后门是法租界，万一公共租界巡捕来捉赌，赌徒可以逃到法租界。如果法租界巡捕来捉赌，赌徒可以逃到公共租界。

"181"号开张之初只是"三鑫公司"同仁俱乐部。须凭会员证入场，后来扩展到会员的家属、亲友都可进去。最后凡有钱愿赌博的都来者不拒。于是，一些闻人、大亨、财主纷纷前来豪赌。

按照杜月笙具体制定的措施来实施，财场内的赌博项目，有轮盘、摇宝、麻将、牌九、扑克等等。

场内供应齐全，服务周到，实行"三白"。

所谓"三白"，就是赌徒凡先付200元买了筹码并已下注开赌后，便可以白吃、白喝、白吸。赌场内设有中西餐厅，供应精美菜肴，有酒吧间供应高级名酒，有烟榻供应上等鸦片，这些都任凭赌徒随时享用，不收分文。如果是乘自备汽车来的，赌场还会付给司机4元钱，乘出租汽车来的，车费则由赌场支付，如带保镖侍从来的，每人还发给4元饭钱。

赌场如此大方，其实还是羊毛出在羊身上，以蝇头小利诱骗赌徒的大笔钱财。可笑的是有些爱占小便宜的阔太太，以为到了181号便可不花钱地大吃大喝。连司机的工资都可以省却，何乐而不为。于是，乘了自备汽车开进去，买了 200 元筹码后，两个小姐妹串通好赌摇宝，一个押大，一个押小。自以为反正输赢都是自己人，岂知赌场早在骰子里灌了铅，能控制骰子的点数，于是摇宝人连开几次三粒骰子同点的"宝子"，不管押大押小，统统被赌场吃进，200 元筹码转眼间就全部输光，自作聪明的太太贪小失大，200 元大洋只换得一顿酒菜和司机 4 元小费。

太太们的如此遭遇，在 181 号只能算是微不足道的小输，那些一掷千金，以致倾家荡产，赌得丢掉性命的还大有人在。

广西有个军阀因武装走私鸦片得了一笔巨款，他将 20 万元交给太太带到上海存银行。这位太太到上海后未进银行先进赌场。她先下小注几百元小赌，一会儿就赢了 1000 多元。她见手气如此好，便放手大赌，结果 20 万元巨款输得精光。太太害怕回广西，就在 181 号烟榻上吞服鸦片自尽。

还有一个从外省来上海采购物资的小吏，携带一笔公款一头闯进 181 号想碰碰运气，一夜间居然赢了几千元，小吏兴奋不已，休息片刻又赌，却连赌连输，数万公款化为乌有，他躺在地上嚎啕大哭，赌场的人开恩给了他 20 元钱买船票回老家。小吏上船后想回到家无法向上司交差，便一头扎进了黄浦江。

为了进一步招揽赌客，杜月笙又在赌场的三楼开设了一个土耳其浴室。

这土耳其浴室，有 40 位年青貌美的按摩女郎，她们对赌客提供"一条龙"服务，从搓背、捏脚、捶腿，到陪浴、陪睡，全都免费服务。

不少赌客在输得精光后，就跑到餐厅里海吃一顿，吃完后便来到土耳其浴室，搂上一个漂亮的姑娘……

这些姑娘异常辛苦，除要不停地满足这些输得精光的赌徒的发泄之外，还要始终面带微笑为那些家伙们按摩。

等到赌场收场后，那些"工作人员"又会上来……

最令按摩女郎们万分痛苦的是，有时候能一下子涌上来上百个输得精光的家伙，他们几个人围住一个女郎，轮番射击，常常一折腾就是几个小时。那年夏天，有个叫桃红的姑娘恰巧被几个身强力壮的家伙碰上了。从下午 5 点一直到晚上 11 点，结果桃红就那么被活活地折腾死了。

在这 181 号赌场中，杜月笙另外又辟了一个特别的雅静房间，由他自己专门陪一些达官贵人们豪赌，他把这当作拉拢一些军阀、政客的重要手段。

杜月笙的赌术十分高明，在很多场合，都是十赌九赢，在这 181 号的雅静赌室中，他当然更是得心应手。

有一次，四川军阀范绍增与杜月笙一起赌，结果一夜输了 80 万。这 80 万块钱是他从四川带来要购买军火的。因此，他十分沮丧。

但杜月笙接过他递来的 80 万支票后，却掏出打火机，打出火苗，把支票烧了。

"不过是玩玩，何必这么认真呢？"杜月笙说。

范绍增感激异常，从此与杜月笙成为莫逆之交。

181号开张后，生意兴隆，日进斗金，惹得洪帮三合会的人眼红，他们派人找到杜月笙，说：

"杜先生，我们三合会的弟兄们每日在福煦路上行走，很是辛苦，杜先生日进斗金，时进斗银，能否一个月给5000元的小意思呢？杜先生放心，有了这份津贴，我们保证赌场平安无事。"

"我要是不给呢？"杜月笙微笑着说。

"那我们就不清楚了。"

"在上海滩，除非我杜月笙不愿意干，只要愿意干，还没有干不成的事。"

"能这样，当然最好不过。"

"好，我等着。"

其实从赌场开张那天起，杜月笙就派了心腹顾嘉棠率了20名保镖身藏短枪充当赌场警卫。他们连上海滩上的所有外国巡捕都不怕，别说小小的三合会。

三合会的人自认自己在上海滩还是相当有实力的，杜月笙不给面子，当然应给他点颜色看看。

三天后的一个下午，4点半，181号赌场开张已两个小时，大厅里面的人已满了。突然有两个头戴鸭舌帽的人来到门前，往里面扔了几个东西，接着，里面响起了几声"轰轰"的巨响。

"不好了，有人扔炸弹！"

赌客们一窝蜂地往外涌去。一时间，人挤人，人碰人，人踩人，堆在一起推搡不开。

闹腾有半个多小时，赌客们才全涌出大厅。一些桌椅及玻璃烂掉了。幸亏只有两个赌客被踩伤，无人伤及性命。

而另有十几个人都被炸伤了。扔进来的是将火药装在香烟听子里的土炸弹，杀伤力极小。那十几个只不过是被擦破了点皮。

这几枚土炸弹是三合会的那帮家伙所扔。为此，181号赌场关闭了三天。

这三天里，三合会的大堂主、二堂主、三堂主的脑袋全被人割掉了，放在三合会堂口的门前。而扔炸弹的那几个家伙则莫名其妙地失踪了。直到一个星期后，一个打鱼人从黄埔江里捞上来一个装着尸首的麻袋，人们才知道，这几个家伙全被绑上手脚，装进麻袋扔进黄浦江里种荷花了。

至此，再也没有人敢到181号来找麻烦了。

为谋官失钱财

杜月笙广交天下友，目的都是为了一个"财"字。只要能发财，用什么手段去交友，他一点也不在乎。

当时，有个北洋官僚叫陈少侯，河南省正阳县人。北洋政府皖系军阀倪嗣冲治皖时的财政厅长。1924年，倪嗣冲病死，倪氏在安徽的势力走向崩溃。陈少侯也随之下台。他先是潜居天津，那时北洋政权已转入直系，他与直系没有渊源，只得携眷南下上海，在新闸路购进一幢小楼房，做起寓公来。

但是，此人不甘寂寞，依仗自己搜刮来的万贯家财。在上海广事交游，以求再起。他听说杜月笙交游广阔，路子多，与下野总统黎元洪都关系密切，便积极找关系，托门子，与杜月笙结识。一来二去，双方很快熟悉，陈少侯觉得，杜月笙这人的确不错，很够朋友，就告诉他，自己身边有一笔钱，很想再运动运动，再出山。谋个一官半职。杜先生路子广，要是遇到机会，千万别忘了推荐。

杜月笙满口答应。

1924年暮春的一天。

上午10点多钟，一辆黑色轿车在陈少侯公馆门前缓缓停下。从车上跳下两名身强力壮的保镖，随后从车内钻出一个西装革履的中年人，他扶了一下金丝边眼镜，然后用手杖指点着铁门。

一名保镖走过去，叫开铁门，随即递上一张名片，说："请通报一声。"

陈少侯正在吸食鸦片烟，姨太太杨氏接过名片念道："保定电灯公司董事、天津利丰大米庄采办主任陶然客。"

陈少侯马上放下烟枪坐起来，因为保定电灯公司、天津利丰大米庄都是当时的竞选大总统曹锟家的产业，军阀们都知道。陈少侯从杨氏手中接过名片，琢磨着："这可是曹锟大总统的家产呀，陶然客。咦，我怎么想不起这个人来……"边说，陈少侯边站起来，穿好长衫，吩咐道："请到客厅。"

来访者陶然客一见陈少侯，就大声惊呼："少侯兄，还认得我吗?"

陈少侯仔细端详了他一眼，不无疑惑地说："年代久了，年代久了。请坐!"

陶然客问道："少侯兄，还记得倪毓棻，倪老三吗?"

"他是倪督军的胞弟，当然认得。"

"倪老三那时在正阳县聚赌，输了就到我那里借钱，听说还到你的票号（钱庄）

借过钱的，是吧？"

"旧事一桩哕。请问陶先生那时在正阳县做什么生意？"

"东关豫新粮油行。"

"噢——，我想起来了，你就是当年豫新的陶掌柜。哎呀，模样全变了！"

"到底是 20 多年了嘛，还能老是那么年轻！"说着，陶然客哈哈大笑起来。

陈少侯也微微一笑。

接着，陶然客侃侃而谈曹锟的家产，以及这次要在上海采购的一批大米的事，说："曹三爷说了，有多少收多少，要赶紧北运。"

陶然客神秘地伸出三个手指头："老兄也不是外人，曹三爷派专人送来了 3000 根条子！"

陈少侯听得目瞪口呆。

侃了半个多时辰，陶然客起身告辞了。

陶然客走后，陈少侯静下来沉思，觉得这个人叙说 20 多年前他在老家的事，一桩桩都说得清清楚楚，像是那么回子事，可是这个人的相貌怎么就一点印象也没有了呢？

上海滩是个险滩，要防备着点才是。为了防止上当，陈少侯备了一份礼品，去了杜月笙家，把前一天陶然客登门来访的前后情况叙说了一遍，疑心其中是否有诈。

杜月笙说："这事我也拿不准。陈先生在上海，有事尽管找我杜月笙。我给你四个保镖，任凭你使唤。依我愚见，陈先生不妨就去回访一下那位朋友，探探虚实，倘若有诈，他是跑不掉的！"

杜月笙立即打发人叫来四条汉子，吩咐道："你们随陈先生去吧。今后一切听陈先生的指使，不准出一点差错。"

陈少侯带着四个保镖没有回家，却按照杜月笙的嘱告，根据名片上的地址，直奔陶然客在法租界贝勒路（今黄陂南路）的寓所。

陶然客乐呵呵地把陈少侯迎进客厅。

这是一幢十分气派的花园洋房。庭院里，绿草如茵。客厅里，豪华阔气，一幅曹锟手书的"虎"字挂在客厅正中，特别引人注目。曹锟大字不识几个，但"虎"字却写得不赖，还钤着朱红的印章。

陈少侯不禁多看了几眼。

陶然客见状，随口说道："曹三爷过年时给我写的。"

陈少侯点点头，说："大总统的字有气魄！有功力！"

遂即坐下，接着说："曹大总统处还望老兄举荐一二。"

陈少侯是个官迷，耐不住下野以后的冷清生活，看到这位陶然客竟与当朝大总统有关系，便不愿放弃这个攀缘的机遇。

其实，陈少侯"以求再起"的欲望早有流露，陶然客一眼就看出来了，忙说："少侯兄，我们是老乡、老朋友，请放心，待粮食收齐，我是要去见三爷的，到时候一定代为举荐。少侯兄出头之日，可别忘了我陶某人哟！"

"拜托拜托！友情后补。"

两人正在谈话之间，从楼上走下一位十分妖娆的年轻女人。

陶然客指点着说："这是小妾明珠。"

陈少侯站起来向走来的女人点点头。明珠走到陶然客旁边坐下，轻声地向他耳语了一阵子。

陶然客笑着对陈少侯说："她有一笔私房钱，想交给陈先生从安徽购进一批货，转手赚两个。"跟着嘿嘿笑了几声。

"可以，可以，少侯愿为嫂夫人效劳。"

陶然客拍拍明珠的大腿："去把你的私房钱拿来吧。"

明珠嫣然一笑，急步往楼上走去。不一会儿功夫，抱来了一只小铁箱子，当着陈少侯的面打开来，数清一共是每根1两重100根"小黄鱼"，交给了陈少侯。

陈少侯拿出一根看了看，掂了掂，说："好吧，我给嫂夫人写个字据吧。"

"不必！"陶然客伸出手掌阻拦："区区小事，少侯兄也太瞧不起我了！"

回到家中，陈少侯逐条鉴定，果然是足金100两。

从此，陈少侯不仅对陶然客不再有半点疑心，而且加倍信任。他果然尽朋友之道，给姓陶的小妾购来货物，叫她发了一笔小财。于是，二人常来常往，成了要好的朋友；后来，陈少侯索性把杜月笙派来的四个保镖也辞退回去。

过了一阵子，一天早晨，陶然客在家中打电话给陈少侯，说有件重要的事情商议，电话中不便多说，请他到家里来谈谈。

陈少侯应约来到陶家。

陶然客神秘地说："我这里有3000根金条，是曹三爷送来的购米款，我想挪个空，在安徽买回一批货物，不知现在行情如何，特地找你来谈谈。赚了钱你我三七分成。"

陈少侯一听这么大一笔款子，倒是先吃一惊，想到自己能从中得三分利，于是劲头十足，便把安徽油粮烟叶果土特产货物的行情一一道来。

二人正在合计着，佣人进来通报："钱师长来了！"

陶然客笑着对陈少侯说："是曹三爷手下的一员大将。"

钱师长名守仁，50岁上下，矮矮胖胖，穿一件咖啡色花呢长衫，外罩一件黑丝团花马褂。他一迈进客厅就大声发问："陶老板，又想什么门道发财啦？"

陶然客迎上前去，笑呵呵地说："老师长，又取笑我了。我陶然客能有今天，还不是靠您和曹三爷的栽培！"转脸冲着陈少侯说："老师长，介绍一下，这是我的老乡、早先当过安徽财政厅长的陈少侯先生。"

陈少侯站了起来，含笑点头。

钱守仁双手拱拳："久仰，久仰。我过去在天津时，和贵省督军在一起打过麻将。唉，如今他已作古，归天太早了。"

三个人寒暄了一阵，忽然佣人又来通报："胡先生来了。"

陶然客一惊。

姓胡的这时已经走到客厅门口，看看客厅里有人，便停步不前。陶然客忙说："没有外人，请进来坐吧。"

这位胡先生名叫胡景义，30来岁，高高的个子，浑身透着精明。他说："我不进去了。你不是说把欠款送到我家去的吗？你失约了，我只好自己登门来了。"

陶然客说："眼下我头寸有点紧，隔日我一准送到府上。"

胡景义脸一沉："陶先生，这话怎么说？一推再推，我已经上了门，还能空手回去？"

钱守仁站起来，大声地说："我们在这里商量一件事，请先回，欠款马上派人送到府上，决不失信！"

胡景义说："既然这位老先生说了，那好，我先回去，过了中午还不见款到，我再来！"说完扭身而去。

钱守仁问陶然客："怎么回事？你欠他什么款？"

陶然客垂头丧气地说："到他家赌百子摊，输了1万多块钱，他就是来要这个钱的。"

陈少侯问："他是干什么的？"

陶然客说："他原来只是某个师长的副官，那位师长死了，他就霸占了人家的姨太太，吞下了一大笔财产，在上海闲居。"

钱守仁问："你们赌的什么叫百子摊？"

陶然客就把百子摊的赌法详详细细地说了一遍。

铁守仁说："这里有假！我懂这玩意，要是叫我碰上，准能赢他个底朝天！"

陶然客说："既然老师长有把握，何不约那个姓胡的来较量一番，也替我出口气！"

陈少侯说："这个人也太狂了，为然客兄出出气，杀他一下威风也不为过！"

钱守仁沉吟片刻，说："既然你二位有这个意，我老大也不能不仗义。那姓胡的小子钱来得不光明，敲他几个也好。只是我就在你家里玩玩，外场绝对不去！"

陶然客嘻嘻地笑着："我一准把他请到这里来！"

第二天，陶然客果然将胡景义请到家中，约了钱守仁、陈少侯一起来赌。

赌到天黑，胡景义输了16000多元，陶然客输了5000多元，钱守仁和陈少侯都是赢家。

胡景义表示，明天再来。三个人都点头同意。

胡走后，陶然客说："明天赌大的，干脆捞他一笔！"

钱守仁说："我来上海玩，带的钱不多，只有20来万。"

陶然客说："我可以拿出50万现款。"

陈少侯赢了钱，正在兴奋之际，接着说："我手上也有50多万现钱，是替人家买货的可以先拿来用用。"

钱守仁说："好，明天咱们把120万块钱摆到桌面上亮出来，给那个姓胡的王八旦看看，不要含糊！"

第二天，姓胡的果然又来了。

赌了一天一夜，120万都叫姓胡的一个人赢去了。三个人垂头丧气，姓钱的骂爹骂娘，说一定要捞回来！陈少侯净输50万当然也不甘心，表示要再赌。于是，三个人私下约好时间，决定把姓胡的请来再较量。

过了两天，陈少侯备齐了一笔现款，遵约来到贝勒路陶公馆，说是姓陶的昨天已搬走了。

问迁居何处？谁也不知道。

这时，陈少侯才如梦方醒，知道自己是上了大当了！

他急忙跑到华格臬路216号杜公馆找到杜月笙，"杜先生，我被骗了。"

"怎么回事？"杜月笙吃惊地问。

"是这样的。"陈少侯把事情从头至尾说了一遍。

杜月笙听完，沉默了一会儿，说："陈先生，千不该，万不该，你不该把我派去的那四个保镖退回来。"

"糊涂！糊涂！是小弟糊涂！"陈少侯说。

"这件事可能难办了，兴许那几个家伙离开上海了。不过，我是一定会尽力的。"

陈少侯无力地回去了。

过了半个月，杜月笙把陈少侯找了去，说："陈先生，抱歉了，这件事我无能为力了。我的手下已查明，那些骗子是天津的，现在已回去了。"

其实，陈少侯怎么也不会想到，那三个人全是杜月笙的徒弟。

销魂美女侍将军

以前，毕庶澄曾驻过上海。

1924 年下半年，江苏督军齐燮元见何丰林在近在咫尺的上海运销鸦片，整日财源滚滚，实在不能忍受，便向上海发动了进攻，这便是"齐卢之战"。

双方在济河、黄流一线打了半个月的阵地战。由于双方的部队久驻江浙 10 余年，整日吸鸦片、玩妓女、赌钱打牌、敲诈勒索，打仗倒变成了"副业"。于是，两军整日躲在战壕里，拂晓开炮，中午休息睡觉，下午 3 点继续开炮，傍晚停止，似乎在玩游戏，打得十分"文雅。"

此时，有一人见有机可乘，迅速登场改变了战局，此人就是人称"笑面虎"的孙传芳。

孙传芳率领 1 万名穿草鞋、短裤头的叫花军，趁齐卢双方精疲力竭时，饿虎扑食般攻入卢永祥的后方浙江，接着又追击至嘉兴、松江。卢永祥见大势已去，只好通电下野。

战后，孙、齐双方都不愿对方独占上海，便让吴佩孚派来的张允明担任上海守备司令。此战齐燮元没得到什么好处，而孙传芳却获得了浙江的地盘，还收编了卢的庞大军队。

硝烟未散，1924 年底，奉系军阀张作霖乘二次直奉战争胜利的余威，赶走了张允明，占领了上海，任邢士廉为上海保安司令。

但是，齐燮元怎肯将嘴边的肥肉拱手相让他人？

12 月 16 日，齐突然出兵占领上海，命令奉系的保安司令邢士廉退职。

不久，齐燮元的部下突然在苏州哗变，齐处境艰难。

1925 年 1 月 2 日，段祺瑞政府宣布上海永不驻兵，并谴责齐挑衅谋乱。鉴于奉军大兵压境，自己内外交困，1 月 28 日，齐燮元只好宣布下野。

孙传芳故伎重演，先与齐暗中结盟，后见势不妙，又获得段政府任命的浙江军务督办的头衔，地位得到保证，便拔脚回杭州去了。

奉系暂时取胜后，张作霖又任命邢士廉为上海戒严司令。邢士廉手下的大将就是第八军军长兼海军司令毕庶澄。

那时，毕庶澄初到上海，立刻被大上海的灯红酒绿所陶醉，他对身边的参谋说："男子汉大丈夫，不来上海走一遭，那简直是白活在这世上了。"

不说别的，单说那女人，哪来那么多年轻漂亮的女人呢？千种风情，万般媚态，让人痴让人迷！

很快，毕庶澄遇到了富春楼里的老六。那老六，身材高挑，浑身丰满，走起路来，袅袅婷婷，简直令千军万马销魂。

毕庶澄在富春楼里一泡就是三天三夜，每日都劲头十足，以至令久经风月场的老六都难以忍受。

毕庶澄的手下，有相当一部分人是白俄雇佣军，在他的放纵下，胡作非为，弄得上海民怨沸腾。

毕庶澄的好梦并不长久，10月16日，北站白俄军驻地突然枪声大作，一伙早已养足了精神的孙传芳的军队，乘夜迅速包围了正在车厢中喝酒取乐的白俄军。

这伙白俄军表面魁梧，实际上是受张宗昌雇佣，并不愿真心卖命，所以并无战斗力。孙军只丢下几颗炸弹，白俄军就全部缴械投降。

当晚，邢士廉和毕庶澄一样，也正在妓院中打得火热，警报传来，两人都衣冠不整，逃进了租界。

孙传芳则乘胜追击，一直打到徐州，并在11月8日召开"庆功"大会，自任"五省联军总司令"，从此，称霸东南。

孙传芳在上海横征暴敛，禁止人民集会结社，后来又两次镇压工人武装起义。其所属的大刀队在南市、沪西肆意屠杀市民，把血淋淋的人头挂在路旁的电线杆上。上海人民恨死了孙传芳。

到了1926年底，北伐的国民革命军势如破竹，打得孙传芳只有喘息之机，并无还手之力，如落水狗一般。为了共同对付革命势力，孙传芳只好回过头向过去的仇敌张作霖摇尾乞怜，共同"御敌"。

1927年2月27日，奉军二下江南，进驻上海的仍是花花公子毕庶澄。

结拜戴雨农

在毕庶澄没有二进上海之前，上海工人在中国共产党的领导下，举行了反对北洋军阀，响应北伐军的第一、第二次武装起义。

这些武装起义展开之时，部分上海流氓帮会分子乘机进行破坏捣乱，有的无业流氓冒充工人纠察队，胡作非为，败坏工人纠察队的名声，有的受外国资本家的雇佣，充当武装警卫，蹂躏工人。上海商业联合会中的帮会分子甚至明目张胆地把工人浴血奋战缴获的枪支抢夺而去。

黄金荣、杜月笙、张啸林三大亨集团在上海总工会成立后，也利用在各工厂中的徒子徒孙暗中监视工人，刺探工运情报，破坏工人运动。

中共浙江区委对此十分重视，并在1926年下半年专门开会讨论对策，决定先礼后兵，派汪寿华作为上海总工会的代表和杜月笙等人进行面对面的谈判。

汪寿华，1901年生，原名何纪元，字介尘，五四运动中改名何今亮，后又改名何松林。浙江诸暨人，1917年考入杭州第一师范。五四运动期间为学校学生运动的骨干。1920年下半年到上海外国语学校学俄文。1921年4月去苏联学习，因交通阻塞，留伯力、黑河等地，曾任赤塔远东职工会中国工人部主任和海参崴工人苏维埃委员。1923年加入中国共产党。1925年"五卅"运动爆发后回国，在上海任中共江浙区常委，代理上海总工会委员长，一直从事工运工作。

早在1925年领导"五卅"斗争的时候，汪寿华与杜月笙就打过几次交道。因为杜月笙想操纵工会，作为将来和洋主子讨价还价的一颗筹码，所以，他对"五卅"工人运动给予了一定的支持。汪寿华从团结一切可以团结的力量与敌进行斗争的角度出发，和杜月笙交上了朋友。

杜月笙呢，他在与汪寿华的交往中，发现这个二十几岁的年轻人思维敏捷，作风果断，有魄力，讲义气，在工人当中很有威望，不由得敬重几分。他说：要在上海滩上混，就离不开同工人打交道的事。要打交道，就得有能拉得起工人的熟人。这位汪委员长正是用得着的一把好手。所以，从那以后，杜月笙对汪寿华十分客气。

1927年2月28日，杜月笙以法租界总巡代表的身份会见了汪寿华。此时，正值上海工人第三次武装起义的前夕，中共领导人周恩来、罗亦农、赵世炎等人已就起义作了周密的部署。他们与已经占领上海南部龙华的北伐军白崇禧部队联系，再三力请他们出兵，来个内外夹攻。白崇禧却拒绝出兵，原来他已接到蒋介石拍来的密电："为避免同各国在沪军队发生冲突，兄等缓攻上海……"

白崇禧不愿出兵，中共方面也就不强求。但起义指挥部对沪宁铁路工人做了很多工作，约定同时罢工，切断北洋军阀张宗昌对孙传芳的援兵。

汪寿华与杜月笙谈判，也是部署之一。

"杜先生，您是上海滩知名人士，懂大体，识大局，为人排忧解难，扶困济贫，本人一向敬佩。"

在沙发上坐定，汪寿华先来一番客套。几句话一捧，杜月笙飘飘然起来，嘴上连说："不敢，不敢，过奖了。"

"现在的形势是箭在弦上，不得不发。"汪寿华继续说，"军阀孙传芳的末日到了，另一个军阀张宗昌也是兔子尾巴长不了了，要不了几天他们就要统统完蛋。上海滩上的毕庶澄，就更不在话下！过几天，上海便要回到老百姓的手里。在这紧要关头，希望杜先生要深明大义，站在老百姓一边，反对军阀。"

"这些军阀，人多枪好，工人行吗？会不会是鸡蛋碰石头？"杜月笙担心地问。

"这个，杜先生甭担心，我们可以动员上海七八十万工人，对付几万丘八老爷，毫无问题。要说鸡蛋与石头，我们动员起来的人民才是真正坚如磐石的大石头哩！再说，北伐军薛岳的部队已经占领了龙华……"

"真的，岳华部队到了龙华？"这个消息，使杜月笙十分震惊，他想，真得好好考虑一下，下一步该怎么办了。

"那还有假？现在孙传芳的部队，已龟在闸北、吴淞、南市等地，我们可以来个瓮中捉鳖，关门打狗。"

"那我能为你们做点啥呢？"

"杜先生是个爽快人，我就直话直说，请您做好三件事。"

"哪三件？"

"第一，请你们手下的帮会兄弟，保持中立，不要为虎作伥；第二，不要阻拦法租界工人罢工与出租界；第三，据我们了解，您同张宗昌派来协助李宝章防守上海的毕庶澄有点交情，要把他笼络住，搞得他晕头转向。"

"好！"杜月笙一拍胸脯，爽快地答应，"汪先生请放心，我杜某一定尽力。不过，这第三件事，我要同金荣大哥、啸林二哥商量着办。我不是卖关子，而是想把事情办好！"

"一言为定，请多关照！"汪寿华两手一拱，作别而去。

汪寿华前脚出了大餐厅，秘书翁佐青后脚就进来了。他附在杜月笙的耳边，悄悄地说：

"刚才黄老板来电话，说有紧急事情，要您去钧培里一趟。"

"备车。"杜月笙急忙上楼去换衣服。

当他换好衣服，正要下楼时，秘书邱访陌又进来了。

"杜先生，有人送来一封急信。"

"什么急信？等我从黄公馆回来再说。"

"送信的人说一定要请杜先生立刻看信，他是从浙江火速赶来的。"

"那好，你念吧。"

邱访陌展开纸，念道：

镛兄台鉴：

自浦江码头一别，不觉近二年矣！兄贵体可安，合宅无恙？念甚！弟此次南来投军，承蒙兄为之擘划介绍，得入黄埔军校五期学习，尔后转入六期骑科。

去年七月一日，此间国民政府宣言北伐，弟接蒋校长手谕，随东路军北上，听候差遣，入闽赣，转而入江浙。原欲一至沪上，即登贵府为兄请安，同时亦相商有关事宜。不料顷得校长面谕，命弟潜去武汉一探虚实，故不能造府问候，叹叹！今特派自己人持信见兄，书不尽言，由来人转告要事一二件，望兄早作定夺。

即颂

大安

弟笠顿首

民国十六年二月二十四日

杜月笙听完，急忙把信要了过来。他仔细地看了一遍，"是他，是雨农！"他惊叫着，"送信的那位先生呢？"

"在客厅里。"

"快请他到书房交谈。"

杜月笙来到书房，秘书已将信使领进其中。略事寒暄，那人便说："杜先生，我北伐军在蒋总司令的领导下，势如破竹，孙传芳的军队节节败退。现在，何应钦部已逼近宜兴，白崇禧部已接近上海，先头部队薛岳已占据龙华。戴先生让我告诉杜先生，要杜先生凭自己在上海的声望，与北伐军配合，早日把毕庶澄等人逐出上海。"

"好，你尽管放心，我一定会尽全力的。邱秘书，叫厨房好好招待这位先生，送他100元路费，代我写封回信给雨农。我这就去找黄老板商量有关事宜。"

临走时，杜月笙又让万墨林派人去通知金廷荪和顾嘉棠，"三鑫"公司的款子，凡被孙传芳的人占用的，立刻收回，并且停止再赊烟土给他们。

汽车急速地向钧培里驶去，杜月笙靠在座位上，戴雨农的影子在他的眼前晃来晃去。

戴雨农即戴笠，字春风，号雨农，原是浙江江山县硖口镇人。

那是1924年秋天。杜月笙才搬到华格臬路不久，江肇铭突然打来一个电话，说赌场抓到一个玩假骰子的，弟兄们正要废他，他却说是杜先生的朋友，要见杜先生。

杜月笙说："问问他，叫什么？"

江肇铭说："他不愿说，说杜先生一见，自然认识。"

"那好，带来吧！"

江肇铭半小时后把一个瘦高个子，长着一张马脸的一个二十七八岁的男青年带了进来。杜月笙一见，怎么也想不起来自己在什么地方见过这个人。

"你是谁？我怎么不认识你？"

"不认识？那你该认识这副对联吧？"瘦高个子指了指大厅正中板壁上悬挂的对联。

春申门下三千客

小杜城南五尺天

饶汉祥撰赠

杜月笙回头看了看墙上，笑笑说："我学问不高，这几个字别人送我，倒还认识。不知先生此言何意？"

"杜先生仅仅是认识字？"

"当然也认识人。黎大总统和饶秘书长都与我有交情，难道先生也与他们有故？"

"惭愧！我既认不识黎大总统，也认不识什么饶秘书长。我是说，既然杜先生认识这字，那是最好不过。小可不才，这几个字吗，倒也认识。"

他要了一杯水，缓缓地呷着，不紧不慢地说："这'春申门下三千客'是不是说杜先生特别喜爱人才，气度比得上战国时代的楚国春申君？"

杜月笙未置可否。

"至于下联'小杜城南五尺天'，是不是说唐代长安南郊的杜曲，住着大量贵族？他们钟鸣鼎食、门第高华，显赫的气势离天只有五尺。如今的上海滩，杜先生也是这样的人，我说的对不对？"

"哪里哪里，先生言过啦。请问先生尊姓大名？"

"小弟现在和杜先生没发迹时一样，姓不尊，名不大，姓戴名笠，字春风，号雨农。自认为自己有点手艺，今天想到杜先生门下讨一口饭吃。"

"戴先生客气，但不知这些年戴先生在哪儿发财，又有些什么手艺？"

"杜先生既然有兴趣，且听我慢慢道来。"

原来，这戴笠读过很长一段时间的书，到杭州投过周凤岐的浙军第一师，与浙军第三师打过仗。因经常耍流氓，混不下去，离开部队，终日游荡。

混到20来岁，戴笠混出了一些名堂。其中骰子玩得神出鬼没，两颗骰子在手，他可以随心所欲地掷出自己需要的点子来。所以，赌钱时，他总是赢。上当受骗的人越来越多，他的冤家对头也愈来愈多。

后来，几个对头暗中联合起来，抢过戴笠的一副骰子，用刀劈开，那里面和外面完全一样。

"怎么样？我戴雨农就是手艺好点，你得服，不服不行！"

那几个对头十分气愤但拿他却无可奈何。

第二日，戴笠依旧在赌场里赌得兴高彩烈，却不料那几个对头又来了。他们不容分说上前，两个人把戴笠推到一边，两个人抢过骰子，在桌上摆正，一刀劈下。

骰子裂作两半，里面的铅露了出来。其实，这些对头趁着混乱时把原先戴笠的骰子换下了，换上了灌铅骰子。

输钱的人一听，纷纷前来讨还赌本，戴笠身上纵有一百张嘴也难以说明白，只好逃出杭州，来到上海。

在上海，戴笠有个表兄在商务印书馆做职员，生活很拮据，租住在亭子间里。戴笠便暂时栖身在此处，夜里睡在亭子间的地板上。

戴笠在上海滩转了几日，跑了许多娱乐场所，最后觉得还是赌场是自己的用武之地。

开始，他混迹一些小赌场，每日赌上几把常常赢个三十四十的。时间一久，他就觉得不过瘾，最后鼓起勇气，撞进了江肇铭管的大总会。

在大总会，戴笠拿到骰子，在手里捏了一会儿，就掌握了特点，很快得心应手起来。

开始，戴笠倒还能控制住自己，每天赢个千儿八百的就走；几天后，胃口又大了，不赢上万，决不离开。

出事那天，戴笠一大早就进了赌场，到了下午，赢的钱已超过20万，却依然不肯离开。

此时，来了几个大汉，狠狠地把戴笠推到在一旁。

"你们不要换骰子，不要换！"当戴笠从豪赌中清醒时，那些人已举起了刀。一刀下来，骰子劈作两半，骰子里面的铅露了出来。

明明冤枉，戴笠却无法说清。

于是，他想到一句话："阎王好见，小鬼难求"，便提出："我要见杜先生。"

"杜先生哪有功夫见你这种无赖！"

"放你妈的臭屁，杜月笙是我最要好的朋友，我要去问问他，为什么要你们这些没本事的杂种，只会栽脏陷害人！"

江肇铭一听，只好给杜月笙打了电话。戴笠把来胧去脉说完后，指着那墙上的对联说："杜先生的这副对联，还是撕下来擦屁股吧，省得丢人现眼！"

"惭愧，惭愧！杜镛不才，用人欠妥，让戴先生委屈了。"

杜月笙抬头看了看坐在大餐厅东角落的帐房桌前的杨渔笙吩咐：

"关照厨房送酒送菜来，我要向戴先生陪罪几杯！"

杜月笙一声吩咐，不到半小时，一桌丰盛的酒菜端了上来。

杜月笙不大喝酒，却让佣人拿上了茅台、汾酒和法国香槟，由戴笠自己挑选。佣人在一只瓷杯里，斟了半杯法国香槟，放到杜月笙的面前。

戴笠自己动手，倒了一大杯茅台。两人对饮起来。

酒过三巡，戴笠面红耳热。

杜月笙说："雨农老弟，能否现在露一手，让我杜镛长长见识？"

"可以。"

"那好。"杜月笙回头招呼一下杨渔笙。

"不瞒杜先生说，要是我自己用熟了的骰子，你要几点我就掷几点给你。至于从没用过的骰子，我得要先熟悉熟悉。"

"行。这几副你先试试，若好，就带走吧。"

佣人取来一只三寸见方的描金镶红木盒子，揭开上盖，在红丝绒上，嵌着三副红黑点的象牙骰子。

戴笠抓了一副在手里摩娑了一会儿，而后先取一粒在自己掌心上滚了几下，又取另一粒滚滚，用右手食指与大拇指捻了几番，之后又放在桌面卜试了试，这么磨蹭了老半天，才抬起头来问：

"杜先生请要个点吧！"

"好！"杜月笙摸转筷子，把自己面前的东西推了推，理出空地来，然后说，"来个六六大顺吧！"

"来啦！"

只见戴笠抓骰子在手，握成虚拳，在空中晃了晃，到杜月笙面前的桌子上一放，两粒小骰子飞旋起来，先是一粒停了下来，朝天而显出了红心梅花五。另一粒还在转着，戴笠在一边叫着"独头一！"

说也怪，那飞旋着的小玩意仿佛听到了口令，立刻转出了红一，停了下来。

杜月笙点点头，"好手段！"他随手又从盒子里抓了两颗骰子，递到戴笠面前，"换一副试试看。"

这次戴笠只是把两只骰子在手中捏了捏，每只往空中抛了一下，接在手里，说："请杜先生再要个点吧。"

"来来九九长寿。"

"来啦！"

戴笠一撒手，两只骰子在桌上飞转起来。不一会儿，一颗骰子停了下来，是红心梅花五，另一个骰子也转慢了，看面子，也是红心梅花五，杜月笙正想说"不灵了"，却见这颗骰子碰了先前的那颗骰子停下来，显出红心梅花五，但把先前的那颗骰子碰翻了个身，显出了一个四点。

"果然是身怀绝技！"杜月笙嘴里赞道，心里依然有些不放心，"能不能掷个最小的点呢？"

"离手！"戴笠一扬手，两个骰子旋转起来，最后一起停下来，却显出了一点。

杜月笙微笑着点点头，"行了，行了。可以说出神入化了。"

他起身在房内踱着，觉得眼前这青年脑袋灵、手段活、气魄大，气度不凡，将来绝不是等闲之辈。

"杜先生，让我到江肇铭那去混一碗饭吃吃吧！"

"瞎讲！"

"我说的是实话！"

戴笠站了起来。杜月笙上前，按住他的肩膀，让他坐下。

"雨农，我比你大几岁，你听我一句话。你是身怀绝技，但这种'技'到底只是雕虫小技。靠这种戏法吃一辈子，活一生，有什么大出息呢？你脑子转得快，手段活，干起事来有种汉子气，我劝你还是从长计议，从大处着眼，成大事业。"

"杜先生有所不知，我现在是个穷光蛋，乡巴佬出身……"

"穷光蛋、出身低微怕啥？"

杜月笙打断了他的话。

"自古天下英豪，有几个不是穷光蛋，有几个出身高贵的？远的不说，这十里洋场的人上人朱葆三、虞洽卿、黄金荣、地产大王哈同，哪个不是穷光蛋？英雄不怕出身低！我杜月笙当年无爹无娘，穷得连裤子都穿不上，现在怎么样？只要有胆略、有智慧。抓住机遇不怕苦，就能改变自己。相反，那些公子哥儿、书呆子屁用没有！当然，我不是说读书人没有本事。读书人往往有大本事。我就是当初书读得太少，所以才只有现在的本事。不过，有不少读书人，我是能让他们为我所用的。"

杜月笙越说越激动，走到戴笠旁边，拍拍戴笠肩膀，恳切地嘱咐："雨农，爹娘没给我们什么财富，但给我们一个好脑袋，这比什么财富都强。要干，干出让世人都为之惊叹的事业来！"

"杜先生，我戴笠活到28岁，还没有一个人对我讲这样的肺腑之言，我会去干的，不要成功，也要成仁，不然，我对不住你的看重！"

说到这里，他站起来，抓住杜月笙的手，"有句话，我不知该不该说。"

"有什么话，你直说好了！"

"我戴笠不知天高地厚，今天冒犯之处，望杜先生不要往心里去。"

"哎，此言差矣。你谈不上冒犯我。"

"我戴笠在社会上也闯荡十几年了，还从没遇见过像你这样提得起、放得下、大开大合的人物。今日得见，实在是苍天有眼，我斗胆冒昧，想同你结为异姓兄弟，跟你打天下，不知如何？"

"好呀！"杜月笙一拍大腿，高兴地说："真是苍天有眼，给我送来了这么好的一个兄弟！苍天有眼！"

惺惺惜惺惺，好汉识好汉。杜月笙当即就叫杨渔笙写了金兰谱，在关帝像前跪拜交换，两人就此结为"把兄弟"。

杜月笙长戴8岁，为兄，以后，两人始终兄弟相称。

华灯初放时分，戴笠从杜公馆辞出。

杜月笙的话不断地在他的耳边回响："你今后的去向，听我的安排。"他抬头看着高楼上红红绿绿的霓虹灯，眼前似乎有一圈圈眩目的光环在旋转。他强烈地意识到，他已开始有用武之地，这位杜大哥，便是他的引路人。他憧憬着自己的未来

——上海滩上又一位叱咤风云的新大亨。

过了三天，想不到杜月笙派人给戴笠送来一张船票，一封书信，1000 元盘缠，三套换洗衣服，让他走路。

戴笠呆住了。

过了好一会儿，他才回过神来，拿起船票一看，日期是当天傍晚 5 点半，上船地点是十六铺码头。

戴笠把那封信从信封中抽出来，读了一遍，原来是黄金荣写给蒋介石的。黄金荣在信中嘱托蒋，要多多提携戴笠。

当时，蒋介石已当上了黄埔军校的校长，极受孙中山的重用。黄金荣怎么能与他有深交情呢？

戴笠有些纳闷。后来，他才明白其中的原委。

戴笠没有什么太多的行装需要整理，全部家当只一个手提藤箱子。告别了表兄，他来到十六铺码头时，杜月笙已在轮船的大餐厅里，等着为他送行。

不等戴笠开口，杜月笙就迎上去说："事情太急了，来不及同你商量，更来不及为你启程饯行。我想，雨农弟一定会谅解我做大哥的一番苦心的。"

接着，杜月笙告诉戴笠，让他去广州投军的原因。

杜月笙一向认为，要在中国，特别是在上海滩打天下，得有靠山。这靠山便是洋人、军阀。可是，如今南方的革命党势力发展很快，将来是会有大气候的，要是在这方面，不放出眼光，长远打算，拉好关系，将来万一革命党得势，就处于被动地位了。

好在黄金荣收的蒋介石这个徒弟，现在已很吃得开，做起了堂堂的黄埔军校校长了，在广州革命军中大红大紫，这可是一张极关键的牌。

"那封信你千万别丢。那是我求黄老板给你写的介绍信。你到广州后，便拿着这封信去找蒋介石。黄老板的面子，他一定会照顾的，说什么，他也会设法安排你。雨农弟，此一去，全靠你自己多用脑袋了。"

"大哥，你放心！多保重！"

汽笛一声长鸣，轮船要开了。送客的人纷纷走下舷梯，在码头上转过身，对着轮船拼命挥手。

杜月笙握了握戴笠的手，没再说什么，缓缓走下船。

夕阳已变得柔和，黄浦江上金光万道。戴笠站在甲板上，靠着栏杆，一直向杜月笙挥着手。直到码头上的人影模糊起来，他才走进船舱。

精诚合作

杜月笙来到钧培里的黄公馆，黄金荣和张啸林正在焦急地等着他。原来，黄金荣也得到了北伐军占领龙华的消息，请杜月笙和张啸林来商量下一步该怎么办。

三个人聚到一起，权衡轻重，反复推敲得失。

黄金荣首先说："法国当局要我这个督察长组织一支'纠察队'，配上坦克车，在公馆马路、霞飞路上来往巡逻，以保持法租界平安无事，我不能不尽力。而孙传芳一头呢？淞沪镇守使李宝章和'三鑫'公司往来密切，鸦片生意全靠彼此合作，至于他们的同伴张宗昌，前些日子从南京派毕庶澄带2万海陆军队进驻上海时，你们两人还去车站欢迎他，关系也挺好，总不能一下子翻脸不认人吧？至于北伐军，总司令蒋介石就是我的门生，不说将来大事小事要靠着他，就是单从师徒之情出发，我也不能不表示欢迎。"

杜月笙不停地点头。

黄金荣最后说："这三方，谁也得罪不得。我想，是不是这三条线都拉着，都一起前去讨好。"

张啸林一向是急性子，手一摆，说：

"大哥、老三，我是讲实惠的人，没你们那么多弯弯绕。有奶便是娘，管那么多干什么？你们想想，我们'三鑫'多亏李宝章一伙仁兄的关照，才得以路路通。要是别的什么人进上海，他们会如此帮'三鑫'买卖烟土吗？我看，难！这个娘的奶水足够了。另找一个'娘'，实不容易啊！"

黄金荣看了看杜月笙，说："月笙，你怎么看？"

杜月笙坐直了身子，说："我实话告诉两位兄长，我已经叫金廷荪、顾嘉棠两人去通知公司的有关人向李宝章、邢士廉等人催款了，同时，停止赊烟土给他们。另外，我也答应了上海总工会委员长汪寿华的要求，让手下弟兄们与他们合作。共产党的一些机关，可以设在法租界，并叫他们自备哨子，一旦遇捕，立刻吹哨子通知巡捕。"

"三弟，你疯了？"张啸林猛地站了起来。

黄金荣挥挥手，示意张啸林坐下，转而又对杜月笙说："你有什么高见，就快说吧。"

杜月笙喝了一口水，继续说："如今局面，吴佩孚在湖南、湖北全线崩溃，孙传芳也从江西、浙江败走，北伐军节节胜利。上海南面的杭州、嘉兴已被北伐军攻占，上海北面常州、宜兴都被北伐军平定。上海的李宝章和毕庶澄已是瓮中之鳖。

再说，薛岳部队已兵临上海城下，攻下上海只是时间的问题。"

停了停，杜月笙又说："我们现在再和李宝章他们来往将来显然会吃亏。这些扛枪的草头王，屁股一拍走了，所有的钱还不都打水漂了？"

"倒是有些道理。"黄金荣看了看张啸林，缓缓地说。

"现在，我们应该让蒋介石北伐军进来，赶走孙传芳和张宗昌的部队，我们不照样有靠山吗？至于洋人吗，我们还是一如既往，精诚合作。"

"那帮助共产党干什么？他们来了，还不把我们的洋钿拿出来共产？"张啸林不解地望着杜月笙。

"共产党吗，我们现在当然要帮他，等他们把李宝章、毕庶澄都赶走了，蒋介石岂不就不费吹灰之力进来啦？到那时手一翻，把共产党统统杀掉，不就太平了？"

"你怎能断定蒋介石的北伐军会消灭共产党？"

"这你就得听听其他地方的情况啦，蒋介石在赣州等地已动手杀过共产党啦！"

"真的？"

"上个月23日，杨虎杨啸天兄在安庆动用帮会的兄弟，也对共产党下过手啦，打伤了他们几十个。"

"蒋介石知道吗？"

"怎么不知道？那活动经费就是他负责提供的。"

"如此说来，还差不多。"张啸林说，"共产党那一套最要不得，他们一得势，我们这些人统统完蛋。这一次，要不是为了姓蒋的，我决不会去帮他们。"

"法国人怕工人闹事，害得我坐着装甲车整天跑，屁股都颠疼了。"黄金荣站起来拍拍屁股，"这些工人打李宝章可以，打毕庶澄也可以，但不能动法国人，要是这样，我还是要让他们吃苦头的。"

"不会的"，杜月笙连连摆手，"汪寿华他们都是精明强干的人，他们是不会在什么事都没做成时惹起国际争端的。"

"那我们现在怎么帮共产党呢？"张啸林急忙问。

"我们当然不会和他们一道拿起刀枪和那些军阀拼命，那是赔本的买卖，我们才不会去干呢。"

"老三，你有什么高见，就快点说吧。"

"我们在毕庶澄身上做点文章。"

"怎么做？"

"你们还记得我们当年对付前来禁烟的张一鹏吗？"

"怎么不记得？"

"这位毕司令上次在上海可是从妓院逃跑的，这一次，我们像对付张一鹏一样，主动送女人上门，还怕不把他困在妓院里？"

第九章

血洒上海滩

牡丹花下的司令

再说军阀方面，他们镇压了上海工人第二次武装起义以后，日夜提心吊胆。淞沪镇守使李宝章派人到山东，向张宗昌求援。张宗昌就让其心腹毕庶澄带着训练有素的第八军的 2 万人马来援助李宝章；又拨渤海舰队归他一起指挥。

1927 年 2 月 24 日，毕庶澄率部队又到上海。时隔 2 年，旧地重游，毕庶澄好不威风，如今他又来上海滩镇守，谁不向他这陆海军总司令点头哈腰？为了便于指挥作战，他把司令部就设在北站的一节车厢里。他到第三天，杜月笙与张啸林代表黄金荣，曾去拜访过一次。

就在三大亨密谋后的当天晚上，一辆黑色轿车开到公共租界的富春楼门口停下，车上下来两个人：杜月笙和毕庶澄。门口的"大茶壶"一见贵客临门，忙上前点头哈腰，招呼：

"杜先生，一切都按您的吩咐，预备好了，请这边走。"

"还不快叫老六出来迎接毕司令？毕司令是个恋旧情的人，上海的这么多美女，他都不愿去看，开口就说要来看老六，这还不是老六的福气！"

"大茶壶"把客人领到二楼的一个香巢内，说："六姑娘早就在等着了。"

刚到门口，便有一股细细的甜香袭来，风度翩翩的毕庶澄便觉得身子软绵绵的了，连说了几个"好香，好香。"

进入房内，抬头便见一幅仿造唐伯虎的《海棠春睡图》挂在壁间，两边有一副对联：嫩寒锁梦因春次，芳气袭人是酒香。图与对联下，横着一张仿红木条桌，上面陈设着一面椭圆大镜子、青花瓷瓶，瓶中插了三五支雉鸡羽毛。当中放着一只紫铜香炉，从炉盖上的"狮子"嘴里，吐出缕缕青烟，这便是满室异香的发源处。房中左边是一顶连珠帐，罩着一张梨花心木大床。这一切陈设，是模仿《红楼梦》里秦可卿的闺房模式。

右边的一张紫檀木大理石镶面的圆桌悬空放着，桌上已陈列菜肴美酒。一个削肩水蛇腰的美人儿正在摆筷子，听到话声，她转过身来，妖艳地一笑，毕庶澄全身的骨头全酥了，这正是他日夜思恋的老六。

"毕司令真是虎狼心肠，一去二年，音信全无。"老六停下手中的活，满脸委屈地说。

"公务在身，身不由己，还望花魁娘子多多原谅。"

毕庶澄上前就要拉老六的手，老六莲步一晃，移开了。

"请毕司令和杜先生小饮一杯吧，这可是我亲手做的。"

"杜先生，有人找您！"楼下的"大茶壶"的声音传来。

"谁现在来找我？真扫兴，我还想请六姑娘陪我两杯呢。"

杜月笙来到门口，看见了自家的佣人，他低声地说："杜先生，太太病了，要请您快点回去。"

"怎么，贵夫人贵体欠安？真不凑巧！"毕庶澄装着关切地问，其实他心里十分高兴：你小子早走早好。

杜月笙皱了一下眉头，向毕庶澄拱拱手道："毕司令，实在对不起，只好失陪了。——老六，你一定要让毕司令尽兴。"

说完，他匆匆走了。

杜月笙一走，老六举起了酒杯，"毕司令，我敬你一杯。"

"好。"毕庶澄回答后，却并不端杯，他走到老六身边，一下子把她抱了起来。

"今天，你要在我怀里敬酒。上海滩的这些杂种，我真怕他们把我的宝贝弄坏了。"

"唉呀，天地良心，人家天天想你，两年来整日以泪洗面，什么客也不见呀。"

"那好，那好，喝完这杯酒，我可就要'深入调查'喽。"

两杯酒见底，老六被毕庶澄抱上了床。

那老六乃是上海花界赫赫有名的"四小金刚"之一。

当晚，毕庶澄没有回司令部。

也不知什么时候，毕庶澄睡着了。当他从沉睡中醒来时，已是日照西窗了，毕庶澄在富春楼一泡就是两天……。

再说第八军官兵一连两日见不到自己的军长，渤海舰队也找不到自己的司令，军心大乱。司令部里军情文书堆积如山，几个不识相的部下还想法子打听到富春楼请示汇报工作。这其中，就有驻沪海军司令杨树庄。他亲自找到富春楼，向毕庶澄报告接到张宗昌大帅的急电，要他率领上海的舰队南下讨伐国民军。

"大帅来电，那就照办吧"，沉浸在好事之中的毕庶澄不耐烦，想早些打发他走。

"不过，司令要考虑到，我的舰队一走，这吴淞口的防备就空虚了……"

"那就不去吧。我给大帅发个回电行了吧？还有什么？"

这分明是赶人出门。杨树庄向这位顶头上司敬了个礼，别转屁股就跑。他回到军舰上的第七天，便投降了北伐军。可毕司令还蒙在鼓里呢。

"报告司令，北伐军已攻占杭州、宜兴、常州，张大帅要您速率本部北上，一是解孙传芳被困南京的围，另外也好使第八军能够机动点，不至于在上海被擒。"

"哪有这么严重，"毕庶澄说，"叫老子去救孙传芳那'笑面虎'，我才不傻呢，不去，按兵不动，大家该找什么乐就找什么乐。"

"那大帅已来三封电报了。"

"不理他，将在外，君令有所不从，怕个卵蛋！"

秘书有些不情愿地走了。

在这个节骨眼上，杜月笙来到了"一星"，他告诉毕庶澄处境不佳：沪宁铁路已从常州被拦腰切断，运兵北上南京，不可能；杨树庄舰队已易帜投降北伐军，从海上撤退去山东，也无望；北伐军进逼上海外围，要死守上海，不易。

"那怎么办？"毕庶澄听后，急得满头大汗。

"路子还有一条，"杜月笙胸有成竹，吊着对方的胃口，"我为司令想了万全之策，美人江山两不误。"

"依你怎么办？"

杜月笙不慌不忙地走到桌子前，右手食指蘸着茶水，在桌面上写了两个字：易帜。

毕庶澄看了，背着手站在窗前，许久，长叹一声："也只好走这一步棋了。一切拜托杜先生联系。"

过了一天，来了回音："只要毕军长能过来，不与北伐军为敌，呈请总司令批准后，可委为国民革命军军长，第八军就地改编。"

毕庶澄喜出望外，保住军长头衔，又得美人相伴。于是把第八军的防务计划、作战阵势等机密全数交出，以示"易帜"的真心。

做完这些后，毕庶澄又吞下"金刚猛力回春丸"开始与一位美国女郎交往。

再说，周恩来、罗亦农、汪寿华等人，正在紧锣密鼓地酝酿第三次武装起义。在准备过程中，工人们感到最大的困难是搞不到武器。

一天，领导起义的周恩来同志和赵世炎同志，来到商务印书馆看望工人纠察队。周恩来告诉工人们一个消息，闸北地区的工商界老板为了保住自己的利益，维持生产和商业秩序，正在组织一个保卫团。"这个保卫团是得到批准的，有足够的枪支弹药，你们派些工人兄弟进去，弄点枪支弹药来武装工人纠察队。"周恩来说。

工人们一听，都摇头不干，给老板扛枪，维持秩序，那不成了资产阶级的走狗了吗？

周恩来笑着开导大家："我们的目的很清楚，打进这个保卫团，既可以弄到我们目前缺少的枪支弹药，又可以利用保卫团的合法身份进行军事训练，掩护我们起义的准备工作，这岂不是一举两得？"

工人们一听，乐了。

不久，有40名工人加入了保卫团，有的还当上了保卫团的班长、排长。大家穿上保卫团的服装，明里给保卫团站岗，暗里给工人纠察队运送枪支弹药。

一天，打进保卫团的工人接到起义指挥部的命令，要他们去军委办公机关运一部分武器。执行这个任务的任其祥和徐辉祖在保卫团的制服外面罩上大褂子就出发了。他们走到法租界辣斐德路辣坊军委机关里，把两只装满枪支子弹的皮箱，搬到一部小汽车上。小汽车载着他们直驶商务印书馆。

车子开到一半，他们突然发现一部小汽车紧紧跟在后面。车子开出租界，任其祥和徐辉祖悄悄褪去大褂，露出里面的保卫团制服。前面站岗的警察原想拦车检查，一看是保卫团的人，就放行了。

那辆神秘的小汽车加快速度追了上来，徐辉祖和任其祥叫司机把车往保卫团团部开，途中，终于把尾巴甩掉了。

3 月 21 日中午，江海关大钟的指针移向 12 时整，全上海无数的工厂、学校、机关、商店、火车、轮船的汽笛、电铃、悬钟，顿时齐鸣，上海工人总同盟大罢工开始了。

继之而起的是学生罢课、商人罢市。

仅半个小时，不论租界和华界，所有的工厂一律关车，全部电车和公共汽车一概停驶。全上海 125 万工人中，有 80 万人加入了浩浩荡荡的罢工行列。

依照事先的约定，杜月笙等人没有阻止工人们的行动。

提蓝桥电车厂、友新铁厂的工人带着自制的炸弹，来到飞虹路香烟桥警察局。炸弹发出剧烈的声响，吓得警察们四散奔逃，工人们趁势冲了进去。

攻打五区警察总局的职工们办法更妙，他们把鞭炮放进火油箱里，爬到靠近五区警察总局的居民屋顶上燃放鞭炮，然后扔下两颗手榴弹，顿时，鞭炮声声如机关枪开火，手榴弹的爆炸声震天动地，仿佛有千军万马奔腾而来。再看那些警察，一个个吓得屁滚尿流，全部缴械投降。

工人纠察队一下子得到了 30 多支长枪，力量大增。

这时候，根据军阀部队向北火车站集中企图固守待援的情况，中央特委会解除了周恩来的南市地区起义指挥的职务，正式任命他为上海工人第三次武装起义总指挥，赵世炎为副总指挥。

总指挥部设在闸北宝山路横浜桥商务印书馆职工医院内。陈独秀也住到了附近福生路中央宣传部机关所在的一个亭子间里，以便直接和总指挥部保持密切联系。

预定由大罢工转为起义的时间，是当天下午 1 时整。可是不到预定时间，由王若飞、徐梅坤指挥的南市工人纠察队首先打响，势如破竹，仅五个小时，就攻下了淞沪警察厅和所属的一署三所，占领了电话局、江南造船厂和高昌庙兵工厂等所有重要目标。

虹口、浦东、吴淞、沪东、沪西五个地区也于当晚基本结束战斗。最后，只剩下了闸北鏖战犹酣，胜败未决。

闸北是张宗昌的主力毕庶澄的第八军驻地，情况最为复杂，重要的据点就达十多处，守敌装备精良。北站的装甲列车内，还有一批作战经验丰富的白俄官兵参加作战。

周恩来面对强敌，毫不畏惧，沉着地指挥战斗。他身穿蓝色学生装，戴一顶鸭舌帽，缠着绑腿，腰扎皮带，挂着手枪，英姿勃勃。自从选入中央特委会并担任军委书记的一个月来，他为争取起义的全胜而殚思竭虑，几乎没有睡过一个安稳觉。他在罗亦农、汪寿华、赵世炎等战友们的紧密配合下，从侦察敌情、制订起义计划、筹集和运送武器弹药、组织黄埔学生对工人纠察队进行作战训练，以及联络北伐军、策反敌军，联合商人保卫团等等，简直是日理万机。由于他的军事才能和周密准备，在极短的时间内，使5000余名毫无作战经验的工人纠察队员，掌握了基本的巷战知识，形成了强大的战斗力。

夜幕降临，闸北的战斗在延续，枪声不绝于耳，战果在艰难而缓慢地扩大中。总指挥部跟着战线的推进，已经三易其所，从商务职工医院转到第五警察署，又转移到东方图书馆。当攻击目标最后集中到北火车站的时候，经过反复拼杀，双方一时出现了胶着状态。

屯集北站的2000多名毕庶澄部队，凭借装甲列车上的大量轻重武器，对起义者进行了一次又一次的反扑，还丧心病狂地对宝山路虹江路一带当年的繁华商业区进行炮火轰击，燃起了熊熊大火，映红了夜空。

周恩来冒着密集的枪林弹雨，亲临激战前沿，视察战情，鼓动士气，组织救火，安排灾民疏散，又亲自参加修筑工事，急速调集增援力量，誓死要拿下北站这个最后的堡垒，决不让起义功败垂成。

此时，坐镇在福生路亭子间的陈独秀，焦虑万端，忧心如焚。他对周恩来的工作是放手的，也是满意的。可是，眼前出现的困境，却出于他的意料之外。他深知起义的大忌，就是拖延时间，这不仅会影响士气，而且如果敌人援兵一到，难免前功尽弃。

想到这些，他如坐针毡，连续派人前往业已挺进到龙华的北伐路东路军前敌指挥部，交涉请愿，申明起义本意就是为了实施孙中山先生的"联俄、联共、扶助农工"的三大政策，为了响应北伐军，里应外合，防止溃军烧杀抢掠，拯救民众，要求北伐军立即进军上海的市区。

可是，东路军前敌总指挥白崇禧遵照国民革命军总司令蒋介石的密令，硬是按兵不动，忍看军阀残杀工人和居民，作壁上观。第一师师长薛岳激愤求战，也遭严厉呵责。

子夜3时左右，当陈独秀得悉北站的工人纠察队又一次攻击受挫时，他便决定采取三十六计的最末一计——"走为上"，立刻撤兵。他当即写下亲笔手令，命专人送往前线指挥部，要求全体武装纠察队停止进攻，火速撤往大场方向的远郊农村，以求保存力量。下达这项退兵手令的时候，特别宣传委员会委员郑超麟等人正在陈独秀的身边。

全党最高领导人和起义军最高决策人的这一重要手令，作为起义总指挥的周恩来，到底是否收到？采取什么相应措施？如今的史料档案中，却一点痕迹也没留下。而看一看当时周恩来的实际行动，却同陈独秀的意图完全背道而驰：周恩来一方面力促北站的纠察队发动当地居民，共同加固守备工事，紧缩包围圈，不让敌军突出一兵一卒；另一方面，又调动武装纠察队堵截自吴淞方面乘火车回援北站的一个团的敌军，拆去铁轨，颠覆列车，突然伏击，予以全歼。

随即，又集中除租界隔绝地区以外的各区武装纠察队员，向北站守敌发动总攻，于次日下午6时许，在不依赖外力援助的情况下，完全依靠工人武装力量，取得了彻底的胜利。

淞沪镇守使李宝章逃窜，下落不明。

那支由张宗昌、毕庶澄精心训练的直鲁军精锐之师的第八军，被上海起义的工人彻底打垮，全军覆灭。

且说毕庶澄因与杜月笙谈过"易帜"之事，便什么也不在乎了。他索性就住到了"一星"妓馆之中。

这些日子，遍尝各国女郎的滋味，的确使他感到上海是个太美妙无穷的世界了。日本女郎的温柔、英国女郎的高贵、法国女郎的浪漫、美国女郎的风骚、德国女郎的典雅、西班牙女郎的火烈都让他神魂颠倒。

上海工人武装起义的枪声响起时，毕庶澄刚刚睡醒，"一星"的老板已为他准备好一桌酒菜。刚起床，卫兵来报，说有些工人不上班，想闹事。

"闹事，你们手上的枪是干什么的？不能打？去，传我的命令，谁敢闹事就打死谁。"

"是！"卫兵回答一声走了。

只可惜，这个卫兵还没到司令部向有关长官传达命令，司令部已被武装起义的工人给端掉了。而毕庶澄此时，正在妓院里逍遥呢。

且说上海市内此时已同吵爆豆子一般了，武装起义的工人越战越勇，警察和北洋军节节败退。

天大亮后，又一个卫兵来到"一星"妓馆。他在俄罗斯女郎房间的外面高声叫道："毕司令，大事不好了，我们的很多兄弟被打散了。"

此时，毕庶澄正在与俄罗斯女郎难分难解，哪有心思，不由大骂道："妈个巴子！你们要稳住，几个工人算什么？老子已'易帜'北伐军了，快去叫弟兄们稳住。"

22 日晚上 6 点钟，起义工人占领全城后，毕庶澄与俄罗斯女郎的交锋终于结束。

此时，一队卫兵闯了进来。他们架上毕庶澄就往外跑。

"你们干什么？"毕庶澄大叫。

"司令，全城都被起义的工人占领了，不趁着现在的混乱，再想跑就来不及了。"

借着夜色和混乱的掩护，这队人从真如镇逃出上海。

毕庶澄由于连日服用"金刚猛力回春丸"在女人身上下功夫，使身体变得极为虚弱。他们逃到无锡乡下躲了个把月，才渐渐养息好。后来，张宗昌知道了毕庶澄躲在无锡，就派人把他诱骗至济南，在济南就地枪决。

<h1 style="text-align:center">蒋介石坐收渔利</h1>

坐收渔利的蒋介石，在南昌收到上海工人第三次起义胜利的消息，立即发电给在上海龙华待命的白崇禧，命令他马上入城。于是，白崇禧的队伍，在 22 日晚上 8 点，距离工人夺取上海城不过两个小时，便兵不血刃，耀武扬威地开进了上海。

3 月下旬的上海地区，正是江南草长，群莺乱飞时节。迟开的梅花，早开的桃花，盛开的白兰，竞相斗艳，把春天装点得火红而热烈。春天给人们带来了美好的希望，京、沪、杭一带的老百姓沐浴在春风里，欢欣鼓舞，在革命胜利的气氛中，原来那些隔岸观火、心怀鬼胎的人，也纷纷争着出场亮相，声声高呼"打倒军阀"了。

黄金荣、虞洽卿、张啸林等人带着各自的喽罗们，参加了上海市民欢迎北伐军的大会。

在这大变动的日子里，杜月笙分外忙碌，也格外高兴。他觉得如今正是时势造英雄的时候，只要看准了，下大赌注，便可以大赢一番。他参加北伐军大会回来，又得到戴笠的密信，通知他近日蒋介石的西文秘书张康年、俄文秘书顾耕野要到上海，他已向两人打好招呼，有事可同他们联络，自会被另眼看待。

有这么一个好的机会，杜月笙当然要大加利用。俗话说，过了这个村，就没这个店了，一着被动，着着被动。

杜月笙马上派人到万宝饭店订了一桌川扬特色风味的鱼翅席，又吩咐帐房到银行去准备好了两张银票，每张 2 万元，分别装在两只信封里。

3 月 25 日晚，杜月笙从两位秘书口中得知，明天，也就是 3 月 26 日，蒋介石将到上海，而且，还准备去拜访黄金荣。

当夜，杜月笙没有回杜公馆，而是直奔钧培里的黄公馆。

黄公馆中，黄金荣与张啸林、黄金荣的大儿媳李志清等正在搓麻将。

"大哥，我有要事与你商量。"杜月笙进门就说。

"什么要事？没见这正忙着？"张啸林正在兴头上，咕噜一句，打出一张牌，"八万"。

"糊啦！"李志清一摊牌，"一、四、七万带二、五、八万，万清。"

"都是你搅得，不然，她哪能成清一色？"张啸林有些不满地望着杜月笙。

"啸林，我真有要事。"

黄金荣推掉牌，支走了其他人，让李志清在门外守着，与杜月笙、张啸林一起走进了密室。

"什么要事，这么匆忙？"

"你知道吗，明天早晨，他就要到上海来啦。"

"谁呀？"张啸林问。

"蒋介石，蒋总司令。"

"阿元！"黄金荣惊叫一声，"阿元他真的要来？"

"不但要来，还要来看你呢。"

"真的？你从哪得来的消息？"

"大哥放心，事情绝对可靠，至于其他，就不用细问了。"

"阿元这孩子终于出息了，更难得的是，他还没有忘记我。你们看看，我当初就说阿元这孩子不错，怎么样？"

"大哥，人家现在可是北伐军总司令了。"杜月笙提醒说。

"对对，现在他已经是蒋总司令了，来了，我就应该给他些见面礼。"

"应该，应该。"张啸林在一旁附和起来。

"送什么好呢？"黄金荣搔着头皮。

"依我看，打一只纯金的大匾，上面镌刻'功高盖世'四个大字给他。"张啸林此时热情高起来。

门外的李志清听见，有些不满起来，"看你阔气的，哪来那么多的金子？给他几个大条子就不错啦。"

"你看呢？"黄金荣望着杜月笙说。

"都不好。"

"怎么？难道不送？这不妥吧？"黄金荣疑惑地说。

"当官的不打送礼的，古今都是一样，礼肯定要送！只是送什么，怎么送，这很有讲究。送得好，人家心花怒放；送不好，就如同是拍马屁拍到了马蹄子上去，好处得不到，反而被踢得眼青。"

"嗯，有道理。"

"现在的蒋总司令可不是10来年前落难的阿元了，送几根金条，不伦不类，怎么好拿出手？有什么由头？再说，他现在也不稀罕几根条子。送一只大金扁呢？也不行，那些显得过于招摇，像是跟谁斗富一样。"

"那，你说该怎么样？"

"总司令现在什么最重要？"

"你说什么最重要？"

"面子。"

"面子？"

"对，面子。"

"这面子最重要又怎么样呢？"

"我们就送给他面子。"

"什么面子？"

"当年，蒋总司令离开上海滩前，不是向你投过门生帖子吗？你现在退还给他，就是最大的面子。"

"对！"黄金荣一拍大腿，"我怎么就没想到呢？人家现在是堂堂的总司令，不能动不动还要拜我呀！"

"这帖子是要退！"张啸林也连声说。

"怎么退呢？"黄金荣说。

杜月笙微微一笑，"你说呢？"

"我想，是不是这样，"黄金荣说，"明天我们一起去迎接他，把帖子带来，见到他后，就退给他。"

"不，不！"杜月笙连连摆手，"我早想过了，当场退，蒋总司令一定会感到很难看的，不可取。"

"那怎么办？"

"我不是听你说过吗？当初，是虞洽卿带他来投拜帖的。解铃还须系铃人，你就把帖子交给虞洽卿，要他转交给总司令。"

"很好，很好！我现在就给虞洽卿打电话，让他等着我，明天一早把帖子送过去。你们也都快回去歇着吧，明天一早早点来，我们要带多些人，去迎接他。"

3月26日这天，杜月笙的面目焕然一新。他连夜让理发师给他理了头发，头发理得如同当今的板寸，青青的头皮在短发间忽隐忽现，显得精神十足。他特地挑了一件月白色的缎面长衫，外面罩了一件深藏青的马褂，整个人儿十分潇洒。

他们从一大早就开始等待，但一直等到日落西山依然没有等到。

"是不是你的消息不准确？"张啸林问杜月笙说。

"应该是准确的！"

"算了，总司令事情多，也许明天来呢？"黄金荣说。

天黑下来后，这伙子人只好有气无力地各自回家。

且说北伐战争的胜利发展，严重地威胁着帝国主义在中国的统治。他们深深懂得，要维护其在华利益，必须制止和扼杀革命力量的发展，培植反动势力。因此，他们加紧干涉中国革命。

在珠江流域和长江流域受到革命力量沉重打击的英帝国主义，充当了干涉中国革命的急先锋。1926 年 10 月，英国首相包尔温狂言"准备采用任何必要方法，以保护国人之生命财产。"帝国主义干涉中国革命主要有如下表现：

早在 1925 年底至 1926 年初，英、日、美等帝国主义者就策动张作霖和吴佩孚"和解"，以"联合反赤"的名义，共同对付北方国民军和南方革命政府，镇压革命运动。

1926 年 8、9 月间，北伐军在两湖战场取得重大胜利，吴佩孚的统治摇摇欲坠时，各帝国主义又促成吴佩孚和孙传芳的联合，南北夹攻北伐军。

同年 11 月，吴佩孚的主力被消灭，孙传芳受到沉重打击，北伐军向长江下游进军，各帝国主义更加焦急，他们又撮合张作霖、孙传芳和吴佩孚的大联合，拼凑"安国军"，共同抵挡北伐军。

同时，帝国主义给北洋军阀提供了大量贷款和军火援助。

1926 年 9 月间，英国运了大批钢盔到中国，其中，以 3 万具送给张作霖。

同年 11 月，英国商人给北京政府借款 500 万英镑。

日本也拟给北京政府提供 500 万元。

12 月，张宗昌从德国购进大批军火，机枪 5000 支，子弹四百万发，手枪 300支，手榴弹 15 万颗，无烟药 3 万斤。

孙传芳也从日本、比利时订购军火，计步枪 2 万支。

帝国主义者应北洋军阀的要求，在租界大肆逮捕共产党人、国民党左派和革命志士，将其引渡给军阀当局，甚至允许反动军警进入租界搜捕。

1926 年 11 月 23 日，天津英租界据天津反动当局的请求，在租界查封了国民党天津特别市党部，逮捕了江镇寰等 13 人。26 日，将他们引渡给天津警察厅。

1927 年 4 月，北京警厅会同宪兵，得到帝国主义公使团的允许，进入使馆区，包围苏联使馆，逮捕了共产党人李大钊等 60 余人。据 1927 年 4 月 9 日《申报》载，这一行动是"辛丑和约国开会决定准华兵搜查俄使署……当华兵入界搜查时，各使署卫兵皆退让于旁。"

可见，帝国主义和军阀在镇压革命方面是完全持同一立场的。

作为干涉中国革命急先锋的英帝国主义，极力推行"炮舰政策"，依恃其武力，到处寻衅，制造流血惨案。

1926年9月2日，英舰斯克拉勃号在汉口上游50英里的地方，向我北伐军开火，历时两个小时以上。

9月4日，英舰两艘自白鹅潭驶进广州西堤，占领省港码头，派兵登岸追逐行人，拘捕纠察队员，拆毁纠察队饭堂，扰乱北伐军后方。

9月5日，英帝国主义者又在四川制造血案。他们根据不平等条约，攫取内河航行权，其舰船在中国江河横冲直撞，如入无人之境。自1926年6月以来，英国兵舰在四川各地不断滋事，多次撞沉中国船只，淹死军民不计其数。

8月29日，英轮万龙号在四川云阳地区河面故意开足马力，撞沉乘载川军的木船10余艘，淹死官兵58人，群众数十人，引起军民的无比愤慨。

当天，肇事英轮万龙号抵达四川万县时，川军杨森部登轮查讯肇事情形，英水兵收缴了川军的枪支，并开枪打伤两名士兵后溯江而上。在忍无可忍的情况下，杨森部扣留了英商太古公司所属的"万通"和"万流"两轮，以进一步交涉。

英帝国主义者有意扩大事端，9月4日，向杨森发出最后通牒，限24小时内释放被扣英轮。

5日，英帝国主义调遣兵舰，炮轰万县达3小时之久，死伤军民数千，毁商店及民房数百家，损失达数千万元。

这就是有名的"万县惨案"。

1927年初，北伐军向长江中下游进军，矛头直指帝国主义统治中国的中心——上海。这时，各帝国主义大量增兵，酝酿"联合保卫上海"。

1月中旬，英驻威海卫第二舰队及鱼雷快艇共27艘开赴上海，并溯长江而上。同时，英国从其本土和印度调集12000名远征队到上海。

1月11日，美国政府命令其亚细亚舰队司令维廉率全部军舰自马尼拉到上海，又从菲律宾调遣来一个旅团。美陆军参谋长萨马莱制定了一项干涉中国革命的庞大军事计划。

2月5日，英国向美国提出了"联合保卫上海"的请求。美国即向中国政府提出划淞沪为中立区的建议，企图阻止北伐军进占上海。

同时，日本帝国主义也于1月间将佐世保二十四舰队编入第一外遣舰队，派往中国，参与"联合保卫上海"的行动。

一时间，上海租界大兵云集，计有英兵15000余名，尚有4000名即到；美兵已到及将到者6000名；法兵6000名，日兵5000名，2000名上陆驻防，并即有大队即

上海三大亨

——

杜月笙·黄金荣·张啸林

214

到。连意、葡、西、荷水兵在内共计将达 4 万名。

帝国主义的军队在上海横行霸道，甚至狂妄地说："上海，我们在此！"

1927 年 2 月 25 日，英、法、日、意军事当局，以"防华军侵入租界"为由采取一致行动，向租界以外地区扩张，英军占领梵王渡车站南面阵地；日军登岸占领江湾区；意军占领杨浦树一带。

1927 年 3 月 24 日，北伐军攻占南京。

当晚，英、美、法、日、意等帝国主义者借口侨民及领事馆"受暴民侵害"，命令停泊在下关江面的各国军舰向南京开炮，杀死杀伤中国军民 2000 多人，毁坏民房无数，史称"南京惨案"。

惨案发生后，驻南京的五国领事，贼喊捉贼，反向武汉国民政府提出"抗议"和通牒，并请求本国政府继续向中国增兵。

经过革命和反革命的多次较量，帝国主义者清楚地看到，单纯用武力不能消灭中国革命力量。

于是，他们在武装干涉中国革命的同时，兼用分化革命阵营，从内部攻破的策略，极力引诱资产阶级脱离革命，充当他们的代理人，以便达到目的。

1926 年底，英国开始考虑实行对华"新政策"，撤换了"不通中国情况"的麻克类公使，改派蓝普生充任，声称对中国革命持"不干涉之态度"，甚至容纳了国民政府的部分要求，同意将关税附加二点五"作为各省政费，俾南北两方无偏袒"。

1927 年 1 月 5 日，英领事送外交部的对华宣言中强调："英国以前的对华政策，已经到了应该改变的时期，北京政府已经失去代表全部中国的资格，中国内部已有一能代表民众强有力的政府。"主张对中国应给予"谅解与同情"。

1927 年 1 月 8 日，日本外相币原发表对华演说，表示"尊重"中国领土完整，对中国的内政采取"绝对不干涉主义"。

美国国务卿也于 1 月 26 日发表声明，宣布美国将"以最宽待的精神"与中国谈判新约，企图以关税和领事裁判权的虚伪让步来引诱资产阶级。

蒋介石被视之为中国"稳健派"的领袖，各帝国主义的代表纷纷来到南昌与之勾结，以图交好。

当时，日本帝国主义表现得特别热心，日外务省条约局局长佐分利奔走于武汉、南昌、广州之间；日参议员藤村、池田等要员也纷纷来中国"考察"。日本通讯社公开鼓动中国的"稳健派"与"极端派"决裂，与北方军阀妥协，以"实现大同团结"。

日本拉拢蒋介石的目的是要蒋介石与张作霖携手镇压革命，使之成为日本控制中国的南北两条走狗。

1927 年 2 月间，英国也派代表到南昌与蒋介石谈判。一时间，以蒋介石为代表的国民党新右派成了帝国主义争取的对象。

且说蒋介石，在北伐战争中招降纳叛，收编了大量的军阀军队，逐渐把党、政、军和财等大权集于一身，势力迅速膨胀。许多劣迹昭著的军阀和官僚政客，如黄郛、贺德霖、龚德伯、段锡朋等都投靠蒋介石，加入了国民党，成为蒋幕下的要员。

蒋介石设司令部于南昌后，加紧了与帝国主义和国内各种反动势力的勾结。

蒋介石在与帝国主义勾结的活动中，最先选择的是日本帝国主义。

日本的"币原外交"对蒋介石有极大的吸引力。当日本代表佐分利来华活动时，蒋介石曾亲自向他表示好感。接着又通过南京的森冈向日本币原外相传递了他坚决反共的信息。后来，蒋介石派吴铁城、戴季陶去日本活动，争取日本的支持。

"南京事件"发生后，日本利用这一事件，通过矢田和黄郛紧紧拉住了蒋介石，促进其向共产党开刀。

在日本的牵引下，蒋介石与军阀张作霖积极协商"南北妥协"，双方还信使往还。

电通社1927年1月27日东京电曾披露："中国南北妥协的机运，渐呈浓厚之状，双方常有代表往来。"

《顺天时报》1927年3月7日载文说：蒋介石对共产党"久已蓄意排斥"，他"正与国民党旧人及中立各派密商反赤，即以反赤名义与北方携手"。

蒋介石在积极争取日本支持的同时，也公开对美国表示友好，要求美国援助。

蒋介石抵上海前夕，各帝国主义对他到上海的任务已看得很清楚，3月26日，《上海工部局警务处日报》指出："据准确之观察，国民党中不久将发生分裂。白崇禧是左派的坚强支持者，他会帮助蒋介石。"

且说杜月笙等人在3月26日这天一直等到天黑也没等到蒋介石，只好丧气而返。而他们后来才知道，蒋介石当晚还是到了上海，是夜里11时多从高昌庙码头上岸的。

在码头附近的一座小楼上小住了一夜，第二天，公共租界当局派小汽车把他送往法租界祁齐路交涉署。

租界的政事处长吉文斯给蒋介石送来一张特别通行证，允许他带卫兵自由出入租界。这是自租界开设以来，第一次允许中国军队带枪进入。

蒋介石当即表示："保证与租界当局及外国捕房取得密切合作，以建立上海的法律与秩序。"

同时，蒋介石发出通令："保护外侨利益"、决不以武力收回租界，负责保障上海的"秩序"。

下午3点不到，几辆汽车开到钧培里大门前停下。前后的汽车里都有荷枪实弹的士兵跳下，他们是蒋介石的卫兵、整整一个排。等卫兵们各自散开，把岗布好后，中间的那辆黑色轿车的门才打开，穿着黄呢军装的蒋介石，步态从容地跨了出来。

早已等候在门前的黄金荣、杜月笙、张啸林迎了上去，拱手见礼。蒋介石向黄金荣毕恭毕敬地行个军礼，亲切地问候："先生身体可好？"

"托总司令的洪福，很好啊。"

"这位是杜先生吧？"蒋介石褪去白手套，紧紧地握着杜月笙的手，"张秘书与雨农都说你为人仗义，是难得的人才。"

"总司令过誉了，月笙一个生意人，哪里谈得上人才呢？"杜月笙双手捧着蒋介石的手，深深鞠了一躬。

蒋介石又同张啸林握手。

3月之末，江南大地，春风吹拂，吹面不寒，黄金荣满脸放光，连那深深的麻窝里边也光彩照人。

众人拥着蒋介石走进客厅。

等大家坐定，献完茶以后，不等蒋介石开口，黄金荣便拱手奉承道：

"总司令光临寒舍，蓬荜生辉，我黄金荣不胜荣幸之至。刚才，总司令叫我先生，我实不敢当。老早的那段关系已经过去了，那张红帖我已交给虞先生送还。"

蒋介石微笑着，摇着头说："先生总是先生，过去承黄先生帮忙的大恩，介石没齿不忘。"

说着，蒋介石从怀里取出一只黄澄澄的金挂表，双手送到黄金荣面前："这是我送给黄先生的纪念品，聊表心意。"

黄金荣双手接过，连连称谢，喜不自胜。以后，他就将这只金表当作镇宅之宝，每逢喜庆大事，总要在众人面前拿出来炫耀一番，以显示自己与蒋介石的特殊关系。

"我离开上海已快10年，这里变化很大，市面上的不少行情摸不透，有些事还要仰仗三位先生帮忙。"

"司令有什么事，只管吩咐，我们一定会竭尽全力的。"杜月笙抢着代表大家表态。

"好，改日请三位到司令部来商量。"

这时，外面有个卫兵进来，递给蒋介石一份电报。他看了看，站起来说："军务在身，不能久待，介石这就告退，日后我们再见。"

蒋介石的司令部在南市的董家渡。蒋介石立刻回到那里。

黄金荣准备的全甲鱼宴已做好，也令佣人抬到一辆车子上，给送了过去。

到了司令部门口，卫兵拦着。不让进。

杜月笙从车上跳下来，说："甲鱼这玩意大补，总司令连日征战，攻克上海，这是上海帮会弟兄们的一片心意，还望兄弟承全。"

经过杜月笙出面，那桌全甲鱼宴终于送到了蒋介石面前。

第二天，蒋介石把司令部从南市移到了龙华。

这个冷落了千年的江南小镇，在这一年的春天，突然变得热闹起来。前往司令部拜会蒋总司令的人往来不绝，昼夜不息。黄郛、戴季陶、张静江、吴雅晖、钮永键、李石曾、虞洽卿、宋子文等纷纷来访，他们分别代表日本人、法国人、英国人和美国人向这位军事新贵穿针引线，以期合作。

蒋介石对他们亲自接见，有时还外出回拜。

3月29日，蒋介石访问了美国旗舰"匹茨堡号"。

4月1日，蒋介石又访问了英领事。

同时，蒋介石还实现了与江浙财团的紧密勾结。

江浙财团在1927年之前是具有较多买办性和封建性的民族资产阶级上层。北伐战争开始后，由于工农运动的蓬勃发展，尤其是上海工人阶级在共产党领导下举行武装起义，使江浙财团感到恐惧。他们把工人阶级争取正当权利的斗争视为对自己的最大威胁，他们害怕"赤化"，害怕工人得势会废除资本主义制度。于是，1927年后开始走向反动，站在反革命的立场上，反对工人运动。

蒋介石与江浙财团的头面人物虞洽卿、张静江、钱新之等是旧识，并已有特殊的关系，江浙财团将维护自身利益和镇压工农运动的希望寄托在蒋介石身上。

这样，蒋介石与江浙财团在共同反对革命的基础上结合在一起，并成为他们政治上的代理人。

1927年2月，上海工人第二次武装起义后，江浙财团派虞洽卿、钱新之为代表到南昌会见蒋介石，了解蒋介石的意图。

此后，他们便联络江浙财团的一部分人组织了"上海商业联合会"，通过这个组织与蒋介石联系和开展活动。

3月26日，蒋介石到达上海，虞洽卿即于当晚去高昌庙晋见蒋介石，落实反革命计划及筹建"江苏兼上海财政委员会"问题。

第二天，上海商业联合会又推出蔡宗敬、吴蕴斋等九人前往蒋介石司令部接洽，双方达成了交易：蒋介石在上海进行反革命屠杀，江浙财团在经济上支持蒋介石。

4月1日，江浙财团便从上海钱银两业中垫借了300万元给蒋介石作见面礼。

就在这一天下午4时，蒋介石在龙华接待了来访的黄金荣、杜月笙和张啸林。

在龙华东路北伐军司令部的密室里，蒋介石向黄、杜、张三个一一介绍了自己的得力干将。

"这一位是陈群，我军的政治部主任。这一位吗，是你们的老朋友，杨虎杨啸天，总司令部的特务处长。这一位是我军的大秀才陈布雷先生，他也是老上海，你们恐怕也是认识的。"

黄金荣、杜月笙、张啸林站起来一一拱手见礼。

杜月笙随后握着陈群的手说："你是总司令的智囊，我们兄弟早已聆闻大名，今日一见，实在荣幸。以后多多联络，多多指教。"

"杜先生客气，你是真正的上海闻人，今后在上海滩，要多多仰仗了。"

"哪里，哪里，月笙一切听从总司令的命令。"

"好说，好说。"蒋介石笑着说。

"总司令，以后要我们帮什么忙，你尽管吩咐。"张啸林也说。

"好说，好说。大家都是自己人，今后不要客气。"蒋介石说，"陈主任，杨处长，这里的事你们商量吧，我与陈秘书还有个会要开，先走一步。"

蒋介石带着陈布雷走到门口，又回过头来特意向陈、杨两位关照："你们谈好了，请他们三位吃了夜饭回去！"

"司令慢走。"杜月笙送到门口。回来后，他又握着杨虎的手，说："啸天兄，今天我一定要敬你三杯，你在安庆，带领手下弟兄们，把共产党治得够意思。"

"小菜一碟。这上海滩，还得看黄先生和杜先生的了。"

夜里从龙华吃过饭刚回到杜公馆，万墨林就迎了出来，"杜先生，法军司令巴尔雷先生正在客厅里等你。"

杜月笙马上走进客厅，与巴尔雷握手。

"杜先生，打搅了！"

"司令官阁下，让你久等了。"

两人寒暄过后，密谈起来。因为上海的工人阶级在取得武装起义胜利后，坚决要求收回租界，帝国主义者很恐慌，他们一心想很快找到一个能抵消这场革命运动的社会力量。

巴尔雷此行的目的，是想通过杜月笙来了解上海总工会和北伐军的情况的。杜月笙尽其所知，详谈一遍。

"到时候，还望杜先生起来主持公道。"巴尔雷说。

"放心吧，我是绝对不允许他们这些人乱来的。"

第二天，英军司令邓坎、美军司令白多楼也分别前来拜访杜月笙，他们的目的和巴尔雷的目的一样。

上海"四·一二"政变

陈群与杨虎，是蒋介石策划"四·一二"反革命政变的得力干将，上海人称他们为"虎狼成群"。龙华密谈后，杨虎、陈群等人就化装进入黄公馆，和黄金荣、杜月笙、张啸林共同策划反共阴谋，决定恢复成立"中华共进会"作为纠合帮会、流氓的大本营。

提起"中华共进会"，有些读者肯定会想起我们面前写到的，1913 年上海火车站枪杀国民党代理事长、当时北京政府农林总长宋教仁案件。谋杀宋教仁的直接策划者应桂馨便是这"共进会"的会长。黄金荣还带着巡捕到他家去搜查过。

所以，黄金荣与杜月笙都觉得，这个会的名声有些臭了。但陈群说："党派属于政治团体，它总比青红帮要高级一些。"

黄金荣、张啸林一听陈群说党派比青红帮要高级一些，便有些不高兴。杜月笙忙说："就恢复中华共进会吧，名字是次要的，关键看我们怎么干。"

事情就这么定了。

东路军总指挥兼上海警备司令白崇禧承认，国民党中央派到上海协助清共的杨虎、陈群，"由我直接指挥他们，我们秘密筹划，而由他们执行"，"他们两人去接触青红帮，利用青红帮去破坏共党机关。"

4 月 2 日，蒋介石、何应钦、吴稚晖、陈果夫、陈立夫、李济深、李宗仁、白崇禧、黄绍竑等人在北伐军东路总指挥部举行秘密反共会议，白崇禧在发言中特别强调上海流氓帮会的反共作用，声称"上海帮会很有力量，什么阶层都有他们的组织，还有他们的武装，黄金荣、杜月笙、张啸林都是中坚力量。"

4 月 5 日，上海各报刊登了"中华共进会"筹备处成立的广告：

"本会自民国二年解散后，十五年来，处于军阀压迫之下，恢复不能。兹值党军旗帜之下，已呈请当局，核准恢复在案。现设筹备处与法租界格洛克路紫阳里 7 号，凡本会旧日同志，幸希从速到该处报名。再有赞成本会宗旨者，经审查后亦得加入，另订日期开成立大会，特此通告。"

中华共进会会长是青帮通字辈浦锦荣，此人和金廷荪、高鑫宝都是同参兄弟，他们的老头子均为上海青帮大字帮王德龄。总指挥是红帮首领张伯岐。但实际上握有大权的负责人，则是黄金荣、杜月笙和张啸林。

该会的骨干还有青红帮头目蒋伯器、徐朗西、袁克文、刘春圃、江平廷、顾嘉棠、叶焯山、芮庆荣、高鑫宝、顾竹轩等。其中江平廷系红帮大哥，曾任淞沪镇守使署秘书长。

4 月 8 日，中华共进会又发表宣言：

"风云会合，日月重光，青天白日之旗行将此发幽燕，莫我中原，指顾可期，结社集会，还我自由，本会自当应运恢复，召集旧日同志，维护国徽，巩固民气，一致服从三民主义，投袂奋起，因我子弟之兵，甘作前驱，共扫凶残之孽。"

就在这天晚上，杜月笙在法租界内秘密会见了工总局总董费信惇和法租界总巡，要求说：

"租界当局要给我至少 5000 支枪和大量弹药，并在政变时允许共进会的弟兄们持枪通过公共租界。"

费信惊有些怀疑地笑笑："杜先生有把握成功吗？"

"费信惊先生，你放心，我们保证在 24 小时之内解决上海的共产党。"

"杜先生不是做梦吧。"费信惊说，"欧美各国均有共产党，其人数虽然不多，声势则大，不好对付。"

"我们是经过周密准备的，这一点请费信惊先生放心。"

"好，虽然我对你们有所怀疑，但我还是要支持你，5000 支枪明天给你们。另外，我再借给你 20 门小钢炮，到时候你猛轰猛打一番就行了。

4 月 10 日深夜，春雨哗哗，大上海被笼在烟云之中。爱多亚路安乐旅社内一间小客房内，杜月笙、黄金荣、张啸林三人围坐在电话机旁。他们都默默地抽着烟，焦急地等待着开刀杀人的命令。

却说蒋介石 4 月 5 日发布了上海市戒严令，任命白崇禧为戒严司令后，便亲自率领已经整顿成为"可靠的"亲兵的第一军第一、二两师的兵力，赶往南京。他一到南京，就切断浦口铁路，使去长江以北作战的第六军三个团卫戌南京的部队陷于孤立，然后以两个师的兵力，解除了林伯渠三个团的武装。

4 月 10 日，蒋介石开始在南京全城搜捕共产党员。同时，蒋介石下密令："已克复的各省，一致实行清党。"

上海的戒严司令部接到这个密令，已是深夜 12 点半了。

电话铃终于响了，坐在沙发上闭目养神的黄金荣一惊，弹簧似地跳了起来，抓过电话上的听筒。电话里传出沙哑的声音：

"喂，金荣兄吗？"

"喔，杨司令，我是黄金荣呀！"这时的杨虎，已坐上淞沪警备司令的交椅了，"下午，陈主任来过电话，他要我等你的命令。"

陈主任便是陈群。虽然仍称主任，可是这主任已非"那主任"了，如今他是"清党委员会"主任。

"一切都准备好了吗？"

"万事俱备，只欠你的'东风'。"

"好，立刻动手！"

顿时，安乐宫旅社的这间小客房里忙乱起来了。

凌晨 1 点了，窗外的雨依然很猛，风呼呼地刮着，窗上的玻璃不时发出响动，杜月笙开始点将："祥生，你带一队攻商务印书馆；阿苏，你带一队攻东方图书馆。要打起工人的旗号，早先准备好的衣服要穿好，符号要别起来。"

等马祥生与金廷荪各带一支流氓队伍冒雨走了以后，杜月笙向两位大哥点点头，说：

"这儿的事交给两位大哥了，我到杨司令那边去一趟。明天见！"

说完，杜月笙坐车走了。

凌晨3点，宝山路一带突然响起了枪声，很激烈。

一群群身穿蓝衣短衫裤，袖子管上缠着一个"工"字符号，手持武器的流氓帮会分子，打着工人的旗号，突然围攻商务印书馆工人纠察队与东方图书馆工人纠察队总部。枕戈待旦的工人从睡梦中惊醒，门口放哨的以及睡在底楼的工人兄弟们，已倒在血泊里了。楼上的工纠队员奋起反击，顶住了这批坏蛋的进攻，并且把他们赶出大楼。

双方在黑暗中打到天亮，才告停歇。

正当工纠队派人摸对方底细的时候，蒋介石手下的刘峙的第二师的一个罗团长，带着一班人马赶来，关切地问：

"昨夜这边有枪声，出了什么事？"

"有人攻击我们！"总工会委员长汪寿华出来接见团长，"据了解，这些人是反动派。"

"他妈的，非抓住他们不可！"团长匆匆下楼，命令部队展开包围，不出一顿饭功夫，除了个别拔腿就逃的以外，当场抓到60来个。

"娘的！"罗团长朝一个被捕流氓的脸上狠狠地揍了一巴掌，"统统捆起来，送师部重办！"

在工纠队员要求惩办凶手的怒喊声中，这批坏蛋押送师部去了。

其实，这些流氓从前门进去又从后门出来了。

杜月笙赶到警备司令部时，罗团长正眉飞色舞地向杨虎汇报诱骗工人的把戏。杨虎听后满意地点点头。他走到杜月笙面前，拍拍他的肩膀说：

"下边的戏，该你唱主角了。"

杜月笙重重地点了一下头。

从杨虎那里出来，杜月笙坐车回安乐宫旅社门口。车门打开了，他转念一想，吩咐司机说"开回家去"。

杜月笙回到家里，对手下人说了句"任何人不见"。便把自己关进了密室里。

他想，江湖上头一桩犯忌的事，便是不义。汪寿华对自己不差，"五卅"时，双方相互合作的不错，他为人也正直、大方、讲交情，受众多工人的爱戴，前阵子，还来和自己谈判，可是现在要动手……想到这儿，杜月笙不禁打个冷噤。

他双手蒙住面孔，呆坐着。

要是不干呢？蒋总司令会是怎么想？杨虎与陈群的面上也过不去！前头的那些努力不是全白搭了吗？

退一步说，汪寿华是共产党，这共产党要是真坐了天下，自己在上海滩还能这样吗——蒋介石坐了天下，自己的这一切，肯定是能保住的。

再说，自己混到今天这个局面，难道是讲义气讲出来的？是诚心诚意地待人待出来的？还不是靠着坑、蒙、拐、骗，不择手段？蒋介石这个上海滩出去的流氓头子，怎么说和自己还是亲切的。

干吧，豁出命来干吧。俗话说："量小非君子，无毒不丈夫。要做一番大事，杀几个朋友又算什么？"

杜月笙躺到烟榻上，美美地吸了几个大烟泡，男子汉大丈夫，一言九鼎，决不能这么婆婆妈妈的！

"叫顾嘉棠和叶焯山。"

此时，这些得力干将们知道正值紧要关头，都在等待随时差遣。

顾、叶二人很快来了。三个人在密室里商议了一会，然后分头准备去了。

杜月笙这个人刁就刁在智慧比黄金荣、张啸林高。首先，办这件事他不准备瞒着黄金荣与张啸林，而且还设法让他们也沾上点儿，这样，名义上是三个人共同干的，实际上功劳都是他个人的。其次，这件事他自己不能动手，让其他人干，干得不露痕迹。

他布置停当以后，便坐车去安乐宫旅社找人。

安乐宫旅社的那间密室里，金廷荪已在唾沫星儿四溅地演说着与工人纠察队打斗的事，杜月笙进门后，坐在靠门口的那把椅子上，安静地听着，不动声色。

黄金荣听完了这出好戏的介绍，不禁手拍大腿，高叫道："这事做得妙！月笙，杨司令那边有什么消息？"

"他出了个难题，让我们做，"杜月笙故意将"我们"两字拖得长一些，把这件事说成三个人的任务，"叫我们在今天解决掉总工会委员长汪寿华。"

"这有何难？要除掉这个赤佬，还不是手到擒来？"黄金荣见杜月笙显出为难的神色，既打气又出馊主意，"月笙，你把他骗出来，啸林，你带领人动手。"

"就这么定了！"张啸林毫不含糊。

"我听大哥的，试试看。"杜月笙似乎十分勉强。

杜月笙立刻叫来管家万墨林，让他找人做了一面"共同奋斗"的锦旗，马上送到湖州会馆的总工会去，并带了一张请帖，邀请总工会委员长、共产党员汪寿华当晚到他的公馆来一次，说有要事相商。

"到底有什么事呢？万先生能不能告诉我？"汪寿华问。

"我不清楚，这得你自己亲自问杜先生才能知道。"

汪寿华因形势紧张，公务特别繁忙，想了想，只好拿起电话，说："接杜公馆。"

不一会儿，电话接通了。

"喂，杜先生吗？我是汪寿华。"

"汪委员长，你好，我是杜月笙。"

"杜先生，晚上有什么事相商？能不能在电话里说一说？"

"是一个十分重要的消息。这两天，各地都有冲突，据可靠消息，是有人在搞鬼。"

"什么人？"

"你来，我们具体地谈一谈。"

"那好吧。"为了起义的工人们，为了保卫革命的成果，汪寿华答应了。

汪寿华与杜月笙通过电话后，许多人都反对他去杜公馆，他们觉得，这也许是一个圈套。汪寿华坐下来，又考虑良久，还是决定去。他想：在这关键时刻，顾不了个人安危了。去走一趟，也许可弄清事实真相，回来可以商量对策。他想定以后，换了一套衣服，从湖州会馆总工会出发，绕道去法租界。

这时，暮色四合，已是黄昏时候。雨停了，大街小巷充满了初春的寒气。路上行人稀少。汪寿华坐在车上，警惕地注视着马路两边的动静，再穿过两条马路，便是法租界的铁闸门了。

突然，有一批人从他坐的小汽车边掠过。这班人身穿蓝衣裤，袖子管上缠着"工"字符号，同袭击东方图书馆的歹徒一样打扮。汪寿华暗地里吃了一惊，赶快叫车夫停下，闪进一家洋货店，向总工会摇了个电话，告诉值班的：

"昨夜偷打我们的这些家伙，已经放出来了，告诉大家要小心提防。"

打完电话，他坐上车继续前进。

当晚8时，汪寿华坐车来到华格臬路，恭候在公馆门前的万墨林、谢葆生把汪寿华迎进门内。

大门刚刚关上，马路对面便窜过两个人来，劫持了汪寿华的汽车，押着车夫，把汽车开走了。车夫从此便永远失踪。

汪寿华由万墨林、谢葆生两人一前一后"伴送"着走进客厅，只见昏暗的客厅里，满脸杀气的张啸林坐在中间的一张太师椅上，身后站着目露凶光的马祥生、高鑫宝。

"杜先生呢？"汪寿华觉察到形势不对，便想找机会脱身。

"汪寿华，告诉你，你别以为拉扯了几个穷工人，就能翻天，今天，你死定了。为了让你死的明白，我告诉你，是杜先生和我们一起送你上西天的。"

汪寿华刚想转身，门厅里早已埋伏好的顾嘉棠、叶焯山已从暗中扑出，芮庆荣紧跟在后面，手持铁器朝汪寿华头上一阵猛击，汪即仆倒在地。

接着，张啸林指挥众人把汪寿华装进一只早已准备好的大麻袋，搬到门外停着的一辆汽车上，带了锄、锹等工具，向沪西飞驶而去。

在一片荒僻处，他们把汪寿华活埋了。

半小时后，杜月笙去警备司令部，向杨虎报道："汪寿华已经走了。"

杨虎十分高兴，立刻驱车与杜月笙一起叫上黄金荣、张啸林、王柏龄、陈群，六人一起来到杜公馆，歃血为盟，义结金兰。

接着，一群群"共进会"的打手，持着凶器，借着黑暗的掩护，偷偷摸摸地扑向四方。深夜，设在湖州会馆里的总工会、商务印书馆与东方图书馆里的工人纠察队、三山会馆里的电车工会，突然受到袭击，工人们奋起反抗，打退"共进会"一次又一次地进攻。

当共进会的打手们将要支持不住的时候，背后响起了阵阵呜呜的军号声。事先勾结好的二十六军周凤歧部队，由参谋长祝绍周指挥的第一师和第二师，分别包围了总工会与纠察队。他们假称调解双方的冲突，命令两边都放下武器。

"共进会"的打手心里有数，马上乖乖地扔下枪支，掉转屁股跑了。可是工人们心里有数，再也不愿上当，他们决不交出武器。祝绍周一声令下，几挺机枪"哒哒哒"吐着火舌，100多工人倒在血泊里。

接着，他们把原来准备好的两张大布告贴了出来。

一张是前线总指挥兼上海市戒严司令白崇禧的布告：

本市闸北武装工友大肆械斗，值此戒严时期，并前方用兵之际，武装工友任意冲突，殊属妨碍地方安宁秩序。本总指挥职责所在，不得不严行制止，以保公安。除派部队将双方肇事工友武装一律解除外，并派员与上海总工会妥商善后办法，以免再起斗争，而维地方之秩序。

另一张布告是二十六军军长周凤歧出的。如果说白崇禧的布告，还有一句"并派员与上海总工会妥商善后办法"的烟幕，而周凤歧的布告讲得更加赤裸裸了。布告直言不讳地说"工人持械内讧，奉命缴械……总工会予以封闭"。

上海的几十万工人再次震怒了，闸北、沪西、南京、浦东等处工厂举行总罢工。他们提出强烈抗议，明确指出袭击工人纠察队、暗杀汪寿华委员长的不是别人，正是蒋介石的师父师兄弟——黄金荣、杜月笙、张啸林和他们的"中华共进会"。坚决要求惩办杀人凶手，发还纠察队的枪械、启封总工会、查办刘峙等人。

看到这阵势，杜月笙心里禁不住冷颤直打。

"大哥，事情闹大了。"

杜月笙一回到安乐宫密室，便急急地说，"刚才得到情报，总工会已发动总同盟罢工，明天在闸北青云里开什么声讨大会，会后还要游行示威哩！"

"这情报可靠？"黄金荣问。

"可靠。"

"那我们把'共进会'的弟兄们拉出去，同他们拼了。"张啸林跳起来说。

"不能乱来，我们得去见见杨司令，讨讨他的口气再说。"杜月笙说。

"好，现在就走。"黄金荣、张啸林都表示同意。

杨虎一见他们三个，便竖起大拇指直摇晃，"干得好！"

杨虎一边说一边把客人让进接待室，心里想，这兄弟三人一道来，总是来要钱的吧，何不来个开门见山？

"5万块用完了吧？"

"还剩一点点，"黄金荣抢着解释，"这样的事，蒋总司令不给经费，我们也要干。有难同当，有福同享，蒋总司令的事就是我们自己的事。有什么，尽管闲话一句。"

"好！"杨虎不停地点头，只要不再伸手讨钱，就好。他趁从南京赶来的蒋介石的秘书陈布雷给客人敬烟的时候，想定一个主意，"布雷兄，你不是说蒋总司令交代过吗，要代司令部写三份委任状，委黄金荣先生为北伐军东路军少将参议，杜月笙、张啸林二先生为北伐军东路军少将顾问吗？

"少将参议？"黄金荣笑得合不拢嘴巴子。

"少将，我们居然也当将军了！"张啸林乐得忘形，拍手叫好。

杜月笙一双眼眯成一条缝，直搓双手，不住地重复："太荣幸了！太荣幸了！"

黄金荣浑身上下劲头更大了，急忙说："杨司令，明天几十万工人请愿的事，您看怎么办？他们要求惩办我们三个人呢！"

杨虎笑而不答，反而把问题踢回去："是啊，情况相当严重，你们三位给我出出主意看！"

其实，蒋介石已下令给杨虎、周凤岐等人，杨虎现在是成竹在胸，决心早下定了，只不过在这帮大亨面前，不便直说，便来了个屈尊求教。

一向沉得住气的杜月笙，这会儿顾虑重重。他现在已背上了杀害工人领袖汪寿华的名声，与共产党结下了冤仇，总工会方面不会善罢甘休的，箭在弦上，不得不发。他又想起了那句俗话：无毒不丈夫。干脆，一不做，二不休，杀光这批共产党赤佬。情急之间，一个锦囊妙计在他脑海里跳出来。

"昨天，'共进会'的弟兄们从工人纠察队住处，搜到工人们收缴的直鲁联军留下的有关证件，我们何不将计就计，就说总工会内藏有直鲁联军，对工人纠察队来个彻底荡平！"

"好主意！"杨虎连声说。"我马上急电请求蒋总司令并且请求白崇禧与刘峙好生对付。不过，你们的人马要密切配合。我还有一件要事要办，让布雷兄同你们商量着办吧！"

杨虎说完，向三人拱一拱手，便回内宅去了。

半小时后，黄金荣、杜月笙、张啸林三人也都领命而去。

4月13日这天中午，雷声隆隆，雨点爆豆似的洒下来。在雷雨声中，闸北方向的枪声震耳欲聋。到了下午3点，雨止雷息，枪声也渐稀疏。

张啸林兴冲冲地回到安乐宫旅社，一进密室，便禁不住向黄金荣报道：

"大哥，事情全解决了。"

大哥向进门的义弟扔过去一支老刀牌香烟，以示慰劳。张啸林点好烟，猛吸了两口，喝了几口茶，便眉飞色舞地讲起刚才发生的宝山路事件。

上午，成千上万的工人从四面八方涌向闸北青云路。在西宝兴路与青云路交叉地方，有一大片空场地。在空场上临时搭起了一个讲台，工纠队的一个负责人上台向工人们报告了昨天的一起屠杀真相。台下千万群众，顿时发出怒吼：

"打倒新军阀！"

"惩办杀人凶手！"

"发还武器！"

"启封总工会！"

"工友们，让我们去向二十六军请愿，讨还武器，要来凶手由我们自己惩办！"报告人向群众提议道。

十来万愤怒的工人，列队向宝山路二十六军第二师司令部前进。他们高唱"打倒列强、除军阀"的歌，喊着口号，在倾盆大雨中由北向南，直奔宝山路而来。

白崇禧与刘峙早已接到蒋介石的密令：格杀勿论！

当请愿的工人队伍到达宝山路口三德里附近的仁盖女子学校门口的时候，刘峙的第二师士兵们，突然开枪，向密集的人群扫射。机关枪从各个角度扫向赤手空拳的群众。十来万人挤在一起，前头的倒在血泊里，后边的还向前涌。

没有说话、评理的余地，没有退却、避让的机会，几千人在血腥大屠杀中死去。整条宝山路上，血流成河、尸积如山，惨不忍睹。

"大哥，事情统统摆平啦！"杜月笙也兴奋地跨进密室，向黄金荣报告他的进展情况："明天，上海各大报纸都登我们的声明；大后天，我们三个举行记者招待会。"

听到要举行记者招待会，黄金荣有点不自在。他想：自己的拿手本事是拔拳头、动刀子，如果在那些舞文弄墨的记者面前发表什么谈话，岂不是赶鸭子上架吗？他可不想在这种场合给自己弄个尴尬相。他摇手说：

"月笙，我们的声明见报就行了，还开什么记者招待会呢？这些记者就会鸡蛋里面挑骨头，东问西问，啰嗦个没完。"

"大哥，这桩事有来头。表面上看是陈主任布置的，实际上是总司令的意思。到时候，大哥说什么也要出场。只要大哥在会场上这么大模大样的一坐，就是一句话不说，也威震四方。"杜月笙劝道。

"既然是阿元的点子，"黄金荣在自己亲信面前，总是不叫蒋总司令，而称"阿元"，以示关系不一般。"我得进去坐坐。不过丑话说在前头，记者盘问起来，我不开口，统统由你去对付。"

"大哥放心好了，包在小弟身上。"杜月笙以当仁不让的口气回答，而后又觉不妥，冷落了旁边的二哥不好，便补充了一句："那些捣蛋的家伙，由啸林与我去对付吧！"

经过一番密谋策划，"四·一二"大屠杀后的 4 月 14 日，上海各大报，刊登了黄金荣、杜月笙、张啸林三人联名发表的"复电"，这"复电"颠倒黑白，为蒋介石的"清共"张目。

"寄生于国民党中的共产分子，贪苏联赤化之金钱，贿买无知识、无教育之工人，捣乱地方，无所不用其极，士不得学，农不得锄，工不入厂，商不居肆，女不安室，动辄游行，以加薪为条件，以罢工为要挟。……视地方公正之士，无绅不劣，无豪不土，公产任其搜括，私产任其没收，逮捕杀害，无恶不作。……金荣等……观吾国近日之情形，某厂停工，某业闭市，某教废祀，某家破产，共产党之流行病，势将传染于大江之南，不早歼灭，蔓草难图，噬脐莫及。金荣等不忍坐视数千年礼教之邦，沦于兽域，干净之土，蒙此秽污，同人急起邀请同志，揭竿为旗，斩木为兵，灭此共产凶魔，以免遗害子孙。尤望全国父老，父诏其子，兄勉其弟，共起而铲除之。"

三大亨署名的上述电文为蒋介石反共大造舆论，是全国帮会势力在报刊上公开反共的先导。在此之后，刘克斌、杨庆山、明德等反动帮会分子接连通电响应，加入反共的行列。

4 月 14 日，上海市清党委员会成立，杜月笙荐的芮庆荣任该委员会的行动大队长。当天芮庆荣等人分头出动搜查"上海特别市政府"、"特别市党部"、"学生联合会"、"平民日报社"、"中国济难会"等机关，并将被捕的共产党员全部送到龙华东路军指挥部。

在杜月笙等人的帮助下，蒋介石大肆屠杀共产党人和革命群众，继优秀共产党员和工人领袖汪寿华之后，陈延年、赵世炎等也先后英勇牺牲。短短的三天之内，300 多人被杀，500 多人被捕，5000 多人失踪。

4 月 16 日，黄金荣、杜月笙、张啸林在陈群的指使下，联合向新闻记者发表了颠倒事实的反共讲话。

次日，又印发了 10 万份《警告男女工人书》的传单，大肆叫嚣反共灭共。

"四·一二"事变得逞后，杜月笙又紧跟着杨虎杀向外地。他亲率人马，全副武装，乘轮船去宁波清党。

4月下旬，杜月笙带领的行动大队窜到宁波后，与当地反动的流氓势力合流，杀气腾腾地向共产党人和革命群众猛扑过来。一连三天，宁波城笼罩在腥风血雨之中，每天都有共产党人和革命群众被杀害。

在宁波期间，杜月笙与宁波清党特派员杨虎等人一同下榻于镇明路金廷荪的住宅内，杜担任清党副官长，金任副官，设办公处于宁波广济街旧提署内。

返沪后，杜月笙一不做，二不休，又派高鑫宝，率党徒和警备司令部的反革命武装一起行动，到清浦、松江一带，杀害了一大批共产党员和革命群众。

"四·一二"前后，杜月笙血债累累。

司令部的委任

华格臬路是条幽静的林荫道，两边的法国梧桐亭亭玉立着，虽是初春时节，梧桐叶也已有巴掌大小。时光已近黄昏，路上并不太明亮。朝着马路开的杜、张两宅的总门大开着，门里的照壁上，贴着两张大红喜报。

杜月笙从外面走进来，停住脚步，往西边的一张看了看，原来是写自己的。

喜报

上海浦东杜镛先生，向来乐善好施，为地方治安沥尽心血。此次上海平乱清党大功告成，亦与杜先生全力以赴难以分开。为此，委先生为总司令部少将顾问……

再看东边一张，是写张啸林的，语句措词基本相同。杜月笙左手一扬，叫了声"阿礼"，跟在后边的高杯礼马上凑前一步。杜月笙吩咐：

"门前来往的行人，每人赏两块大洋！"

"是。"

转过照壁，便是院子，院中种了不少花木。院子北面，并排开着两洞石库大门，东边是张家，西边是杜宅，两家中间隔道砖墙，可有一洞小门相通着。

杜月笙进自己西边的大门后，经过门厅便是一长方形的小花园。一条两边种着冬青的水泥路面小道，直通第一进中式楼房的大厅。客厅正中放着紫檀木八仙桌，桌子两旁各排着四只镶纹石镂花的太师椅，罩着锦衣椅帔。大厅正中挂着一个红木玻璃框子，框子里装着一个大"福"字，那是黄金荣的亲笔。在红木镜框两边，悬挂着黎元洪的秘书长写的那副"三千客"的对联。在玻璃框与对联下边，贴壁放着一张长条几，几上供着足足三尺高的福、禄、寿三星彩色瓷像。

瓷像前，摆着一套黄呢料子的将军服与武装带，还有一张北伐军总司令部的委任状。杜月笙一入大厅，全家上下都一起跑过来，抢着道喜。

"恭喜先生高升，"门口传来徒弟谢葆生的贺喜声，接着以手打拱，抢进门来，"得到喜讯，学生请来一个照相师，给先生拍张将军照。"

谢葆生身后跟着的照相师，忙着上来向杜月笙作揖。杜月笙点了点头，算是还礼。

"葆生，你呀，这一点点小事，何必这么兴师动众呢？"

"先生，这怎么是小事呢？升为将军，你光荣，我们做学生的脸上也光彩呀！——来，快布置一下，照一张吧。"

已升为仙乐斯舞厅老板的谢葆生，对拍马屁这一门学问是精通的，他一得到杜月笙被蒋介石委任为少将，下午又派人送来军装与委任状的消息，两只眼珠一转，便到静安寺路请来照相师，并搬来全套照相照明的行头，不失时机地在师父面前讨好一番。

谢葆生以行家的身份，吩咐杜家佣人捧进军装，服侍杜月笙穿戴起来，转身又让照相师在大厅里布置背景，架起相机，调好灯光。

穿起军装，杜月笙的手不知怎么放法，步子怎么迈法，别别扭扭地从后屋子里出来，在一阵热烈的掌声中，摆好姿势，照了一张全身像，又照了一张半身像。

第二天，照片送来了，杜月笙特地配上了一个镜框，挂在他第二进的厢房里，他站在两尺远的地方，端详着自己的仪容，觉得自个生相不够魁伟，一点也显不出雄赳赳气概来，还是平日长衫一领，西裤一条，能衬出顾长的身子那飘逸潇洒劲来。

"先生，有位客人要见你。"正在自我欣赏之际，有个佣人进来，递上了一张名片。

"《时事新报》记者陆迅"，杜月笙两个指头捏着名片，抖了抖说，"我不认识这个人呀。"

"他说有要事禀告。"佣人补充说。

"好吧，让他在客厅里等我。"

过了好长时间，大概总有半个小时了吧，杜月笙才背着手踱出来接见。

客厅里的那个新闻记者，见杜月笙如此怠慢，心里有些愤愤然，可是一见面，几句寒暄客套后，又觉得这杜老板气度不凡，于是便凑近杜月笙的耳边说："这是我刚刚收到的一篇社会新闻特写，被我扣了下来，请您过目。"

说着，便把稿子递了过去。杜月笙接过一看，顿时脸色变了，拍桌子骂道："杂种，想敲竹杠！"

"杜先生，我是好心……"

"我知道，这不关你的事。我杜月笙凭良心做事做人，对朋友最讲义气。这篇文章说我诱杀汪寿华，真是含血喷人！天理良心，汪寿华的事情我事先没听到一点风声，他被人活埋，我直到前天才听人说。这个人写是我打电话骗他出来的，他亲眼看见我的手下人顾嘉棠、叶焯山杀的，胡说八道！娘个×，我要剥他的鸟皮！"

"杜先生，您消消气，"陆迅有些害怕了，"那个作者比较听我的话，我关照他在外头不许乱说，他不会乱说的。这稿子就交您处理吧。"

"本来，我要给他点颜色看看，既然陆先生讲了，我就放他一马。"

杜月笙掏出一个本子，写了张条子，交给了那个记者，"陆先生，你的好意我心里有数。明天，你到这地方去领 500 块大洋。

"这？杜先生，我可不是为钱……"

"这个我晓得，我们交个朋友，千万收下。这样吧，明天你把那个人也带去，让他当面看看顾嘉棠和叶焯山两个人，不要弄错，澄清事实后，你也可以代我辟一下谣。"

"好吧，杜先生的吩咐，我一定从命。"

记者走了以后，杜月笙叫来了顾嘉棠，如此这般地交代了一番。

"假使这个记者要滑头，自己一个人来呢？"顾嘉棠问。

"不付钱，打发他回去叫。"

"两个人统统干掉，还是只除一个？"

"难道这也要我教你？"

"我反应慢，请杜先生不要见怪，我这就去办。"

两天后，有人在漕河泾的荒野中，发现了两具尸体。一个是《时事新报》的记者陆迅，还有一个就是《汪寿华被杀目击记》的作者。

从此之后，杜月笙的地位在上海滩又进一步提高。混迹于十里洋场的各色人等都把他看作"唐"，看作至高无上的教父。有什么棘手困难的事情，人们都去找杜月笙，而不去找黄金荣了。

随着"四·一二"政变与蒋介石的交往日深，杜月笙成为当时中国最"伟大"的"教父"。

第九章 血洒上海滩

第十章

金融商业新霸主

染指金融界

经过"四·一二"事变后,杜月笙仿佛跳过了一座"龙门",蒋介石继聘他为司令部参议之后,又聘他担任"国府谘议",他成了上海滩上惟一一个势力遍及法、英、华三界的大亨人物。党国要人陈群、杨虎、王柏龄、陈希增等是他的结拜兄弟,一些党部委员、黄色工会首脑们纷纷拜他做"先生"。

杜月笙在社会上的巨大能量,使上海滩上素来自视出身高贵,从不与"下三界"(流氓、赌棍、烟贩子)打交道的金融实业界上层人物,也开始对他刮目相看,接连抬他出来担任一些要职,如"法租界商界总联合会"主席和"纳税华人会"委员兼首席顾问。

不久,法租界华董空缺,中外阔佬又捧他登上了5人华董首席的宝座。

但是,杜月笙却有一块心病,他总感到自己的出身底蕴不香,总摆脱不了"下三流"的心理影响。要使自己正式列入"上等人"的行列,必须要有实业作为"涨身价"的后盾。

正当杜月笙朝思暮想如何踏进实业界的时候,机会恰恰就来了。

1928年春节,大年初一,杜公馆来了一位新客人,此人是任北四行储蓄会经理的钱新之。

钱新之,名永铭,浙江湖州人,留学过法国,在清末状元张謇出任交通银行总裁时,他就担任了交通银行的总经理。前些日子出任国民政府财政部次长,如今是"凹行储蓄会"的经理,堪称上海金融界的巨子。

北洋军阀时代,私立的银行很多。1927年5月国民政府在南京成立后,蒋介石把自己的中央银行抬为银行之首,在金融上控制其他公私银行及钱庄。原来的两家公立银行——中国和交通,依然保持原样,由"四大家族"的另外两家孔(祥熙)、宋(子文)加以控制。

私立银行中,主要有北四行和南凹行。北四行是由原来在北京、天津设立总行的金城、盐业、中南、大陆四家银行组成。国民党政府在南京成立后,北四行的重心也逐渐南移,并组织了四行准备库,发行中南银行名义的钞票,成立四行储蓄会,大量吸收存款。后来,还造了当时远东最高的大楼——国际饭店。

钱新之到上海后,住在租界的公寓里,有两只箱子失窃,内中有几件"传家之宝"。他向租界当局报案,巡捕房一连查访几天,杳无音讯,毫无办法。

大前天，他转几道弯子托了个朋友，请杜先生帮忙。

杜月笙满口答应："我一定要想办法。把东西找回来！"

第二天，也就是大年夜11点光景，两口箱子由司机阿发送到了钱新之的住处，物归原主，里面的东西一桩不少。内中有两样已被当掉，是杜月笙派人赎回来的。钱新之要还赎款，司机不肯收，说是杜先生关照，交个朋友。

钱新之感激不尽，大年初一，特地来杜公馆拜谢。

杜月笙一听银行界大名鼎鼎的钱经理来访，一迭声地吩咐："快请，快请！"他自己忙着迎上去。

寒暄之后，杜、钱二人一见如故，在小客厅里谈得十分投机。不到半小时，脑子活络的钱新之便以老友的口吻，向杜月笙进言：

"杜先生，依小弟的愚见，以您的手腕、名望，今后应大办工商实业。名列工商业界后，您的名望会更大更重，地位更加巩固，在上海滩更令人瞩目。"

"噢——"杜月笙其实早就有这想法，此时却装起了糊涂，久久没有表态做声。

"这个长远打算不知杜先生想过没有？"钱新之坦诚地说。

"钱先生，听君一席话，胜读十年书。我是要搞实业，也想干实业，只是那么多行当，干什么呢？我杜某还有所不知，请钱先生赐教一、二。"

"要搞实业吗？首先应有个银行，先挤入财界。在上流社会站住脚跟，且不说争身份，它也是发财的好门路，银行一面吸收客户的银根一边放债，做生意，借本生息何乐而不为呢？"

"开玩笑吧？钱先生，开银行，说说容易，做起来就难了。我到哪去搞那么多资本？不敢想啊。"

"杜先生经营着五片赌台，进账一定不少吧，据我钱某所知，先生仅给法国领事那那齐亚每月的红包就有18万之多，这还不包括总巡长费才尔、总探目乔万士的18万。还有杜先生在闸北、南市经营的福寿宫、凌烟阁的烟馆，也给市党部的陈群5万红包，这数也不错的吧！具体做法，容我代杜先生筹划。过两天，我们再细谈。这两天，杜先生可以先找找人，拉些股东。"

钱新之当场表态愿意出力。

杜月笙一听，知道这事有望了，当即表示同意。钱新之一席话把杜月笙的心说活了。

送走贵客后，杜月笙上车去钧培里。这一次给黄金荣拜年，除了礼节性的意义之外，又加上了一层实质性的东西——请兄长一道开银行。

"月笙，这玩意能赚钱吗？"黄金荣有些拿不准：

"你能不能拿得准？钱赔进去可捧不上来。"

黄金荣对于赚钱的行当，一向以为是贩鸦片、开赌场、戏馆为最，吃"黑"食吃惯了，大模大样地办银行、开工厂，他觉得既出力又不保险。

杜月笙可不一样，他已经认识到了现在弟兄们的社会地位都普遍提高了，不像模像样地办些实业，难以在上流社会立足。虽然黑道也不能丢，但那毕竟是上不了台面的，久了终会使人怀疑。

"大哥，我们现在的情况和以前不一样了，光靠鸦片、赌场，上不了台面，这银行是最体面的，外国的许多大老板都是银行家。你入一股，挂个常务董事的名，不过问事务，到时分红利，怎么样？"

黄金荣觉得这样行。因为他知道，事情由杜月笙去做不会差的，杜月笙不可能做亏本的买卖。他不插手事务，只享受财香，何乐不为？

"我就听你的，入一股。"

趁着拜年的机会，杜月笙又跑了几家，拉了些股份。

到年初三，钱新之果然送来了一套筹款方案。他向杜月笙建议说：

"先生可以从三方面筹集资金：凑、堆、挖。"

"何所谓凑、堆、挖呢？"杜月笙问道。

钱新之却笑而不答。但是，精明的杜月笙很快就悟出了他的真意。而钱新之却不明其里，接着又解释说：

"所谓凑，就是从鸦片行、赌场里拼凑。在'黑'行业中，租界里的10家大土行，每家的流动资金少的十几万，多的几十万，而且盈利极高，为了给杜先生捧场，凑出几十万是没什么问题的。"

杜月笙自己所控制的上海最有名的5大赌场：富生、荣生、义生、利生及源利，每天进出的金额，动辄几万、几十万，提出一部分资金，还不是小菜一碟？于是他又问道：

"什么是'堆'呢？"

"这是银行同业中的老规矩，凡有新银行开张，各同业都需在开幕那一天向新行存进一笔巨款，名为'堆花'，表示道贺。上海滩有十几家银行，这个数目也是很大的。以杜月笙的名望和势力，谁敢不来'堆'一'堆'这锦上之'花'呢？"

杜月笙点了点头，至于"挖"呢，杜月笙更是心明如水，钱新之也不多说了。

不久，杜月笙就付诸实施"挖"了。

恰巧，这时一个姓吴的小子是上海第一个大财神，名叫吴耀庭。大概是得意忘形，或者色胆包天吧，父亲刚去世，他便与父亲的七姨太干上了。

有一日，他和七姨太赤裸裸地在床上大战三百回合，被家里的其他姨太太当场捉住了。

"谁叫你天天理她不理我们？"众人指着姓王的小子说。

"你想独吞那1000多万遗产吗？"众人指着七姨太说。

一下子，家里闹得开锅一样，几个遗产的共同继承人趁这个机会，准备侵吞那1000万，便告他个忤逆，要剥夺他的继承权。

但是，吴耀庭也不是个吃软的人，死活不答应自己少要一分父亲的遗产，一家子正闹得不可开交时，其他姨太太们一下子把他告到了上海县衙打官司。

杜月笙听到这事，一拍大腿，对一个门徒说："永铭，你去对姓吴的说，这件事我来摆平，1000万遗产他稳拿到手，只是他要向银行投资50万，我给他个董事名头。"

"好，杜先生能帮忙，我想姓吴的正是求之不得的。"

果然双方一拍即合，杜月笙连哄带吓，唬得几个姨太太乖乖地缩了头，50万大洋捞进了杜月笙手里。

后来又有一个姓朱的，也是靠杜月笙摆平的，得了一宗遗产，把其三分之一入了股，成为银行的大股东。不出一年，杜月笙如此巧妙地集资竟达200万之巨。这种资源来得很奇特，在金融界也是绝无仅有的。

经过这么一番筹划，银行当年就开张了，这就是有名的"中汇银行"——中国由大亨开办的第一家银行。杜月笙自任董事长，黄金荣、张啸林为常务董事，金廷荪做了监事。

但是，杜月笙烟赌有道，实业无方，手下的弟兄不是昔日的流氓白相人，就是一些跑街结账的小脚色，对经济可以说一窍不通，结果开张干了两年，只获利十几万元，勉强维持银行职员的工资和业务交际费用。

尽管如此，杜月笙利用其明敲暗诈、月黑风高的惯技，在金融界还是迅速地打开了局面。

中汇银行的北面是上海华商纱布交易所，杜月笙办公室的窗子斜对着它。每日里，杜月笙都能看见交易所门庭若市，生意兴隆。

"让我也来凑凑热闹吧。"

一天，杜月笙望着那车水马龙般的人自语道。

不久，交易所内一群流氓起哄、怪叫、吹口哨，交易所被迫停业。交易所明知是杜月笙在捣鬼，却也无可奈何，只好叩开中汇的大铜门，请杜董事长出面镇压小流氓。

杜月笙彬彬有礼地答应了。

当然，中汇是从来不做赔本买卖的。不久，华商交易所的理事名单中，忽然冒出了杜月笙的大名。而中汇的金库中，一下又增加了50万的储金。

在"豪夺"的同时，杜月笙也常常"巧取"。

外国人发明汽车以后，人们发现汽车比马车方便，既快又省力，而且乘坐舒适。因此，到了30年代初，汽车不断更新换代，轮胎需求量大增，一时使制造轮胎用的橡胶供不应求，市场上的橡胶价格也不断猛涨。橡胶生意空前看好，外国几家橡胶园和从事橡胶生意的商人获得了巨额利润。

做橡胶股票生意很赚钱！上海的外国人嗅觉十分灵敏，有个叫麦边的英国流氓立刻找到杜月笙，说：

"杜先生，现在橡胶在国际上十分走俏，我想与你合作做这方面的生意。"

"怎么做？"

"我们可以发行股票，你不是有个中汇银行吗？我们可以联合起来炒股票。"

"这些花纸头，炒到最后能赚钱吗？"杜月笙不懂这玩意儿。

"这一点杜先生放心，有你这样的人做后盾，我们是一定能赚大钱的。"

于是，麦边与杜月笙联合在上海开了一家从事橡胶生意的"蓝格志拓殖公司"，兜售橡胶股票。

麦边诡计多端，搞这样的事很有一套。

一开始，他请人写了一篇文章，刊登在几家中外文报纸上，大肆吹嘘橡胶怎么好，用途怎么广，以耸人听闻的言辞大做橡胶广告。

然后，在杜月笙的帮助下，他又拉了一些不三不四的人冒充董事，每个礼拜召集他们开一次董事会，借此机会，大造声势，宣扬他在国外的橡胶园大获丰收的消息。他所做的这一切使人们相信，买麦边的橡胶股票有靠山。

与此同时，这个洋瘪三暗中向外国银行借钱，摆噱头，每隔三个月，用借来的钱发给一些持有橡胶股票的股东们一部分中间利息，给那些想发财的人尝尝甜头，并以此标榜自己守信誉。

在杜月笙的帮助下，麦边雇用了大量人员冒充股票的认购者，虚张声势，一大早就涌到中汇银行门口，排队抢购橡胶股票，致使很多不明真相的人也纷纷涌到中汇银行，争着抢购橡胶股票。

结果，中汇银行因人多拥挤，秩序大乱，不得不停止营业。消息传出，哄动全市。麦边和杜月笙就这样变着戏法，乘机把橡胶股票一涨再涨。

他们看到股票价格一日比一日上涨，快涨到极限时，中汇银行突然宣布，某月某日，所有的橡胶股票停止押款。

布告贴出，犹如晴天霹雳，急得那些股东们想去跳楼。因为银行拒绝股票押款，说明橡胶股票已分文不值，完全成了一张"空头支票"。人们做梦也不曾想到，这些花花绿绿的橡胶股票一夜之间就成了一堆废纸。而麦边则带着分得的近千万元，拍拍屁股、卷起铺盖逃之夭夭了。

其余的一半钱，则被杜月笙悄悄地吞了下来。

这次橡胶股票风潮致使上海滩几十家商号、工厂、钱庄等纷纷倒闭。其中正元钱庄的老板陈逸卿、北康钱庄的老板戴家宝和谦余钱庄的老板陆达生，挪用各自钱庄客户存入的远期支票，向其他钱庄调换巨额资金，套购了大量的橡胶股票，最后钱庄倒闭，三人手挽手涨潮时在吴淞口外跳了海。

除了利用洋人施骗弄钱，杜月笙纵横金融界，还有绝招。

1931 年 7、8 月间，长江、黄河、珠江流域共有 16 省暴雨成灾，受灾人口 5000 余万，有近 15 万人因洪水死亡。8 月 12 日，杜月笙、王晓籁等人发起、组织了"上海筹募各省水灾急赈会"，大张旗鼓地举行募捐，这倒也不失为一件善举。

就在这期间，杜月笙听说称为"南三行"之一的上海商业储蓄银行投资的一宗食盐生意在长江里翻了船，损失将近 200 万。杜月笙得信后，马上指使手下人到该行去存款，等到商业储蓄银行把这些钱放出去后，便让人四处传播谣言，说"商储"亏空了几千万元，银根特紧，董事们正在挖肉补疮云云。

这一谣言一出，市民们惊慌不已，惟恐自己的存款"泡汤"，纷纷连夜到商储门口排起长队，争先恐后地挤兑现金，杜的手下也趁时起哄，前去提款。

最初，商业储蓄银行的董事们仗着实力雄厚，不以为然。可三天下来，提取存款竟达总库存的一半。这下董事长陈光甫急得满头大汗，再过几天，存款定然会全部取光！因为这时挤兑的势头仍有增无减。

陈光甫感到背后有人在"拆台脚"，但他无法追查根原，要紧的是先刹住这股挤兑风，于是急忙向中国、交通两行呼救，要求紧急借贷预付提款。多亏两家总经理的支持，陈光甫紧急借来两卡车银洋，但挤兑之势已如决堤洪水，他怎么弄也无法遏制这股狂潮。

到第 4 天下午，陈光甫已无路可走，急电南京财政部次长钱新之设法解决。

钱新之将商业银行的危机问个明白后，不加思索地说道："你去华格臬路找杜月笙，就说我请他出面帮个忙。"

当天晚上，陈光甫依照钱新之的指示来到杜月笙府上，好话说到大半夜。

杜月笙自然领钱新之的情。他对陈光甫只说了一句："明早在开门之前，在商储见。"

次日上午，商储门口突然来了一队小汽车，为首的一辆牌号是"7777"。这是上海市民人人皆知的杜月笙之车。杜月笙等跨出车门，申报存款 300 万元。

见此状况，如潮挤兑的客户顷刻间散去。

杜月笙只需亮个相，一场偌大的难关便闯了过来，这令金融巨子陈光甫惊叹不已。

无独有偶，四明银行也是一个典型的例子。

四明银行创立于清朝末年，名义上是银行，但实际上是一家钱庄，该行由宁波人创办，开始银行行址在宁波路、江西路转角，和广帮的联保保险公司为邻。后来，四明银行从宁波路，迁到北京路、江西路转角的原上海华美书馆的部分基地上。

四明银行的经理叫孙衡甫，他原来是一家钱庄的伙计，但是，工于心计，很会盘算，因而在业务上发展很快，银行最高存款额曾经达到4000万元，成为上海较大的商业银行之一。

然而，四明银行以及孙衡甫本人却倒也很有趣。该行经营作风完全沿袭钱庄那一套。孙衡甫性格怪僻，平时深居简出，不大同人交往。孙自以为很有钱，凡事不求人，讨了大小老婆七八个，个个如花似玉，妻妾们整天陪着他，家中人个个嗜好鸦片，烟枪林立。一到时候，老子、儿子、老婆、姨太太人人吞云吐雾。孙衡甫偶尔外出，必要坐上装有防弹玻璃的汽车，外加四五名保镖，前拥后簇，好不威风。

除了四明银行之外，孙衡甫还办了一个四明储蓄所，花头也很多，如开办学费储蓄，婚嫁储蓄等，千方百计吸引客户储蓄。他对房地产经营也很感兴趣，用大量资本投入房地产的购买。据说，单就里弄房屋，最多时就曾达1200幢左右。此外，孙衡甫还利用北洋军阀政府金融管理的混乱，发行钞票，作为其主要的资金来源。四明银行发行的钞票，纸张和印刷很一般。纸张为棉料，浸水即可分为二层。然而，这时上海其他银行发行的钞票都不印2元卷，惟独四明银行印有2元券，故显得十分别致。

但是，四明银行也有触霉头的日子。

1931年底，四明银行也发生了挤兑风潮。

由于孙衡甫将银行资金大量收买房地产，一旦碰到这种急煞人的事情，银行就难以招架子。然而，孙衡甫比陈光甫熟悉上海滩的市面行隋。危情一出现，他马上只身一人来到杜公馆，把一张50万元的支票交给了杜月笙，要求存入中汇银行，条件是请杜月笙能调剂出一些现大洋，帮助平息挤兑风潮。

杜月笙便说："这好办，明天早上我就送银元去，保证让那些兑钱的人放心。"

第二天，杜月笙亲自押了100多只箱子送到四明银行门口。

这时，四明银行门口人很多，秩序很乱。杜月笙让人从汽车上搬下一只箱子，打开，说："各位客户，请不要拥挤，四明有的是钱，请放心！都能兑到大洋。"

说完，他挥了一下手，有一个手下人把箱子打开，人们一看，果然是一叠叠光亮的银元。接着，银行的职员和押送人员一起上阵，把那100多只箱子全搬进了仓库。

挤兑的人一看，四明的实力这么雄厚，怕什么，钱放在这里最保险。于是，人们纷纷离去了。还有些已兑过钱的人听说了这事，马上又回来，把钱重新存了进去。

其实，那100多箱只有前面几箱是银元，后面的箱子里全是石头。

杜月笙的声誉在银行界顿时鹊起，许多银行纷纷来请这尊保护神，杜月笙一下子成了浦东、国信、亚东等银行的董事长，中国银行、交通银行的常务董事和其他一些银行的兼职。

陈光甫为答谢杜月笙的援助，把50万元无息贷款存进了经营不善的中汇银行，还将"商储"的一部分业务转送给他。

杜月笙得此援助，立即扩大"中汇"在实业界的经营范围。

不久，杜月笙被上海滩上的金融巨子们选为上海银行分会的理事。

自此，他白相人的长袍外面又罩上了一件"金融家"的绅士长衫。

随着中汇银行的兴旺发达，杜月笙的事业与名望跃上了新的高峰。到抗战前夕，上海滩上请他列名为董事、监事的银行、钱庄、信托公司多达70余家。有一些公司还请他出面任董事长。

抵制日货

正当杜月笙在上海滩飞黄腾达、节节高升之时，九一八事变发生了。

1931年9月18日晚，日本关东军按照预谋，派工兵炸毁了南满铁路沈阳北部柳条沟的一段路轨，反诬是中国军队所为，以此为借口，向北大营和沈阳城发动突然袭击，挑起了九一八事变。

对此，蒋介石却命令国民党东北当局，"日军此举不过寻衅性质。为避免事件扩大，绝对不抵抗。"这种不抵抗政策，束缚了东北军队的手脚，东北锦绣河山很快陷入日军铁蹄之下。日本帝国主义的野蛮侵略，在中国激起汹涌澎湃的抗日怒潮，上海人民奋勇投入这个爱国运动。9月24日，上海35000名码头工人举行抗日罢工，100000学生举行抗日罢课。9月26日，上海各界人民举行抗日救国大会，通过要求对日宣战、武装民众和惩办失职失地的官吏等决议案，会后举行了抗日示威游行。10月初，上海各业罢工。

与此同时，于松乔和刘心权也回到了天后宫桥"保管所"，坐侯好戏开锣。因为这两箱东洋布大有来头，它的物主，便是上海市纱布同业公会理事长、合昌祥的大老板、在上海商场影响力极大的陈松源。

过不了多久，果不其然，一部轿车开到天后宫桥，陈松源昂首走进抗日救国会天后宫桥分所，在他的身后还有两名身壮体强的保镖。

"这里是什么人负责！"陈松源大咧咧地问道。

"是我，"于松乔挺身而出，自家通名报姓："我叫于松乔！"

"久仰，久仰，"陈松源鼻孔里哼哼地冷笑，"方才贵所有人到小号合昌祥，取走了两箱布匹，恐怕这里面一定是有所误会了。"

"没有误会，"于松乔斩钉截铁地回答，"合昌祥的两箱东洋布，就是我亲自去查出来充公。"

陈松源呆住了，他从来没碰过这么大的钉子，他摸不透于松乔是哪一路的朋友，居然有眼不识泰山，连他陈松源都不认得？态度如此强硬，说话更是一副公事面孔，半点情面也不讲。

两名保镖"食人之禄，忠人之事"，挤过来向于松乔发了话：

"喂，朋友，你不要有眼无珠啊，你晓不晓得这位先生是谁？"

"管他是谁！"于松乔挺一挺胸，"我只晓得公事公办，在这种国难当头的时候，还要贩卖东洋货，让东洋人赚钱，造了枪炮子弹打中国，那是奸商，是汉奸，汉奸、奸商贩卖的东洋货就得没收！"

"什么奸商不奸商？"保镖发了火，"你胆敢当众辱骂我们陈理事长？"

"什么陈理事长不陈理事长？"于松乔大义凛然，反唇相讥，"理事长要贩卖东洋货，一样的是奸商！"

至此，陈松源赫然震怒，两名保镖破口大骂。于松乔屹然不为所动，他直指陈松源的鼻尖说：

"我警告你，我们这里是办公事的地方，你要再无理取闹，我就……"

"你敢怎么样？"陈松源厉声一喝，打断了于松乔的话，接下去又是猖猖的骂，而且，他竟指挥保镖干脆点硬上："你们进去给我搜，把我们的货色搜出来，抬回店里去！"

两名保镖听了老板的吩咐，恶狠狠地抢前一步，正待推开于松乔，直往保管所里闯。于松乔早有防备，动作好快，他伸出手去一把捉牢陈松源的领口，使劲的拖他往里头走，一面走时一面叱喝：

"你敢带人来抢我们保管所？好！我现在就把你们关起来！"

保镖一看老板被捉，又气又急，两个人不约而同地拔出手枪，对准了于松乔，大声喝道：

"赶快放手！迟一步便请你吃卫生丸！"

"你们敢？"于松乔身子跟陈松源一贴，紧拉住他倒退三步，他决心把这位布大亨关进一间小房间里。

两名保镖大跳大叫：

"再不放手，真开枪啦！"

于松乔已经把陈松源拖到小房门口了，他侧过脸来高声答道：

"有种，你开！"

"砰！"地一声枪响，而于松乔刚好把陈松源推进那间临时拘留所。枪声惊动了检查所里的工作人员，大家一涌而出，跑过来就要夺下保镖手里的枪，两名保镖一看大势不好，转身便往外逃。

第二个回合终于平安无事地渡过，陈松源被关在小房间里，顿足咆哮，猛力捶门。于松乔只当没有听见，他往房门口的地板上一坐，大声地说：

"我今天是看牢你了！"

陈松源的保镖回陈家去报告，陈家立刻让人四处营救，纱布大亨陈松源被抗日救国会的人捉牢关起，消息随即传遍了上海滩，人人吃惊，个个失色。纱布向为上海十大业之一，陈松源是纱布业公会的理事长，这件事几乎掀起了轰动沪上的轩然大波。

于是乎，天后宫桥抗日救国会的门前车水马龙，开始热闹了。抗日救国会常务理事兼秘书长陶百川和上海市党部委员吴开先闻讯赶到了天后宫桥，他们两位对于松乔的不假情面、认真负责的态度颇为嘉许，但是，陶百川婉转地向他说明：

"抗日救国会不过是一个民众团体，我们可以从事爱国运动，但却不是权力机关，我们有什么权力，用什么罪名把人家捉来关起呢？所以于先生你扣押陈松源的事，在法律上是说不过去的，请你马上把陈松源放出来，我们再商议解决这桩事体的办法！"

于松乔依然坐在地上，挡住了羁押陈松源的那扇房门，他声色不动，心平气和地说：

"陶先生，你地位高，口才好，学问一等。我于松乔无论讲地位、讲口才、讲学问，统统服贴你。不过今天的这件事情，不管我错我对，我已经下定了决心，天王老子的话我也不听。陈松源带了保镖，带手枪来抢所里的东西，我非关他不可，假使有人想来拖开我，"他伸手指一指左侧的网筋水泥墙壁："我立刻就撞墙头自杀！"

陶百川和吴开先一再的善言譬解，讲道理给于松乔听，于松乔偏偏不听，陶、吴两人拿他毫无办法，颓然地走了，另行设法。

门外汽车不停地从远处开来，上海有身价，说得起话的大亨全来了，虞洽卿、王晓籁……有人疾言厉色，有人娓娓动听，什么好话歹话都说尽，要于松乔释放陈松源，他的回答只有一句话：

"啥人敢来拖我，我立刻撞墙自杀！"

这边事体闹僵，外面却风波越来越大，上海市商会为了抗议"抗日救国会非法拘留纱布公会陈理事长"，并加以营救，已在召开紧急会议。天后宫桥抗日救国会里，冠盖云集，亨字号人物着急焦躁，一大群人面对着于松乔束手无策，上海商界的压力却在不断的传来，再不释放陈松源，商界即将如何如何，最后，又送来了哀的美敦书：陈松源如果今晚仍不获释，从明天早晨起，上海各行各业，决定无限期的罢市，以示抗议。

于松乔还是坐在地板上，纹丝不动。

乱哄哄的，挤了一屋子人。抗日救国会原为抗日御侮的民众团体，如今闹得将与上海商界全体为敌，兄弟阋墙，徒使亲者痛而仇者快，这将如何是好？人多，口杂，推推挤挤，吵吵嚷嚷，于是有人趁乱想把于松乔抱住拖起来，破了他这一铁卫，开门释出陈松源。

当他们冒险地一动手，于松乔说话算话，剑及履及，他突如其来地奋身猛冲，向左首墙壁狠狠地撞去，砉然一响，众人惊呼一声："哎呀！"再看于松乔时，他已撞破了头，皮绽血流而下，但是他撞壁成伤以后，又飞快地退回小房门口，照样端坐不动，只在气呼呼地连声说道：

"我就在这里等死好了，我就在这里等死好了！"

这么一来，更加没有人敢近他的身子。

真正到了无法可想的地步，陆京士，这位于松乔的同门弟兄，方才得到消息，匆匆地赶来，他挨近血流满面的于松乔，不胜忧急地问：

"松乔，你自己身体要紧，你可否告诉我，你要哪一位先生出来说一句话，你才肯听？"

于松乔已很虚弱，他揩揩脸上流着的血说：

"惟有杜先生。"

大家都听到了，如释重负，长长地吁了一口气，陆京士赶紧打电话到华格臬路杜公馆，杜月笙刚好在家，他听到陆京士的报告，顿时便说：

"你去跟松乔讲，他犯不着为这件事牺牲性命。我立刻派车子来，接他到枫林桥骨科医院治伤。"

陆京士又跑向于松乔的身边，把杜月笙交代的话，一一说明。

于松乔仰起脸来问：

"杜先生的意思是叫我离开这里？"

"当然是的。"

"不管陈松源了？"

"你快去治伤要紧。"

"好吧，"于松乔这才站起身来，目不斜视，跟陆京士挤出人丛，往外面走。上海全体市民明天不必担心会罢市了，于松乔进了医院，上海纱布同业公会理事长陈松源也就"刑"期届满，宣告开释。

在抗日救国的大前提下，陈松源自知理屈，于松乔的行动虽然超越范围，但是他满腔忠义、慷慨壮烈的精神，却赢得上海各界人等的一致赞佩，于松乔扣留陈松源的故事传诵遐迩，他成为了抗日救国的英雄硬汉。

这一个轩然大波由于陈松源的"不予追究"而风平浪静了，但是，却为抗日救国工作做了很好的宣传，一日之间，上海滩市面上的东洋货一扫而空，并非检查所的人员将它们全部没收，而是经售的商家，私忖自家的"牌头"不会比陈松源更硬，抗日救国会的人既然如此铁面无私，执行认真，商家避免货色充公，亏损血本，多一半将它退回日本厂方或批销机构，一小部分用货款买的现货，则只好把它暗中藏到仓库里去。

听了吴铁城的话软了下来

东三省的日本关东军节节推进，一路势同破竹，由于蒋介石的不抵抗主义，东三省外加上相继被侵的热河省全部被日本皇军占领。日本正向中国大陆"胜利进军"，此一事实使所有旅华日人气焰高涨，趾高气扬；他们深信整个中国大陆俱将沦为日本的属土，因此，当上海高揭抗日大旗，全面抵制日货时，大小商店争先恐后地退回货物，旅沪日人便觉得这是不可容忍的，骄狂的气焰使他们丧失理智，他们也迅速的组织起来，设法对抗，凶残横暴地发动攻击。——这便是"一·二八"事变前夕的上海情况，中日两国国民壁垒分明，敌意甚深，淞沪之役爆发的前夕，中国人和日本侨民相互敌视，咒骂、打架、械斗，甚至于破坏和暗杀，纵火、爆炸。

10月12日，杜月笙在家里得到消息，下午1点钟，日本人将在北四川路日本小学，举行"居留民大会"。于是，他开始做一连串的部署，于是，上海的日本人遭到一系列戏剧性的打击。

1点钟，日人"居留民大会"准时集会，出席的日侨人数超过4000人之多，会场情绪是冲动、激愤、骄狂与跋扈嚣张，他们决议上电日本内阁总理、外相、陆相、海相和关东军总司令，请求速用断然、强硬而有效的手段，根本制止"不法而暴戾"的对日经济绝交，并且彻底解决中日间诸悬案！会场日人群情汹涌地宣称："为达成上项目的，我居留民有忍受任何牺牲的觉悟！"

3点多钟散会，他们又举行示威游行。

大队日侨沿北四川路向南，他们在行经美租界地段时，中国人默无一言，并无反应，但当他们游行到了华界闸北白保罗路及虹江路一带时，游行队伍中的少数青年再度跑出行列撕毁路旁的抗日的标语，于是，愤怒的中国青年立即高声喝打，飞快地冲上去抱以老拳，而且在转眼之间从两侧店铺里冲出来更多的愤怒群众，"打东洋人"的喊声响彻云霄。耀武扬威的日本人畏缩了，他们掉首逃回租界，被截留住的人则勉力招架，中国人已经得手，公安局的警察方始一涌而出，就地劝散。与此同时又有公共租界的巡捕赶来。这"事出偶然"的中日民众第一仗,使日本游行大队遭到迎头痛击,四下溃逃作鸟兽散。而中国民众则打了人又出了气,最妙的是,英捕房巡捕以"保护"为名,捉去了三名日本青年。

东洋人逃回家中气喘咻咻,大不服气,于是又频繁接触,计划出动反击,然而,他们没想到第二天一早他们又挨了当头一棒!

全上海所有的米店和煤炭店,一律拒绝跟日本人做生意。买不到米和煤,使东洋人马上面临断炊的危险,于是他们大起恐慌,而且气忿难忍,但是他们却又不敢动蛮,只好动文的,与米店、煤店老板进行理论。因为他们已经看到,每家米煤店的附近都有怒眉横目的壮汉逡巡,如果他们不是劳工群中的英雄,便是白相地界里的打手,他们的任务是对煤、米店加以监视,同时制止日本人的吵闹和纠缠。

孰不知,这些暗中组织者和巡逻的打手全是杜月笙的部属。

从10月中旬开始,零星的斗殴事件层出不穷,日本外交当局提出的抗议不绝如缕,闸北江湾一带对于侨民居住最多的日本人来说几乎已成为黑暗恐怖地界,倘若不是成群结队,徒手的日本人简直不敢外出。"打东洋人"成为上海市民成天挂在嘴边的兴奋口号,连三尺童子也晓得"同仇敌忾""抗日救国"。

有一天早晨9点多钟,公共租界有一个骑脚踏车的日本人疾驶而过,路边有一个小孩冲上来高喊:"打倒东洋人!"这名日本人愤怒之极,下车一耳光将小孩甩倒在地,然后匆匆逃去,街心立刻麇集大批气冲牛斗的中国人,恰巧有一部汽车满载日人而来,于是汽车被中国人拦住,车上的日人池鱼遭殃,全部被中国人打得一身是伤。

而打日本人的中国人多是杜月笙的弟子。10月28日,浦东申新纱厂秘密向日本新井洋行购买耐火砖瓦14600余件,日本人保证使用海军和陆战队士兵护送货物,但是"抗救会"浦东检查所迅及获得厂内工友告密,28日这批砖瓦将要分装五艘驳船,曲安宅军艇护航运送。检查所为此订定了精密的计划。

于是新井洋行的砖瓦刚要装船。检查所人员突然掩至,砖瓦笨重而且体积甚大,但是他们依然迅速地加以没收充公,全部搬走,正要搬进保管所的货栈,日本海军老羞成怒,全体武装登陆,持枪冲锋,中国人见了东洋兵毫无惧色,双方随起一场激烈的械斗。中国人有7名受伤,东洋兵才夺回了一部分砖头。

日本人开设的工厂和商店货物堆积如山,一件也卖不出去,因为"抗救会"的封锁越来越紧。他们握有任何一处的情报线索,东洋货"一见天日"莫不马上遭到没收,中国商人没有一个胆敢贩卖日货,当他们的资敌行为被发现就会被罚金,没收财产,并且本人要穿上印有"卖国贼"字样的囚服,立在站笼里供人参观或辱骂。在"抗救会"严格执行全面经济制裁的过程中,日本工厂商店惟有宣告关门大吉,老板们躲在里面宛如置身孤岛,她们装置无线电话,和其他日本人保持联络。

除了跟日本人进行持续不断的斗争外，杜月笙更运用他在其他方面的影响力，使上海金融工商各界，慷慨解囊，踊跃捐款捐物，为马占山的义勇军和流离失所、相继逃抵关内风餐露宿的东北难民雪中送炭。

当马占山将军在黑龙江英勇抗日的消息南来，杜月笙大为兴奋，他启动邀集一批朋友，说："东北义勇军孤军奋斗，喋血抗战，后方民众应该给予精神鼓舞和物质上的支援！"

大家听了非常赞成，经过这一批朋友出钱出力，他们第一笔便募到了 10 万大洋，汇到黑龙江去慰劳前方将士。杜月笙还有心继续劝募，并且想派人亲赴黑龙江慰劳义勇军，看看他们能帮什么忙。这个计划后来因为日本发动全面进攻，马占山的东北义勇军被迫退到海伦，后来通过俄国的西伯利亚，转进西北边陲新疆，杜月笙才快快作罢。

对于援救大批入关的东北难民，杜月笙办理长江水灾赈济平剧义演，他会同有关方面组织了一个"东北难民救济游艺会"，借新世界剧场邀集名伶名票，各种游艺杂耍的演员义务演出。同时更举办轰动一时购"名伶选举"，前后历时整整一个月，杜月笙每天都准时到，并亲自指点一切。这为期一个月的募捐公演，一共募得 20 余万元的赈款，杜月笙将之全部如数交给赈交济委员会，汇到北方去救济难民。

既要暗中指挥上海抗救会从事对抗日本的斗争，又得风尘仆仆地在沪杭道上主持义演募捐，杜月笙在这一段时期，食少事繁，辛苦万分，于是一些手下人劝他多休息一些，甚至一些人问他何苦这样不顾性命的忙碌紧张，杜月笙听后，双目炯炯地瞪住他说：

"若不如此，我们便死在这里！"

到了 1932 年 1 月份，日本外交当局为抗议"抗救会"行动的官文书已经堆积如山，但是抗救会不屈不挠，继续纠葛旅沪日侨，1 月 18 日，重大的冲突爆发，成为"一·二八"淞沪之役的前奏。

座落在华界江湾马玉山路的三友实业社，1 月 18 日下午 4 时，有 5 个日本和尚从门前经过，三友工人群起而攻之，将他们打成重伤。3 天后，21 日凌晨两点半，三友社突然失火，英租界巡捕出动驰救，发现了三四十名日本浪人，他们阻止巡捕鸣钟告警，双方发生冲突，互有死伤。

中国工人打伤东洋和尚，日本浪人纵火焚烧三友社，于是中日双方同时提出严重抗议，外交战在 1 月 23 日掀起最高潮，日方由日本舰队司令出面，向上海市政府提出哀的美敦书，要求立刻制止抗日运动，并且解散各抗日团体，否则日本海军即将开始"自由行动"。

上海市长吴铁城于 1 月 7 日就任新职，他接获日本舰队司令的最后通牒，立即向中央执行委员会和外交部请示，同时，他因为战祸业已迫在眉睫，急需了解抗日救国会的态度。他和杜月笙公谊私交关系极铁。在此半年以前,杜祠落成,吴铁城不但送匾,捐款与建杜氏藏书楼,而且他更亲临致祭,道贺。所以,他在 1 月 28 日上午,在与日本驻沪总领事村井做最后谈判之前,在他法租界海格路望庐私宅打了一个电话给杜月笙,告诉他说:

"情势很紧张,日本第一先遣舰队开到了黄浦江里,村井约我在 12 点钟最后谈判,为了避免战祸糜烂地方,日方的要求我们可能会得答应。"

杜月笙在电话中问:

"市长的意思是答应制止抗日运动,解散抗日团体?"

"是的。"

沉吟了一下,杜月笙的最后决定仍然还是顾全大局,相忍为国,他说:

"假使市长决意如此,我想,抗日救国会暂时宣告解散,便利官方办理对日本的交涉,大家多半是可以谅解的。"

吴铁城却说:"不,问题不在这里?"

"市长是说……?"

"宣告解散抗日团体不成问题,问题在于制止抗日运动这一点。"

吴铁城说得不错,制止抗日运动才是令人为之棘手的难题,民众抗日情绪正因三友实业社被焚事件汹涌澎湃,愤慨激昂,上海的民众团体,已经组成了后援会,要求政府向日方严重抗议,索取赔偿。而就在吴铁城、杜月笙通电话的时候,河北、虹口两区的民众不约而同地放弃了自己的家园携带细软,扶老携幼,像浪潮般地拥入苏州河南的英租界,两区十室九空。这些不愿做日本顺民的上海居民破釜沉舟的表现,是以此说明他们对日本人是有着不共戴天的仇恨心理。其他方面的反日行动一概不提,单说在那尽弃所有、绝不事敌的紊乱行列里,如果出现了一个日本人,谁也不敢想像将会发生什么样的后果。

如何控制上海市民的情绪,制止一切所可能发生的"抗日行动",在抗日怒潮高涨至极的时候,莫说上海市长没有把握,即令出动全上海的军警弹压疏解,只怕也是枉然,因此,当吴铁城说明了当前困难症结之所在,连上海滩上以"闲话一句"驰誉于世的杜月笙不禁也为之踌躇迟疑,不敢承诺。他考虑了半晌,也只好委婉的答复吴铁城说:

"这一件事,在现在这种局面之下,能否绝对做到,我想随便哪一位也无法打包票。不过,我答应市长,从放下电话听筒开始,我会千方百计尽力而办。"

得到杜月笙这样的答复,吴铁城已经满意了,20 年后,当他撰文哀悼杜月笙之逝时,往事如烟,而他记忆犹新,他在纪念文中写着:

"……1932 年,余长沪市之初,即遭'一·二八'之变,当时日牒之答复,后方之应付,以及停战之协定,地方与政府意见一致,合作无间,因应适宜,实出

（杜月笙）先生之助。"

1月28日正午，吴铁城获得杜月笙的承诺以后，胸有成竹，满怀欣喜地去和日本驻沪总领事村井仓松进行最后谈判。这一次谈判持续一个多钟头，为了取信于日方，既已取得抗日救国会实际主持人杜月笙的谅解，吴铁城当场在日本人面前下令上海公安局：

查本市各界抗日救国委员会有'越轨违法'行为，本市长本着法治精神，仰该局即将该会取消，以维法纪，切切此令。

吴铁城的诚恳坦白，决断明快，使村井仓松为之愕然。村井仓松"所愿"已遂，无话可说，再提出5名受伤东洋和尚的医药、抚慰等几点鸡毛蒜皮的要求以后，双方随即达成协议。村井仓松辞出上海市政府，吴铁城用最快的速度，完成了答复日本总领事抗议书所列载协议各点。他请市府秘书长俞鸿钧亲自当面递给村井，俞鸿钧驱车疾驶，争分抢秒在下午1点45分将答复书送交村井仓松，并且得到村井满意的表示，日方只是敦促上海市政府切实执行而己。一天风云仿佛已成过去，俞鸿钧匆匆赶回市府向吴铁城复命，吴铁城当即拍发"勘未"，"限即刻到"的电报，将交涉经过分呈南京中央执行委员会和行政院，然后，吴铁城心头一松，拖着疲乏的身体，回家休息。

全上海的新闻记者，只有《时报》的金雄白事先探悉吴铁城"一·二八"中午要接见村井仓松做最后谈判的消息，因此他独自在海格路望庐吴公馆坐侯，两点钟敲后，吴铁城满脸疲容的回来一见到金雄白，他开口便说：

"对日交涉已经顺利取得协议，战祸可望避免。"

吴铁城的这两句话字字皆有所依，没有一句假话，他对日交涉不但取得协议，而且村井仓松已经接受了他的答复，日方惟一坚持的条件取销"抗救会"，停止抗日行动，吴铁城尚且在交涉之前就跟杜月笙获致协调，杜月笙顾全大局，这时已在全力疏导之中。

但是，金雄白还有点不能置信，他率直地追问了吴铁城一句：

"真的顺利解决了吗?"

吴铁城怫然不悦，厉声地说：

"我是市长，又是办理交涉的负责人，不信我的话，就不必来问我。"

金雄白肃然而退，当天下午，上海《时报》以巨大木刻红字为标题，发布此一独家消息。并且时报还出了号外：中日问题和平解决。全上海人紧紧绷着的心弦豁然松动，业已迁往上海租界的闸北、虹口两区民众，心中笃定，现出笑容，又在通往虹口闸北的通街大道组成长龙，仗不打了，大家放心大胆地回家了。

淞沪战争爆发

跟吴铁城通过电话以后，杜月笙诚惶诚恐，真把化除敌意、严禁冲突的日方要求遵照吴铁城的意思当做一件大事办理。

两个多月以前，他发动劳工大众、帮会兄弟奋不顾身，从事抗日救国，也博得了好名声，而现在他又必须紧急刹车，要全体市民停止抗日运动，出尔反尔，何以自圆其说？杜月笙感到踌躇难决。当他挂上电话听筒，跑到隔壁去和张啸林一商量，说："事急矣，不管说不说得过去，还是赶紧采取行动，以免稍一迟延，误了大局。"

张啸林一听也急了。于是杜门中人全体出动分赴上海各区，慷慨陈词，并且留下来担任监视，他们传达杜月笙的吩咐，说："务必保持冷静，尽量避免中日之间的敌对行为，至于这一紧急变化是葫芦里卖的什么膏药？目前天机不可泄露，事后则大家不问可知。"

由于《时报》号外公布了吴铁城市长的谈话，再加上马路消息，耳语新闻尽在传播着杜先生说如何如何，上海市民动动脑筋据以判断，至少在这一两天内，大上海可保平安无事。

这是大风来临之前，上海半日之宁谧。

正值上海抗日救国会以全民力量，对抗日本军阀的侵略，在上海滩上，租界华界犬牙交错地区，从事抵制与抗衡的战斗时期，有一支中国军队，悄然地从江西剿共前线，奉命警卫首都，被调到京沪铁路沿线各地来，他们的总部便设置于上海。

这便是在 20 世纪 20 年代，大名鼎鼎、出尽风头的十九路军。

十九路军的高级将领都是当年的风云人物，杜月笙的要好朋友，其中包括总指挥蒋光鼐、军长蔡廷锴、参谋长赵一肩。十九路军下辖 3 个师，第 60 师师长沈光汉，61 师师长毛维寿，78 师师长区寿年。

十九路军初到上海，他们头戴草笠，赤脚穿着草鞋。一袭黯灰军装，肤色黧黑，神情倦怠，他们的武器只有步枪和手榴弹，此外最具威力的重武器也只不过是轻机关枪而已。

蔡廷锴的指挥部设在真茹，驻扎上海的十九路军的营房设在闸北。闸北和虹口很近，虹口是广东人的麇集之地，是老广的势力范围，基于同乡的关系，十九路军和虹口居民声应气求，相处得非常融洽。

然而，虹口也是日本侨民丛集之所，日本人和广东人在这一地区经常爆发冲突，广东人因同乡队伍十九路军之进驻而得意洋洋，引为后援，而日本人则对这支其貌不扬、打赤脚穿草鞋的部队十分藐视，因此他们大言不惭地说："日本皇军一旦发动攻势，保证在4个小时之内，占领闸北。"

　　1月28日午夜11时20分，纵使日本驻沪总领事村井仓松已接受了上海市政府的"答复书"，《时报》号外发表了令人释然的"中日问题和平解决"的好消息，日本海军陆战队指挥官鲛岛却不顾国际间的道义以及日本外务省的立场，狂妄骄横，不计一切后果地下令海军陆战队兵分3路，向十九路军阵地开始攻击。

　　日本海军陆战队分为3个大队，共约3000余人武器精良，配备得有轻重机枪、野炮、曲射炮和装甲军队。鲛岛以为如此优势的火力和兵力，再加上日本皇军的赫赫声威，一定可以不战而屈十九路军，把穿草鞋、打赤脚的十九路军吓得节节后退，不敢抵抗。谁想他这个算盘打错了。扼守宝山路—宝兴路一线的十九路军奋起还击，死守阵地不退，这些忠勇无比的草鞋兵一面沉着应战，一面打电话到真茹指挥所，把已经就寝的蔡廷锴"喊"起床来。

　　蔡廷锴一惊而醒，他听清楚了日军业已大举进攻，不假思索地下达了第一道令，正与前敌指挥官的意旨不谋而合，那便是动人心弦的一句话：

　　"誓死抵抗，寸土必争！"

　　1月28日午夜闸北枪声大作，炮火喧天，全上海的居民才心情轻松地准备渡过一个晚上，可是枪炮之声又震醒了他们的睡梦，人人惊惶失措，相顾愕然："怎么又会打起来了呢？"

　　中日大战一开始，日军丝毫占不到便宜，闸北地区街道狭窄，里弄纵横，以北四川路六三花园和日本小学为根据地的日本海军陆战队一个师，展开攻击的初期显然不甚得利，日军的重武器在巷战中无法发挥威力，当他们的装甲车如庞然巨物冲到了宝兴路时，十九路军的弟兄置生死于度外，他们冒险攀登到装甲车上，揭开车盖便将冒烟的手榴弹丢进去，于是轰然一声，车毁人亡，就这样，好几辆日军装甲车接连炸毁了。

　　天崩地裂的一番恶战，日军伤亡惨重，陆续增兵，他们前后使用了陆军11万、军舰10余艘、飞机数百架，而我方固守阵线的只有十九路军3个师，兵力3万，以及稍后中央增援的第5军及其他部队，以陋旧武器、劣势火力顽强抵御。总兵力始终不到8万人，居然能扼守防线，誓死不退，达一个月之久。从此"皇军无敌"，暨"4个小时占领闸北"的日军狂想为之粉碎。

　　1月28日深夜，杜月笙被闸北传来的枪炮声惊醒，他披衣起床，出外探视，只见正北一片火光，烈焰腾宵，红光映亮了半片天，这是日机轰炸所引起的闸北大火。大战果然爆发了，他痛恨日本人外交言和而又进行军事进攻的欺诈伎俩。同时，他

第十章　金融商业新霸主

更担心闸北战区那些惨遭屠戮、家破人亡的同胞，他忧急交并，喃喃自语地反复说道：

"那边的人怎么办啊？怎么办啊？想想他们现在是多么的着急！"

这是杜月笙对于"一·二八"事变的初步反应。

随即，杜月笙和吴市长、蔡廷锴军长通过了电话，了解实际情况，在电话中他向这两位在沪最高军政长官自动请缨，慨然发出壮语：

"但有用得着我杜某人的地方，万死不辞！"

第二日早晨，杜月笙便开始奔走，纠合上海的名流、士绅、各界领袖，利用"抗日救国会"的原有基础予以扩大，迅即成立了"上海市抗敌后援会"，他推举上海申报主人、著名的企业家史量才为会长，表示这一个民间团体地位超然，不属于任何派系，而是上海全体老百姓的组合。筹备会议席上，杜月笙除了坚持这一主张，并且拒绝担任副会长的职务，他说："不论办任何事我负责跑在前面，担任副会长，则任何人都应该比我优先！"

有人问他："为什么要这样做？"

杜月笙的答复很简单：

"我只晓得我自己一定会尽心尽力的办事，担不担任名义，没有关系。而我把名义给别人，别人要想不做事情，就不行了。"

但是，会场中几乎人人都认为杜先生必须名义和实际一道来，一致推举他为副会长，他无法推卸，只好应允，却又提议增设副会长一名，由上海市商会会长王晓籁充任。

全上海市民对于十九路军奋勇抵抗日军、所激发的爱国热忱达到了疯狂的程度，杜月笙对这种民众的情绪，通过其服务新闻界的门徒发动上海各报、各电台，以最大的篇幅、最长的时间，全面报导十九路军对抗日军疯狂攻势的新闻，报纸长篇累牍，电台日夜不休。于是，当报纸或电台提出劳军的呼吁，要求后方同胞支援前线，上海人作了空前热烈的响应，从百万富翁到人力车夫，捐钱的捐钱，捐献实物的捐献实物，大众传播工具使前方后方打成一片，由杜月笙负实际领导责任的抗敌后援会沟通前方和后方，使之结为一体，前方将士视大后方为自己的家庭，后方同胞把前方将士当做家人父子。这弄得报纸电台不得不经常代替该会发出通告：

"昨天本报（或电台）说十九路军需要XX，顷据抗敌后援会负责人郑重表示，因各界同胞捐赠数量太多，早已超过实际需要，该会亦无地代为保管，请大家从现在起不要再捐了！"

与杜月笙关系密切的上海市总工会，"一·二八"战役序幕一揭开，立即联合上海工界成立战地服务团，战地服务团按照军队"团"的编制，前后成立第一、二两团各为一千余人，第一团团长由杜月笙的学生朱学范担任，第二团团长则为对杜月笙极景敬的周学湘担任。

十九路军在前线杀敌，战地服务团则作为前方与后方的桥梁，两者的任务同样艰巨辛劳，冒险犯难，但是十九路军持有武器，战地服务团赤手空拳，他们所凭恃的仅只是爱国热忱，血气之勇，经常穿越枪林弹雨之间，他们负责救护伤兵、运送弹药，慰劳品和食物，倘若遇有战区扩大，他们更得冒着生命危险，抢救难胞，护送灾民，他们竭尽所能的为前方将士服务，并且分劳任事，以使将士们能专心一志，努力杀敌。

杜月笙紧张忙碌，风尘仆仆的领头干，抗敌后援会和战地服务团对于"一·二八"之战的贡献越来越多，越来越大，并且，它们的表现更激发了全国同胞的爱国情绪。

国际交涉

"一·二八"之战打起之后，日本海军陆战队遭到十九路军张君嵩团迎头痛击，损失惨重。于是，急于停火休战的不是毫无抵抗准备的中方，而竟然是发动战争的日军指挥官海军中将野村。

野村是继"一·二八"事件祸首、日本第一先遣舰队司令盐泽少将之后出任日军指挥官的。他急急地想停火的原因有二：一是日本海军陆战队兵弱将少，经过连日苦战，屡遭败绩，再打下去，惟恐兵力不继，因而他想用缓兵之计暂时停火，而请国内陆军迅速增援而来；第二是因为"一·二八"夜袭原是日本恫吓性质，妄想不战而胜，获得与关东军兵不血刃、垂手而攫东北相媲"美"的战果，日本驻沪海军实际上并没有获得日本大本营在上海燃起大战的训令。而"一·二八"之役已备受国内指责，野村一举没能得逞，便色厉内荏，心里发慌，生怕重蹈关东军总司令本庄繁的覆辙。

另外，英美两国已经公开出面调停，但是日本外交惯伎一向不赞成第三国介入，同时野村更恐当众"示弱"，有失日本海军颜面，画虎不成反类犬。所以，他宁愿采取秘密途径，穿过强有力的民间人士，试探中方的"和平意愿"。

在他的心目中，杜月笙是最佳人选，一则杜月笙是支持"一·二八"抗战最有力量的社会领袖，其次，杜月笙和中方在上海的军政领袖吴铁城、俞鸿钧、蔡廷锴等都很熟悉，同时，他在中央处理沪局的大员如孔祥熙、宋子文、顾维钧等人的面前也有说话的资格。

还有第三层原因，日本人对于杜月笙崛起市井，显赫沪滨，早已寄予密切的注意。1927年4月12日清党之役后，日方就已千方百计企图拉拢杜月笙。在杜月笙的周围做好手脚，下过功夫，他们不惜派些北洋政府的失意政客，挟资巨万，以"投其所好"的方式，设法跟他接近。

于是，在杜月笙所参加或由他所邀约的赌局中，便常有鲜衣怒马、出手阔绰的北方人物出现，如名气响亮、曾为民初政坛活跃角色的李老六李立阁，以及他的本家弟弟、排行十一、爱打大麻将、一输十万八万却无吝色的李择一。在华格臬路杜公馆，在辣斐德坊姚夫人的香闺，李氏兄弟经常为座上豪客。1931年、1932年之交，姚夫人的香闺非常热闹，杜月笙每天晚上在她那边，最低限度有一桌麻将，一桌牌九，呼卢喝雉，通宵达旦。

李择一跟日本人很熟，说一口流利的日本话，他曾在1921年，担任中国出席华盛顿会议代表团最高顾问周自齐的随员，他长住上海，和杜月笙结为好友，杜月笙在上海从赌场鸦片干到金融工商，他交际广阔，头绪极多，跟东洋人打交道，机会也不在少。李择一满口日文，一副东洋腔调，跟日本驻上海的外交官、特务机关、金融工商各界的日侨都有来往，都有私交。因此，在"日本事务"方面，他由于和杜月笙非常接近，自然而然成为杜月笙的顾问，有时候居间介绍，代为联络，传传话，递递信件，为杜月笙效劳。野村急于邀约杜月笙作投石问路式的私人接触，其所谈的问题必然与中日两国未来前途有关，日本军方要试探停火谈和的可能性，因此，野村一找便找到了杜月笙的朋友李择一，他命李择一去跟杜月笙接洽。

李择一受命之后，马上见到了杜月笙，寒暄已过，他便开口说：

"日本军方认为中日间的问题，应该面对面的自行解决，他们不赞成有第三国参与其间，这样反而多生枝节。假使杜先生能以抗敌后援会的身份，祈求避免上海人民生命财产的损失，而想从中促成的话，兄弟可以想个法子，约一位野村中将的高级幕僚来谈一谈。从他的谈吐之中，也许摸得出他们的停火方案。"

玩味李择一的这一番话，杜月笙胸中很清楚，李择一说的并非他自己的意见，最低限度他是得到日本军方同意而来的，他心里虽然十分欢喜，但是仍在表面上装做声色不动地回答；

"这件事情，就算对我个人来讲，也是极严重的，你可否让我考虑一下。"

李择一懂得这事重大，知道杜月笙的意思是这事必须事先征得中国官方的同意，才可应允跟日本军见面，因此，他连声应允，说道：

"当然可以，杜先生什么时候考虑好了，务请赐我一个电话。"

"一定，一定。"

送过了客，杜月笙自己先沉思默想，李择一的话是真是假？有否不良的用心？日本人真想停火吗？还有，为什么要找上他？他将这几点全想过了，有了几分把握，认为这件事情值得一试，于是邀集他的那几位好朋友、学生，以及他的高级智囊团，前来商议。通常，遇有任何重大政治、外交问题，他都要跟他们详细研讨过后，才自己下判断，做决定。杜月笙向在座诸人叙述李择一来访的经过，其人的略历及其背景，然后，他说出自己深思长虑，所作的初步结论：“至少对于我个人，这里面不至于有什么圈套，我认为这件事值得向官方一提，因为闸北、虹口已成一片瓦砾，中国百姓正遭日军的残暴屠杀，十九路军未必能够尽歼日军，达成全面胜利。仗在中国地界打，多拖一天，就不知道要遭到多大的损失，最要紧的，中央可能不愿在此时此地，和日本付诸决战。”

一介平民杜月笙，居然能够侧身国际交涉，成为居间交流、打破僵局的重要角色。这个消息使座中各人大为兴奋。于是，大家踊跃发言，贡献意见，大多数人赞成杜月笙的主张，有人说：“先生应该尽量促成中日停火的实现。这样做不但对国家社会有重大的贡献，而且足以解民倒悬，对于先生个人声望与地位的增长与提高，这更是千载难逢的良机。”

不过也有人持相反的论调，反驳说：“日军最不容易打交道，‘一·二八’那天日本军方和外交当局分道扬镳，各行其是，脸上微笑，手下动刀，便是最好的例证。野村中将想找先生居间干旋，准定是不打好主意。”

正当持此论调的人反复陈词，侃侃而谈的时候，无意之间触发了灵感，有人猜中了日方的秘密，于是当即有人欢声大叫：

“对啦，东洋军这两天损失很大，这一定是他们要增援了，在用缓兵之计?”

“这，”杜月笙微微地笑，“我起先也曾料到，只不过后来我又在想，东洋人想缓兵，我们自己是不是也需要缓兵呢？还有一层，即使东洋人想缓兵待援，而我们却用不着缓它，那么，野村通过李择一跑来送秋波，这个消息，我们也需要通知吴市长和蔡军长，要请东洋人吃败仗，这不正是好机会吗？”

一番分析，说得头头是道，入情入理，智囊团诸人深感满意，而且一致赞成，打消异议，同意杜月笙提出过结论：“应该先把初步接触经过通知官方，请官方指示终将如何处理。”

官方接到杜月笙以私人身份所作的报告和说明，他们没有理由不相信话是从杜月笙嘴里说出来的，自属千真万确，一丝不假，不过这件事情来得突然，而且蹊跷，他们需要经过长时期的研判和讨论，最后官方对此保持极为审慎的态度，绝不介入杜月笙和日方私人间的接触，以免又中日方的诡计。吴铁城的答复是朋友式的忠告：“必须谨慎小心，步步为营，自己先立定脚根：需不需要和日本军方人员会晤，这个问题应该由杜月笙自己决定。”

心领神会，杜月笙懂了，他不再请示官方，私下部署会晤日本军方的事。

但是，杜月笙没有冒然行动，他先到法国总领事馆，跟驻沪总领事甘格林接席密谈，甘格林慨然答应："一定充分合作。"

得了甘格林的承诺，杜月笙不打电话，他派人去把李择一请来，当面告诉他说："你上次所谈的事情，我考虑过了，你的话说得很对，我想不妨一试。只不过有一点，会面的地点可否就在法国总领事馆，并且由我去邀约甘格林总领事到场参加？"

"这个，"李择一顿了顿，然后陪着笑脸问："杜先生可不可以告诉敝人，你为什么要做这样地安排呢？"

杜月笙笑吟吟的反问：

"是你要问，还是东洋人必须晓得？"

"是我在请问，"李择一忙说："杜先生你不要忘记，我李某也是中国人啊。"

打了个哈哈，杜月笙答道：

"这个道理很简单，我有我的立场，我的名誉地位必须有所保障。甘格林和我公谊私交都够得上。他答应过我：万一将来事情弄僵，对于我有不好的影响，甘格林可以挺身而出，代我洗雪。"

"但是，"李择一困惑不解地问："甘格林是法国人呀，他怎么能够……"

"大概是你忘记了吧，"杜月笙莞尔一笑："甘格林兼任法租界公董局总董。我呢，从1927年起，承蒙法界各位朋友的错爱，直到今天，我担任公董局华董和华人纳税会会长，已经有5年了。"

李择一这才恍然，杜月笙实在不愧黄金荣交口赞誉他的"聪明绝顶"：野村中将想利用他"上海抗敌后援会"负责人的地位，但是杜月笙却具有多种不同的身份，他和日本军方代表在法国领事馆见面，请甘格林以法租界总董身份参加，那么，必要的时候，他可以请甘格林出面证明，杜月笙在某月某日某时，确系以法租界华董，华人纳税会长的立场，与日本军官某人晤谈，某日本军官意图试探向华方谋取暂时停火的可能。日方并不是向"上海抗敌后援会"常委的杜月笙威协恫吓，面致哀的美教书，而是在吁求第三国的外交官员（甘格林又是总领事），代为向中国传达意愿。

换言之，照杜月笙的安排，野村中将的代表，届时便算是在请求第三国出面，向华方提出停火要求。

李择一毕竟还是个中国人，他深信日本人情报工作做得再好，也搞不清楚杜月笙的多重身份可以巧妙运用，"拔一根毫毛又变出一个孙悟空来"，他毫不犹豫地去还报野村，同时更下了点"功夫"，说服野村派遣代表赴法国总领事馆，会晤杜月笙与甘格林，为暂时停火的可能性初步交换意见。

到了约定时间，杜月笙一袭狐裘，两部包车，满载保镖、秘书和自备日文翻译，准时驶抵法国总领事馆，进入甘格林的大办公室，两人略一寒暄。不久，李择一便陪着几位身着便服、西装大衣的日本军官来到，由李择一负责逐一介绍。

谈话开始，日军代表趾高气扬，板着面孔，一开口便用中国话训杜月笙：

"'一·二八'战争的爆发，完全是你们的十九路军不遵守撤退命令，因而引起。由此可见，你们是一个没有组织、没有纪律的国家！"

杜月笙并不是一个心浮气盛，睚眦必报的人，相反的，他一生最大的长处之一，便是"忍人之所不能忍"，从而才能"相忍为安，任重道远"，但是，当着甘格林的面，这位日军代表气势汹汹，摆出"严词厉责"的姿态，却使杜月笙火冒三千丈，他气涌如山，勃然大怒，他抗声而答：

"十九路军该不该撤退，我是老百姓，我不清楚！不过你们的关东军司令本庄繁，不得你们政府的准许，就下命令炮轰北大营，占领中国的沈阳和东三省，倒是各国报纸上都登得有的，日本有这么乱七八糟的关东军，难道也算是有组织、有纪律的国家？"

这一席话不但说得慷慨激昂，义正词严，而且，针对日本海军方面的心里弱点，用关东军的备受指责，直捣日军心脏，折冲尊俎，攻心为上，也许这便是杜月笙无师自通的外交天才。总而言之，斯语一出，使日军代表为之语塞气沮。李择一连忙出来打圆场，他陪着笑脸向杜月笙说：

"杜先生，今天谈的事情很多，让我们坐下来，从长计议，好吗？"

杜月笙却仍然不假辞色，避而不答，他注视日军代表的反应，直等那几名便衣军官全都面现尴尬，无可奈何地先坐下去，他才傍着法国总领事甘格林，和日军代表隔一张长会议桌面对面坐着。

日本军官的脸色好像岛国多变的气候，他们疾颜厉色唬不倒杜月笙，反被杜月笙抹下脸来训斥一顿，随即变为谦逊恭顺，杜月笙不是初次与东洋人交手，他懂得他们的心理，李择一是土肥原系下的角色，他比杜月笙更为了然。于是，他不吝越俎代庖，借助为筹，站在中间人的立场，说了一大堆话，用意在弥补一碰即僵的局面，重新挑成话题。

双方以缄默表示同意。

"杜先生是以上海市民生命财产为重，勉为其难，当仁不让，到法国领事馆来会晤日军代表，听一听日方停战的意向，然后以私人友谊，代为转知上海军政当局，'试探'一下可否借此重开恢复谈判之门。"

李择一长篇大论，侃侃然说完了这一大段话，顿一顿，见日军代表并无不快的反应和驳斥的表示。杜月笙方面他不必考虑，因为这一席话正是为了杜月笙所说的。于是，李择一先请杜月笙发表意见。

"我今天只带了耳朵来，"杜月笙语惊四座，不疾不徐地说，"我既跟李先生说的一样，我是来听听日方有没有诚心停火的。"

李择一抢着回答："当然有，当然有，否则的话，他们这几位代表就不会来了。"

日军首席代表又赶紧补充一句：

"不过，日方停火是有条件的。"

杜月笙机警地一语不发，他仿佛没有听见。

甘格林眼看场面又要闹僵，他命翻译为他传言：

"杜先生方才说过，他今天来此，就是为了听取日方的意见，贵方如有条件，请提出来，让杜先生衡量一下，可否代为向华方转达。"

于是日军代表又施展他们惯用的伎俩，极尽威胁利诱之能事，一连串的提出许多停火方案。首先，日军代表要求华方"遵照"日本海军司令部，在 1 月 28 日深夜 11 时 20 分，向市政府和公安局所致送的最后通牒，请十九路军撤出上海，以免导致两国军事冲突。杜月笙听了，哈哈大笑，他说：

"冲突老早造成了，结果是日本军队伤亡不小，飞机被打下来，铁甲车也被十九路军活捉，现在要避免冲突，照说应该是日本海军撤出上海吧。"

日军代表恼羞成怒，怫然色变，悍然地说：

"日本海军陆战队的行动完全合法，我们在事先曾经获得上海各国防军的谅解，进驻闸北，保护经常受到攻击的日本侨民！"

杜月笙转脸去问甘格林：

"这倒是新鲜事了，闸北是中国地界，各国防军有权准许日本军队进驻？"

甘格林笑着摇了摇头。

于是，杜月笙冷冷地说：

"这就是了，依我说，还是日本军队开回公共租界去算了。"

"华方也要撤兵，"日军代表强词夺理，"否则，那就不公平。"

"华方撤兵，"杜月笙高声地问："闸北地方秩序，由啥人来维持？"

日军代表抗声答复：

"可以商请中立国家，如法国、英国、美国派军警暂时驻防。"

杜月笙再进一步地问："包括那些地区呀？"

"包括日本皇军现已占领的华界地区，和十九路军驻守的防线。"

"这便是日方的条件吗？"

"最低限度的条件。"

日军代表回答得斩钉截铁，这使杜月笙很生气，他站起来以手作势地说：

"日本人强占了中国的地方，立刻撤退是应该的，中国军队在自己的地方上驻防，为什么也要撤退呢？再说，日本军队在打仗之前已经进驻越界筑路区域，再加上战后占的华界，拿这一大块地方请法、英、美军队暂时维护秩序，把中国和日本的军队分开，难道还嫌不够呀？为啥还要把十九路军的防线也让出来？"

李择一不等日军代表开口，插嘴进来说：

"杜先生，今天会见日军代表，主要是为了传达日方的愿望，方才日军代表已经把这一点说得很清楚了。"他委婉地提醒杜月笙："杜先生是否可以跟有关方面商量过后，再由官方采取外交途径解决？"

与此同时，甘格林也附和地说：

"李先生说得不错，正式的交涉，原应由官方办理。"

至此，杜月笙无话可说，只得应允。日军代表辞去，他匆匆回到家里，耿嘉基和王长春已在客厅里等候，他很详尽地把交涉经过告诉了他们，耿、王二人回枫林桥市政府向吴铁城复命。

当天，吴铁城采取两项行动，其一，是下午在英国领事馆召开调停战事的会议，他改变初衷派员出席。市政府代表当着各国领事的面，质问日本领事：

"日军进攻闸北，是否获得上海租界各国防军委员会的谅解？而且是根据这一个委员会的防务会议拟订计划而为的？"

日本领事不防有此一问，众目睽睽，无法抵赖也不能撒谎，他只能坦白承认：

"日军进入华界，并非防务会议的原议，而是日方为了保护闸北地区的侨民安全所采取的自由行动。"

上海市政府代表根据日本领事的答复，立即质问：

"对于日本军队的此一自由行动，日本政府是否愿负完全责任。"

这时日本领事三浦板下脸来，大喝一声；

"当然负责！"

由于这一段对答，日方蓄意侵略，昭然若揭，在道理上先已站不住脚，这是外交战上的一大胜利，中方代表回市政府，将经过一一陈明。吴铁城非常高兴，他立刻打限 30 分钟到的急电给南京外交部，请外交部电知中国驻国际联盟代表颜惠庆向国联提出陈述。

当日的会议席上，市府代表曾经根据杜月笙所提供的情报，正式提请日军退入租界范围，至于他们所让出的越界筑路及其附近地带则交由英、法、美军暂时维持。日本领事这时对于军方试探停火已有所闻，只是不晓得内容，再加上法、英、美领事一片附议之声，他不便擅作主张，答应请示村井仓松总领事以后再作定夺。

杜月笙事后听到消息，欢声大叫：

"好哇！捉牢他们一条小辫子了！"

吴铁城以情理猜测，认为日方确有谋和诚意，至少谈判之门已经敞开，所以便采取第二项行动，通知杜月笙，转请法国驻沪总领事甘格林，劝促英、美总领事迅即召开第二次会议。吴铁城并且透露：他将邀同十九路军的高级将领出席，因此极可能借这一次谈判停止战火。

各国总领事最怕的便是战火蔓延，波及租界，同时也深远地影响各国在华利益。由于本身的利害关系，列强中没有一个愿意见到日本并吞中国。所以，甘格林的意见马上得到支持。2月1日傍晚，英国领事馆又有盛会，吴铁城、十九路军78师师长区寿年、日本总领事村井仓松、海军第一先遣舰队司令官盐泽少将一体出席，英、美、法防军司令、公共租界工部局和法租界公董局总董列席参加，在这个中日代表面对面谈的会议席上，最初拟议日军退回租界线内，我军撤到维持日军占领地区的两千码后，日本人先表示反对，接着又扬言电呈日本政府请示。但是，会议终于决定，自2月2日起，双方互不攻击，停火3天。

这3天之内，双方只有小规模的接触，吴淞炮台和日本军舰炮战两小时，有12架日机轰炸南北炮台。闸北、虹口风平浪静，也就在这休战的3天，战区百姓得以搬迁一空，他们有的逃进租界，有的流浪异乡。但是无论如何，有这3天从容撤退的机会，却救了不少生灵。

停战届满的前几个钟头，日本皇军又罔顾信用提前开火，下午3点钟向闸北开炮，飞机更在青云路、宝兴路、新疆路、宝通路等处投掷炸弹。双方协议又被日军片面撕毁，即将赴援的一师陆军已奉日本内阁批准正在登轮驶沪途中。中日大战，至此面临新的高潮。淞沪浩劫又是难免。

不过，也就在这停火的3天之内，国军精锐第87师王敬久部和第88师孙元良也已顺利开抵战场。另外，国民政府更调集了兵精械足的税警总团和中央教导队担任江湾、庙行，大场一线的防务，奠定了往后苦战30余天，誓死不退，大举歼灭日军的胜利基础。日本人的援军第9师团，混成第27旅团则到2月7日才开始投入战场，自2月4日至24日，视为一·二八之役第二阶段，日方的司令官也换了陆军第9师团长植田谦吉中将。

2月24日以后，围军屡挫敌锋，日方迫不得已，再换白川义则大将出任司令官，又增派第11和第14两个师团，这是上海淞沪之战的第三阶段，一直打到3月3日双方进入半休战状态，然后延展到5月5日。

就在中日淞沪之战第二阶级，杜月笙以其强大的群众力量为后盾，又得着机会，使他在外交场合作狮子吼，碰台拍桌，霹雳一声，大大地出了一次风头。

日本军队攻击中方阵地，自始至终都以公共租界为基地，公共租界也有日本人的一份，租界当局似乎无话可说。但是中国外交当局却仍一再的向英美公使提出措词强硬的抗议。2月22、23两日，国军对于日军以租界为庇护所，深感忍无可忍，于是发炮攻击逃入租界的日军，当英、美、德等领事馆向中方提抗议的照会，外交当局立即不假辞色，堂堂正正地回答他们：

"请即采取必要步骤，防止日军在公共租界登陆，并利用该租界为军事行为之根据地点，使此一状态不再存在。因为，公共租界附近流血之争斗，正由于该项状态而使然！"

然则，2月24日以后，日军新任司令官白川义则大将亲自指挥，以江湾跑马厅为炮兵阵地，集中兵力，包围十九路军第61师的江湾阵地，展开最猛烈的攻击。自江湾阵地一线到庙行小镇，接连打了9天，中国军誓死不退，寸土必争，十九路军名将、一位旅长翁照垣喊出了口号："没有枪，用刀；没有刀，用牙齿咬！"

在部署这一次大规模的攻击以前，日本皇军的计划，原想借道法租界，由真如和彭浦，侧击大场，直抵江湾、庙行一线十九路军的后路。这个计划果若成功，中方就要吃大亏。这时，杜月笙及时侦悉在2月24、25、26日那3天，前后共有好几千名日军，乘黑夜登岸，潜往法租界的辣斐德路、祁齐路一带。他们分散开来，住进日本侨民开设的商店及其所有的住宅。杜月笙并且得到消息，这数千日军企图由法租界冲入沪西，抄袭江湾、庙行，进犯我军的右翼。

他马上通知吴铁城和蔡廷锴，十九路军紧急加强江湾、庙行后侧的防务，吴铁城则十万火急呈报外交部，2月27日，外交部便照会法国公使，请他转告驻沪总领事和法租界当局"严重注意"，"迅将潜伏界内的日军立予驱逐"，"嗣后务须严密防范，勿使潜入，以免肇成祸端"。杜月笙不等外交部的照会抵达，他先跑去跟甘格林办交涉，当面质问："有没有这个事情？"

甘格林明晓得杜月笙已有所闻，说不定还掌握着证据，否则他便不会无的放矢，跑来大兴问罪之师，所以他坦然承认确有其事，不过接下来他又婉转解释："日本军人素称横蛮，尤其近来气焰高涨，不可一世，潜入法租界的日军有数千人之多，而且武器装备一应俱全，倘若租界当局采取强硬行动，因激生变，那么，日本皇军固然驱逐不了，说不定法租界这弹丸之地，可能为之糜烂。"杜月笙听了，气愤填膺，他正色地告诉甘格林说：

"中日之战，国际联盟已经在谴责日本。法国政府的立场，即使跟国际联盟不一样，最低限度也要守中立！如今你听任日本军队混入法租界，而且我听说他们还要利用法租界做攻击中国军队的根据地。中国军队为了自卫，假使跟前几天公共租界发生的炮轰事件，照样的'上'你一当，试问总领事，你对法租界居民的生命财产又哪能够保障？"甘格林被他质问得无词以应，只好支吾其词地回答：

"我想，中国军队不至于这样冒昧地炮轰法租界，同时，日本军队在租界上也不会耽搁得太久！"杜月笙一挺胸说：

"我是法租界公董局的华董，又是华人纳税会会长，保护居民生命财产的安全，我也有一份儿。日军混入法界，要出大事体了，不能再拖，我请你明天一早，邀请各国领事和中日双方的高级代表，开一次会，大家商量商量，并且彻底解决这一大问题。"甘格林发急了，大声地问：

"你一定要把这件事情全部公开？""公开了好得多。"杜月笙再进忠告，"否则一定会出大事体啊！"

甘格林这时意识到，纸包不住火，杜月笙已经侦知日军潜入法界，他必定已经通知了中国军政当局，迫于无奈，点了点头，答应召集会议。第二日，法国总领事馆冠盖云集，各国驻沪总领事全体到齐，中国方面因为情势紧急，问题严重，特由上海市府秘书长俞鸿钧亲自出席，杜月笙是法租界华界的首脑，他准时赶来参加。

时间一到，甘格林宣告开会。以主人身份，他首先说明召集这次会议的目的，日方认为他们有权在界驻军，中国政府则指控日军利用租界庇护，向华军发动攻击，因此租界当局变成了助纣为恶。接着他坦白地指出："这一个问题必须澄清，租界可否任由日军驻扎或通过，领事团应该有所决断，免得徒滋纠纷。"甘格林将领事团讳疾忌医的一大问题予以直接揭发，公开提付讨论，并且促使领事团表明态度。对于中国来说，他是帮了大忙，然而，日本总领事村井仓松却不胜愤怒，他抢先起立，大放厥词，威胁恫吓的语句从他"愤怒"的声调中像湍流急瀑般喷溅出来，他那种凶横野蛮的态度使在座各国领事为之愕然。

但是，这是很严重的一个问题，没有人敢于保证村井的恫吓威胁不会成为事实，会议席上的情势对于中方相当不利，甘格林提议将之公开化的重大问题，倘若即刻加以表决，可能会达成相反的结果，使日军利用租界为军事根据地变为公开、合法。村井在厉声咆哮，各国领事噤若寒蝉，大家暗暗的在担心。

谁也没有料到这时杜月笙大光其火，他猛的一拍桌子。20年来杜月笙历经磨炼，炉火纯青，几乎就不会有人看见他当众发过脾气，惟独这一次，他在各国领事之前，攘臂挥拳，高声喝道：

"好，东洋兵可以进租界，住租界，利用租界打中国人，你们尽管通过这个议案，不过，我杜月笙要说一句话：只要议案通过，我请日本军队尽量的开来，外国朋友一个也不要走，我杜月笙要在两个钟头以内，将租界全部毁灭！我们大家一道死在这里！"

晴天霹雳，震得与会各国领事目瞪口呆！日本外交官可以讨价还价，杜月笙却以"闲话一句"为其金字招牌。租界面积不大，人口密度至少冠于亚细亚。杜月笙在上海能掌握多少群众，在座的人没有一个心里不明白，只要他一声令下，自有为他拼命效死的人毁灭租界，从杜月笙的嘴里说出来那就不是炎炎狂言，空口白话。

正在这时，杜月笙便在全场震惊、一时无从反应的那一瞬间，一个转身，大踏步离开会场。

杜月笙动了真火，吓得高高在上、趾高气扬的各国领事，一个个就像泥塑木雕的菩萨，开不了口也动弹不得。杜月笙带来等在外面的一帮弟兄，连同保镖司机，和司机助手，此刻仍在台湾开车的钟锡良也在内，得意洋洋，欢天喜地，簇拥着杜月笙回家了。

听说了租界开会这事，芮庆荣毛焦火躁，说声风便是雨，他一路大谈其如何邀集各路人马，甩炸弹纵火放手枪，要把寸土寸金的租界搞成断垣残瓦，尸山血海；高鑫宝在笑他憨，顾嘉棠心直口快，啐了芮庆荣一口说："呸！月笙哥摆得下千斤重担，你怕外国赤佬真的敢挑？说说罢了，你们放心，外国亦佬绝对不会再提东洋兵利用租界的事啦。"

这一点倒是给他料中了，当天领事团开会的结果虽然是不了了之，可是日本军队从此以后就不会借道租界，同时白川大将两路夹攻庙行、江湾国军的计划宣告胎死腹中。当夜，潜伏在法租界的数千日军，"怎么来，怎么去"，他们趁夜摸黑，悄然撤离。

3月6日，中日双方开始休战，5月5日，经过国际联盟的调处，中日双方正式签订停战，淞沪之战于是宣告结束了。

金融界人士

徐新六是浙江兴业银行总经理，曾留学英、美，专攻经济，获得过博士学位。由于他精明能干，善于经营，浙江兴业银行在他的手中得到很大发展。1935年，国民党政府推行所谓"法币政策"，乘机以官股打入并控制各重要银行，浙江兴业银行却挺住了，未让官股取得控制地位，成为当时寥寥无几的以商股为主的银行之一。金融界人士因此对徐新六更加另眼相看。

为了扩大在金融界的影响，杜月笙处心积虑地接近徐新六。经过一段时期的了解，他掌握了徐新六私生活的秘密，决定以此诱徐新六就范。

原来，徐新六颇重名誉，讲究"绅士风度"，极力给人一种洁身自好、彬彬有礼的印象，在上海滩素以私生活严谨而著名，金融界因此称其为"圣人"。但孰知"圣人"仅在外表，骨子里同样风流，徐新六早已秘密有了偏房，且生有两男一女。这件事，徐新六掩藏得很严实，专门为他的偏房在外修造了房子，无论家中太太还是周围的亲朋好友，一无所知。

可是，看着偏房所生的孩子一天天长大，徐新六的烦恼也与日俱增，他担心自己一旦去世，偏房和在秘密状态下生的孩子得不到社会承认，便无法分享他的财产。因此想找一位有势力的人物，在他死后，能出面为他的偏房及孩子作证，从而使他们能取得他的一部分财产。

杜月笙是无孔不入的，徐新六的心思当然瞒不过他。

夏天，徐新六上莫干山避暑，杜月笙也寻踪而去。

当晨风习习之时，或晚霞烂漫之际，杜月笙总陪着徐新六散步。幽幽空谷、飒飒林涛，更唤起徐新六百般柔肠，千种情思。杜月笙的娓娓劝慰和慷慨承诺，使徐新六感觉碰到了肝胆相照之人，便把自以为掩藏得严实的秘密对杜月笙倾吐了，并就此事写下一封亲笔函件，交杜月笙保存。

杜月笙花这么多时间去陪伴徐新六，想掏出的正是这段话，当下便信誓旦旦地表示："你健在，我为你保密；你一遇上不测，我一定出面为其偏房及她所生的孩子作证。"

徐新六一方面感恩不尽，同时也明白他的把柄已落入了杜月笙之手。以后，杜月笙在金融界有所要求，徐新六当然只能尽力相助。

仗势欺人

20 世纪 30 年代时，以孔祥熙为后台的"七星公司"在上海大做投机生意。因其情报准确、资金雄厚，在上海市场翻手为云，覆手为雨，赚了很多钱。对这种利用特权获取暴利的作法，民族资本极为反感，市面上一时沸沸扬扬，颇多非难。为了保护自身利益，上海一部分商人达成默契，共同对付"七星公司"。

有一次，"七星公司"自恃财力雄厚，企图造成黄金价格看跌的趋势，逼上海黄金持有者大量抛出黄金，然后由他们吃进。为此，他们在黄金交易所不停地抛空，黄金价格每日看跌。但上海经营黄金生意的商人，却串通一气，看着黄金价格惨跌，就是不肯抛售手中黄金，遇上适宜的机会，还吃进一些"七星公司"抛出的黄金。"七星公司"没想到他们影响市场行情的法宝，这一次竟不能奏效，但空头已做太多，老本大蚀，结果轮到上海商人向他们讨债。孔祥熙虽为"七星公司"后台，但投机生意失败，由他出面公开赖账却也不方便，于是，他授意杜月笙干预。

杜月笙出面，将这次黄金交易中成为债主的诸多商人找了去。

在聚会上，他不无威胁地说："这次生意，朋友走油跑马，我不会看冷铺，账不管有多少，统统送过来，我准备倾家荡产代赔。"

这些久在上海滩浮沉的商人们，当然懂得杜月笙这番话包含的真实意思，只得强作笑颜地说道：

"笑话，别人掉了枪花，倒要叫杜先生倾家荡产赔出来，世界上没有这种道理！

照杜先生牌头，账一笔勾销。"

到手的钱被硬挖了去，未免肉疼。更令这些从事黄金交易的商人们心悸的是，这次黄金交易所的抛空风潮，虽然以他们险胜而平安渡过，但"七星公司"如卷土重来，做更大的投机买卖，他们将很难抵御。出于这种顾虑，他们想了一个所谓妙计，即推举杜月笙担任金业交易所理事长，想借他的面子使孔氏家族有所收敛。

这种想法正合杜月笙心意。杜月笙插手这次风潮，就是为了向当事者双方显示他的实力，一方面抬高自己在四大家族心目中的地位，另一方面，炫耀与四大家族的特殊关系，以吓唬上海滩的商人。此举果然奏效，在"杜月笙"三个字前面，从此增加了"金业交易所理事长"的头衔。

金业交易所之外，杜月笙还通过帮助孔祥熙任总裁的中央银行和宋子文任董事长的中国银行等控制中国通商银行后，谋取了中国通商银行董事长的职位。

中国通商银行由盛宣怀创办于1897年11月，它所登的广告中必定有这样一句话："我国首创第一家银行"，牌子老、影响大。盛宣怀死后，该行由傅筱庵接管，是受四大家族控制的中央、中国、交通、农民四行之外的一家重要银行。宋子文、孔祥熙早想染指该行，但一直没有找到机会。

1935年，国民党政府推行"法币政策"，"法币政策"规定："以中央、中国、交通三个银行发行的钞票为法币"，1936年又增加了中国农民银行，其他银行发行的、正流通市面的纸币，逐渐以这四行发行的钞票换回，停止使用。

为了防止各银行滥印钞票调换"法币"，在"法币政策"公布前，国民党政府调查了享有钞票发行权的12家银行发行的钞票数量。其中中国通商银行的钞票发行额为3430万元。掌握了这种情况后，中央、中国、交通行秘密集中了中国通商银行的大量钞票，突然前去该行兑现。因事出意外，加上傅筱庵见上海地价暴涨，正在河南路耗资1000万元建一座"中国通商大厦"，头寸吃紧，未免捉襟见肘，无法满足兑现要求。国民党政府立斥该行"准备不符规定"，以维持金融为名，提出加入官股，并指派董事或董事长，想全面控制中国通商银行。

傅筱庵不甘认输，极力作梗。国民党政府抓住他与北洋军阀有过来往的辫子，加他一顶阴谋祸国的帽子，下令通缉查办。傅筱庵惶恐之下，只身逃到了日本帝国主义控制的大连躲藏。

傅筱庵一走，中国通商银行陷于一片混乱之中，它若破产倒闭，势必造成上海金融市场的波动。宋子文、孔祥熙意在控制该行，并不想让它倒闭。但傅筱庵被官方整怕了，并且国民党政府已公开对他发出了通缉令，不便出面请傅筱庵回沪，此事便交给杜月笙办。

杜月笙乐得作好人，当即托人带信给傅筱庵：

"请先生回沪把中国通商银行的账目算清，天塌下来，有杜某人顶着。"

傅筱庵仓惶出逃，本是权宜之计，见杜月笙出面作保，决定顺水推舟，返回上海。他对带信人说："杜先生铁肩担道义，真非常人也。我决定回上海，刀山鼎镬，在所不辞。"

他这话一箭双雕，一方面表示自己是为顾全杜月笙的面子才回沪的，另一方面借着吹捧杜月笙，强调杜必须对他的身家性命负责。词美意深，可谓老奸巨滑。

傅筱庵回沪后，七拼八凑，又将投资千万、尚未竣工的"中国通商大厦"作价300多万元拍卖，勉强还清债务。但是，遭此打击，中国通商银行气息奄奄，欲振乏力。孔祥熙、宋子文等感到火候已到，便授意杜月笙出面代中国通商银行要求中央银行支持。之后，中央银行便以"救济"为名，把大量"官股"塞入中国通商银行，并将中央银行业务局长顾诒谷调去中国通商银行任总经理。杜月笙担任了中国通商银行董事长，因此在金融界的地位当然更非昔日可比。

凭借与官僚资本的特殊关系，杜月笙还相继担任了中国、交通银行董事，浦东、国信等银行的董事长，以及上海市银行公会理事。虽然银行公会理事长的头衔未归于他，但他在金融界终于也成为一个能兴风作浪的人物了。

面 粉 厂

如果说杜月笙插手金融业，是以建立中汇银行为开端，那么，盘得华丰面粉厂，则是他跻身工商界的标志。

华丰面粉厂设在小沙渡路上，老板为卢少棠。30年代时，卢少棠因在赌场上惨败，背上数十万元的债务，无奈之下，产生了卖掉华丰面粉厂的念头。

开设面粉厂在这时是很赚钱的，杜月笙得知卢少棠的想法后，立刻叫他的重要经济顾问杨管北设法将华丰面粉厂搞到手。杨管北找到华丰面粉厂一位与他熟悉的陈经理，证实少棠确有卖厂之意，同时了解到已有人抢先一步在接洽买厂事宜。杨管北闻讯，心急如火，要求这位陈经理设法将这桩生意让给杜月笙，经他软硬兼施的努力，卢少棠被迫答应以109万元的低价，将华丰面粉厂卖给杜月笙。

价格谈妥后，杨管北按杜月笙授意去找傅筱庵。

这时，傅筱庵刚从大连避难回来，为处理中国通商银行的债务及与孔祥熙等人的矛盾，正有求于杜月笙。杨管北见到傅筱庵后，告诉他：

"卢少棠准备卖出华丰面粉厂，因债务所迫，价格定得相当低，只需109万大洋。"

然后，他虚情假意地劝傅筱庵买下。其实，卢少棠要卖出、杜月笙想盘进华丰面粉厂的消息在当时已不是新闻，以傅筱庵的地位和关系不可能不知此事，他见杨管北突出此语，当然能听出其弦外之音，连忙摇动双手说：

　　"不，不，我从没想过要买面粉厂，我不买，应帮杜先生买下来才对。"

　　杨管北闻言，心中暗自高兴，他知道傅筱庵会猜透他的意思。嘴巴上却仍然甜丝丝地说：

　　"还是傅先生买下来妥当。"

　　傅筱庵干脆进一步点明："不，不，还是由杜先生买下来，交给你来管理。这才是最好不过了。"

　　"不过……"

　　傅筱庵不得不接过话头，连忙说："钱没有问题，中国通商银行可以借给低息贷款。"

　　杨管北东拉西扯，绕了一个圈子，终于得到了他想得到的这句话。就这样，杜月笙不用拔一根汗毛，华丰面粉厂便稳稳当当落入他的手中。

　　华丰面粉厂到手不久，杜月笙那干瘪但却包藏着无穷欲望的肚腹又开始了新的算计。他的双眼盯上了上海面粉交易所理事长的位置。

　　因为取得这个位置，可以左右上海，乃至江南、江北数省的面粉生意。

　　这时执上海面粉业牛耳的是担任上海面粉交易所常务理事的著名实业家荣宗敬及其弟荣德生。荣家兄弟是无锡人，早年在上海当学徒，积攒一定资金后，开设了广生钱庄。还在光绪年间，荣家兄弟便投资面粉业，在上海开设"茂新"面粉厂，创出了深受欢迎的"兵船牌"面粉。以后又接连开设了茂新二厂、三厂，直至十厂。"茂新"之外，又设"福新"厂号，也是一厂、二厂，直至十厂。杜月笙以区区一厂之力，通过正常的市场竞争，当然不可能胜过荣家兄弟。但他有国民党权贵撑腰，有黑社会捧场，有玩弄阴谋权术的超人本领，凭借这些，杜月笙刚刚打入面粉业，便急不可耐地要与荣家兄弟一决雌雄。

　　杜月笙首先出高价将王禹卿及"兵船牌"商标从荣家兄弟手中挖来。王禹卿绰号"面粉二王"，多年主管荣家以"福新"为厂号的10家面粉厂，在面粉行业中，素以精明干练、经营有方著称。此外，杜还聘来了大同面粉厂总经理卞筱卿，让这两人与杨管北同任华丰面粉厂常务董事，负责全厂业务，以加强华丰面粉厂的竞争能力。

　　同时，杜月笙想方设法拉拢面粉行业中与荣家兄弟有矛盾的商人，以孤立荣家，扩大自己的力量。在上海面粉交易所活动的生意人，分属于两个面粉业公会：上海面粉业公会、苏、浙、皖三省面粉业公会。荣家兄弟的影响主要在上海面粉业公会，而杨管北因祖上在扬州、高邮等处开有面粉厂，因而与苏浙皖三省面粉业公会关系密切。这两个公会所代表的势力，围绕价格及市场分配等问题，长期以来明争暗斗，角逐激烈。

1931年，国民党实行"裁厘加税"政策后，这种矛盾进一步尖锐。厘即厘金，是旧中国政府在交通要道设关卡，对运销商品征收的一种捐税，1853年清政府在镇压太平天国起义时，由帮办扬州军务雷以诚首推行。"裁厘加税"政策对苏浙皖地区的面粉业商人是一个沉重打击。因为，他们用于加工面粉的小麦基本在当地采购，不需长途贩运，很少厘金负担，只有把面粉运到上海的途中才需交纳厘金。所以，"裁厘"未使他们减轻多少负担，"加税"却使他们增加很大支出。而上海的面粉业商人要到外地采购小麦，途长路遥，支付的厘金数额大大超过苏浙皖三省面粉商人，因此，"裁厘"使他们得益不少。苏浙皖等地的面粉商人，本来就因运费等问题，在竞争上处于劣势，"裁厘加税"政策实行后，他们的境况更糟。

杜月笙看准这是笼络人心的好机会，亲自跑到苏浙皖三省面粉同业公会去活动，敦促三省面粉业商人，一同写了一个"呈文"，一方面表示拥护"裁厘加税"，同时要求考虑三省面粉业商人的损失，所征税收应比上海面粉业商人少百分之五十。这一"呈文"经杜月笙之手辗转，国民党政府江苏省财政厅送到了行政院财政部和实业部，之后，杜月笙又四出活动经宋子文、孔祥熙批准，江南面粉商人上交之税减少百分之四十，江北面粉商人上交之税减少百分之五十。

杜月笙因此获得苏浙皖三省面粉业商人的好感。

经杜月笙授意，这部分商人又和与杜月笙关系密切的一些上海面粉商人暗中收购上海面粉交易所股票。

在取得拥有发言权的股票数额后，他们立刻要求召开上海面粉交易所股东大会。这时，担任上海面粉交易所常务理事的是荣宗敬，理事长是与他关系密切的王一亭，他们对杜月笙秘密进行的拉票活动一无所知。结果，在股东大会上受到猛烈抨击，被迫同意改选理事。

选举结果，杜月笙名列榜首，志得意满地取王一亭而代之，坐上了上海面粉交易所理事长的交椅，杨管北则随之成为常务理事，从此他在面粉业取得举足轻重的地位。

盯上航运业

———◇———

杜月笙挥拳打入面粉业后，他仍不满足，踌躇满志，又盯上了上海的航运业。

大达轮船公司是张謇创办的一家著名民营轮船公司。张謇曾是清末状元，又是近代中国著名的实业家。

张謇，江苏南通人，光绪二十年甲午恩科状元，赐进士及第，授翰林院修撰。这年夏天，慈禧太后从颐和园回宫，文武百官照例应该跑在路旁接驾。这一天恰好雷雨交加，地面泥水几寸厚，张状元被淋成了落汤鸡，又在积水里跪了多时，回到会馆，夜不能寐，他自言自语地喟然长叹：

"我读书当官，身列朝堂，难道只是为了做磕头虫而来的吗？我饱读圣贤书，志气何在？"

于是，他辞官回乡。这位 42 岁的状元公，自 4 岁开始念千字文，经过 38 年的寒窗苦读，结果是只做了 120 天的小京官又回家了。

张謇辞官后从商，从光绪 21 年到民国 15 年，他先建立了大生纱厂，以后又连建了 8 个厂，设置了电厂、油厂、面粉厂、机械厂、轮船公司等无数企业。

1904 年 6 月，张謇在上海高桥租下南市十六铺一带大量沿岸土地，建设仓库、码头，成立大达外江轮步公司。8 月，又在南通天生港设置码头和仓库，成立天生港轮步公司。之后，又从国外买进两艘客货两用轮船，合大达外江轮步公司及天生港轮步公司为大达轮船公司。该公司的轮船班次，被称为沪扬班，专跑上海经南通天生港至扬州霍家桥一线，独占此航线 24 年。

1926 年 8 月 24 日，张謇病逝。不久，大达轮船公司经理鲍心斋也辞世而去。创始人的相继故去，给该公司经营上带来一定混乱。不巧的是，以后又连逢两场灾难，一是大达轮船公司存有巨款的德记钱庄破产，大达轮船公司因此损失好几十万。二是大达轮船公司所属"大生"、"大吉"号轮船先后失火烧毁，船上旅客死伤众多，货物损失严重，都要大达轮船公司负责赔偿。这两场灾难使大达轮船公司负债累累。这时，原由大达轮船公司独占的航线之上，又出现了竞争对手——大通轮船公司。该公司以上海滩的洪门大哥杨在田为董事长，法租界公董局华董费伯鸿为总经理，靠山不弱，实力也强大。大达轮船公司早已处于风雨飘摇之中，受到这一劲敌的竞争，更是步履维艰，渐渐到了濒临倒闭的边缘。

大达公司的主要债权人是镇江帮金融巨子陈光甫开设的上海商业银行，陈光甫眼见大达风雨飘摇，朝不保夕，心里相当的着急；与此同时通州帮的实业巨子也在为此问题焦头烂额，不知所措。于是，镇江帮金融界和通州帮实业界人士频繁接触，最后，他们认为如果能找一位通天教主、大力人士做后台，再聘一名富于魄力、精明强干的经理，也许可以死马当做活马医，解除大达的危机，让它站定脚跟，起死回生。

他们想来想去，认定这一对搭档的最佳人选惟有杜月笙和杨管北。持这一主张最坚决的，是大达公司常务董事兼上海商业银行业务部经理越汉生。

很不凑巧，这时杨管北刚好盲肠炎开刀，在闸北仁济医院里休息。于是，双方在医院里开始了接洽。

结果，已经有了点眉目，忽然又横生枝节，掌握南通事业大权的吴寄尘，坚决反对杨管北去管大达公司的事，他所持的理由是——杨管北年纪太轻，惟恐他少不更事，负不起这么大的责任。

杜月笙得到消息，淡然地一笑，他对于人与人的关系摸得最透，一听吴寄尘公开反对杨管北，立刻便知道是"南通地产质询"结的冤。

原来早几年，大生纱厂周转失灵，南通实业界元老张謇的得力助手，被张謇所倚重的吴寄尘为了解救大生的危机，竟将"上海南通地产公司"的产业，坐落上海九江路22号的整幢洋房进行出售，然后把售得的款项移大生纱厂救亡图存之用。

这一来，上海南通地产的股东为之大哗，南通地产是独立的企业，跟大生纱厂无关，它毫无理由被牺牲了去救大生。吴寄尘是迫不得已而出此，但是大生的危机解除，上海南通地产的股权问题却又变得无法收拾了。上海南通地产的股东们要求召开股东大会，为保障本身的权益提出质询，要求吴寄尘赔赏全体股票所受的损失。

股东大会举行前夕，愤懑不平的股东们想起了一个难以解决的问题，到时候谁来提出质询？因为南通事业的股东多半是张謇的亲友和旧部，他们站得住道理却是碍不过人情，谁好意思去跟张謇的代表人吴寄尘细算账目，要求赔偿？

于是，有人提出镇江杨家的小开杨管北。杨家及其亲戚投资南通实业为数不少，小开本身是大生纱厂的董事、三厂的常董，又在大达轮船公司和南通地产都有股份。杨管北年纪轻，冲劲足，他学的又是经济与法律。老一辈的有人找到杨管北一怂恿，杨管北果然答应担任开路前锋。

第一次开会，杨管北理直气壮，义正词严，口口声声讲法律，要赔偿，吃亏的股东有了开路先锋群起而攻之，这弄得吴寄尘极不是滋味，更是对杨管北这个初生牛犊感到不悦。问题拖了又一年，赔偿仍然不见兑现，再召开股东大会时，吴寄尘请了曾任江苏财政厅长李耆卿担任主席，各股东因为血本无归，心情焦躁，于是纷纷发言，措词激烈，竟使李耆卿气得中途退席。从此，吴寄尘将所有令他难堪的账都记在杨管北身上，认为这一个后辈虽然年轻有才，却是不通人情，形同叛逆。

以后，吴寄尘对杨管北始终耿耿于怀。

这件事总得要化解化解，杜月笙想出一位适当的调解人，杨志雄。一则，杨志雄风度翩翩，舌辩滔滔，是他智囊团中外交人才的首选；其次，杨志雄是吴淞商船学校的学生，吴淞商船是张謇一手创办的，杨志雄毕业于该校，后来又曾出任该校校长，因此，他和南通张家颇有渊源。

请杨志雄来一商量，杨志雄说：

"这件事我倒有两条路子，四先生的少爷张孝若，在汉口当扬子江水道委员会委员长，我也在汉口当船主，我们经常在一起，相当的熟。"

"还有一条呢？"杜月笙知道。四先生就是大家对张謇的称呼。

"吴寄尘有位侄子在金城银行当经理，叫吴蕴齐，我们也是要好的朋友。"

"那么，"杜月笙建议说，"你是否先去跟吴蕴齐谈谈，请他劝劝吴寄尘，要我跟小开去，无非是挽救大达。我充其量只能挂个名，搞轮船我不会，真要救大达，还得靠小开。"

杨志雄赞同地点了点头，回去了。他这时在德商西门子洋行当总顾问，吴蕴齐常到他办公室来，因此，第二天他便见到了吴蕴齐。他还怕他传话传不清楚，特意转弯抹角说："我久仰令叔，吴寄尘是通州实业界的老前辈，只是自己无缘见面。"

言下之意想请吴蕴齐引见引见。

吴蕴齐很高兴地说：

"这有什么问题，我今回去就跟家叔说一声。"

第二天，却是吴寄尘由他的侄儿陪同，亲赴西门子洋行，专诚拜会杨志雄来了。吴寄尘一到，使杨志雄深感不安，颇有点窘。不过吴寄尘兴致很高，他和杨志雄一见如故，促膝恳谈。在这一次长谈中，杨志雄很技巧地提出杜月笙的见解——切应以挽救大达为前提，杜月笙深知杨管北有彻底整顿大达的能力，使这一历史悠久、具有光荣传统的事业机构，发扬光大。吴寄尘对杜月笙的热心诚恳，非常感动，他在杨志雄的面前，马上表示出欢迎杜杨的决心与诚意。

当杨管北开刀的伤口愈合，出了仁济医院，他只晓得又有一项新职在等待着他，还不知道其中有过一段曲折。听说杨管北要接大达公司的事，杨管北的亲戚长辈纷纷的把股权移转给他，以使他持有够多的股份强化他在公司的地位。同时，杨管北也建议杜月笙不必去当空头董事长，杜月笙深以为然，于是也大量收购其股票；结果在大达轮船公司的股东大会里，杜月笙和杨管北以足够的股权，当选董事，再经过董事会推请杜月笙为董事长；张孝若为常务董事兼总经理，而以杨管北副之。此外还有杨志雄和胡筠庵两人，也当选了常董，杨、胡两位常董同为杜系人物。

这时，苏北一带遍地盗匪，声势滔大。由于盗匪多如牛毛，横行霸道，苏北各地交通也已断绝，商旅通过除非预缴"保护费"，否则随时都会被劫。这样使得在一省之内，从上海汇钱到苏北，100 块钱的汇费高达 20 元。盗匪使得苏北货不能畅运，大达轮船公司的货物也经常被抢。

杨管北上任后，立即雄心壮志，准备在这个交通阻塞上打开大达公司的局面。他请杜月笙约来了青帮大字辈前人，在运河苏北各码头坐第一把交椅的高士奎帮忙，高士奎在青帮比杜月笙高两辈，但是由于时局倒转，情势不同了，高老太爷不但对杜月笙很客气，而且还口口声声地喊杜先生。

高士奎一约便到，杜月笙告诉他说：

"有点小事情，想请高老太爷走一趟洪泽湖。"

洪泽湖，位置在苏皖边境，早先是蚌埠通往清江浦的要道，后来因为烟波百里，成了强盗土匪的渊薮。

高士奎听说杜月笙要请他走一趟洪泽湖，蓦地兴起怀乡之念，他欣欣然地说：

"30 年没有回过家了，既然杜先生要我去，我就走这一遭吧。"

杜月笙大喜，当下请问：

"什么时候动身呢？"

"随便，"高士奎答道，"反正我是闲人，明天后天都可以。"

送走了高老太爷，杜月笙又叫杨管北来，吩咐他送高老 3000 块钱的"路费"。

杨管北不在青帮，但是他跟青帮人物很熟，就在他的手下，大达公司大裕轮的买办、众人称为孙大哥的便是一位大字辈，因此，他选大裕作为此行的专轮。

高老太爷抵乡，消息马上传遍清江浦，码头上黑压压的一片，数不清有多少人来迎接——其实，还有不少青帮人物一路远迎，肃候老太爷在船上吃过了晚饭，轮船驶向淮安，到清江浦时，他又接受了盛大热烈的欢迎。

被清江浦的朋友苦苦挽留了 6 天，天天欢宴，不曾一刻得闲。6 日后，高老太爷乘车往杨庄老家。

在杨庄，高老太爷一住又是 10 天。他的龙亲老眷，街坊乡邻，一拨儿一拨儿地跑来向老太爷磕头。高老太爷也忙着一家家的拜访、叙旧，他家中存有 300 石米，加上自己带来的 3000 块钱，一笔笔的送光为止。

到达杨庄的次日，高老太爷派人传个话，叫高良涧和临推头之间，亦即洪泽湖相隔最远的两岸，管事的大寨主吴老幺来见。话传过去，在第 4 天早上，这位苏北最有势力的大土匪头子挥桨如飞地赶到了杨庄。

一进高老太爷的家门，吴老幺向高老太爷三跪九叩首，执礼之恭出人意外。高士奎跟他叙一叙，这吴老幺居然也是"悟"字辈，算是老太爷的孙子。

高老太爷望一眼垂手肃立的吴老幺说：

"你晓得吧？我这次是特为找你来的！"

吴老幺作了个揖，不胜惶恐地说：

"老太爷，我怎敢当?"

"上海有个杜月笙，"高士奎问，"你听说过没有?"

"久闻杜先生的大名，"吴老幺答道，"就是至今不曾瞻仰过。"

"这位朱信科先生，"高士奎伸手一指，"就是杜先生的要好朋友，杨管北请来当代表和你联络的。杜先生和杨先生在办大达轮船公司，大达的船要开辟苏北航线。我找你就为这件事——看到大达公司的船来，你要好生照顾啊!"

"请老太爷放心，"吴老幺慨然承诺，"大达公司的船只管来，他们船上要是少了一颗麦，统统由我赔偿。"

就这样，三言两语，打开了苏北航线，甚且远远伸展到蚌埠、清江浦之间。待高士奎回到上海，杨管北立即开始筹备薛鸿记帆轮联运公司，并另行筹组达通小火轮公司，航行皖北、苏北各线，只载货，不搭客。他设立各地分支机构尽量起用青帮人物，譬如蚌埠办事处请"大"字辈的夏金贯主持，清江浦有"大"字辈冯守义坐镇，扬州、镇江则以通字辈向春廷总管一切。凡此青帮人物一概以经理名义月支薪水大洋200元。但是实际业务杨管北仍得另外选派有经验的人负责办理。

然而，第一次航行就出现了惊险镜头。达通小火轮公司的一艘船驶到了柏树湾，这一带因为地形关系，河道曲曲折折，呈之字形，一向是盗匪出没抢劫船只之地。这时行驶于这一地区的船只俨然一条长龙，形成船队。第一艘是扬子公司的轮船，第二艘是戴生昌的船只，达通公司的火轮殿后，还一连拖了十几条木船。

船队驶抵柏树湾，大概是夜晚九、十点钟光景，周遭一片漆黑，伸手不见五指，突然之间，岸上响起清脆嘹亮的枪声，紧接着便有粗犷的声音大喊:

"把灯熄掉! 人回舱里去，谁敢探出脑袋，枪就不认脑袋!"

月黑风高，碰到强盗，这时恐怖紧张的气氛达到了极点。达通拖轮和木船上的员工水手，一个个吓得面无人色，浑身发抖，可是他们受惊吓了许久，只听到前面停泊的轮只上哭喊之声不绝于耳，自己的船上竟然毫无动静。于是有胆子大些的探首外望，两岸静悄悄，不见人影火光，心想一定是土匪得手以后就撤退了。当夜他们疑惑不定的各自去睡，第二天清晨一问，果不其然，扬子和戴生昌的两条船、货物和行李全部被劫走了，惟有达通公司的船在匪徒们眼中好像不存在没看见似的，秋毫不犯。

随后，达通公司等于是保了险的、托达通运货土匪不会来抢的消息迅速传开，托运货物的主顾纷至沓来。达通苏北航线的建立和开通，使大达公司的业务突飞猛进，盈余直线上升。

杜月笙接任大达轮船公司董事长，派杨管北接管业务，任何人都以为他们上台一鞠躬，要做的第一件事，便是和大通公司成立协议，遏止跌价竞争以免愈赔愈深，两败俱伤。因为凭杜月笙和通达公司的杨在田、陆费伯双方的交情和作风，他闲话一句，什么事情都可以摆得平的。然而说也奇怪，当杨在田、陆费伯蚀了不少钱后，眼见杜杨上任上场，笃笃定定地在等杜月笙递过点子过来拜码头，谁知杜月笙闷声不响，声色不动，丝毫没有展开谈判，讲讲斤头的任何迹象。

起先他们很纳闷，后来恍然大悟，杜月笙他们手条子够狠，大达公司自从杜杨登场，情势丕然一变。杜月笙他们跟银行界交情够深，拨只电话就可以调来大批大洋，此其一。大达打开了苏北航线，开设大兴公司，一掼下去就有3000万的活动能力。大达、大兴、薛鸿记连成了一条线，代办货物，平安运达，立即押汇，三大业务做得热闹风光，一笔生意三层赚头，洋钿银子滚滚而来，拿这里面的赢余来跟大通公司在一条航线上拼，可以说轻而易举，不费气力——搓麻将掉了人又另扳了庄，大通公司今非昔比，他们着着居于下风。

于是，硬挺了一年，反倒是大通公司要叫救命了——再赔下去，就要掼倒。于是，杨在田和陆费伯反客为主，迫不得已向大达提出要求，希望双方相忍为安，顶好是想个什么法子，盘算盘算成本，打开这个恶性竞争的局面，彼此都能获得合理的利润。

有一个绝妙的法子，但是，老朋友面前，杜月笙却不出口，他振振有词地推托：“大达的事情，统统都是小开管。老兄的意思很好，但是要去跟小开商量。”

大通公司只好再去找杨管北谈，杨管北的答复使大通公司方面颇感意外——他抓住大通方面人士的慷慨陈词、顺水推舟地这么说：

“既然竞争对于双方不利，那么，我奉送各位一个意见——何不联营？”

“联营？怎么个联营法呢？”

“那还不简单，”杨管北双手一摊：“大达、大通成立联营处，共同经营上海到扬州这条航线。”

“双方所占的比数，怎么样算？”

“有一个最合理的计算方法，我们联合去请一位最有名的会计师，请他细查大达、大通过去3年的账，以两家公司的总营业额为准，订定双方所占的比数。”

大通情势危急，只有照办，双方请来了上海滩有名的奚玉书会计师，查过了账，记录显示，在以往3年，两家公司的总营业额中，大达公司占63%，大通公司占37%。

照这样的比例，在即将成立的联营处里，不论船只吨位、新旧、设备、速率，以及包括水上，陆上所有的资产，孰者为多，孰者为少，大达公司所应分得的赢余，要比大通超过将近一倍。这样，大通说这样不能干，大达说不干就算了。几经折中，几经谈判，最后则由大达公司让步，将双方所占比例，调整为大达公司55%，大通公司45%。合约刚刚签好，交通部又召开全国第一次航业会议，杨管北即席提出大达、大通两轮船公司联营10年的报告，请交通部准予备案，同时，由联营处提供保证：不分客运货运，今后绝不涨价。

制服了大通轮船公司后，大达轮船公司的赢利更逐日递增。不久，当虞洽卿因连任二届上海船联会理事长而必须改选时，杜月笙便以大达轮船公司董事长的身份，如愿以偿地获得了这一工商界的重要头衔。

控制棉纱交易

上海的棉纱交易市场，也是杜月笙想加以控制的行业。

早在1928年，杜月笙已开始在纱布交易所做棉纱生意。随着他在工商金融界势力的膨胀，这笔生意越作越大。但他不满足，希望能坐上纱布交易所理事长的交椅，这样他可以更加得心应手地大作投机买卖。

他等待着，终于找到了机会。

一天，张啸林眼看棉纱交易的钱好赚，于是也往里面扎。他一上来就抛空，而且抛出的数额来得很大，杜月笙说："此刻抛空恐怕不利啊！"

张大帅眼珠子一弹，开口便骂：

"他妈的！老子抛空就不许不利！月笙，你也来，胳臂不能往外弯，总不能说我抛空，你反倒做多吧？"

杜月笙被他说得笑了起来，点点头说：

"好，我奉陪，不过，我少做点。"

"不行，要做就大做！"张啸林自有道理，"必须我们两个都做大，才可以把价钱掼下去！"

哪晓得张大帅这一宝没有押准，闯出了穷祸，他大做其空，纱布交易所便天天利多，拍一板就涨一截，而且天天涨停板，一连一个多星期，纱布交易所出观了空前未有的怪现象。

每天从早到晚，张大帅把"他妈的！"一路骂到底，结果他做空做到了无法收拾的地步，他跟杜月笙隔一盏鸦片烟灯，扳着指头算，他妈的真正不得了哇，现在每拍一板，就要蚀本十多万。

上海棉纱帮以通海人士居多，亦即南通与海门。陆冲鹏是海门的大地主、国会议员、棉纱帮的几位亨字号人物。跟他有交情的其中有一位叫顾永园的，跟他是很知己的朋友。顾永园当时也在做空，蚀得来性命攸关，一日他忽然来访陆冲鹏，劈头便是一句：

"不得了，张先生都要倾家荡产了！"

陆冲鹏惊了惊，忙问：

"究竟是怎么一回事？"

顾永园把张啸林纱布做多，陷身泥潭，进退维谷的窘况，细细一说。接下来他又义形于色，气愤填膺地道：

"纱布交易所，从来就没有这种猛涨不停的事体！我们人人都晓得，这完全是里面有几个理事在作弊，就是苦于找不到证据。"

陆冲鹏刚要插嘴问，顾永园忙不迭地又向他娓娓细诉，他把棉纱交易所的种种黑幕，解说得十分详尽。

由而陆冲鹏明白了顾永园的来意，于是他单刀直入地问：

"要怎么样才可以对付他们。"

事急矣，顾永园自告奋勇地说：

"要跟鲁智深醉打山门一般，闹个卷堂大散。我愿意当先锋，上台质问，叫他们明天一上来就停拍，否则的话，十多万十多万地赔上去，到了明天这个时候，张先生和我无法交割。"

陆冲鹏懂得了，再问：

"你当先锋，是要杜先生、张先生做主帅。"

"杀鸡焉用牛刀，"顾永园一声苦笑，"我只要他们做帮我摇旗呐喊的小兵。"

"好的，事不宜迟，"陆冲鹏准备起身，"我这就到华格臬路去。"

他先到隔壁头，张家大帅直立檐下，对着空空如也的院子出神。

"啸林哥，"陆冲鹏喊醒了他，"有话要跟你说。"

"唉！"张啸林极其罕见的叹了口气，立刻就又骂出脏话来："他妈的！半辈子不曾这么烦过。走，我们里面去谈。"

一坐一躺，陆冲鹏开口便问：

"烦什么？啸林哥，是不是做纱布做出了纰漏？"

"他妈的！"张啸林啪地把鸦片烟枪一掼，倏然欠身坐了起来，"老子方才正想着呢，发三五十杆手枪出去，叫他们把那个鬼交易所打成稀烂。"

"打烂它不是办法，啸林哥，"陆冲鹏莞尔一笑地说，"我是来约你一道去隔壁的，去跟月笙商量商量看。"

"好哇！他妈的，"张啸林站下了地，"我们这就去呀。"

杜月笙在隔壁也是烦不过，什么客人都不见，正在一榻横陈香两口消愁解闷呢。

张啸林和陆冲鹏撞进去的时候是中午11点钟，三兄弟唧唧哝哝，从原则谈到细节，计划精密，步骤分明。最后，陆冲鹏面带笑容地驱车离去，又找顾永园，向他"面授机宜"。

第二日上午，坐落在爱多亚路北的纱布交易所，准时开市，然而，稍有警觉的人，就会发现气氛有点异样，交易所里外多了几十位穿短打的朋友，鸭舌帽拉低到眉毛，怒眉横目，腰际还有鼓了起来的"家伙"。

交易所的伙计正要高声宣布开拍，顾永园铁青着脸，一马当先，他在人丛之中指手画脚，慷慨陈词，指控若干理事勾串舞弊，制造一发不可休止的涨风。他要求马上宣告暂时停拍，由各经纪人成立调查小组，彻底清查弊端，然后依法处理。

被指控的理事纠集场务人员，冲向前，要把"扰乱秩序"的顾永园拖出去，扬言送巡捕房究办。但是这一些赤手空拳的场务人员左冲右突，却受阻于在厅内那些板紧着脸的"陌生客"，谁也没法挨近顾永园的身边，有一名伙计不经意的发现，陌生客腰间硬梆梆的那家伙是手枪，他脸色发白，簌簌地抖，神鬼皆惊的一声骇呼：

"他们带了手枪的！"

这一喊，交易所里的理事职员哄然一声，四下敞开。

情况十分紧急，其中，一个理事冲进办公室去拨电话，向巡捕房求救。

这时，杜月笙拖出来的老英雄，"大八股党"的老前辈，戴步祥、戴老二已牢牢地守在捕房紧急电话旁边。

电话铃声响，戴老二伸手一接是纱布交易所十万火急的请求，戴老二声色不动地听对方把话说完，当对方迫切地在等待回音时，戴步祥轻轻地把电话挂断。

一次、二次、三次……

纱布交易所第四次打电话来，根据沈杏山转述的"锦囊妙计"，戴步祥终于开了金口：

"好，我会派巡捕来——看看苗头。"

又过了半天，四名巡捕懒洋洋地来了，经纪人一见如逢救星，正要迎上去诉苦。顾永园又在场子中央大声疾呼，他要求巡捕查封经纪人的账簿，以揭露黑幕，然后按照法律程序进行诉讼。

交易所的人眼见顾永园根本就不怕巡捕，甚至他还想指挥巡捕代他"执行任务"，于是更加着慌，他们打电话给闻兰亭、袁履登。闻、袁两人一听交易所出现了带枪的人，顿时惊得脸色大变，他们叫交易所的人沉着镇静，切忌慌张，同时安慰说：

"不管来人是谁，都没有关系，我现在就去见杜先生。"

袁履登和闻兰亭驱车到了杜家，正待迈步入内，早有杜家的听差虚拦了拦，陪笑地说：

"对不起，杜先生还没有起来。"

闻兰亭好言相商地说：

"本来是不敢惊动的，实在是因为事情紧急，没奈何，只好烦你们进去通报一声。"

"真对不起，"听差两手一摊，"杜先生说他要多睡些时，我们底下人，那个敢去喊哩。"

闻兰亭和袁履登一想，这话说得也不错，总要找一位有资格，够交情的朋友，才可以把杜月笙从被窝里拖出来。两人一商量，自知资格不够，于是又驱车疾驶去求傅筱庵。不会想到傅筱庵也是高卧隆中未起。这两位大亨逼得没有办法，只好去寻阿德哥——年高德劭、望重上海滩的虞洽卿。虞洽卿不但跟杜月笙够交情，还可以在他面前倚老卖老，他一听袁履登和闻兰亭的报告，当时就知道这件事情不得了。洽老为人向来热心，着起衣裳上了汽车便去杜公馆。

杜公馆的听差看见洽老驾到，不敢再拦，让他带着袁、闻两人，直登二楼，洽老一面走一面在喊"月笙！月笙！"进门一看，杜月笙真睡着了，但是洽老不管三七二十一，硬把杜月笙摇醒，而且逼着他穿衣着裳，刷牙洗脸，然后 3 部汽车 4 个人，首尾相衔，风驰电掣地开到了纱布交易所。

交易所的经纪人，伸长颈子在门口等，远远看见杜月笙的汽车疾驶而来，犹如天降救星，他们一个个雀跃三千，回过头去便是声声高喊：

"好啦，好啦，杜先生来啦！"

这时候，顾永园还站在台上慷慨激昂，义正词严，在口若悬河地质问，一听"杜先生来啦"，也不觉呆了一呆，踮起脚来望时，一眼瞥见虞洽卿、袁履登、闻兰亭陪着杜月笙驾到，他一看就明白了，毫无问题，他已经把风潮闹得很大，上海商界领袖全到，是他们把杜月笙硬拖来解决问题的。

方才顾永园在大呼小叫，厉声质问，风浪之猛仿佛把爱多亚路这幢大楼都要掀倒，如今杜月笙、虞洽卿和袁、闻两人在大厅门口一站，好像摇摇欲坠的大楼即刻恢复了重心。经纪人、交易所员工和心中有病的理事一起吁了口气，晃悠悠的一颗心，也稳稳妥妥落回肚子里了。

杜月笙面带微笑，一步步地往大厅里走，虞老等人反倒跟在他的身后，拥挤的人潮眼见杜月笙进来，人潮速速的划开一条大道。

一直走到台下，杜月笙仰脸望着顾永园，笑容可掬地问：

"这位先生，可认识在下？"

顾永园连忙双手一拱地说：

"久闻杜先生的大名，就恨缘浅，始终没有机会拜见。"

"笑话，笑话！"杜月笙抱了抱拳，又问："先生既然晓得我杜某人，我杜某人有一句话，不知道先生愿不愿意听？"

"杜先生的一句闲话嘛，"顾永园坦爽地说，"兄弟当然只有惟命是从。"

"多谢，多谢，"杜月笙笑了笑，"那么，就请先生赏光，到舍下去一趟。当然了，交易所这边的朋友也要请他们到一到，不管有什么事体，让我们从长计议。"

"好的。"顾永园很快地走了下来，"杜先生叫我去，我就去。"

大队人马一走，时间已近中午，纱布交易所虽然风平浪静，安静如常，可是，一上午的功夫就这么耽搁，只好改在下午再开拍。

到了华格臬路杜公馆，双方坐下来面对面谈，杜月笙和虞洽卿是仲裁人，张大帅没有露面，他在隔壁头很紧张地等消息。

顾永园理直气壮，毫无怯意，当着这么几位大亨的面，他还是一口咬定，这一次棉纱一路暴涨必定有内情、有毛病，他极力坚持查封经纪人的账，否则，他不惜身家性命，要告到法院。

好说歹说，摊出底牌，真人面前不说假话，董事们承认了促使棉纱暴涨确实是为了打击空头，因而难免做了点手脚，但是，事已至此，骑虎难下，怎么个了法呢？

始终都在注意倾听两方言词的杜月笙，这个时候开口说了话：

"依我看是容易得很，套一句戏词：怎么来的便怎么去吧！"

有好几个人不约而同地问；

"杜先生，请你指示一个办法，好不好？"

"官司呢，不要打了，今天下午，纱布交易所还是要照样拍。否则的话，事体越闹越大，风言风语传出去难听。各位以为如何？"

除了顾永园以外，在座的人一致如逢大赦，喜上眉梢，异口同声地说：

"杜先生讲的，极有道理。"

"不过，开拍以后，"杜月笙慢条斯里地又说："要是行情再涨，做空的朋友，不是更加要上吊了吗？所以我的意思是，今天下午一开拍，行情就要跌，让它跌停板。然后，后天再跌，天天都跌，一连跌它几个星期，跌回两不吃亏的原价，也好让做空的朋友补进来，天下太平，皆大欢喜。"

做多的人很伤脑筋了，他们搔耳挠腮，迟疑不决地说：

"这个……"

"不必这个那个了！"杜月笙接口很快，"就照我刚才所说的，怎么来的怎么去，非法获利，物归原主。各位既然会做利多的手脚，这利空的布置，想必更加容易。"

做多的人为之哑然，于是，双方正式成立协议。杜月笙的这一招，不知救了多少做空出毛病、急得要跳黄浦江的投机家，他赢得了这一帮人的衷心感激，另一方面，他公开露了这一次脸，使杜先生的威信普遍建立于商界人士的心中。结果以后但凡出了严重问题，他们都要借重他的片言解决。基于这种心理，纱布交易所一致推他担任理事长，杜月笙不干，让给穆藕初，后来穆氏出长行政院农本局，他才兼领了这重要的一席职务。

经过激烈角逐，杜月笙在金融工商界的势力得到长足发展。他终于取得了在金融工商界具有重要地位的上海市商会的领导权。

事业扩充声誉日盛

事业扩充，因水涨而船高，杜月笙声誉日盛，交游的范围也越来越广，朋友和学生越来越多。但是，正在这时中国的时局急转直下，进入了另一个时期。

时间进入 1936 年底，中日关系空前紧张，华北华中，两军严阵以待，大战一触即发，但是蒋介石大肆叫嚣："和平未到完全绝望时期，绝不放弃和平；牺牲未到最后关头，绝不轻言牺牲！"因此，这时的国策是"力谋以外交方式调整中日两国帮交，冀弭战祸"。

然而，日本方面却并不管这些，1936 年，外相广田弘毅提出了举世闻名的广田三原则，作为日本侵略中国所应采取的路线，所谓的"广田三原则"，简言之为：

一、中国政府彻底拒绝反日。

二、中、日"满"合作，华北特殊化。

三、中、日"满"共同反共。

揭开广田三原则的虚伪面具，实际上，广田给中国人下的毒药是"经济提携"的诱饵，即利用经济提携方式，来推进它的"大陆政策"，完成"日满支集团"的迷梦。抗战爆发的前一两年里，大多数国人都被这美丽的糖衣所迷惑，以为中日大战在短暂时期可以避免，借外交途径可以解决中日问题。

1936 年 10 月，日方派遣其外务省东亚局局长桑岛来华，协助他们的川越大使进行中、日谈判。

1937 年初日本"经济提携"运动又形成高潮。日本新外相佐藤在众议院发表演说，声明日本对华政策是仍然坚守广田三原则，不放弃既得利益。两天后，日本又派出了一个大规模的"经济考察团"，以日本国家银行总裁儿玉谦次为团长，重要团员中有大日本制糖株式会社社长、政坛要角、战后曾任外相的藤山爱一郎。

这一个"经济考察团"来华，在战云弥漫、低气压笼罩下的远东，可谓举世瞩目，很多人都对此寄予厚望，因为，它的成功，至少可以暂保东方的和平，它若失败，战火恐怕就要接踵而爆发。

中日双方对此一和战关键的"考察团"，事先有周密妥善的安排。有关方面同意，以日本经济考察团为骨干，配合中国的金融工商界有力人士合组一个"中日贸易协会"负责推进"日支经济提携事项"。

拟议中的"中日贸易协会",分设筹备主任两人,华方主任委员为华北金融巨子周作民,日方则系日本银行总裁儿玉谦次。这样安排,日方又恐周作民不能代表南方的金融工商界,于是他们透过外交途径,表示希望杜月笙能参加。于是,蒋介石又指定杜月笙为该协会的常务委员,同时,中日双方都要求他负起"经济考察团"抵达上海时的一系列联系招待工作。

这一项重要的任务确使杜月笙的声望为之增进,地位也又提高了许多,然而,这也给他带来了难以出口的极大痛苦。因为在基本立场上,他是不折不扣的爱国反日主义者,为此他曾有一鸣惊人的表现,另一方面,他更是上海金融工商业者的义务保镖,大家寄望于他利用地方势力抵拒外来入侵力量,日本经济考察团分明是挂着侵略者的招牌而来,政府方面也在战备不够充分之际,有意委曲求全,在这种情形之下,全国金融工商业者以至各地民众都得准备牺牲,"以空间换取胜利","以最后牺牲之决心为和平最大努力",任何人都不能违反既定的国策。但是,杜月笙有多大的权限能够代表全体商民,在蚕食鲸吞贪得无厌的日本"经济考察团"对面作迫不得已的让步? 这就是杜月笙莫大的为难之处。

但是,当儿玉谦次一行抵达上海时,周作民、杜月笙等还是热烈地欢迎了代表团一行,杜月笙正强颜欢笑,满腹愁闷。日本"经济考察团"3月14日抵沪,当天接到了南京蒋委员长的请柬,于是,次日便由周、杜等人,陪同他们晋京,参加蒋委员长的招待茶会。

在茶会上,蒋委员长说了一通欢迎词后,强调说:

"己所不欲,勿施于人!"

杜月笙听到蒋委员长正告"日本经济考察团"义正词严的这句话,让他感到兴奋鼓舞,这时,他冷眼旁观"日本经济考察团"众人,儿玉、藤山等听了蒋介石的这一句训斥,顿时脸色大变,仿佛有不胜感慨,敢怒而不敢言,这时,杜月笙感到非常之痛快,从此内心中也就暗暗的有了决定:他应设法抵制日本人的经济侵略。

当日本经济考察团回到了上海,杜月笙便开始采取不合作态度,在各项谈判中当仁不让,据理力争。除此以外,他还请上海大佬,前任总商会长虞洽卿,趁日本考察团在沪时期,出席日本商工会议所的一次集会,即席发表演说。虞洽卿深明杜月笙之意,在演说中满口都是经济提携必须立于平行互惠的立场的论调,日方大失所望。因为中国政府和人民立场坚定,不容动摇,一致表示"政治问题不获解决,谈不上经济提携",日本人经此碰壁,所能采取的途径只有诉诸武力,于是图穷匕见,7月7日,发动了震惊世界的芦沟桥事变。

抗战一揭开序幕,吉星文坚守宛平的消息传来上海,杜月笙同仇敌忾,奋袂而起。这时,他是中国红十字会副总会长,上海市地方协会会长,又兼上海市临时参议会议会长,然而他却并非中国国民党党员,因此,上海地方协会秘书长黄炎培,来到杜月笙跟前，建议说：

"上海地方协会的前身，便是抗日后援会。现在全面抗战已起，前方将士需要上海人民协助很多，后援会应该立刻恢复。"

史量才事件之后，黄炎培的表现越来越左倾，杜月笙对他早有戒心，如今听他这么一说，当下进一步地加以试探，于是他问：

"怎么样的恢复法呢？"

黄炎培头头是道地说：

"求速效，利用原有班底，只需把机关名称改过来。求扩大影响，发挥力量，一定要容纳各党各派，各方面人士参加。抗战是全民的战争，不是任何党派所能单独应付得了的，譬如杜先生，还有我黄某人，就不属于任何党派呀。"

心里有数了，杜月笙莞尔一笑，淡淡然地答道：

"芦沟桥刚刚开火，还不晓得等会是否又要讲和，这件事非同小可，歇两日看看风色再谈吧。"

他支开了黄炎培，隔不多久，第二位客人到了，这是上海市党部常务委员兼组织部长吴开先。杜月笙一见名片，连声请进，两人分宾主坐定，吴开先约略分析了一下当前形势，他认为七七的枪声已为全面抗战揭开序幕，中、日问题惟有付之一战，因此，他向杜月笙请教，应该如何发动民众组织，支援前线将士。杜月笙静静地听他把话说完，马上流露出兴奋的神色说：

"我认为这件事应该由上海市党部出面领导，发动全上海民众团体，组织上海市抗敌后援会。"

顿一顿，他又果断地说："全上海只许有这一个抗敌后援会，市党部只管积极领导进行，我一定尽全力协助。"

杜月笙和吴开先商定原则以后，他一再强调绝不允许任何人另起炉灶，分散力量，他的表示不但提高了吴开先的警觉，而且使他衷心感激，认为杜月笙能够摒弃黄炎培这个几十年的同乡、老友，而凡事以国民党的利害为前提，此一情谊对于他个人以至国民党都是极可珍贵，令人感动的。

为了争取时间，杜、吴两人立即采取行动，两人就在华格臬路杜公馆客厅里，拟出了一纸名单，并且登时命人誊写请帖，分头投送。这份请柬由杜、吴两人具名，邀集上海市声望最高、潜力最厚的大佬们，第二日上午，在爱多亚路中汇银行开会，商讨重要问题。

第二天早晨，黄炎培还在筹思如何说服杜月笙，中汇银行的会议室早已冠盖云集，高谈阔论，迅即顺利无阻地正式成立"上海市抗敌后援会筹备会"，当场推定杜月笙、潘公展、钱新之、虞洽卿、徐寄扇、黄涵之为主席团，尚且议决在3天以后，召开大会。

等到黄炎培那边得到消息，木已成舟，左派人物在抗敌后援会中一概榜上无名，被拒之门外了。

三天以后举行成立大会，到了各界代表好几百人，当场选出了121位委员，再由委员复选常务委员35名，说来也是凑巧，一·二八事变时的抗战后援会秘书长陶百川刚好学成归国，如今又正好当选，秘书长之职又正好原壁归"陶"。

大会决定设立筹募、供应、救护、宣传等各委员会，大家七嘴八舌，闹哄哄地在推举负责人选，杜月笙不耐烦，站起身来高声说：

"抗敌后援的事体要自告奋勇，让我杜某人先来自告奋勇，各个委员会里头，最难做的大概是筹募委员会了，这一个就由我来！"

等一会儿，不曾看见有第二位自告奋勇者，于是杜月笙又在喊：

"第二难的就要算供应委员会了吧，新之兄，你来做这个，好吗？"

钱新之只好笑着点头，表示接受。

大会组成，人员推定，杜月笙说：

"支援前方，等于救火，不能耽搁一刻，我们要立刻开始办公。但是，问题来了，办公所需要的经费呢，市党部没有这笔预算，即使有，数目太大也难以负担。成立初期的一切开支，由我杜某人一个人负责垫出。"

不久，上海各界一致热烈支持抗战，掀起比"一·二八"事变时期更为盛大壮阔的捐献浪潮，捐款之势如风起云涌。秘书长陶百川查查账目，发现杜月笙私人垫付的经费数值已不在少，因此遵照前议，从捐款中提出一部分拨还，杜月笙一看那张支票，登时退还，他说：

"市民捐款是为了抗敌劳军的，我杜某人哪能可以在这里面扣账？"

说得大家都笑了，告诉他说：

"那杜先生也不能白垫这些钱呀？杜先生既不肯收，账上也不便处理，要不然，就移作杜先生的捐款吧！"

杜月笙这才点点头说：

"做捐款可以，不过，不必写我的名字。"

"不写杜先生捐的，写谁呢？"

想了想，杜月笙决断地答道：

"就写常务委员会捐助！"

打仗、要钱，而且要花大钱。正当杜月笙在为抗敌后援会的事，忙碌紧张，席不暇暖，一日，华格臬路到了贵客，财政部长宋子文来找杜月笙商量，政府决定发行50000万元救国公债，财政部已经组成一个"劝募委员会"，办公地点，必须设在上海。

"宋部长，"杜月笙脱口而出地说，"要办公地点，不晓得我杜美路那幢新房子够不够用?"

"足够了。"

"那么,我立刻腾出米,捐给劝募委员会用。不管用多久,杜某人分文租金不收。"

接下来,宋子文和杜月笙商谈一个更重要的问题,上海一地公债应该如何劝募?杜月笙深思熟虑,他建议:

"募公债,当然是越多越好,这一次,最好方面广点,工商界的朋友,希望他们尽量认购,上海市民也要普遍的买。"

宋子文对他的建议表示赞许。于是,杜月笙便一口气成立了两个劝募队,上海市民劝募总队长由他自己担任,上海商界劝募总队长则推上海总商会长王晓籁,后来王晓籁说他一个人"抗不住",向杜月笙请救兵,杜月笙便一脚跨过去,兼了商界劝募队的副总队长。

七七事变以前,中国驻日大使杜月笙的老朋友许世英回国述职,不久他生了病,正在就医时期,大战爆发,中、日交涉剑拔弩张,7月13日他奉命带病返任。杜月笙闻讯,马上赶到北站迎接,然后一直送他到驶赴日本的海轮上。这时,江上风清,微波不兴,悬太阳旗的军舰就在附近停泊,许世英绝口不提他赴日交涉有否成立和议的可能,只是意味深长地说:

"恐怕你又要大忙特忙一阵了。"

杜月笙明白许世英的暗示,他不禁慷慨动容,眉飞色舞地答道:

"我今年刚50岁,年富力壮,身体对付得过去,只要国家有用得着我的地方,我杜某人必定万死不辞!"

4天后,7月17日,蒋介石在庐山发表声朋,指出芦沟桥事变后,日本军阀的狰狞面目亦已全部暴露,他们增派大军发动猛攻,向华北各地狂轰滥炸,宣布中国对日宣战。7月底,北平陷落,8月初,上海形势紧张,先闹了一次水兵失踪又被寻获的挑衅丑剧,8月9日,当全国各地军政要员,纷纷赴京共赴国难,举行军事会议声中,风云险恶的上海终于响起了枪声,日本海军陆战队的一官一兵,乘坐汽车,准备强行冲入虹桥机场,被机场卫兵制止,双方发生枪战,两名日本官兵当场击毙,国军阵亡一人。

于是,8月11日,27艘日本军舰开进吴淞口,摆好备战姿态,威胁中国撤退驻防上海的保安队。从这一天起,上海人开始知道战祸已不仅不可避免,而且迫在眉睫了,闸北成千上万的居民携带箱笼细软,像潮水般地涌向租界,人潮淹没了街道,遍地都是弃置的家俱行李,汽车被迫停在街心,涌进租界的难民越来越多,租界无法全部接纳,于是绝大部分的人只有风餐露宿,抱着不曾打开的铺盖,睡在水泥地上。杜月笙督饬租界的慈善团体,竭尽一切力量,进行救济。

8月13日，淞沪大战爆发。"一·二八"之战中力抗日军的国军劲旅中，87师王敬久部扼守江湾新市区，88师孙元良部则进驻上海北站，用明晃晃的刺刀和隔阵的日本兵针锋相对。

驻上海的日本海军陆战队6000人，从天通庵钢筋水泥、金汤铁池般的兵营出动，9时15分，分兵两路，向江湾及闸北两地的国军挑战，日军一开头便使用立体战术，飞机滥炸，大炮猛轰，继之。以列队冲锋，第一天，我军奋身反扑，越战越勇，用手榴弹和刺刀压迫敌人节节后退。

14日掀起了沪战的高潮，使上海人一时拍手欢呼，一时悲泣哀号，早上，报纸出了号外，日本空军从台湾松山机场起飞，轰炸中国空军基地杭州笕桥，经我飞机起飞迎击，一举击落敌机9架，造成0：9空前绝后的辉煌胜利，捷报传来，上海市民雀跃三千，兴奋若狂，奔走相告。因此，当天下午我战机飞临上海上空，轰炸敌军根据地公大纱厂、虹口一带，以及停泊黄浦江中的日本旗舰"出云号"时，上海人全然忘了自身的危险，争先恐后，万人空巷的到江边观战。中、日战斗机、轰炸机在租界以外的空中鏖战，上下翻飞，落弹如雨，一会儿虹口被炸，腾起了千百丈高的烈焰浓烟，一会儿浦东的美孚油库中弹，团团烟雾弥漫江面，触鼻的浓烟被江风吹到了浦西来，没有人躲得过它的侵袭，几百万人全在呛呛咳咳。

在虹口、闸北，87师和88师大发神威，多次发起冲刺，使东洋水兵只有招架之功，全无还手之力，包围圈渐次的缩小。

这时杜公馆电话机也一直响个不停，好消息一个接一个传来：国军第36师宋希濂部和第98师夏楚部即将开到；4个师的主力部队一起努力，有望将敌军全部包围而加以歼灭。

正在欢天喜地，额首称庆，突然之间传来天崩地坼的巨响，华格臬路杜公馆房屋摇摇晃晃，玻璃窗哗啷啷，吓得杜月笙以及众人脸色发白，目瞪口呆，万墨林刚一清醒，立刻便去接电话问出了啥个事情。哪晓得他的问话还不曾说完，接着又是一声轰炸，天摇地动，令人失魂落魄，万墨林手中的电话听筒差点儿被震落到地上，他一叠声地问讯，等到对方答复过后，他来不及挂上电话便高声大叫：

"爷叔，不好了，大世界门口落了一颗炸弹，炸死了不晓得多少人！"

杜月笙勉定心神，疑惑不已地问：

"是一颗炸弹？还是两颗？"

于是，万墨林再拨电话，又去打听，这一次，消息得来详细得多了，他报告说：

"爷叔，是一架中国的飞机，受了伤，飞过租界，一共落下来两颗炸弹，头一颗落在大世界，炸死了1000多人，第二颗落在大马路外滩，也炸死了好几百个！他们说那两处地方正是血流成河，尸积如山，惨极了！"

这便是淞沪之战第二天的一大悲剧，正因为中国军队打了胜仗，租界马路上人山人海，居民们都出来看热闹，欢欢喜喜地像是过年，不料受伤的战机失去控制，所携炸弹自动坠落，造成了两千余人的重大伤亡，使上海人乐极生悲，啼笑皆非。但是，上海同胞的爱国热情空前高涨，他们抹去眼泪，态度更加坚强，他们没有埋怨，相反的都在称颂那位不知名的空军英雄。因为他冒着机毁人亡的危险，强使那架受创的飞机飞越人烟稠密的租界和市区，如果他跳伞逃生，任让飞机坠降，那更不知要带给上海人多大的灾害。

8月15日，沪战的第3天，日本军机全面出动，猛炸京沪沿线，闸北虹口战况空前激烈。正在这一天的晚上，华格臬路杜公馆，到了一位神秘而又极不寻常的贵宾，使杜月笙欣喜莫名，蹙然而起，一叠声地在喊："戴先生，请进，请进！"

于是，这位贵宾笑容可掬地被请进客厅，他中等身材，一举一动充满活力，高额，两道剑眉，有一对炯炯有神的眼睛，诚挚而热情，马脸上鼻大、嘴阔，天庭特别的饱满。他便是戴笠，字雨农。从那一天他和杜月笙紧紧地握手以后，成为杜月笙最亲密的战友，如手足般的至交。戴杜的结合，并肩作战，使他们两人对于抗战贡献出莫大的力量。

戴笠，原名春风，又字征兰，浙江江山仙霞乡人。

抗战前夕，戴笠所领导的军统规模已很庞大，军统人员的活动范围从都市大城市直到边陲村镇，乃至海外各地。日本军方特意给他们起个名字，叫"蓝衣社"。

杜月笙和戴笠肝胆相照，都是至性中人，他俩之间结识甚早，早在上海滩，杜月笙与戴笠便有过交往。现在，他和戴笠分宾主坐定，数语寒暄，戴笠直截了当地说明来意，然而，这却使杜月笙大为犹豫。

因为戴笠指手画脚，侃侃而谈，他所提出的请求和计划，使做了半辈子太平绅士、社会领袖的杜月笙听来，太疯狂、太大胆了，几乎是疯人所为的事情。

原来，就在不到半月之前，戴笠在天津凭几则电令，无中生有，组成了一支2000余人的军队，拥有长短枪700多支。抗战爆发后，戴笠也电令军统天津站长王新衡设法组织"便衣队"，在敌军占领地区从事袭击敌军。由于爱国青年的同仇敌忾，纷纷自动投效，不数日间便成立了两千多人的劲旅，这一次的成就激发了戴笠的雄心壮志，他亲赴上海拜访杜月笙，想用"别动队"的名义，在上海扩大范围，建立一支人数更多、力量更强的新军。

戴笠极其兴奋，滔滔不绝地向杜月笙透露他的惊人计划，他希望这支新军能有足够的兵力，分布于沪西、浦东和苏州河一带，正式协助盟军作战。杜月笙知道这一地区是如此的繁复和辽阔，忍不住打断了戴笠的话，他试探地问：

"戴先生所讲的足够兵力，大致需要多少人呢？"

戴笠回答简洁而干脆，断然地说：

"最低限度，要1万人。"

杜月笙听了，不禁倒抽一口冷气，一下子要组成1万大军，谈何容易？如果是打归打，呐喊助威、聚众滋事，凭杜月笙在上海工、商两界的庞大势力，白相人地界的无上权威，莫说万儿八千，便要十万、八万的人马，也是叱嗟可办，然而戴笠却是要编组军队，在顽强敌人的大炮机枪飞机炸弹之下，叫上海滩上吃油着绸、纸醉金迷的少年儿郎脱下便服，着上军装，长期离开家庭，别妻离子，不经训练就上火线去打仗？杜月笙就是自己能豪情气慨不改，脱得下这件长衫，再去当一名中将少将，可是，他能拖得动上万儿郎不惜抛头颅洒热血为国牺牲吗？

　　戴笠看他沉吟不语，迟疑了一下，又更加重语气地说：

　　"这是一件很重要的事情，抗战前途，与此大有关联，所以，我离开南京以前，已经跟蒋委员长请示过了。委员长认为事在必行，他并且答应，所有的番号、军械、弹药、粮饷，都可以由中央颁发。"

　　一听中央，一听蒋委员长，杜月笙眼前一亮，与此同时，心中也做了决定。既然戴笠极力主张，蒋委员长也认为事在必行。那么，不管成功与否，结局如何，就惟有尽量的朝这个目标去做才行。

　　但是，他还不敢肯定地答复，先说道：

　　"既然这是一件大事，那我们就得多找几位朋友，分头设法去让大家帮忙。"

　　"杜先生这个话说得很对。"戴笠剑及腹及，行动敏捷，答话时便已掏出了纸笔，"我们彼此商量，开一个筹备者的名单出来。"

　　两个人凑在一起，有商有量，不多一会儿，便开出了一张洋洋大观的名单，政界的要人，有上海市长俞鸿钧、新任广东省主席吴铁城、金融工商界的贝祖贻、钱新之，军警两界的则有吉章简、蔡劲军，杜月笙、戴笠都是当然委员，此外再拉上了一位杜月笙的老朋友，精通战略、擅长指挥大军作战的刘军长——刘志陆。

　　名单拟好了，戴笠很高兴地搓搓手说：

　　"准备的地点，暂时就设在三极无线电学校。"

　　三极无线电学校便在法租界辣斐德路，距离杜月笙、姚夫人的住处不远，这个安排对杜月笙来说当然是很方便的了。

　　谈到行动队的编制和人员的募集，戴笠条分缕析，轻松地说：

　　"杜先生，募集1万人马，其实并不太难。我说的5个支队和1个特务大队，把在京沪一带负责情报和行动工作的人员集中起来，编一支队一特务大队，绰绰有余。还有正在受训的高中以上学生，要他们投笔从戎，自动参加，我想得个两三千人，应该没有问题。照这样算起来，杜先生你这边只要号召个六七千人，编成3个支队，就尽够了。"

　　这说得杜月笙也兴奋起来，他马上答道：

　　"刚才我也想到了的，上海各区的保卫团，有人，也有枪，而且多少受过一点训练。他们的团长，多半是我的学生，譬如说闸北保卫团团长洪雁宾，吴淞保卫团团长唐承宗……叫他们去问问保卫团的弟兄，愿不愿意参加？我想，找个千把人或许不是问题。"

"对呀！"戴笠欢喜得一拍掌，又提醒他说，"杜先生，你莫忘了，你还有两员大将。"

"哪两个？"

"陆京士和朱学范。"

"啊！"杜月笙恍然大悟，当下便说，"戴先生的意思是到工人中间去征集？"

"当然了！"戴笠说得很有把握，"上海工人有100多万，他们大都是爱国不肯后人的，请陆京士他们站出来一号召，集合几千人，那还不是言话一句。"

8月15日，杜月笙、戴笠的一席长谈，便这么奠立了"苏浙行动总队"、"忠义救国军"的成立基础，同时也缔结了杜、戴两人生死不渝的真交情，使戴笠成为杜月笙一生之中最亲密挚切的好朋友，同时，更重要的，由于这一次相会，竟使行年半百的杜月笙，在他往后的14年生命中，命运与前程，全部为之改变。

经过杜月笙、戴笠的一致努力，他们在短暂的一两个月中，完成了中国历史上破天荒的奇迹，一支出生入死、百炼雄师在指顾之间会卒成军，人数1万还超过了800人。随后这一新编劲旅，分别由蒋介石颁给"苏浙行动委员会"和"苏浙行动委员会别动队"的番号。行动委员会设3位常务委员：杜月笙、戴笠、刘志陆，15位委员，杜、戴、刘和负责筹备诸人之外，又加上了财政部长宋子文，军方的俞作柏、张治中，此外还有杜月笙硬拖进去的啸林哥——张啸林。由于张啸林在抗战初起时便不断的发出颓废悲观论调，使杜月笙对他更为关切，防患未然，杜月笙的想法是先把他的名字列入委员名单，免得他果真落水当了汉奸。

这时，闸北、江湾，中日大战打得如火如荼，天崩地裂，整个上海滩一天到晚都听到隆隆的炮声和咯咯的枪响，抬头一望，便是烈焰腾霄，浓烟蔽天。凄厉恐怖的战争景象使上海滩500万人触目惊心，同样的也让他们热血沸腾，义愤填膺。杜月笙自八一三战幕揭开，他便步入一生中最繁忙紧张的一段时期，每天从早到晚，由晚入夜，他有数不清急于晤面的访客，也有无数的事物在等待他决定和处理。别动队的成立和编训急如星火，救国公债的幕集也势同燃眉，抗敌后援会里百事如麻，从脑满肠肥、日进斗金的大老板，到三餐不继，形容枯槁的黄包车夫，他们人人踊跃输将，各个争先捐献，黄金美钞，法币铜板，医药用品，毛巾肥皂，把所有的"后援会"办公地点堆成了五花八门，无所不有的百货公司。这许多慰劳物品和金钱，都必须逐日统计公布，并且送上前线。

回避日本人拉拢

正当杜月笙毁家纾难，参加抗战，把支援前线、推销公债、编组新军的工作干得有声有色，劲头十足时，日本军要、特务头脑、亲日人士和准备刀口舔血、混水摸鱼的汉奸却依然想得出法子，找得到空档，对杜月笙施以威胁、利诱。他们百计纠缠，想尽一切方法，不惜一切代价，想拉笼杜月笙，从而利用他在上海滩深厚的力量，帮助他们早日占领上海，彻底有效地统治并运用遍地黄金的上海滩。

拉拢正在一心抗日的杜月笙，乍听起来，这简直是痴人说梦，与虎谋皮，像个不近情理的笑话奇谈。但若认真分析起来，大风起于萍末，每一件事情的发生必定有其背景与起因。日本人侵略中国，有如水银泻地，无孔不入，上海滩上有一个路路皆通、无往不利的杜月笙，日本人早就百计笼络，希望拉他过去大加利用，上海的日本总领事馆，日本陆军部、海军部的特务机关，甚至于都每月列出经费预算专做杜月笙的工作，派人窥伺刺探、跟踪调查，将杜月笙的交往情形、生活状况列成专案，经常分析研判，向上级提出报告，作为争取杜月笙的参考资料。

日本对外侵略的主张分为三大派系，文人政客认为对中国应自经济侵略入手，进而掌握一切的人力、物力资源以及庞大的市场。海军觉得中国已是日本的囊中之物，不必浪掷兵力，挑起战火，他们主张向南洋和美国进军，认为日本陆军应该专为对付苏联而用。陆军以少壮军人和关东军系为中心，坚决主张先解决中国问题，取得广大的人力、物力资源，充作侵略全球的基础。

因此，日本海军对于挑起中日之战并不热衷。就在抗战前夕，日本海军军令部长永野修身，从日内瓦回日本时途经上海，他曾由翻译官和日本驻沪总领事陪同，到法租界华格臬路，登门拜访杜月笙。

当时，杜月笙非常惊讶，因为这位日本海军大将竟是专程前来跟他谈生意。永野修身推崇杜月笙在金融工商业方面的"长才"，"推心置腹"地说："以杜先生的声望和才能，应该放开手来做大买卖。"

杜月笙谦虚地说："一来自己眼高手低，不是经营大事业的材料，二来做大买卖需要大本钱，我没有这个能力。"

于是，永野修身便立刻提出实际方案，他这个方案是足以令人疑信参半、惊喜交集的，他说："日方准备投资日币3000万元，和杜先生开一家'中日建设银行公司'，我们所以这么做的目的，就是要把宋子文所办的'中国建设银行公司'的生意抢过来。"

永野修身的提议大胆已极，但也非常切合实际，他为杜月笙描绘美的远景：上海有日本海军的机关，驻军也是海军陆战队，倘使得更明白一点，日本陆军的势力在东北与华北、华中、华南则属于海军的，以日本海军舰只与陆战队，加上受他们操纵指挥的侨商和浪人，配合杜月笙在上海的广泛人缘，深厚潜力，莫说"中国建设银行"不足为惧，甚至他们能够掌握整个华中和华南的资源和贸易，倘若以发财而论，这一个机会实在是空前难有的。

尽管永野修身说得舌翻莲花，天花乱坠，杜月笙也晓得他有诚意，而且所说的话也是真的，但是他始终保持礼貌的态度，微微而笑，凝神倾听。等到永野修身把所有的话说完，杜月笙非答复不可了，他却是眉头微皱，连声苦笑地摇着头说：

"我是中国老百姓，无钱无势，永野部长先生未免太抬举我了。"

于是，永野修身赶紧声明，他所说的都是由衷之言，希望杜月笙不要祷词推托，说两句客气话敷衍了事，这样，岂不是辜负他一片诚心了吗？

逼着要摊牌，杜月笙只好这么说了：

"一个中国老百姓，去跟外国的政府机关合资开办公司，这恐怕有点不合体制吧。"

谁知连这个说法都不能使永野修身知难而退，因为他还备有十分迁就杜月笙的第二套方案，那便是由杜月笙自己出面组建一家规模宏大的银行公司，其所需资金，则全部由日方供给，银行公司经营方法和日本海军方面的暗中助力全部按照刚才所说的办。

杜月笙简直无词推诿了，只好虚晃一枪，暂且避过这事，他说：

"这是一件大事，请永野部长给我一段时间，容我详加考虑。"

几日之后，他派人去拜见日本海军驻沪武官，请他转告永野修身：

"前此谈，极感盛意，惟碍于国家民族主义，未敢从命，歉仄之处，伏祈鉴谅。"

八一三沪战既起，日本特务人员千方百计地游说劝促杜月笙，甚至对他纠缠不休，利诱不行，又进行恫吓威胁，小角色施尽解数，无计可施，则更派出一等一的高级军政要人出面。日本人仿佛已下定决心让杜月笙留在上海，帮助他们统治这即将陷落的中国第一大都市。

但是，他们低估了杜月笙的爱国热诚，并且又将杜月笙对他安身立命所在的大上海之恋估计太高，他们认为杜月笙绝不会离开他的根据地——上海，舍不得放弃他在上海拥有的"庞大"事业。

更重要的是日本人根据情报资料显示：杜月笙经济拮据，债台高筑，1937年8月间，他积欠各银行和私人的款项，业已高达300余万元。

于是，日本人对杜月笙"绝对走不了"的判断深信不疑，同时多方面的下功夫，游说杜月笙投日。由于许多二等角色游说失败，曾经当过张作霖的顾问，日本关东军重要角色板西利八郎，居然高轩莅止，光临杜寓。

板西一连拜访杜月笙好几次，利用他在日本军部的崇高地位和显赫声势，他当面对杜月笙许诺：一旦皇军完成占领上海，他将给予杜月笙许多重大的政治、经济利益。

杜月笙起先和板西利八郎虚与委蛇，凡事避免正面答复，渐渐的，杜月笙的太极拳越打越不着边际，于是板西一怒而去。

利诱失败，再继之以威迫，紧接着板西不断登门拜访的是换穿便装、相貌堂堂的土肥原贤二。这个日本侵华的急先锋，心黑手辣，杀人如麻，他是日本特务的开山祖师，从东北到热河，到冀察——天津、丰台、冀东和香河，凡是他所到的地方，要不了多久必有重大灾祸。在华北一带，土肥原这个名字，大有止小儿夜啼之威。土肥原绰号亚洲的劳伦斯，他当过日本驻东北特务机关长、第 5 师团旅团长，1937 年 7 月中日之战爆发，他高升为日本大本营特务部长，军阶是中将，土肥原中将随着沪战南下，他鉴于板西利八郎的软功失败，因而在杜月笙面前唱起大花脸角色来。

土肥原一进门，开头便指出杜月笙没有离开上海的可能，他声势汹汹地说："即有可能我也断然不会允许，我将竭尽一切努力，截断杜月笙离开上海的出路，打消他远行的企图。"因此，他指出：

"杜先生你既已失去离开上海的一切希望，你就应该彻底而充分地和皇军合作。"

除此以外，土肥原还气势汹汹，严词指责杜月笙不该出钱出力，奔走呼号，并且如此热心诚恳、废寝忘食的支援国民政府，鼓励国军与皇军对敌，造成皇军的重大伤亡。他极力威胁说：

"如果杜先生不肯为皇军效力，我们要列举你对皇军的敌意行为，然后施以膺惩。"

面对着如此强横霸道，无理可喻的土肥原，杜月笙怒火中烧却又拿他无可奈何。杜月笙住在法租界，土肥原有权扬长来去，旁若无人；并且，他是日本大本营的特务部长，诡谲狡狯，神鬼莫测，杜月笙明明知道土肥原必然有备，断乎不容杜月笙命人将他抓下杀了。

杜月笙为了抗日人士联络方便，这时一度在辣斐德路辣斐坊 16 号姚玉兰夫人的香闺里见客。土肥原拜访杜月笙大放厥词的第二天下午，杜月笙正跟弟子徐懋棠促膝密谈，轧轧的飞机声，一阵阵地吵扰了他们的谈话。

正感到烦躁，姚玉兰一脚踏进客厅来，清脆悦耳地京片子，却是在说：

"今儿个可怪啦，这架飞机怎么直在咱们的头顶上转呀！"

一句话，蓦地兜起杜月笙的一桩心事，眉头一皱，侧耳细听——越听越不对了，杜月笙虎地跳了起来，夺门而出，到了天井里面，他以手遮阳，仰起了脸，朝天空眺望，可不是有一架东洋军机涂漆着红色膏药在辣斐坊杜公馆的附近，绕过来又兜过去，仅在顶空低飞盘回。杜月笙骤然脸色都变，莫不是土肥原的口出狂言，真要兑现？

大事不好，杜月笙满面惊慌，忧心忡忡，折转身又匆匆地跑回客厅，往沙发上沉沉一坐，他两眼发直，谁也不理，定定地坐在椅上出神。

徐懋棠刚听说了土肥原口出狂言，出言威胁，此刻便就明白，杜月笙为什么会突然之间，跑到天井里去看飞机，而且看过以后立即神色大变。于是，这时他便低声地喊：

"先生，先生！"

"嗯？"杜月笙像是猛地被他惊醒，眼睛望着徐懋棠，茫然地问："啥事体？"

"先生，土肥原无非是逞逞威风，"徐懋棠忙道，"表示他能调动得了飞机，飞到这里来兜几个圈子，用意是吓吓我们。"

姚玉兰插嘴说道：

"说不定他们也真的来侦察什么的，自从闸北江湾开了仗，咱们这儿，大门口天天车水马龙，达官要人，出出进进。"

杜月笙依然不置一词，只是望了姚玉兰一下，做个无言的苦笑。

客厅里静了些时，飞机还在盘旋不去，三个人都在深思长虑，默不做声。终于，徐懋棠灵机一动，双手一拍，欢声地喊了起来：

"先生，我有个对付他们的好办法！"

杜月笙望着他说：

"你且说来听听看。"

"先生，最近我在浦石路买了一幢公寓，18层楼的洋房。地点适中，房子也很讲究。先生跟太太何不搬到那边去住，一来避人耳目，二来18层楼公寓房子，先生住在中间，日本飞机即使再来，也是什么情形都看不出来的呀。"

杜月笙一想，这个主意确实不错，问声姚玉兰，她说毫无意见，于是一声决定，说搬就搬，姚玉兰就从辣斐穗路搬到浦石路，住进18层楼的公寓大厦，时间一久，上海人便改口称她为"18层楼太太"。

张啸林投靠日本人

张啸林在浙江避暑圣地莫干山，置有一座别墅，修竹万竿，一色青碧，号称"林海"。"八·一三"沪战一起，他却闲情逸致，百事不问，哪管上海滩上打得天翻地覆，尸山血海，他却一个人悄悄地上山歇夏享他的清福。但当沪战一打三个月，日军精锐齐出，立体作战，国军寸土必争，渐渐地也支持不住了，眼见即将转移阵地，日本人便更加积极地加紧进行投水策反的准备。对于杜月笙他们争取得更急，定下千万条计，一面严密监视他的行动，一面稳住上海"三大亨"之二，劝黄金荣一动不如一静，保证他的生命和财产，再派人潜往莫干山，跟他密谈，叫他如此这般讨日本大老的喜欢。张啸林开门山中坐，贵宾远道来，日本人一邀，当下不禁大喜，立即匆匆准备，急急返回了上海。

一到上海，杜月笙便得到了消息，他很欢喜，兴冲冲地穿过分杜、张两家的那扇月洞门，一进张啸林的客厅，便亲亲热热地喊了声：

"啸林哥，回来啦！"

张啸林把鸦片烟枪一放，身子抬也不抬，他侧过脸来，望杜月笙一瞥，十分冷淡地回一句：

"月笙，这一晌你大忙啊。"

一听这话，杜月笙便知大帅有点不对劲，马上倍小心，装出一脸地笑，走过去，就在张啸林的对面一靠，于是两者兄弟并排躺着，隔盏烟灯，杜月笙搭讪地说：

"倒是越忙精神越好。"

张啸林不答也不理他，引枪就火猛抽，他故意将那极品云土光喷出不吸，一口口的烟喷过去，把杜月笙那张脸紧裹在云雾之中。

老弟兄别后重逢，怎可以不搭腔的呢？杜月笙忍不住了，便又开了口道：

"啸林哥，最近前方的消息不太好。"

直等到那一筒烟抽完了，张啸林才一声冷笑地答道：

"干我屁事！"

"啸林哥，"杜月笙喊一声，又顿一顿，语调明显表示他的关切是出于内心的，"难道说，东洋人打来了，你还留在上海？"

把烟枪重重地放下，张啸林豹眼一睁，咄咄逼人地说：

"那能怎么样？东洋人要打进法租界呀？"

杜月笙勉强保持笑容说：

"进租界，我看一时还不至于，不过……"

一语未尽，张啸林便已抢着打断了他的话说：

"东洋人既然不会进租界，你喊我跑个啥？"

"不过，"杜月笙着急地说："东洋人占了上海，这租界就成了孤岛，我们总不能困在这里，十年、八年出不了这几条大街呀？"

张啸林一个欠身，虎地坐了起来，目光闪闪，直盯着杜月笙，于是杜月笙也坐直了，两兄弟面面相对，一问一答，却是越问越快也就越答越快。

"到时候你出了租界又怎么样？"

"只怕东洋人不肯放过我。"

"东洋人为啥不会放过你?"

"因为我是中国人。"

"东洋人到中国来了就不要中国人了呀?"

"这个……我杜某人绝不做亡国奴,受东洋人的欺侮。"

"东洋人什么时候欺侮过你了?"

"啸林哥,你听到外面轰隆轰隆地炮声没有?你晓不晓得东洋人每发一炮,我们要死多少同胞?"

"对不起,我没有算过,我只要炮弹不在我的头顶上开花就好。"

"啸林哥……"

张啸林阴阳怪气地又不答话了,身子一歪,闲闲地挑出烟膏自己烧烟泡。

又过了一会儿,杜月笙下定决心,毅然地说:

"啸林哥,无论如何,我们要一道走,老弟兄了,不分生死我们都要在一起。"

张啸林故意打个岔,反问一句:

"走到哪里?"

"香港。"

"你在香港有田?有地?开得有银行?办得有工厂?"

"我什么都没有,"杜月笙诚恳地说,"但是中央政府……"

"中央政府给你几个钱一月?"

"啸林哥,你晓得我一生一世不会做官的。"

"那么,你要我跟你到香港去跳海?"

"不,啸林哥,少年子弟江湖佬,有道是:'在家靠父母,出门靠朋友。'"

"你忘记了,月笙,你跟我一样,这一生一世就没有靠过父母,我们的吃喝用度是自己赚得来的,我们的花花世界是自己打出来的!"

"就是说嘛,啸林哥,我们到香港一样可以办事业、开工厂呀!"

"你省省吧,月笙!"张啸林手里的烟签"啪"地一声丢在烟盘里,他冷嘲热讽,先来一句,然后骨嘟嘟连喝几口茶,抹抹嘴,哇哩哇啦地一阵吼叫,"自从前些年,为了那烟土的事你我兄弟闹过一架,本来我打定主意,从此你走你的阳关道,我过我的独木桥,我们何妨不来个'萝卜青菜,各人各爱'。月笙你爱开银行、办工厂,当那首席绅士、当议长、会长、十七八个董事长,那你尽管去当。我呢,我爱洋钿,我要发财,我还是做我的土、做我的赌,等到国民政府当家,新生活运动一来,土跟赌都做不成了,我就在租界上住下来,赚到了钱,小乐意,赚不到钱,我回家啃老本。月笙,你说这样不是很好吗?"

前尘往事,齐集心头,面对老友,杜月笙觉得非常难过,他只喃喃的喊了声:

"啸林哥!"

"虽说我有心桥归桥,路归路,各走各的,但是月笙,"张啸林声音一低,就仿佛有不尽欷歔,"今朝事体不同,我眼看你就要一脚往大海里去,见得到想得到的,我如果怕你懊恼而不说,那就是我对不起兄弟。"

"啸林哥,你请说。"

"我刚才说过,你所爱的那些调调儿,什么声望呀、名气呀、地位呀,现在你大约都有了,这个,你有你的本事,做老哥的不能不说一声佩服你。但是,你可曾想到?除了一个名,这些年来你究竟得了些个什么! 社会公职担任了几十处,一只角子不拿,还要倒贴开销。银行开了好几家,各有各的后台老板,董事长、理事长挂了十七八个,说句不好听的,拿笔你数给我看看,有哪一家真正是你杜月笙的财产? 民国十六年我陪你玩枪,打共产党,那一年里你便欠了 300 万大洋的账,替你还清债务的是烟土。这一次到了民国二十六年,十年以来,你哪一年不是挖东墙补西墙,我替你算算你身上背的债,最低限度也有个三五百万。你人在上海,还可以通融商量,你踏出上海一步,声望地位扳了个庄,就不晓得有多少只手向你伸过来! 到那时候,你拿什么钱去还?"

提起这个恼人的大问题,张啸林以为杜月笙必将黯然无语,垂头丧气,不料,杜月笙却哈哈大笑,一开口便这样说道:

"啸林哥,承你指教,不过呢,对于钱财,我有我的看法,我不说什么'生不来,死不带去','钱财是身外之物'一类的话。我只是抱定一个主张,钱财用得完,交情吃不光! 所以别人存钱,我存交情,存钱再多不过金山银海,交情用起来好比天地难量!"

张啸林是个大老粗说不过杜月笙,怔了半天,才缓和语气,换个题目来谈:

"月笙,你倒给我说说看,东洋人有哪点不好?"

"啸林哥,你不必考我,"杜月笙深沉地笑笑。"你要我说东洋人的坏处,只有一桩,那就是自古以来,我们中国人从不曾跑到东洋去杀人放火,到处开枪!"

"我再问你一句,月笙,东洋人对于我们会不会有什么好处?"

杜月笙答得斩钉截铁:

"就算有好处,那也是毒药!"

"即使是毒药,终归是好处!"张啸林却把话倒转来说,他又振振有词地道,"月笙,你可曾想到,东洋人来了,可能把全中国都变成从前的法兰西租界,到了那个时候,你、我、金荣哥还有无数的老弟兄,也许可以再开一个比大公司大十倍、百倍、千倍的大公司。"

杜月笙闭上眼睛,严肃地说:

"这些种种诱话,都是恶梦!"

"我看你要坐禅入定了哩!"张啸林非常遗憾地说,"好了,月笙,我们不必再往下谈,人各有志,无法相强。归根结底,我只问你一句:你以为我把心中的话,都跟你说过了吗?"

"说了。"

"那么,我也告诉你,"张啸林一脸苦笑地道,"我要对你说的,就只剩几句俗话了。你'两眼不观井中水,一心只想跳龙门',谨防'物离乡贵,人离乡贱','剃头担子一头热',我只巴望你不要有朝一日懊悔起来,'热面孔贴了冷屁股'!"

"啸林哥,不会的。"

"但愿如此。"张啸林叹口气,又扮出笑容来说,"月笙你几时启程?让我为你饯个行吧?"

杜月笙笑笑道:

"八字没有一撇呢,还早。"

"你我的话都说尽了。"张啸林不惜重复一遍,"从今以后,不论你我的遭遇如何,我们就算是问心无愧,彼此都很对得起了。"

"啸林哥!"

"你去忙吧,月笙,"张啸林忽又和蔼可亲地说,"我没有事,还想香两口。"

杜月笙又捱了一会儿,黯然辞出,回到家里,他像有了心事,悒悒不乐,久久不语。

重兵严防下离开上海

11月初一晚上,大家用过了晚餐,杜月笙华格臬路古董间里,只剩下杜月笙、陆京士、朱学范和徐采丞4个人。

房内气氛肃穆,大家神情凝重,四人密商,由杜月笙先开口,他说道:

"究竟走不走?如何走?"

陆京士抢先发言:

"先生所说的问题,我认为其实只有一个,那就是怎么走?"

"当然,"朱学范立刻起而附和,"先生提了如何走,实际上也就不会考虑走不走。"

"谈到怎么走,我有三点意见。"陆京士紧接着说:

"第一,非走不可;第二,大家先把皮包准备好,放在手边,准备随时走;第三,要等到最稳妥有利的时机，才可以动身。"

杜月笙则告诉他的几位心腹，这时日本人千方百计要把他留在上海，国军撤退的第二天，日方便派一位他的朋友，正式告诉他：

"今天日本军方请我转告杜先生两件事情，第一，东洋人占领高桥以后，头一件事，便是派一队宪兵去保护杜家祠，禁止闲杂人等前去骚扰。"

杜月笙说，他曾报以一声冷笑，说道：

"依我看，这是他们的诱擒之计，他们以为杜月笙要离开上海，一定会去拜祠堂，祭告祖宗，趁此机会，正好把我捉牢。"

来人付之一笑，又道：

"第二件事，据日本人说：沿江一带日本兵已布置重兵，严密防止杜先生等出境，十六铺和杨树浦两边都有大队日兵把守。我看他的意思说，如果杜先生从租界码头上船，必要的时候，他们会不惜闯入租界，也要阻拦你。"

杜月笙眉头一皱，就说：

"这么说起来，东洋人是决心要把我杜某人困在上海滩了。"

来人还是望着他笑，深深地点头，一会儿，又说：

"东洋人已经开好一张名单。要在下月份成立'上海市民协会'，内定杜先生担任会长，委员则有王晓籁、陆伯鸿、荣宗敬、姚慕莲、顾馨一、尤菊荪等等……"

"好歹叫东洋人死了这颗心，"杜月笙轻轻地一拍桌沿说，"最低限度，王晓籁早就上了船，此刻只怕已经到达香港了。"

说客知难而退，走了。几个人听杜月笙详细说完这一幕，陆京士插嘴问道：

"先生大概都问过了吧，到底还有哪些人，准备撤出上海滩？"

于是，杜月笙将他多日以来，一一劝驾或试探的结果屈指数来：

"金荣哥说他年岁大了，吃不来风霜雨露的颠簸之苦。隔壁头走火入魔，即使我们动身也还得瞒住他点。廷荪哥有点迟疑不决，他决意留下来看看风声。"

朱学范便问：

"顾先生他们几位呢？"

提起顾嘉棠，杜月笙便得意洋洋地说：

"顾嘉棠、叶焯山他们倒是很难得，他们宁愿放弃在上海的事业和财产，决定跟我到天涯海角。"

陆、朱、徐三人赞叹了一番。杜月笙向徐采丞微微地笑，意味深长地说道：

"依你看，东洋人派重兵扼守杨树浦和十六铺，监视租界码头，他们的目的恐怕并非在我杜某人一个人身上吧？"

徐采丞也笑了，他坦率地答道：

"自然了，租界里还有不少大佬不曾走，比如说宋子文、俞鸿钧、钱新之、胡笔

第十章 金融商业新霸主

江、徐新六等等，假使能够生擒活捉，影佐的功劳也不小啊。"

杜月笙听后，哈哈大笑，然后便扫了一眼跟前的几名心腹，宽慰他们说：

"因此，你们便不必为我操心了，还有这么多要人在上海，逃离之日，戴先生他们一定有稳当妥善的万全之策。"

说到这里，杜月笙顿一顿，眼睛望望陆、朱两人，问道，"现在的问题，就在你们两个了，京士、学范，你们打算怎么个走法？"

陆京士答说：

"我早已决定了，先到宁波，再从浙赣铁路去长沙，转汉口。学范决定直接到香港。"

"很好。"杜月笙点点头说，"时侯不早，你们还是各自回去准备。中央政府迁川，我往后必定会到重庆去的。今日就此分别，后会之期，相信不会太远。"

最稳妥有利的时机，一直等到 11 月 25 日。晚上，宋子文一个电话打到杜公馆，简单明了，他只是通知杜月笙说：

"船票买好，法国的'阿拉密司'号，停在法界码头，明天晚上上船。"

当日，杜公馆家人亲信议论纷纷，惟恐日本人派兵或是暗中便衣劫持拦阻，于是，有的人建议杜月笙化装了再溜上船去；有的人主张多派弟兄沿途布置，还有的主张出现紧急状况拼死保护，突围登轮，甚至有人建议借巡捕房和英法军队的力量，请他们在杜月笙登轮前后派兵守卫，宣布戒严。

"算了吧。"杜月笙却一挥右手，不耐烦地说，"我杜某人一不化装，二不要保护，到了时候，我一个人走。至于戒严，最好请你们戒戒隔壁头的严，现在只要张大帅听见你们哇哩哇啦地喊，那我才真的走不成咧。"

杜月笙的这话吓得众人不敢言语了。于是他先和妻子儿女道过了别，又对他们陆续赴港做了安排。临到最后，杜月笙才说出他的苦衷：

"明天我走，上船前后难免要冒三分险，所以我谁也不带。"

第二天，行前，他又召见了万墨林、黄国栋，他先问黄国栋：

"你算清楚了没有？我的负债额一共是多少？"

"老早算好了，只是爷叔很忙，不曾问起。"黄国栋报了一笔数目，人欠、欠人两抵，杜月笙的亏空数超过 200 万元。

万墨林暗地里一吐舌头，却不料被杜月笙一眼瞥见，他带笑地说：

"这笔数目很大啊？"

万墨林声音宏亮地答道：

"当然了，爷叔，200 多万咧！"

但是，杜月笙却出人意外地扬声大笑，他站起来，一拍万墨林的肩，朗声地说：

"墨林。你不必担心。你看好了，这趟我出门，到抗战胜利了回来，最多换掉一只金痰盂，就可以把这两百多万的债还清。"

杜门中人将杜月笙的这几句话反复咀嚼，私下频频讨论，大家都弄不懂他这是什么意思，以为杜月笙其他地方还有金窖。他们哪里知道，杜月笙终其一生既乏经济眼光，也无数值观念。可是他这一次作个预言，8年之后果真兑现，抗战8年，胜利还沪，币值一贬再贬，胜利后伪币兑法币是两千对一，旋不久改金圆券，杜月笙还清8年前200余万巨额债务，拿金圆券折算，真是轻而易举。

这时，他再问万墨林一句：

"墨林，这些天来，我陆陆续续关照你的事情，你都记牢了没有？"

"记牢了，爷叔。"

"那么我就不必再说一遍了。"杜月笙宽慰地笑笑，又道，"还有许多我一时想不起来、不曾关照你的事件，我也不必多提，总而言之，我在上海的时候，一切事体应该怎么办，我不说你也晓得，我离开了上海，不妨照旧办理便是。"

"晓得啦，爷叔。"

晚上，夜幕降临了，杜月笙轻装简从，微服成行，他只带一名随身仆役，一部汽车开到法界码头，一路顺利无阻。"阿拉密司"号法国客轮灯光烁烁，倒映在黄浦江里，像有无数银蛇乱闪乱窜。

杜月笙平安无事上了法国豪华邮船，洋茶房鞠躬如也，导引杜月笙到大餐间，里面灯光莹莹，暗香浮动，正当中有一张大圆桌，围坐一群高冠峨服、雍容华贵的中国大佬要人，他们之间有人偶一回头，看见杜月笙翩然驾到，于是欣喜万分地发出一声欢呼：

"好啊，杜先生来了！"

杜月笙一眼扫去，宋子文、钱新之、胡笔江、徐新六……都是极熟极要好的朋友，于是一一握手寒暄，谦让入座。一群老友虽然还不曾逃出虎口，却都是兴致很高，不停地发出欢声笑语。

一会儿，又由杜月笙领头发出一阵欢呼，大餐间里更热闹了，因为上海市长俞鸿钧虽姗姗来迟，但仍及时赶到。

在法国邮轮大餐间里，在中国大佬要人分别归房就寝，成千上万的日本"皇军"，正在风餐露宿，披星戴月，荷枪实弹地在十六铺、杨树浦、沿黄浦江两岸紧密布岗，虎视眈眈，准备随时劫持中国留在租界的那几位大佬，只是他们徒劳无功，非常失望。

第二天早晨"阿拉密司"号启碇，万千"皇军"也只好眼睁睁地望着法国邮船徐徐通过黄浦江，辞离吴淞口，驶入万顷烟波，驶在浩翰无际的中国东海，直航香港。

第十一章

移居香港

异域香港

杜月笙在上海红透半边天，跑到香港来总归是个"逃难的"，论交结官府，香港是英国人的天下，杜月笙自上至总督下至当差、警察，一点关系也拉不上。谈帮会弟兄，杜月笙倒有一个，即青帮中人，后被称为"香港杜月笙"、"夜总会皇帝"的李裁法。

他28岁，到香港三四年间刚刚正在往上窜。李裁法自幼敬仰杜月笙，他一生一世都在向杜月笙看齐，他在上海时曾拜在"通"字辈王妙纪的门下，而在新光大戏院担任售票，他因新光戏院老板夏连良的介绍，认识了杜月笙的结拜弟兄、"小八股党"之一的芮庆荣。李裁法对芮庆荣这位大名鼎鼎的人物很尊敬，杜月笙抵港不久，芮庆荣不久跟着而来，李裁法便与芮庆荣异地重逢，同为一气，间接也成为杜月笙在香港的一支力量。相反的，杜月笙等人到香港，青帮在港声势，自也为之一壮。

日本人在上海布下了天罗地网，结果还是被杜月笙从容不迫，"绝不化装"而逃出，新憾加上了旧恨，他们便对杜门中人狠狠的报复，使得杜月笙在香港干着急，心急如焚，于是，他又尽量设法让他要紧的人多逃出来几个。家人中是姚玉兰先来，和他在九龙半岛饭店闭室而居，长子杜维藩继而赶到香港不久又回上海，沈月英离不了鸦片烟榻没来，三楼孙夫人远远地去了英国，二楼陈夫人则只在他旅港时期来探过一次夫，视同掌上明珠的大小姐杜美如跟她母亲姚玉兰往返港沪之间好几回，杜公馆里最能干的大媳妇多一半时间留在华格臬路照料一切。

要好朋友来的是张骥先，跟北洋中人交情很深的吴家元，"小八股党"的头脑来了顾嘉棠、芮庆荣和叶焯山，杜公馆秘书翁左青，后来加上徐采丞介绍的胡叙五。杜月笙分配工作，派翁左青管文电和账房、胡叙五则专任记室，弟子里面则召来了沈楚宝、林啸谷、朱学范、郭兰馨，还有一个要紧人物张子廉，杜月笙要叫他来从速建立洪门关系。

人马一拨拨来，场面渐渐打开，开旅馆长住房间，终究不是长久之计，于是杜月笙便派人找房子，作小住香港的打算。这香港杜公馆便在姚玉兰到港以后，设立于九龙柯土甸道113号到115号，双开间门面，三层楼，恰好与上海华格臬路杜公馆差不多。屋主是澳门烟赌大亨，素有"澳门杜月笙"之称的高可宁，"澳门杜月笙"高可宁有的是钞票，前些年他一口气娶了两位"名儿媳"，一个是葛兰，一个是尤敏。

张骥先、吴家元、顾、芮、叶等人大家一道住在杜公馆。

于 1938 年 1 月 20 日，许世英自驻日大使任内下旗归国，没有寻到房子以前，便住在香港杜公馆的三楼，居室和张骥先遥遥相对，闲来无事，他临了八大幅王右军的圣教序送给杜月笙，杜月笙很高兴，悬在客厅的两壁，往后江南名士，和于右任一齐办过《民吁报》的前监察使杨千里也被杜月笙接到香港，杜月笙如果有什么重要文稿、题词题字，常常要借重他的大手笔。杨千里曾集杜句，为杜月笙题了一副对联，杜月笙便喜滋滋地挂在客厅中间。联曰：

三顾频烦天下计；

一生好做名山游。

杨志雄和杨管北两位智囊，由于上海方面事务很多，总是在沪港之间来回的跑，杨志雄去了上海，杨管北便留在香港，杨管北要走，杨志雄再来。在杜月笙的带领下，秦待时、江倬云、庞京周、毛和源等一般老朋友都接受了杜月笙的忠告，相继避难香港，这帮人也是杜公馆的常客。

这时，杜月笙担任两项职务，那是每天他都要做的事情，一个是中国红十字会总会副会长，会长王正廷这时在菲律宾，一切业务全交给杜月笙，杜月笙又交给他的得意门生、"红十字会"秘书郭兰馨代拆代行，郭兰馨便在杜公馆三楼右首要一个房间，作为办公室，长驻办公；另一个业务是"赈济委员会常务委员"，主管第九区的赈济工作；这里的日常行政事项，杜月笙派他另一得意门生林啸谷负责主持，林啸谷在楼下也要了一间房，每天过来办事。因此，柯士道 113 到 115 号杜公馆，里面又设了"中国红十字会总会"和"赈济委员会"两大机关。

赈济委员会的对面，住的是芮庆荣和吴家元，后来叶焯山到了，芮庆荣的家眷不久也赶来，他搬到德承街去自立门户，他的那间房便移交给叶焯山，叶焯山仍是在打光杆，这位百发百中的神枪将，一直在香港替杜月笙把头一道关。顾嘉棠跟芮庆荣两个，住是住在外头，每天中午以前，一定会照往先早年的老规矩，准时准刻，到杜公馆来向杜月笙哥报到。机密大事他们还是要找杜月笙商议参详。

杜月笙自己一家，不论来了多少人，都住在二楼。

无意间，杜公馆仿效了曾国藩的会食制度，每天中午，开一桌饭，人多再加，家人父子，亲戚朋友，老弟兄，师爷、秘书还有学徒子、徒孙们，谈谈说说，聚而食之。菜色不多，却是极精，因为港沪之间多的是轮船、飞机往来，香港市场买不到的江南菜肴，川流不息送到杜公馆，因而使这一帮流浪客减了思乡之情，餐餐吃得朵颐大快。他们交换消息、商议事体，都在这一餐饭间，轻松愉快的进行。

1937 年 12 月 16 日，中日大战进行了 5 个多月，南京陷落两天后的东京《朝日新闻》发表消息："中国若愿议和，日可停止战争。"但是，中国上下已经决心抗战到底。因为中外人士都认为战事虽然延长，但是日本必败！

南京失陷，日本急想结束战争，他们授意德国驻华大使陶德曼向中国提出议和条件，与此同时，进攻芜湖的日军第6师团都已经奉令"凯旋"，日本兵欢声雷动，纷纷将行装搬回码头，结果是日本人议和条件被蒋介石断然拒绝，于是日方恼羞成怒，1938年1月16日由内阁总理近卫文磨发表声明：

日本政府今后不以国民政府为谈判对手，期望真能与日本提携之"新政府"成立且发展，而拟与此"新政府"调整两国国交。

日本致力于制造汉奸傀儡政权，以贯彻其"以华灭华、以华制华、以战养战"的政治阴谋。这是军事进攻以外的另一毒辣险恶新攻势。1938年初，杜月笙经政府明令为"赈济委员会第九区特派员"。同时，由已升任军事委员会调查统计局副局长、而实际主持局务的戴笠拨给他一笔经费，请他多方设法，派人去把日本瞩目的"汉奸"对象——自1926年段祺瑞垮台时分布于平津京沪一带做了寓公的皖系人物，亦即所谓安福派人，一一的接到香港地区。

杜月笙的这一使命其实并不简单，因为安福也罢，皖系也好，段祺瑞手底下的人物多半亲日。日方操纵汉奸组阁的一纸名单，其榜上有名的，不是跟日本人有公宜，便有私交，而且还个个交情很深。

因为1920年7月14日爆发的直皖之战，吴佩孚在短短4天之内把段祺瑞的皖系大军打得土崩鱼烂，风流云散，那般安福要人困在北京，无路可逃，纷纷躲在东交民巷和六国饭店，但是，英、美、法等各国领事开会决定拒绝庇护和容纳他们。这时只有日本使馆同意收容他们，这样安福要人们才得以潜逃而脱险。如今，这一股人投置闲散了将近12年，官瘾又相当的大，虽然杜月笙有意营救他们南下，但是，他们自己心中愿不愿意，却是谁也无法臆测。

于是，杜月笙派吴家元和李择一，还有朋友朱秀峰与陈兰，穿梭不停地往来于港沪、港津道上，分别拜访，再三致意，拍胸保证，秘密安排，居然在敌伪特务严密监视检查之下，从虎口中救出来大部分列名汉奸榜的伪朝新贵，使日方费尽心血，威逼利诱摆出来的伪政府"堂堂阵容"，被杜月笙"拉角"拉得台柱尽折，惨不忍睹，只剩下小猫三两只。

在这一段时期，经杜月笙之手接出来的日方目标，大名鼎鼎的就有段祺瑞的司法总长章士钊、交通总长曾毓隽、财政总长贺德霖、外交总长颜惠庆、陆军总长吴光新、临时参政院副议长汤漪，这许多显赫一时的北洋皖系大佬，抵达香港之初，大部住在杜月笙的家里，诗酒流连，日夕盘桓，再加上半个东道主、曾经当过段祺瑞任临时执政的北京政府第28任国务总理许世英，内阁十大阁员到了六七个，香港杜公馆开出一桌饭，俨然是段祺瑞内阁复活了。

上海三大亨

——杜月笙·黄金荣·张啸林

悼念亡妻，抚慰爱子

正在这时，突然之间从英国伦敦来了航空信。原来，孙夫人带维屏和维新两个儿子负笈英伦，1938年底两兄弟转赴美国求学，孙夫人关切国内大局和杜月笙的行止，当她获悉杜月笙业已逃出虎口到了香港，她便命维屏、维新去美国，自己飘洋过海到香港来探视丈夫。

杜月笙对于孙夫人万里来共患难，非常高兴。随后孙夫人从1938年到1941年，足有3年随侍杜月笙之侧。

抗战发生后，杜月笙家庭之中发生的一项变故是沈月英逝世。

沈月英身体一向虚弱，鸦片烟瘾又越来越大，整日从早到晚，一榻横陈，喷云吐雾，鸦片剥削了她的健康，毒素在加速她的死亡，1938年底，她旧疾复发，衰弱不堪，杜维藩两夫妻每天24小时衣不解带地侍疾，一度情势危急，孝心可嘉的杜维藩还割了股。

晚年时期，沈月英是和杜月笙分了居，杜维藩对他母亲之死是非常伤心的。

早在1937年底，杜月笙逃出重围，只身抵达香港时，便有不少亲友向他忠告，日本人既已对他的门徒、学生采取报复手段，杜维藩和杜美如这一对长子、长女住在上海就有危险。因为谁都知道杜先生最喜欢的便是大少爷和大小姐，杜维藩之结婚和杜美如之满月，铺张之盛，场面之大，向与杜月笙开祠堂、陈夫人过生日相提并论。杜月笙自家曾经解释他为什么对这两个孩子特别钟爱，因为，

"维藩和美如出世，脚步走得最正。"

这话怎么说呢？原来，杜维藩诞生于民国五年，从那一年起，黄金荣、张啸林和杜月笙"三大亨"义结金兰，打出了十里洋场的大好江山。而杜美如出世，是为民国十九年，杜月笙从这一年起脱颖而出，连升三级，和财金工商乃至党务政治都结了不解之缘。

所以，杜月笙听到亲友们的警告，身在客地却思念子女，这想得他愁眉不展，魂梦为萦。于是，他向上海家中拍出一封封的电报，叫杜维藩和杜美如快到香港来，杜维藩在1938年春匆匆的到香港一趟，不久便因为他母亲的病，夫妻两人双双又回了上海。杜月笙心底下极是担忧，却是苦于拦阻的话说不出口，他不能留下儿子不许他去娘面前尽孝心，因此一直到1939年9月，杜维藩在上海办好了他母亲的丧事，才戴着重孝，十分沮丧的重来香港。

一到杜公馆，当见到望眼欲穿的父亲，又是悲从中来，杜维藩放声大哭，扑跪在杜月笙的面前。

这一晚杜月笙心情悒闷，他辞去一切应酬约会，跟杜维藩谈了很久的话，倾吐他自己的感慨，同时也抚慰惨遭失恃之恸的大儿子，他曾意味深长地说道：

"当初娶你娘进门，两夫妻一家一当还是朋友们帮的忙，我没有正当职业，用钱又松，家里经常青黄不接，我们一家也只有你娘跟我吃过几年苦头。开不出伙食的时候我常在想，只要两夫妻同心协力，有朝一日混出一个平安是福，窄门浅产，粗茶淡饭，我跟你娘就此满足。哪里想到往后场面越来越大，事体越来越多，一直到现在为止，我们都没有过过那种衣食无忧、绵密深稳的小家庭生活咧！如今回想起来，越加叫我心里难过。"

这一夜，父子两人都觉得是从所没有过的亲近，军国大计、银行公司、朋友弟兄、徒子徒孙全抛开了，两父子间仿佛就只有沈月英凄然带笑的孤魂正和他们在一起。从沈月英说起，杜月笙又感触自己的一生，他又谈起了许多不堪回首的往事：

"小时候我从浦东到浦西，水果店里学生意，每天清早忙到夜晚，老板给饭钱，只够到摊头上吃两客蛋炒饭，人家食量小，叫一客蛋炒饭还可以喊一碗黄豆肉骨汤，我刚从乡下来，身体结实，食量大得吓坏人，一顿两客蛋炒饭还不够饱，因此一日到夜肚皮里闹饥荒。天一亮西瓜船到岸，船老大把西瓜一只只往下抛，我们这些小伙计在码头上一只只接，做过不久，只要西瓜碰到手，我就晓得瓜好瓜坏，挑一只好西瓜装做一时失手，西瓜落地，碎成几瓣。老板看见了，跑过来骂两句，等歇收了工，把地上的碎片拣起，吃蛋炒饭以后，嘴里面渴，正好拿烂西瓜当汤汁茶水。"

杜月笙悼念亡妻，抚慰爱子。从这以后一改常例，他和儿子、媳妇也一道玩玩。

拆伪政府汪精卫的台

1938年12月29日，汪精卫从重庆出走，经昆明、潜抵河内，发表通敌求和的电报，主张停止抗战，对日谋和。

1939年元旦，国民党中常会举行临时会议，决议：汪兆铭危害党国，永远开除党籍，并撤除其一切职务。5月3日，汪精卫在日本人的严密保护之下，由河内直赴上海。他起先住在虹口日本军区，而当时的上海，有一句口号，那便是"不过四川路桥！"因为一过四川路桥便就离开了租界，到了日本人占领的区域，亦即上海人鄙夷的"歹土"。

汪精卫在四川路桥那边住了几天，随后就搬过桥来，住进了极司斐尔路76号，这是一幢宽大幽深的花园住宅，原来是陈调元的产业，日本人将它侵占，拨给汪精卫充作举行伪"国民党全国代表大会"的会场，后来便改作汪伪政府的特务机关大本营。

汪精卫所召集的"代表大会"，决议了所谓"和平大计"，"改选总裁及中央委员案"，他们甘冒天下之大不韪，沐猴而冠，拿日本人"发还"的关税余金，每个月4000万元作为经费，收买党羽，招兵买马，积极布置成立为虎作伥的傀儡汉奸政权。这时，由于汪精卫在国民党内地位甚高，许多忠于国民党的上海市党部人员和工商金融界人士受了他们的蛊惑，不明真象，贸然附从，这使得敌伪势力因而变大，而国民党在上海的组织几乎为之整个动摇。

于是，在国民政府军事委员会第6部任职的前上海市党部主任委员吴开先奉命赶赴上海，他身边携有国民党蒋介石致沪上耆彦、虞洽卿等5人的问候函件，行政院长孔祥熙写给上海银行界领袖李馥荪、秦润卿等的私函十余封。吴开先单枪匹马，空手亦拳，他悄然地由重庆经昆明、河内而香港，先去探访杜月笙。

这时，徐采丞充分利用其天时地利与"人和"，已成为杜月笙在上海的大将。为了许多机密任务，他经常往来于上海、香港间。1939年10月，徐采丞从香港回了上海。不到两天，杜月笙照例下午过海去告罗士打会客办公，他正和翁左青、胡叙五商议事情，猛一抬头，看见徐采丞神色匆匆地推门进来，愕一愕，便问：

"你不是刚刚回去的吗？怎么又……"

"有一件紧急大事，"徐采丞坐定下来回答，"不得不原船赶来香港。"

"什么紧急大事？"杜月笙急急地问。

徐采丞先不答，从怀中掏出一张字条，递给杜月笙。杜月笙接过来看时，见字条上只有九个字：

"高决反正速向渝洽。"

"高——是否高宗武？"

"是的。"

"这张字条是谁写的？"

"是黄溯初先生请徐寄顾写的。"

"黄溯初是那一位？"

"他是进步党梁启超财政经济方面的智囊，又是老日本留学生，跟东洋人关系很深，从前当过国会议员，抗战之前做过生意，因为经营失败，跑到日本去隐居。他是高宗武的老长辈，高宗武从读书到做官，得到黄溯初的帮助很多。"

"采丞兄，可是你认得这位黄先生吗？"

"不，黄先生是徐寄麔的同乡友好。"

杜月笙大惑不解地问：

"这件大事，怎么会落到我们头上来的？"

于是，徐采丞一五一十，原原本本地说了。原来，此次他一回上海，刚刚到家，徐寄庼便登门拜访，告诉他说：高宗武以外交部亚洲司长的身份，起先驻港从事情报工作，他一向抱着"和平救国"的大愿，又因为日本前首相犬养毅的儿子犬养健，跟他是日本帝大时代的同学。犬养健在日本情报"梅"机关非常活跃，因此种种缘故，高宗武才成了汪精卫与日方之间的穿针引线人。

"这个人我晓得，"杜月笙打断了他的话说，"前些时香港华侨日报登过一条消息，隐隐的指高宗武来往上海香港，是在秘密从事谋和。高宗武看了很不开心，扬言要告华侨日报。华侨日报的朋友托我出面解释，我叫人去跟高宗武说了，这位朋友很义气，马上答应了看我面子打消原意。"

"杜先生和高宗武之间还有这一层关系，那就更好了，"徐采丞欣然地说，又道："高宗武后来跟汪精卫到了上海，一直都是负责办交涉的重要人物，但是不久他到东京，近卫首相把'中日密约'开出来，他一谈之下，发现东洋人所谓的'和约'要比21条还狠。假使签订了这项'和约'的话，那么整个国家民族的命运都要断送，为此他觉得彷徨苦闷，于是他跑到长崎晓滨村，找到了他敬重的黄溯初，向他讨教。"

"是黄溯初教高宗武反正的？"

"高宗武自己早有这个意思，"徐采丞答道："据黄先生说，高宗武认为他所从事的是和平救国工作，绝不是卖国求荣。黄先生不过鼓励他，点醒他，答应帮他的忙，代他设法向重庆方面接洽。"

但是，黄溯初因为自己是进步党人的关系，他对国民党不无偏见，他在长崎和高宗武相约，高宗武不久也到了上海。徐寄庼和黄溯初是同乡好友，黄溯初便去找到了徐寄庼，一席密谈，最后提起如何安排高宗武反正，要使他平安逃出上海，又得保证国民政府不咎既往，许他将功折罪。徐寄庼一听之下，当即说道：

"你要找这么样的一个人，就只有杜月笙。"

黄溯初说："杜月笙我虽然并不认得，但是这个人行侠仗义，一言九鼎，却是有口皆碑，无人不知。他能答应承揽这一件事，我便放心。"

杜月笙听徐采丞说到这里，岔嘴问道：

"高宗武是负责办理日汪交涉的人，他若反正，那么，汪精卫跟日本人订的密约内容，是不是可以带得出来，公诸于世呢？"

徐采丞断然地说：

"那当然没有问题。"

于是，杜月笙翌然而起，双手一拍，眉飞色舞地高声说道：

"采丞兄，这件事情关系抗战前途，国家大局，确实值得一试。你便在香港住两天，我乘最近一班飞机到重庆，我要去见蒋委员长，当面向他报告。"

1939年11月5日，杜月笙自香港直飞重庆，进谒蒋介石，请示高宗武反正事宜，应该如何处理？

杜月笙谒见蒋介石，结果他得到委员长的指示："从速反港，秘密进行。"

杜月笙十分振奋，搭中国航空公司的飞机，兴冲冲地离开重庆回香港去。

然而，他所搭乘的这一架飞机飞到半路，竟碰到日本军机扫射追逐，飞机师为了保全飞机和旅客的生命，拼命盘旋攀高逃脱敌机的攻击。民航飞机逃，敌机则紧随不舍，这时民航飞机既没有空气调节，又缺乏舒适安全的各种设备，杜月笙在飞机上，一时感到天旋地转，金星四迸，身子猛烈的摇来晃去，时上时下，鹄起翻飞，这转得他头昏眼花，几乎昏厥，最后飞机爬升到8000公尺的高度，机上不备氧气，而高空空气稀薄，杜月笙呼吸艰难，几度窒息，撑到后来实在受不了，他便眼睛一闭，爽性等死。

幸好，敌机追逐到了8000公尺以上的高度，眼看民航飞机驾驶员翻腾揉升，技术高明得很，再追下去，也是徒劳无功，枉费心机，于是便一个转弯，飞开去了。敌机放弃了目标，这一飞机人才算是拣回了性命，然而，杜月笙却特别的惨，他喘息不止，坐不下去，惟有躺在飞机上一路到香港。

香港杜公馆的家人、亲友、门生、弟子，都在香港启德机场，伫望杜月笙自重庆归来，大家谈谈笑笑，时间在不知不觉中过去，蓦地，有人高声地一喊：

"不对呀，辰光已经过了，怎么飞机还没有到呢?"

一句话提醒了大家，派人到航空公司去问。结果航空公司回答："我们也不知道。"事实上，他们已得到客机遭日本军机攻击的消息，但为免得引起骚动与不安，他们奉命向接机者保守秘密。

时间越过越久，翘首北望，依然不见飞机的影踪，杜门中人更着急了，有人议论纷纭，有人窃窃私语，终于，机场中人纷纷口耳相传，说客机受到敌机的袭击，却是苍天庇佑，赖驾驶员的技术高明，已摆脱敌机，毫发无伤正向启德机场飞航。

杜公馆接机的人才额手称庆，喊声："阿弥陀佛!"航空公司的职员又是神情严肃，紧张仓惶地来寻接杜月笙的人，劈头便说：

"杜月笙先生在高空体力不支，据飞机师的通知，需要准备担架。"

众人刚刚欢喜的一颗心又齐齐地往下一沉，连忙找到机场医护室，寻了两个抬担架的工友，飞机一到便抢先冲上飞机，把气喘吁吁、无法起立的杜月笙抬下了飞机。

这便是使杜月笙烦恼痛苦12年，严重损及他的健康，最后终于使他难免一死的气喘病的由来。他在这次敌机袭击中逃出了性命，却换来一副百病丛生、经常不适的身体。

在担架上被抬回家中，京给他打针吃药，紧急救治。亲友、弟子忙得团团乱转，好不容易使杜月笙喘过气来了，他脸色苍白，挥挥手说：

"你们都出去，请采丞留下来。"

在病榻上，杜月笙欠起身躯，跟徐采丞说：

"请你立即回上海，代我办到两件事体，第一，请黄溯初先生火速来香港，跟我当面接洽。第二，转告万墨林他们，只要高宗武说声走，便不惜一切代价，务必把他和他的家眷平安无事地先送到香港来。"

徐采丞是在第二天动的身，他回上海，不上十天，黄溯初首先飘然南来，杜月笙大病方愈，亲自去迎接。为了安全保密，他又请黄溯初在杜公馆下榻。

高宗武的一笔账都在黄溯初的肚皮里。于是，黄溯初和杜月笙促膝密谈，他把高宗武三度赴日的种种经过、中日密约的要点，逐条逐项向杜月笙一一细说。杜月笙不会咬文嚼字，坦率地说，"这实在太多了，一下子难以记得住。"

于是，黄溯初哈哈大笑，亲笔给他写了一份报告要略，杜月笙欢欢喜喜地双手接过，他眉飞色舞地说：

"我明天再搭飞机到重庆去。"

姚夫人见杜月笙连日忙碌紧张，飞重庆又飞出了气喘毛病，心中灼急，又不晓得他究竟忙的是什么事情？听说杜月笙才隔了10天又要飞重庆，她心里担心得很，便向杜月笙苦劝：

"坐飞机未免太危险了，这一回，您就走河内、昆明，走陆路去，好吗？"

"不好！"杜月笙打着戏腔，告诉她说，"我此刻恨不能身插双翅，破空而去！走陆路，那又得十天半个月，怎么来得及啊！"

但是，杜月笙冒险再次飞往重庆，这次却带了京医生同行，以防万一。这一趟总算托天之福，安安稳稳，到了重庆，蒋委员长即刻传见，杜月笙报告完毕，蒋介石便写了一封亲笔信交给杜月笙，请他设法转交高宗武。

杜月笙得了蒋介石的亲笔函件，心知大事已成，当前最要紧的还是迅速采取行动，免得贻误时机，一招错，满盘输。

第二天他又飞回香港。然后把委员长亲笔信交给稳妥可靠的人，秘密携往上海。接下来，他便是整日引颈翘望，苦等高宗武安然南来。黄溯初也住在杜公馆苦苦等候，杜月笙长日陪伴佳宾，好在黄溯初见多识广，为人又很风趣，天大的事搁在心上，他也是从容自在，谈笑风生。杜月笙从黄溯初那边获益不少，杜公馆上下虽然不清楚黄先生的身份，却是人人对他尊重而又亲近。谁都喜欢听他聊天，畅谈国家前途、天下大事。

由于敌伪方面戒备森严，防范紧密，徐采丞发动杜门中留在上海的人要想营救高宗武安然脱险，却不是一件简单的事。由于日、汪之间的"日支新关系调整要纲"谈判已完成，签字仪式订在1939年12月31日举行，高宗武决心等到密约签订过后，再盗出原本，献诸中央，揭破汪精卫等卖国的勾当。所以，他到1月4日才成行，行前，他又救出了正有生命危险的陶希圣。

汪精卫举行伪"国民党全国代表大会",新成立的伪中央党部,先行设置的机构只有外交,宣传和警卫三个"部","外交部长"由汪精卫自兼,"警卫主任"是周佛海,副主任李士群、丁默邨,宣传"部长"即由陶希圣充任。

"日支新关系调整要纲"开始谈判,陶希圣一看日方提出的条件,日本全面控制中国的野心昭然若揭,他们把中国划分为"满州国"、"蒙疆自治政府"、"华北"、"华中"和"华南"5个地带,而把海南岛和台湾一般列为日本的军事基地。5大地带还不包括外蒙、新疆、西甫和西北以及西藏,那便是说,日本要瓜分中国。陶希圣认为,像这样"白纸写上黑字",要借中国人之手去签署,这件事是"断不可能的",因此他拒绝在中日密约上签字,一面称病不出,一面暗中策划如何出走。

陶希圣的态度已使汪精卫、周佛海等大起疑忌,1940年元旦前后,便有人秘密通知陶希圣,说是李士群、丁默邨主持的汪伪特务机关——极司斐尔路76号正在计划刺杀他,陶希圣两夫妇当时就决定:"如果不能逃出上海,只有自杀一个办法。"

在这千钧一发之际,1940年元旦,高宗武忽然在法租界环龙路陶希圣住宅出现,他来探病,并且拜年,陶希圣告诉高宗武说:

"他们有阴谋不利于你,你怎样?"

高宗武便说:

"走了吧。"

事实上,徐采丞、万墨林已经遵照杜月笙的吩咐,替高宗武预备好了船票,同时严密制定了保护他顺利成行的计划,临时加上陶希圣同行,当然不致发生什么困难。1940年1月4日,上午,高宗武按照预定计划登上了美国轮船"胡佛总统号"。陶希圣则独自一人,乘车到南京路固泰饭店前门,下车后,进入大厦,马上赴后门口,换乘一辆出租汽车,直奔上海滩码头,果然他也告顺利成行。

1940年1月5日下午,高、陶抵达香港,杜月笙、黄溯初等人心头悬着的一方巨石才轻轻落下。

顶要紧的人到了,日、汪密约原经高宗武的内弟沈惟泰摄成底片,交给高宗武夫人秘密收藏,也携来香港。

"日汪密约"经由沈惟泰所拍的底片一共冲洗了两份,一份送呈重庆中央,一份由高宗武夫妇共同署名,交给杜月笙,转至中央通讯社发表。但是发表之前又生了波折,中央社方面因为高宗武在"密约全文"前面加了几百字的叙言,说明当时经过,他们认为不妥,便指出高宗武不曾亲自盖章而不足以信,而且手续不全。高宗武夫妇解释说:"图章当然该盖,但是仓卒离沪,不及随手携带。"

于是便为了图章的问题,双方相持不下,即将功德圆满的一件大事几乎就要闹僵。急起来,杜月笙便悄悄关照他的手下,说道:

"我此刻到吴铁城公馆去，你等好在这里，等到 11 点钟，你再赶到吴家指明找我。你不妨质问我，到底是全文照发，还是一定要删去前言？你若见我尴尬，你就高声发话说你受高宗武之托，要立刻将全部文件收回。"

吴铁城这时已卸任广东省主席，小住香港，是中央在港最高级人员，当晚 11 点钟杜月笙导演的这一出戏，让他助手声势汹汹、装模作样，以强硬姿态演出。果然使吴铁城着起急来，他亲自嘱咐中央社，序言密约，一概照发。于是，1940 年 1 月 20 日，《日支新关系调整要纲》及其附件之原文摄影皆发表，这一重大新闻轰动世界。

轰动一时的高、陶事件接近尾声，高宗武想出国留美，继续深造，由杜月笙经手替他办好了护照。当他知道杜月笙因为他们的事高空遇险得了气喘重症时，非常不安，后来，在美国为杜月笙遍访名医，请教病因及治疗方法，而且经常寄回药品。

但是，为此"高陶事件"，汪精卫对杜月笙恨之入骨，他恨声不绝地说：

"我跟他有什么过不去？他竟这么样来对付我！"

当时，他就令伪政府特务头脑李士群专程到广州指挥，派遣凶手到香港去解决杜月笙。然而杜月笙早就防范严密，刺客没有下手的机会。但是，汪精卫仍不甘心，他再派人去香港警署，借口有人密告杜月笙是"流氓"，要把他驱逐出境。

戴笠的中统特务王新衡首先侦得消息，十万火急地去通知杜月笙。但是杜月笙不肯相信，他付之以淡然一笑，反过来安慰王新衡说：

"不会有这种事情的，新衡兄，你放心好了。"

然而，没过几天，柯士甸道杜公馆和告罗士打的房间，居然有警署的人跑来说是奉命搜查。这一下，杜月笙才知事态严重，于是他便去找王新衡商量。

王新衡说："为了正本清源，彻底消除汪精卫的阴谋诡计，应该把事体闹港总督那边去。"

这时，俞鸿钧正任中央信托局局长，住在香港，而俞鸿钧在他担任上海市长时期招待过香港总督，他和港督私交很深。因而王又建议杜月笙找到俞鸿钧，结果，俞鸿钧以非正式的国民政府代表身份，向港督送上一份备忘录，说明杜月笙是中国的高级官员，社会领袖，他是国民政府正式委派的赈济委员会常务委员，又是中国红十字会副会长，此外还兼任国家行局交通银行的常务董事，以及国家资本占 50% 以上的中国通商银行董事长，他指出港警搜查中国官员的住宅及其办公会客的地点，完全是非法而无礼的行动。港督接到了俞鸿钧的备忘录后，当即表示道歉，同时保证此后不会再有类似的事情发生。一桩公案就此了结，汪精卫的报复也因他后来病逝东京而一直无法得逞。

在国人交相詈骂声中，汪精卫等一些汉奸，在南京成立伪政权，他邀约在上海的德、意、日三国驻上海的外交官、侨领、使馆人员，由日、伪军数百人随车保护，自上海开一列专车到南京，参加他的"还都典礼"。这当，一列车驶近浒墅关，便由忠义救国军潜伏上海的地下工作者，预埋炸弹，轰然一声，列车全毁，死伤汪伪贵宾和日伪军数百人，酿成重大惨案。杜月笙在香港得到捷报，不禁颔首微笑，频频说道：

"我们送的这一串鞭炮，着实不少！"

除奸组击毙张啸林

军统在上海设有工作站，站长是周道三，它直属军事调查统计局，情报工作"行动"一环是由戴笠亲自指挥。杜戴一家亲，在上海成立"行动小组"时，戴笠便请杜月笙介绍一位负得起责的人，担起这个出生入死、冒险犯难的要紧任务。

杜月笙向戴笠介绍了陈默。

陈默，字冰思，中等身材，精神抖擞，他是杜月笙的得意门生，在军校高校班受过训，抗战之前在上海警备司令部稽察处做经济组长。陈默是杜门中后起之秀的狠脚色，辣起手来几乎不下于顾嘉棠，论头脑精细，胸中学问却还在顾嘉棠之上，更理想的是他有军事训练基础，条件非常适合。

陈默奉杜月笙之命，加入军统后，结果，上海行动小组和忠义救国军老干部严密配合，制裁敌伪的除奸工作自此轰轰烈烈的展开。

1938 年 1 月 14 日，正在活动上海两特区法院院长职务的范罜，是在上海滩上享誉十多年，专替强盗开脱的所谓"强盗律师"，这一天他走到威海卫路 155 弄 20 号他家门口，迎面飞来一颗枪弹，他猝不及防，当即倒地毙命。次日各报登载这一消息，轰动一时，暗杀的手法干净利落。这是为陈默接事的第一件得意工作。

紧接下来，"上海市民协会"负责人尤菊荪，"市民协会委员"杨福源、"上海市政督办公署秘书长"任保安，"市民协会主党"顾馨一，还有日本人伪绥靖第三区特派员中本达雄，都先后遇刺，饮弹毙命。

随后，范耆生和郑月波又陆续被刺。

在这些被暗盯的汉奸中，大有杜月笙的老朋友在。在 8 月 18 日，在自营的中央饭店被杀的陆连奎，便是公共租界跟黄金荣地位相埒的青帮弟兄、捕房头脑。当杜月笙势力打进大英地界时，陆连奎一向跟月笙哥交谊密切，合作无间。法捕房的副探长曹炳生在马路上中枪，他等于是杜月笙的部下。当年与杜月笙一起同心协力开公司的知己心腹俞叶封也因为参加了张啸林所组织的"新亚和平促进会"，主持棉花资敌工作，被杜月笙的弟子大义灭亲，用机关枪扫死在更新舞台的包厢里面。

上海滩上雷霆万钧，铁与血俱，使得民心大快，同仇敌忾之心更加增长，可是，杜月笙内心之中的矛盾、挣扎、激烈交战，也与日俱深。俞叶封被杀之后不久，他开始为张啸林担心。

这时，张啸林早已决定当汉奸，过过他一生当中独缺一门的官瘾，1939年夏，他组织了什么"新亚和平促进会"，公然为敌张目，帮东洋人办事。这时陈老八当了维新政府内政部长，张啸林便一心一意想当一任"上海市长"或者是浙江"省政府主席"。

当时机逐渐成熟时，杜月笙弟子的枪口开始奉命瞄准了他——张啸林。杜月笙在香港日夜焦灼，绕室彷徨，他无法阻止戴笠的执行命令，他更不忍老把兄死在他的爱徒之手，无可奈何的两难之中，他曾想尽办法，辗转请朋友去劝他保住晚节，悬崖勒马。可是，张大帅一语不合，立刻豹眼一翻，破口大骂，"妈特个XX"声声不绝，谁又敢去惹他的怒火，捋他的虎须，而自讨没趣？

张啸林的性格和杜月笙完全相反，他一生一世都想做官，但是，他却不爱做国民政府底下"奉公守法"的公务员，他的官瘾是要像戏台子上或那些北洋军阀那样为所欲为，抖尽威风的那一种。但是自从1928年北伐成功，军阀从此连根割除，在张啸林的心目中，只有当当"汉奸官"才可以逞逞威风了。

杜月笙晓得他这位老把兄的心理，因此一直为他暗地着急，惟恐他一捞上了汉奸官，将来会受到国法和民意的制裁。但是奇怪得很，上海沦陷3年多，一直想当汉奸的张大帅居然官星不动。后来，杜月笙根据陆陆续续得来的消息才知道，东洋人自杜月笙"月夜走脱"之后，利用上海大亨的目标便落在黄金荣身上，他们曾不断派人上漕河泾拜望黄老板。黄老板虽然爱财，爱心却有，他对付东洋人的法宝是一个"病"字，无论是谁上门，黄老板必定是"抱病在身，不好见面"为由，然后由他的家人、学生连声"抱歉、抱歉"，日本人晓得拖黄金荣出山绝无可能，只好退而求其次，转而瞄向张啸林。

但是张啸林目高于顶，满口三字经，噱头又来得多。日本人要找他的时候，他便故意往莫干山一躲。日方派一名驻杭州领事登山拜访，张大帅谈起生意经来口气大得吓坏人，他说：

"妈的个！要弄个浙江省主席给我玩玩，倒还可以商量！"

日本人一听，不禁倒抽一口冷气，当时便说张先生这个职位恐怕有点困难，张啸林倒也干脆，他回答说："既有难处，那就不必再往下谈！"

后来张啸林又回了上海，在大新公司五楼再开了一个"俱乐部"，内容无非是鸦片烟和赌，整天和他混在一起的是老朋友高鑫宝、俞叶封、程效沂等人。这时，共产党的游击队控制乡村，袭击敌伪物资，使上海的补给供应极为困难。于是又有日本人去找张啸林，叫他负责设法向外地采购必需物品，张啸林认为这种独门生意有钱可赚，他便组织了一个"新亚和平促进会"，召集他的弟子和手下一起统统参加，到乡下去替东洋人办货。结果，他包办了从上海运煤到华中的"贸易"，又担当食米的搜刮和搜购，他给老弟兄俞叶封一项优差，请他专门搜购棉花。

在日本人的迫切需要之下，张啸林的生意越做越大。他从安南购煤运到上海转销华中一带，后来，风行中国各大都市20余年的三轮车，曾是安南河内特有的交通工具，这便是张啸林瞧着好玩，命人带了一辆到上海，随后被顾四老板顾竹轩借去做样子，依式仿制，结果，三轮车从上海慢慢盛行起来。

张啸林不曾做成汉奸官，却是着着实实发了汉奸财。

这时，他跟杜月笙相隔万里，但是，当年兄弟两人的习惯依然保留，每年夏天必定要上莫干山，住进他的"林海"，舒舒服服地享受一番。

1939年"秋老虎"过后，他下了莫干山，然而回到上海后他便发现事体不对，杜月笙的那一批狠脚色弟子奉命征奸除害，在上海滩大开杀戒，张大帅扳着指头一数，汉奸搭档已经被暗杀了好几个。"访旧半为鬼，惊呼热中肠"，这种血淋淋的实例不能不使他暗自着慌。尤其张啸林回沪不久，他的好朋友伪上海市财政局长周文瑞便在四马路望平街中被枪打成重伤，两星期后伪"和平运动促进会委员长"李金标又被行刺，侥幸保全了性命。旧历年近，风声却越来越紧，都说重庆地下工作者枪口已经对准了张啸林。从此以后，张啸林也吓怕了，他不再敢到公开场合露面。惟独一样，每天夜晚他出一趟门，到大新公司五楼的俱乐部玩一玩。

果不其然，1931年1月15日，新艳秋在更新舞台唱"玉堂春"，由于这时俞叶封正在力捧新艳秋，而那日又是新艳秋临去上海的最后一场演出，张啸林却拗不过俞叶封的苦请，他包了楼上正当中几个包厢，说好要亲自驾临，给新艳秋捧一次场。

偏巧那晚临时他有事，改变计划不曾上更新舞台，俞叶封和几个朋友高居楼中，喝彩声不绝。台上唱得正热闹，一阵机关枪响，全场秩序大乱，在场军警一查，只见俞叶封倒卧于血泊之中。

也就在这个时候，张啸林"搜刮物资资敌，为虎作伥，罪大恶极，应予迅即制裁"执行的命令，瞒着杜月笙，直接拍发到了上海。

经过了这一次惊险万分的刺杀事件，张啸林自此闭门不出，连俱乐部也不去赌了，与此同时，他加强警戒，一口气雇了二十几名身怀绝技、枪法奇准的保镖，华格臬路张公馆前后门都有日本宪兵守卫，日夜巡逻，如临大敌，就像铜墙铁壁的堡垒一般。

便这样，平静了一两年，一直到1941年夏天，张啸林照例上莫干山避暑，很不凑巧，恰值忠义救国军的"苏嘉沪挺进总队"，以莫干山为根据地，通过吴兴，向金泽。章练塘一带频频出击，使敌军受到重大损伤。日本人一怒之下，将附近丰草和数十里的参天修竹放一把火烧个精光，借口是使游击队不再有茂林修竹可以躲藏。莫干山上风声鹤唳，草木皆兵，张啸林心惊肉跳的住不下去了，他匆匆返回上海，仍旧深居简出，避风头。

上海三大亨
——
杜月笙
·
黄金荣
·
张啸林

　　这时，奉命执行暗杀张啸林的杜门弟子当然晓得张大帅的心情，忠义不可两全，公私哪得兼顾？第一次出动，情报的掌握相当准确，几时几分，张大帅要坐汽车出去赌铜钿，经过哪些条十字口，在哪一分秒，红灯一亮，汽车非停不可，一阵机关枪扫过去，便有十个张啸林也逃不脱半个。铁血除奸行动队员把张啸林送到了地狱的门口。但是到了下手的那一瞬刻，时间分秒不差，路线完全正确，红灯亮时毫厘不爽，眼看张大帅的汽车已开到机关枪下，无须瞄准，即可将他射杀，然而，负责开枪的十分不巧，偏偏早了那么秒把半秒钟，"嘟嘟……"打过来，张大帅的司机阿四是见过大阵仗的，当下将要踩刹车的右脚猛的将油门踩下，于是汽车一个冲锋，飞也似闯过了路口，闯红灯不犯死罪，这样张大帅在鬼门关口过了一过。

　　大帅差一点儿吃到了机关枪弹，尝到了重庆分子的厉害，却使他更死心塌地当汉奸，仍然不知悔改。于是又有那么一天，张大帅正和他的学生——时任杭州锡箔局局长的吴静观，两个人在华格臬路三层楼上商量事情，他听见楼下天井有人高声争吵，探身窗口向下俯望，发现是他那二十几名保镖在那儿互相骂。张大帅的脾气一向毛焦火燥，这一来难免又发作了，因此他上半身伸到窗户外，向楼下保镖们厉声喝骂：

　　"妈特个X！一天到晚吃饱了饭没事干，还要在我这里吵吵闹闹，简直是毫无体统！老子多叫点东洋宪兵来，用不着你们！快些，一个个的把枪给我缴下，统统滚蛋！"

　　要在平时，照说大帅一光火，哇哩哇啦一骂，挨骂的只要乖乖地走开，等一下大帅气平了，满天星斗必定一扫而空，像屁事也不曾发生。谁知今日却不一样，保镖头脑，这位名唤林怀部的忠义之士。一面拔出手枪，一面抬头回话：

　　"他妈妈的，不干就不干！张啸林，你要当汉奸，待我送你上西天！"

　　骂声未停，枪声已响，林怀部的枪法似百步穿杨，一枪射中了张啸林的咽喉，但见张啸林身子向前一仆，头颅向下垂着，上海"三大亨"中的老二，就此一命呜呼，得年65岁。

　　林怀部年轻力壮，身手更是矫捷，枪声响处他还在破口大骂，与此同时，他身子已经溜进客厅，三步并做两步，一霎眼便爬上了两层楼梯，他一路如入无人之境，冲进张大帅尸身所在的房间。当时，吴静观正在拨电话喊日本宪兵，才拨完号码，还不曾来得及通话，林怀部便扬手一枪击中吴静观的后脑，红的是鲜血，白的是脑浆，恰似开了一朵大花。两名汉奸，一师一徒，一步路走错，终于不得善终，死于非命，訇地一声巨响，吴静观的身躯仆倒在桌子上。

316

　　林怀部轻而易举，打死了两名汉奸，他面露笑容，不怯不惧，从三层楼一路欢呼跑下来，他从容自在通过28名带枪的保镖，夺门而往华格臬路冲，一面奔跑一面还在大叫：

　　"我杀了大汉奸！我杀了大汉奸！"

没有人上去抓他，林怀部的保镖同事只是说：

"老林，好汉做事好汉当！"

"当然，"林怀部傲然的一拍胸说，"我绝对不逃。"

然后，他握枪在手，跑到华格臬路上，等安南巡捕一来，他一语不发，将枪交出，束手就缚。

由于喊声、枪声闹得天翻地覆，隔一扇月洞门的杜公馆留守的人以为发生了什么事，一会儿杜家大少奶由佣人陪着，过去探视张家伯伯。结果，她看到了终生难忘的骇人情景：张啸林的尸体被翻转过来，仰面朝天，遍地血污，由于林怀部的那一枪从咽喉贯穿到右眼，因而大帅的眼珠被射了出来，只剩几根小血管或者是韧腺，将那支血淋淋的乌眼珠晃悠悠的吊住。

这一天的下午4点多种，离上海853海里的香港告罗士打酒店八层楼咖啡座上，王新衡正陪着杜月笙谈天，突然之间看见一条幽灵似的人影，正在向他们徐徐走来，杜月笙惊了惊，一抬头看见那是翁左青。

翁左青在当警察巡官时曾救过张啸林的命，演出一曲捉放戏，并且他打那以后弃官跟着张啸林走，他们伙同了另外一位好朋友程效沂，三弟兄从杭州打天下，一路打到上海去，20多年的血汗打出了一个花花世界，后来由于黄、杜、张不分家，翁左青从张家蹀到隔壁头，替杜月笙掌管了16年的机密。这时，他脸色惨白，泪眼婆娑，身躯摇摇晃晃，脚步跟跟跄跄，他好不容易走到杜月笙的跟前。伸出抖抖索索的右手，递给杜月笙一份才送到的急电。

杜月笙惊疑不定地望他一眼，伸手接过了电报，匆匆浏览一过，王新衡正自惊愕，却见杜月笙在把那份电报递给他看。正在这时，杜月笙当着茶座的众目睽睽，一时悲从中来，翻倒苦海，双手掩面，吞声饮泣。他尽力想忍住，但是，热泪横流，如决江河。王新衡晓得他心中的凄苦悲酸，看过了电报更知杜月笙为什么如此伤心，王新衡俯身向前，低声地劝慰：

"张先生走错了路，国人皆日可杀，奉命执行也是无可奈何的事，总怪他不顾大义，咎由自取。杜先生，你不要再伤心了，人死不能复生，再哭也没有用处了啊！"

杜月笙呜咽啜泣地回答他说：

"新衡兄，你讲的道理一点不错。但是张先生和我有二三十年的交情，我们曾经一道出生入死，有福同享，有难同当，哪里想到当年的兄弟，如今落了这样一个大不相同的结果。现在我心中非常难过，真想号啕大哭。"

王新衡百计安慰，说了许多种瓜得瓜，种豆得豆，有因必有果，任何人都没可奈何的话，杜月笙却始终都在流泪，再开口时依然有不尽的哀恸与感喟。

"张先生要当汉奸，他之死当然是罪有应得。不过，我心里明白，这一定是陈默他们交代林怀部干的，由我的徒弟杀了我老兄，论江湖义气，我实在站不住道理！"

"论江湖义气，"王新衡接口说道，"张先生就更不该去当汉奸，做那出卖国家、欺压同胞的勾当，而且，杜先生一再劝他拦他，他都不理。"

"是呀，"杜月笙伸手揩揩泪水，"我几次三番的拉他，他就几次三番的大骂我，我倒不是怕挨他的骂，实在是骂过了之后，他还是不肯出来。"

张啸林坚决拒绝杜月笙的说服，结果是大官没有当成，反而白送了性命，给杜月笙带来无比的憾恨。但是，与张啸林同样被制裁的，不久又有杜月笙的另一位好朋友。

这位是中国通商银行先前的大老板傅筱庵。傅筱庵投日落水后，负责执行的人是杜月笙旧日的保镖。不过，他得到万墨林的首肯，拿了杜公馆两万大洋的工作费。最后说动常到杜家走动的傅宅厨司朱老头，在禁卫森严、如临大敌的虹口傅市长公馆，一斧头送了傅筱庵的终。

为了便利港沪两地的联络和通讯，杜月笙叫他的得力助手——精明能干、胆识俱壮的徐采丞，利用他和日本影佐特务机关的关系，在上海设立秘密电台，和杜月笙经常保持联系，从而也使军统方面，指挥上海地下铁血锄奸行动员，如手使指，极其灵活。由于徐采丞不便和地下工作人员直接联络，杜月笙便喊万墨林到香港来，深居简出，受了一个星期的临时训练，当万墨林重返上海，他就开始担任上海地下工作者的总联络之责。

从1938年元月到1939年底，陈默领导的行动小组一共制裁了62名日本人、大汉奸，在上海工作站的指挥之下，他们从事过22次造成敌人重大损失的破坏工作。这些忠肝义胆，慷慨激烈的热血男儿，斗起东洋人来，胆子大得吓人，炸仓库、烧机房，在他们当成了家常便饭，就连重重戒备、停泊江心的日本军舰，他们也敢摸上去破坏爆炸，杀人放火，如入无人之境。日本运输舰卢山丸在杨树浦瑞熔造船厂修理，刚刚修好，便被他们放二把火烧掉，接下来给他们焚毁的日本运输舰还有顺丸、沅江丸、南通丸、音户丸，至于作为水上运输工具的军用小汽艇，被他们烧毁20艘之多。

持续的暗杀，持续的爆炸，不断的纵火，不断的破坏，造成日军重大的损失不算，军统人员和杜门子弟的英勇，简直吓破了皇军的胆，他们在占领大上海后，时时被袭击，处处遭暗害。一名宪兵补充队长高萊三郎生病住进自己的野战医院，居然被杜门中人下了毒药，毒发身死。两个日本间谍、"上海市政府"顾问池田正治和喜多昭次，大白天里在四马路望平里熙来攘往的人丛中散步，突然之间，砰砰两枪，立即倒卧于血泊之中。由于上海行动队的神出鬼没，种种英勇大胆的表现，使得上海敌伪风声鹤唳，草木皆兵，一天到晚，坐卧不宁。日本人终于发现，他们损失数万精兵，激战整三个月，将上海占领以后，反而寸步难移，行动不得自由，无数日本军民反而落入了阴风凄凄的死亡陷井。

营救管家万墨林

由于全民一致支持抗战，使军统局长戴笠起了一个构想，他要促使海内海外所有的洪门、青帮、理教，全部纳入一个重要组织，使遍布各地、不计其数的帮会中人，都能屹立在抗战的大旗之下，团结奋斗，献出他们庞大无比的潜伏力量。

他把这一个构想，说给杜月笙听，获得杜月笙的热烈支持。但是，为了便于进行起见，杜月笙又建议戴笠先从洪门青帮在香港的关系入手。于是，1940年夏，戴笠挽请吴铁城出面，在香港请过一次客，香港洪门领袖如梅光培、客地青帮首脑杜月笙攀的有头有脸的人物，一致出席，杯觥交错，一席尽饮，戴笠便以这一次潋饮盛哉的大宴会为基础，画出了中华民国人民行动委员会的蓝图。

为了成立"人民行动委员会"，杜月笙再度赴渝，这一回因为时间充裕，他没坐飞机，而是河内经昆明到达重庆。

这时，全国各地帮派领袖都已汇齐，山主、龙头、舵把子与大爷们齐集南温泉，成立大会，盛况空前，会中的洪门大爷们给杜月笙一份从所未有的殊荣，一致推举他为"一步登天"的总龙头。尽管杜月笙说他德薄能浅，不敢接受，但是，最终还是坐上了第一把交椅。

由于帮会弟兄人多势壮，在全国每一角落里都有其影响，所以，自从杜月笙负实际领导责任以后，人民行动委员会确曾为国家民族做了不少事。譬如说协助役政人员推行兵役。发动各地人民救济难胞，以及捐献金钱，打游击以及从事种种地下工作，其中表现最突出的一幕是捐款献机，一次捐献飞机20架，在重庆珊瑚坝机场举行的"献机典礼"曾构成8年抗战中一次情绪热烈、场面壮观的动人特写镜头。

当杜月笙在重庆干得轰轰烈烈，支持抗战工作，做得有声有色时，时间到了1940年12月下旬，渝沪间的秘密电台，突然传来一个坏消息，万墨林在沧洲饭店门前，被汪精卫特工总部极司斐尔路76号的打手，横拖竖曳地捉了去，而且立即施以酷刑，老虎凳、辣椒水、烙铁板……打得他死去活来，体无完肤。上海来的急电说：像敌伪这么样狠的"做"他，万墨林熬不熬得过，撑不撑得住，大有疑问。

得到这个消息，杜月笙和戴笠大为震惊，极其焦灼。

因为问题不单是万墨林个人的生命安全，而是万墨林等于是重庆地下工作者在上海一地的总交通，倘使他一屈服，据实招供，中央在上海的各机构，大有一举摧毁之可能。于是，杜月笙、戴笠得讯以后，立即电知吴开先等人从速逃离住处，变更联络方式。同时，杜月笙心急如焚的匆匆返港，竭力设法营救万墨林。重庆和敌伪之间的地下工作血斗中，杜月笙又步入了一个金戈铁马、短兵相接的阶段。

万墨林是如何被抓的呢？原来，1940年后，11月19日，日本正式承认汪精卫伪政权，发表日、"满"、"华"共同宣言。这一天，汪记政府开张，群奸喜气洋洋，他们在上海邀请了大批德意日轴心国家的外交使节、日军高级军官，乘"天马号"专车兴冲冲的赶赴南京捧场，参加签字典礼，消息立刻经由上海秘密电台报到重庆。戴笠当即决定，把这列专车炸掉，造成重大死伤，给汪精卫一次迎头打击，使他面上无光。

爆炸火车任务，由上海忠义救国军地下工作人员配合军统局苏州站联合执行。他们派出警卫，掩护爆破队，乘夜潜伏到苏州城外京沪铁路线上的李王庙，将地雷炸药埋藏在外跨塘附近的铁轨中间，引线长达300公尺，一直通到一道茂密的树林之中，由詹宗象与薛尧负责按动电钮。

一切准备就绪后，上午9点钟，天马号专车风驰电掣般驶来，詹、薛两勇士急忙将电钮按下，但听天崩地裂一声巨响，地雷爆发，威力奇大，天马专车在爆炸声中断腕决腹，血流盈野，哀呼惨叫之声令人不忍耳闻。这一次爆炸使全车的人不死即伤，损失惨重。天马号翻覆后，詹宗象和薛尧虽然知道目的已达到，可是他们胆子很壮，又穿出树林探看残敌，结果不幸被日军发现，密集扫射，中弹成仁。

这一次爆炸事件日方死了两名大佐、两名日本内阁的庆贺专员和情报员多人，还有德意使节及随车军队，死伤共达一百余人之多。爆炸消息传到南京，汪精卫大坍其台，狼狈万分，暗恨重庆地下工作人员过于辣手。这一破坏行动不仅使他触足霉头，而且使他尤为生气，所以，当重庆特工胡兰成向汪精卫建议："特工除非将来废了，既不能废，便该直属'元首'，如今极司斐尔路76号的李士群归财政部长兼警政部长、兼特工委员会主席周佛海掌握，全世界各国都没有这样的先例。"

接着，他又进言撤销"特工委员会"，而且在"军事委员会"之下改设"调查统计局"，汪精卫在召见李士群后，不久扩充其机构，成立"调查统计部"。

汪精卫给李士群的第一项任务，便是取杜月笙的性命，同时打击并瓦解重庆地下工作人员在上海的活动。

李士群是一个狠角色，他豁达有胆略，跋扈而聪明，办事有条有理，他奉了汪精卫的密令，精神抖擞，双管齐下，他诱捕重庆和共产党派在上海的地下工作者、忠义救国军的干部和杜门相关人物，于是，与汪伪政权做对的除奸勇士何行健、杨杰、林子江、王天木、苏成德、万里浪、唐惠民、朱文龙、马啸天等都相继落入他的陷阱，李士群对他们威逼利诱，无所不用其极，终于使其中的意志薄弱者摇身一变，又成为了为虎作伥的76号的汉奸特工。第二步李士群决心东施效颦，他也要运用青帮力量，负责行动工作。但是，上海滩上有头有脸的青帮大亨，惟杜月笙为首是瞻，李士群拉不动，他只能退而求其次，拉到杜月笙好朋友季云卿的司机、门徒吴四宝，他千方百计把吴四宝拖进76号，他和吴四宝结拜兄弟，派他当"警卫大队长"。

对于汪"主席"当面交代他的谋刺杜月笙的任务，李士群自然不敢怠慢。他在76号加强部署完成以后，设计先抓杜月笙的管家万墨林。

万墨林中计被绑于1940年12月21日下午4点钟。

这时正值上海地下除奸工作的最高潮时期，国民党派有三位大员常驻上海，中央常务委员蒋伯诚是中央的代表，吴开先以中央组织部副部长、上海工作统一委员会常委的身份负责实际领导责任，中央青年团的吴绍澍也在上海另设单位搜集情报。万墨林奉杜月笙之命，对这三位大员都要设法掩护，尽力协助。三位大员也都把他作为左右手，在交通、联络方面非万墨林不可。除此之外，万墨林还有一项更紧要的工作，那便是付钞票，戴笠借杜月笙之手不时拨钱给万墨林，上海的地下工作需要特别经费，执行者要到万墨林手上领取，有时候事前还得通知他一声：

"万先生，上面的命令要'做'某人了。"

万墨林问好要多少钱，点过了头便去取，任务完成后领钱不误，经费不足，万墨林会进行调整，像这样的事例不胜枚举，朱升刺杀傅筱庵一案，由万墨林付讫工作费两万元，就是一例。

诱绑万墨林，李士群使的是"番虎伏窝"之计。

吴绍澍手下的一名情报员朱文龙早已暗中被李士群收买，李士群令朱文龙谎称自己已暴露身份的假情报，利用万墨林的秘密通话路线，跟万墨林连通三次电话，请他传递一项"极重要"的情报。万墨林因为风声太紧，不得不谨慎小心，他推托过两次，第三次则先约下午4时，临时再改晚间8点，会晤地点是华灯初上、行人如织的国际大饭店前门。这是大英地界，殊不料他绕行到朱文龙背后时才拍他的肩，四名大汉一拥而上，当众反解他的双手，把他捆了一个结实，万墨林立刻向附近站岗的美国宪兵大叫"救命！"美国宪兵跑过来干涉，76号的人掏出英租界准予缉拿许可证，满街的人眼睁睁看着万墨林被架上汽车，绝尘而去。

这时，杜月笙正在重庆，惊悉万墨林被抓的消息，急忙匆匆返港，一面急电吴开先等迁移住处，改变联络方式，一面通知恒社在沪同人，竭尽一切努力设法进行营救，他亲自电嘱徐采丞，要他从日本人方面下手，逼迫76号放人。徐采丞原是史量才的重要干部，史量才被刺后才跟杜月笙、钱新之接近，曾以纺织业者参加上海地方协会，上海沦陷后，地方协会群龙无首，徐采丞于是在黄炎培下面做了秘书长，因此被人视为是杜月笙的驻沪代表。利用日本军政两方派系林立，又都喜欢跟中国大亨们勾勾搭搭的心理，纵横捭阖，执行杜月笙交代的任务，专讨东洋人的便宜。

万墨林被关进76号，辣椒水、老虎凳、雪里红诸般毒刑，统统用到，但是他拼命咬紧牙关不招。否则，上海地下工作人员大有一网打尽的可能。然而，他能熬到什么时候，谁也不敢预料。要照一般情报员的配备，像他这样无所不知、无所不晓的"交通联络"，牙齿缝里应该嵌进小毒药瓶，一旦被抓立刻咬破自杀，然而他又是杜月笙差遣的情报人员，当初谁也不便请他装上这个；第二个救急的办法便是派人入狱，秘密将他处死灭口，这一招不必说杜月笙断乎不忍，即使他下了决心不惜大义灭亲，76号得了万墨林就如获至宝，于是戒备森严，如逢大敌，谁能找得到下手的机会？

杜月笙忧急交并，他集中精力营救万墨林。然而汪精卫对他恨之入骨，他与李士群方面并无交情，于是，他暗渡陈仓，他和钱新之一道出面请李北涛前去南京，携带一份贵重的礼物。拜访周佛海，要他看在旧日交情份上保全万墨林，并且予以"优待"。

李北涛原先追随周作民，跟周佛海也有私交，他见到周佛海时，除了婉言请托外，也模拟杜月笙的口吻，软中透硬，叫他"识相"、"落槛"一点，杜月笙的势力这时依然弥漫大上海，甚至京沪沿线。临走之前，李北涛大言不惭地威胁说："杜月笙的这桩大事摆不平，必然会影响将来你们的'见面之情'。"

周佛海一生只忠于自己，利害得失一概只顾到自家为止，1927年他当共产党，被陈群捉住，险些送了性命，立即反水；往后他在南京做官，经常到上海吃喝玩乐，也曾身为杜门座上客。杜月笙的行情和潜力，他一向摸得很清楚。现在碰上杜月笙派李北涛来痛陈利害，几句话甩过去，他便打定了主意：从万墨林身上找线索，摧灭重庆地下工作者这桩大功劳他宁可不要，杜月笙的面子却不能不买。李北涛一走，他便一张条子飞到76号：

"万墨林性命保全，并予优待。"

3天后，万墨林从阴风凄凄的76号移转到四马路总巡捕房收押，总巡捕房的督察长刘绍奎不仅与杜门相关，而且归戴笠直接指挥。

得了"同志"刘绍奎的照顾，万墨林等于从地狱升入天堂，待遇极其优厚，而且多了脱逃的机会。李北涛顺利达成初步任务，他便留在上海，暗中策划买通日本人，把万墨林悄悄的送往香港。

但是，他处事不机密，李北涛的密谋被周佛海获悉，他迅即采取行动，命76号提回万墨林，乘夜快车押到南京。周佛海接见万墨林，先跟他开个玩笑，然后开门见山地说：

"万墨林，你所做的事情自己明白。76号的门进去容易出来难，使你释放很不简单。我此刻是买杜先生的面子，只要关节打通，我自会放你。我说话算数，你也要向我提出保证，从今以后莫再到处托人，增加我的困难，我请你安心地等好消息。"

万墨林拍胸脯答应了。从此，万墨林便在南京关一阵，上海押一押，却是从来不拷、不打、不"骂"，不给他吃苦头。徐采丞一直都在千方百计找路子，1941年5月间，终于被他找到了一条康庄大道，东北籍的国会议员金鼎勋跟日本人渊源甚深，杜月笙得讯以后，立即电告徐采丞从速进行。徐采丞邀同顾南群与朱东山，一同前往金家恳请金鼎勋设法帮忙放人,金鼎勋十分豪爽,一口答应帮忙。

金鼎勋走日本决策机构"兴亚院"这样高级路线,说服兴亚院的高等参谋冈田和一位相关巨商坂田,由坂田、冈田影响兴亚院,指使日本军方:

"皇军如需彻底统治上海,杜月笙有无法估计之利用价值,顷者犹在多方争取杜氏之际,汪政府特工羁押其亲戚及亲信万墨林,实为极其不智之举。"

至此,杜月笙长长地吁了一口气,在兴亚院和日本军方的重大压力之下,亦即周佛海所谓的"关节打通",万墨林终于获得开释。

不平凡的旅程

1941年12月8日,太平洋战争爆发,日军偷袭珍珠港,同时,马尼拉、香港、新加坡都遭到日军袭击,泰国宣告投降。北平、上海、天津的英美驻军全被日军攻击后解除武装。这一天,是世界近代史上最重要的一个日子。这时,杜月笙正在陪都重庆,但是,对于他来说,由于香港的失陷,和上海英、法两租界被日军侵入,两处地方的家人、亲友、门徒、学生一下子沦入魔掌,生死不明,焦急凄苦,恐惧紧张得不得了。这一夜,他通宵不眠,和戴笠寸步不离,筹思如何利用日军尚未占领的启德机场,派遣飞机,紧急救出那些人。

人多机少,这一纸名单的研拟,真是绞尽脑汁,煞费思量。

戴笠的一位好朋友"阿伍"是香港华侨,家资巨万,他早年学过航空,驾驶技术十分高明。12月初,阿伍应戴笠之邀,飞赴重庆瞻仰抗战的司令塔、复兴中华圣地。太平洋战争突起,阿伍在重庆大为着急,因为他的大部分财产都存在香港银行,他赶不回去,百万家财必然会被日军劫收,全部家当付之东流,于是这天纵然戴笠在百忙之中,阿伍仍然不顾一切的缠住他,一定要戴笠设法让他回香港。

灵机一动,戴笠当着杜月笙的面,告诉阿伍说:

"好的,我设法替你弄一架飞机,由你自己驾驶去香港。飞机落地,你便把飞机交给中国航空公司,我会请他们派驾驶员飞回重庆,不过请你注意,我是要用这架飞机接运香港方面紧要的人。"

杜月笙对这一主意赞不绝口,戴笠这个办法不但两全其美,而且快刀斩乱麻解决了很多问题,以当时香港情势的危急、秩序的混乱,航空公司未必会有人肯去。何况,阿伍驾驶技术之优良,又是熟悉他的人所一致公认的。

飞机一去接回哪些人呢?杜公馆人太多了,杜月笙脸色苍白,咬紧牙关,他毅然决然地对戴笠说：

"凡是我的人，暂不考虑。"

戴笠抬起头来望杜月笙一眼，见他似已下定了决心，于是便不再多说，他开始振笔直写，两人有商有量的决定了先行救出陶希圣、颜惠庆、许崇智、陈济棠、李福林、王新衡……等人。

名单决定，便立刻打电报，请中国航空公司分别通知名单内的各人，应于 12 月 9 日中午以前赶到机场集中，等阿伍驾驶来的飞机一到，换驾驶员马上起飞。

从 12 月 8 日夜，到 9 日傍晚，杜月笙不眠不休，好不容易等到了专机安然返渝的消息，却是大出意外，昨夜拟订名单该接的人一个也没有来。

被这架飞机载运回来的，当然也是必须抢运脱险的重要人物，但是，跟杜、戴所拟名单上的诸人面目全非，名单所列者毫无问题的全部陷敌，但是，陶希圣、李济琛、颜惠庆等一个个下落不明，音信杳然。

该接的没有接来，杜月笙绕室彷徨；夜不成寐，他一面想尽方法打通一条通路，利用人民行动委员会的关系，将从重庆到香港，中间如贵阳、桂林、韶关、龙川、沙鱼涌、大埔，迢迢数千里的一条路上帮会首脑，绿林侠盗全部动员起来，安排一条康庄大道，计划从敌人的虎口中救出这一批要紧的人，以及姚夫人、杜维藩他所有的杜门相关人员。

另一方面，杜月笙向戴笠建议，提供了疯狂大胆，而且乍看起来断无可能的计划。他要透过他的驻沪私人代表徐采丞，向日军上海特务机关堂而皇之地提出：沦落香港的许多朋友，都是杜月笙一再恳商拖出来的，如今因为香港起变，他们仓卒来不及安全撤离，这帮朋友在香港面临日军搜捕、暴民劫掠，尤其缺粮，三餐不继，可以说是陷于绝境，去死不远。杜月笙宁死不能对不起朋友，所以，日本人如果欣赏杜月笙讲这个义气，帮杜月笙救这些好友，他将派徐采丞包一艘轮船，从上海直驶香港，把杜月笙的朋友们接回上海，住进日本势力还没侵入的法租界，以使杜月笙能够实践诺言，全始全终继续对这帮人有所照料。

戴笠晓得日本方面有那么一批人，对于杜月笙的幻想一直未曾破灭，而徐采丞和日本驻沪陆军部部长川本之流私交很好，杜月笙慷慨义烈的此一表示，经过徐采丞的穿针引线，运用日本统治当局的矛盾分歧，这个计划可能会通得过。因此，他本人表示赞成，再经过杜、戴两人分向有关方面解释说明，一月底，杜月笙便给徐采丞去了一封密电，授计与他，叫他火速进行。

这又是抗战史中的一个奇迹。经过徐采丞的巧妙运用，竭力奔走，杜月笙疯狂大胆的计划居然获得日本特务"梅"机关的暗中支持，逐步的付诸实现。2 月 3 日，徐采丞借到一架日本军机，由上海直飞香港，代表杜月笙安慰滞港诸亲友，他随身带了不少的钱，他要亲自安排杜门亲友逃离香港。行前，他已包好了一艘轮船，驶往香港负责接运。

在这时侯，滞港杜门亲友业已有人得到了消息，他们奔走相告，口耳相传，在风声鹤唳、一夕数惊之中，这些人原已觉得无望，准备束手待毙。杜先生派船来接的消息一到，真是绝处逢生，雀跃不已。可是其中还有波折，日本军机中途发生故障，徐采丞被迫降落台北，3日后修理好了，才续航南飞。这3天的音信中断使杜门亲友望眼欲穿，魂梦为劳，无缘无故多受了不少的罪。

2月6日，徐采丞专机抵达香港，他抵港以后立即驱车分访杜门亲友，给以紧急救济并且报告佳音，专轮准备于2月8日驶抵香港，他请各人早日收拾行装，准备动身。

经过一艘专轮救出人间地狱、海上危城香港的，计有颜惠庆、陈友仁、曾毓隽、李思浩、唐寿民、林康侯、刘放园、潘仰尧等一千耆宿名流，和杜门亲友，苏州同乡，为数多达三百人，其中有不少人平安抵达上海法租界后，继续接受杜月笙的资助。

经由香港、出深圳紧急抢救的，包括陶希圣、蒋伯诚、陈策、顾嘉棠、芮庆荣、杨克天、姚玉兰、杜维藩、胡叙五等人。他们从香港沦陷以后便东逃西散，吃足苦头，陶希圣一家搬到了弥登道黄医生家后楼的一间房、蒋伯诚躲进了九龙饭店，一天日本军队气势汹汹地前来搜查，把每个房间里的宿客逐一喊出来检查，临到蒋伯诚，日本人问他是干什么的？情急智生，蒋伯诚便指着他经常备有的大包，大声答道：

"我贩西药。"

杜维藩带着两个儿子在香港，徐采丞的专轮到了，他两个儿子便交由徐采丞带回上海去，他自己不敢回上海，香港陷落那天他还在交通银行办公，轮渡一断他回不了九龙，起先躲在花园台吕光家里，后来又与杨克天睡在告罗士打的走廊上。

王新衡是日军最大的目标之一，他没有顺利搭机离港，却得了"阿伍"的协助，阿伍有一个弟弟在香港政府管渔民，在香港失陷后王新衡便化装渡海避在永安保险公司做事的一位郭姓人家，他往后的行动和脱走，一直都由香港渔民掩护。

杜夫人姚玉兰在最后一架飞机离开香港起飞以后，得到她闺中密友一个电话，告诉她说给她留了一个空位子，要走就快点来，姚玉兰回复她的惟有一声苦笑，她说："我这边人多着呢，何况杜先生交代了我不少事情，譬如说陶希圣不曾脱险，我就不能走。"

在香港，杜月笙依然目标显著，风险极大，日本人可能下毒手，香港饥民暴徒说不定也动上杜公馆的脑筋，但是别人可以暂避，姚玉兰却寸步不容稍离，因为她一走开全香港的杜门相关人物就无法通讯联络，因此姚玉兰决心不避也不走，她要死守大本营。难得的是杨虎夫人陈华慷慨尚义，自愿陪伴姚玉兰和她同生死共患难，姚玉兰感动得热泪沾襟，她问陈华说：

"从今以后咱们俩命运相连，但愿你跟着我，能够死得不冤。"

幸亏有姚玉兰硬起头皮，咬紧牙关，死守柯士甸道不去，东躲西藏的杜门中人，才有了一个希望不浅的联络中心。

徐采丞的专轮驶来，一批批的相关人物陆续逃离香港，辗转抵达重庆。如果没有杜公馆居中联络，分别通知，可能杜月笙、戴笠、徐采丞在渝沪两地用尽心机，煞费气力，其结果也是化为泡影。

香港撤退，杜月笙先公后私，先友好而后家眷，他为了顾全信义宁可牺牲妻子儿女。

这时由于日军占领了香港，渝港之间消息中断，在港的杜门众人开始设法自救，首先推派杜氏门徒陆增福，拎着脑袋去探路。陆增福历经千辛万苦，受过重重灾难，好不容易穿过危险地带抵达惠阳，他立刻发了一封长电禀报在重庆的杜月笙。这时，杜月笙已因忧急相并，心力交瘁，在病榻躺了多日，得到陆增福的这一个电报，他一跃而起，欢声地说：

"路摸通了，火速叫他们准备动身。"

开路先锋陆增福打过了头阵，第二批走的便是顾嘉棠与芮庆荣。这两位杜门大将在江湖上名声响亮。而且不分文的武的他们都有一套。但是他们还是"摸"着走，一步一步为营，时时小心。结果，顾、芮两位大将果告顺利完成征程。消息传来，在香港的落难者大为振奋，他们开始集合成队，一一登程，姚玉兰、陈华同行，洪门中人闻听是杜夫人给足了她面子，杨虎在广东工作时间很久，他又是中国海员的领袖，杨夫人的招牌亮出，也到处顺利无阻。在香港，洪门头脑为杜、杨两夫人谋到了奇货可居的日本军民政部发给的"还乡证"。两位贵夫人化妆为广东乡间女子，蓬头垢面，粗衣粗服，姚玉兰化名王陈氏，推脱回一趟兴宁家乡，"还乡证"明文规定，三日之后不回香港，抓到了便要"军法从事"。

两位夫人带了随从佣妇，在洪门弟兄暗中保护之下，通过关卡，踏上广东省境，她们沿东江西上，一路吃的苦头和遇见形形色色的怪事罄竹难书，幸好平安无事抵达桂林。随后，千辛万苦在阴历大年初三那天抵达重庆。

杜月笙欢天喜地把姚玉兰迎到汪山。为了纪念一生之中这一次不平凡的旅程，姚玉兰穿上携来的乡间妇女衣服，再施原有的化妆，而在汪山附近拣一处极与粤西途中相似的背境，拍了两张照片。

重回故里遭迎头一棒

1945 年 8 月 5 日，日本宣布投降。

当杜月笙听到大喜讯时，他正和戴笠在浙江西部的淳安。原来，杜月笙正和老朋友戴笠受蒋介石的委托在东南一带运送棉纱，准备接应盟军登陆，配合国军反攻。淳安成为光复上海的指挥部。

但是，当杜月笙知道日本人投降的消息时已是他进驻淳安的第 27 天，亦即离开重庆东来的第 45 日，8 月 15 日星期五，天气晴朗，将近午夜，已经就寝睡觉的人，突然被劈劈啪啪的鞭炮，夹着人语喧哗吵醒，乍听见哨杂声浪时，还吃了一惊，待到听到街头有人欢呼，才知道这是望眼欲穿的胜利来临，于是众人纷纷披衣起床，争相走告。杜月笙的一支人马全都集中在他房间里，有人在笑，有人鼓掌，有人直说"恭喜，恭喜"！但是也有人保持审慎态度，不敢轻易相信，他们之中有人说：

"戴先生呢？要问过了他才可以确信啊。"

这时又有人说：

"戴先生碰巧不在淳安，依我看，还是等着明天天亮看《东南日报》吧！"

顾嘉棠声音洪亮，快人快语，他正在手舞足蹈，欣喜若狂，就怕有人迟迟不信，扫了他的兴，他一拍大腿说：

"淳安人不是憨大，深更半夜哪会得瞎放鞭炮，欢呼胜利！就讲不是东洋萝卜头投降，至少也是前线打了大胜仗！喏，我早晓得有这一天，从重庆带来两瓶三星白兰地，我去拿出来，大家痛饮三杯！"

说罢，他起身入内取酒，酒拿来，他又郑重其事地向大家说：

"这两瓶酒是专为庆祝胜利喝的，要么就通通喝光，否则我不打开！"

大家正在兴高采烈，于是七嘴八舌地嚷嚷：

"当然，当然，我们一定喝光！"

谁知顾嘉棠这一句话，其意不是众人。他一面开酒，一面眼睛望着杜月笙说：

"月笙哥，依哪能不喝点？"

这便有点强人之所难了，杜月笙不怎么会喝酒，也不喜欢，中年以后，更是节制得很，而自从高、陶事件飞行高空得了气喘重症，他更是"性命要紧"，滴酒不闻。如今抗日胜利，日本天皇宣告无条件投降，这是每个中国人人生欢乐的最高潮，一辈子里最值得纪念的一刹那，顾嘉棠要他破一回例，开一次戒，杜月笙怎好意思拒绝？

于是，他笑容可掬，兴致勃勃地说：

"好，给我倒半杯！"

这一来，众人的兴致更高，欢呼雀跃，连声地喊："干了！干了！"

喜讯、佳音、美酒、良辰，人人开怀，个个畅饮。两瓶酒喝光，又有人随时献出珍品宝藏……

杜月笙很久酒不沾唇，这胜利之夜的半杯酒竟喝得他头昏眼花很不舒服，直想睡觉，众人怕他体弱吃不消，劝他去睡，但他又勉力支持了一会儿，才由徐道生敲腿，服侍他沉沉入眠。以后他说：

"抗战胜利那天夜里，半杯白兰地，使我吃醉了，睡了很香很甜的一觉。"

8月15日，戴笠和美国特工情报官员梅乐斯联袂返回淳安，这时，戴笠和杜月笙部下混合编组而成的忠义救国军已经从上海近郊纷纷向市区推进。

8月20日，戴笠和杜月笙关门密商了几个小时，最后，房间一开，杜月笙便兴冲冲地宣布："上海方面，安全已无问题，从现在起，大家可以着手包雇船只，整理行装，以便早日登程。"

他这么一说，随行各人喜出望外，不觉拍手欢呼，雀跃起来。

23日，船雇好了，是一艘新下水的交通船，船名"健飞17号"，拖船三艘，两大一小。杜月笙一行一直等到8月29日，先后获悉已经先行的弟子吴绍澍、陆京士都已分别安抵上海滩，才从淳安西庙后的河边启碇。杜月笙在淳安，一共住了46天，在胜利喜讯传来19日后，一行同行者共30人，除杜月笙一行，还有军统局人员8位和武装卫队，浩浩荡荡地向着上海出发了。

9月1日就可以到达一别八、九年的杭州了。

杜月笙一行一路风光体面，热闹非凡地到达杭州。下午两点多钟过钱塘江大桥，大队船只正要过桥入杭，斜刺里钻出几个日本哨兵，叽哩瓜拉讲东洋话，拦住杜月笙等不许通过。这一意外使杜月笙大为不悦。抗战胜利，刚刚踏上新光复的国土，便触霉头，撞上蛮不讲理的敌军，他脸色铁青，挥挥手下示意派人办交涉。

一会儿交涉办好了，日本军官亲自前来道歉，并且一路陪侍护送杜月笙一行通过警戒线，直抵南星第一码头，然后才作九十度的鞠躬而退，杜月笙一行舍舟登陆，西湖美景已经在望了。

杜月笙原定杭州一宿，便赴上海，可是西子之滨，应酬太多，尤其是上海滩远道来迎的人，诸如徐采丞，朱文德等都已先行抵达，还有许多要紧事商谈。上海人听说杜先生凯旋归来了，欢欣鼓舞，兴高采烈，许多徒子、徒孙如痴如狂，要举行盛大热烈的欢迎会。各界友好商量筹备了好多天，上海人将万人空巷，齐集上海北站目睹一别8年的杜先生风采，并且他们还要在通衢大道，北站附近，搭起一座座的七彩牌楼，表示对杜先生的衷心爱戴和拥护。杜月笙一听就眉头紧皱，断然说：

"那怎么可以！我杜月笙不过区区一名老百姓，杜月笙回上海，大家要搭牌楼，那将来中央大员陆续地来，又如何欢迎去？"

为了表示他的心意坚决，杜月笙临时决定在杭州多留一天，改在9月3日动身才返回上海，一日之夜，由老朋友、大汉奸、伪浙江省主席、先已接洽投效军统的丁默邨为他接风洗尘。杜月笙一行人马全部投宿住在了西冷饭店又吃又喝。

自从抵达淳安以后，一直都是夏日艳阳大晴天，但是，9月1日在杭州，却下了一场阵雨，9月3日，杜月笙一行人搭乘沪杭甬铁路专车凯旋上海，偏偏又是个细雨纷纷的黄霉天。

然而，一上专车，杜月笙就获得准确消息，吴绍澍当了上海副市长、三青团书记、连社会局局长一席都被他兼任了，杜月笙心中难免起阵阵阴霾。吴绍澍自返上海，音讯全无，连极普通的问候函也不一见，他升拜要职，杜月笙事先也一无所知，上海前来迎接他的众人之中也没有一个和吴绍澍有关系的。至于其他人则可能是太忙疏忽了，但是作为弟子，吴绍澍便绝不该是这样呀！凡此种种使杜月笙在鼓轮疾进时，心惴惴然，而且越来越紧，在车中他显得神色不宁，心事重重。

不祥之感竟成为事实。正当同车众人兴冲冲，喜洋洋，准备跟着杜先生接受上海滩盛况空前的热烈欢迎场面时，专车驶入了上海市。抵达梅陇镇时，专车忽然减速停车，随即先上来两位通信报讯的人。他们不及寒暄，向杜月笙附耳密语，一听之下，杜月笙不由脸色大变。

同车随行诸人见状，顿时就犹如"分开八片头顶骨，浇下一盆冷水来"，一个个惊诧错愕，面面相觑。然而发生了什么事，杜月笙却没有说，匆匆赶来报讯的人悄然落座，神情严肃，这更令人如丈二金刚摸不着头脑。

不久，车抵梵皇渡，然后停下来了，众人随着杜月笙下车，整个场面风雨凄凄，一片萧索，站上也有不少亲友迎接，但是强颜欢笑显然掩遮不了面容沉重——这是怎么一回事？随行人员更是疑惑不解，在梵皇渡车站迎候的人很可能与梅陇上车的人一样事先晓得了什么秘密，否则的话，哪能这么凑巧？

盛大热烈的欢迎场面一变而为冷冷清清。本来杜月笙不上北站就在梵皇渡下车就令人迷惑不解了，更使人惊讶的是杜月笙到了上海竟不回家，他不去华格臬路，也不上18层楼，更不到杜美路大厦，出人意外的，他要先到爱文义路顾嘉棠家中先住一晚。

一切来得如此突然，一切又是这般诡秘，随行人员不敢多问，一个个心中却是惴惴不安。杜月笙面色不好，推说疲倦，先进了顾家客房休息。他刚一离开客厅，于是嗡嗡之声四起。众人惊问究竟出了什么事体，经过在上海的人详细一说，他们无不瞠目结舌，然而接下来便怒目切齿，破口大骂。

原来是当今上海第一新贵、由杜月笙及杜门中人一手提拔、足足喊了十年"先生"、"夫子大人"、"师座"的吴绍澍捣鬼。他当上了上海副市长，于是眼珠子插上额骨头，"叛"性大发，杜月笙8年抗战还不曾回到上海，他已将师门列为第一个要打倒的对象。

上海的名流闻人和杜月笙的徒子、徒孙被吴绍澍弄得莫名其妙。正当他们欢天喜地的搭牌楼，换衣裳，筹备大会，安排酒席，打算齐赴上海北站欢迎期盼已久的杜先生时，忽然在北站附近，贴出了匿名传单和大字标语。传单对杜月笙大肆攻击。标语千篇一律为"三段论"，诸如"打倒恶势力！""杜月笙是恶势力的代表！"因而再喊出"打倒杜月笙！"

8年抗战，杜月笙立尽了功劳，现在抗战胜利了他满怀兴奋，一团欢喜地回乡，却落成这般凄凉光景！这个打击太意外了，杜月笙深深地思考，想把这突然的变化摸它一个来龙去脉。牌楼之拆，标语之贴，加上副市长、学生子吴绍澍始终没来迎接，杜月笙怀疑的箭头直接指向这位曾经投共后又反水惯于"翻手为云、覆手为雨"的新贵。但是，现在他为什么要这样做？杜月笙百思不得其解。

杜月笙很想借在顾嘉棠的家里清静一下的时间，细细找到问题的症结。但是至亲好友，8年离别，渴望一见，因此爱文义路顾公馆门前依旧冠盖云集，人潮如涌。杜月笙便不得不打点精神，强扮笑脸，一一接待应酬。白天，有接收人员、各界友好登门拜访；夜晚，一些落过水的汉奸国贼自知国法尊严，罪无可逃，在走投无路时，或者自己亲来，或派遣家眷代表，深夜求访，恳求杜先生为他们出出主意，想个办法。于是顾家门前来人络绎不绝。这样杜月笙没有思考的闲暇，而且弄得精神体力应付不来，只好叫几名得力的弟子，代为迎宾送客。

访客电话一天到晚走马灯似的响个不停，接起这个刚放下，那个又响起。其实，杜月笙最想见的，还是吴绍澍的名片，最想听的是吴绍澍的电话。因为他想不出吴绍澍打击他的道理，便只有巴望由吴绍澍来亲自解释，略加说明。然而，自9月3日往后到4日、5日，吴绍澍却始终不曾出现。

9月7号，一方面是门庭如市，诸般寒暄；一方面则满腹愁苦，焦灼紧张。正当座上客已满时，外间来报，吴绍澍、吴副市长亲自来拜访，杜月笙一听，大喜过望，马上起身迎接吴绍澍，谁知吴绍澍像是变了一个人，他态度倨傲，不苟言笑，跟杜月笙敷衍了三言两语门面话，不等杜月笙吐露心曲，一探口音，他便昂昂然说是还有公事要办理，也不容杜月笙有留客的机会，立即告辞而去。

吴绍澍公然向杜月笙挑战，又当众给杜月笙难堪，杜门中人一个个气愤填膺，人人破口大骂，都说吴绍澍欺师灭祖，忘恩负义。

"小人得志发癫狂，实在是欺人太甚！"

顾嘉棠、叶焯山、高兰生等人莫不怒眦几裂，揎拳掳臂，扬言不怕上刀山，下油锅，非跟吴绍澍拼命，出了这口恶气不可。恒社子弟、各界友好也无不气忿难平，口口声声要找吴绍澍理论，他若再狂妄下去，恒社弟兄也要跟他别别苗头，轧足出个输赢。

但是杜月笙除了苦笑之外，再三阻止左右亲信，不要情绪冲动，他告诉大家说：

"不忙，我自有应付的办法。"

顾嘉棠却握拳挥爪，愤愤地说：

"吴绍澍这个赤佬，是给月笙哥磕过头拜先生的，欺师灭祖，照江湖规矩就该处死！月笙哥，该把他的拜师帖子寻出来，让我拿去跟他算账！"

这一句话提醒了杜月笙，他回答说算账不必，帖子是该找出来，那上面开得有吴绍澍的祖宗三代，还有"永遵训诲"的誓言，寻出拜师帖，必要时可以向吴绍澍摊牌，这是杜月笙一大自卫武器。因此他立刻命人打开保存拜师帖的保险箱，一包包的大红帖取来，可是越找越心慌，上千份拜帅帖一份不缺，独独少了吴绍澍的那一张。

这一下，杜月笙瞠目结舌，百思不得其解，顾嘉棠却雷霆大发，暴跳如雷，他怒不可抑，高声咆哮："这一定是吴绍澍买通内线，将他那份拜师帖偷出去了。"

于是，杜月笙也气得脸孔铁青，簌簌发抖，杜门出了内奸，这是从所未有之事。在场的人，无不咬牙切齿，顿足大骂，顾嘉棠跳起来厉声地说：

"三天之内，我非杀了这个吃里扒外的内贼不可！"

他这话一出，势将有人要人头落地，于是杜公馆人心惶惶，风声鹤唳，气氛之恐怖紧张，空前绝后。然而，两三天后，杜月笙又不忍看见他的左右一个个惊慌失措，惴惴自危，便亲自去对顾嘉棠说："家丑不可外扬，纵有小吊码子也只好放他一马，免却全家不得安宁，传出去反而给吴绍澍幸灾乐祸。"

依顾嘉棠的性子他如何肯依，于是杜月笙百般劝他，说到最后，顾嘉棠不忍违了月笙哥大事化小、小事化了的心愿，只好罢休了。

家里的一场风波总算平息下来了。杜月笙沉思默想，吴绍澍苦苦与自己作对，理由究竟何在？他是否有背景，受人指使？在做他人的工具？他所得的结论是：吴绍澍志大才疏，野心勃勃，抗战胜利，列强间的不平等条约一概取消，租界不复存在，整个上海滩都飘扬着青天白日满地红国旗，上海金融工商有极大潜力，吴绍澍掌握了上海滩党、政、团多方面的权力，他要在上海滩趾高气扬，君临一切，必须要把上海滩上势力最大的杜月笙打倒。

有了对吴绍澍的认识，杜月笙于是决定了自己应付的方针。吴绍澍在上海滩上欲与天齐，杜月笙便韬光养晦，甘愿回避，他连自己的家都不回去，躲在顾嘉棠家长期作客。不仅如此，杜月笙还做到在公开场合绝不抛头露面。

为了表示他有退让归隐的决心，他还在上海各报大登广告，不惜将自己在抗战8年期间，放弃一切，冒险逃出上海，出钱出力的许许多多功勋劳绩一字不提，反而谦冲自抑地说：

"天河洗甲，故土遄归，自维无补时艰，转觉近乡情怯！"

最后，上海市民在北站的盛大欢迎，他躲过了，各界人士争相筹办的欢迎之宴，他一一谢绝。他不问世事做得非常彻底，连上海市商会的聚餐，他也托故不去参加。尤其难能可贵的是，不论是什么人，在杜月笙面前提起吴绍澍，他不但绝无怨言，反而声声赞誉，满口推许。

这时，杜月笙对吴绍澍的做法是：

你要进取，我便退让，你要风光，我便隐晦，你要君临上海滩，我便乐为在你统治之下的顺民，杜月笙的做法可以说是无懈可击了。然而，吴绍澍也不是傻瓜，知道杜月笙也不是轻易就会服输的人，于是蛇打七寸，要对杜月笙下狠手，直到置他死地为止。

于是，杜月笙越让，吴绍澍越凶，散散传单，贴贴标语还不行，吴绍澍更进一步插足新闻界，创办《正言报》，用《正言报》这一大众传播工具发动舆论，对杜月笙展开持续不断、愈演愈烈的攻击。以"打倒恶势力"为主题的社论，开始有计划的逐日发表，传播，一时间《正言报》成为吴绍澍最有力的武器，他似乎抱定了决心，一定要打倒杜月笙。

是可忍，孰不可忍？这个问题开始在杜月笙的左右引起了极大的争论。但是，杜月笙并不理会它。

结果，戴笠又来到了上海，他听说吴绍澍气焰万丈，翻脸不认师门，而且明里暗底以杜月笙为假想敌，对杜月笙横施打击，他义愤填膺，忿懑不平，发了一次大脾气。但是，吴绍澍自以为他已在上海滩地位牢靠，莫说是戴笠，就是一些党国元老、院部首长，他也不放在眼里。因此，他对戴笠冷眼睥睨，爱理不理。

吴绍澍集中全力攻击杜月笙，杜月笙深居简出，杜月笙的势力在上海滩上暂时销声匿迹。吴绍澍自以为得计，但是，他却忽略了大上海五方杂处，派系林立，从上海开埠以来，自古到今从没一人能把上海统一起来，杜月笙和大上海血脉互通，息息相关，他从"河滨里的泥鳅熬到跳龙门的鲤鱼"，数十年奋斗努力，广结人缘，他在上海滩的地位不可能毁之于一夕一朝。终于，不可一世的吴绍澍作茧自缚，他的一项罪证确凿的贪污巨案，犯在杜月笙的至友、心狠手辣的戴笠手里。

抗战胜利后，上海滩上第一件疑案是邵式军弃家潜逃，通过封锁跑到中共的新四军那里去了。邵式军在爱棠路的那幢华宅是由吴绍澍接收，而且便成为"中国国民党上海市特别执行委员会"的办公处所，国民党上海执委会的主任委员就是吴绍澍。

邵式军曾任汪伪上海税统局局长，一下子跑到了新四军那去了，军统却发了急，他们好不容易找到了邵式军的发妻，请她出来提供资料与线索。邵式军太太先是说不出个所以然，只是交代说她家里满载金银财宝和各种钞票的巨型保险箱有4只。军统局人员问她："可否记得4只保险箱里所有宝藏的品类和数目？"

邵式军太太说："这有何难，请给我纸笔，我可以立时立刻开出各保险箱里的明细清单。"

纸与笔取来，邵式军太太便不假思索，振笔直书，她马上开出了各保险箱里的明细清单，根据她所开的单子，4只巨型保险箱，第一只放的是黄金若干条，第二只则为美钞多少万，第三只装钻石珠宝各多少，价值几亿，第四只装的是如今几同废纸的日本国家债券。

办案人员接下来，逼问邵式军太太："邵式军是如何逃到新四军那边去的？"

邵式军太太开始不说，军统人员掏出黑溜溜的手枪往桌上一摆，她马上坦白："那是有'交换条件'的……"

原来，吴绍澍自前门进来接收，却把邵式军从后门悄悄放走。条件是什么呢？邵式军绝不泄漏财产被吴绍澍"劫收"了多少的真相。

戴笠获报大喜，他不惜采取"打老虎"的激烈行动，当夜派出大批忠义救国军，封锁爱棠路，并且饬令亲信毛森等彻底搜查上海特别市执行委员会。这一搜的结果，是4只巨型保险箱，其中已有3只箱门破坏，内中空空如也，邵式军太太所开列的财物清单，大批的金条、美钞、钻石珠宝荡然无存，第4只经邵式军太太列明贮有日本老头票、公债券若干万元的保险箱则牢牢锁住，完好如新。

搜查人员先把邵式军太太所开的第四张消单，遍示众人，予以公开，然后通电流，炸开保险箱门，取出内中一叠叠的老头票和日本国家债券，一一清点，竟和邵式军太太的清单丝毫不差。

仅这一点就可以证明，二三只巨型保险箱里的亿万资财全被吴绍澍阴谋窃占，据为已有了！

敌伪财产之整理与处置，是戴笠职务范围的，于是，他马上列举证据，呈报蒋介石。最高当局的批示即来到："严予查办。"

吴绍澍高高地置身云端，一个斤斗倒栽下来，他心慌意乱，情急无奈，于是满面愁容，一改常态，他的保险汽车不再绕杜美路而过，天天降下身份到杜美路求见戴笠。这时，戴笠则以其人之道还治其人之身，对他置之不理，不屑一见，直到听说吴绍澍急得没办法，想飞往重庆上下打点，戴笠才让吴绍澍堆满一脸的谄笑、奴颜屈膝地走进他的会客厅。

当着好些军统局重要人员的面，戴笠捺住性子，听着吴韶澍的苦苦求情："只求保全颜面，请戴先生免予究办。"

最后，戴笠脸色一沉，大声叱喝：

"像你这种人，我为什么不办？"

于是吴绍澍再求戴笠法外施仁，准许他由上海飞重庆，向他的上司自行请罪。

戴笠断然拒绝，他吩咐左右：

"通知各航空公司，不许卖票给吴绍澍。"

至此，吴绍澍求告无望，面如土灰，他搭讪辞出，静候法办。

机毁人亡，戴笠之死

不久重庆的中央电令就来了，先是免了吴绍澍副市长的职务，接着，又罢黜了他上海市社会局局长，而以接近杜月笙的中央委员吴开先继任。杜月笙闻讯终于放下了心头上的一块巨石，对好友戴笠充满了感激之情，然而，1946 年 3 月 17 日，一件更沉重的打击临到了杜月笙的头上。

原来，抗战胜利后，戴笠仆仆风尘，往返奔走于新光复的各大都市，指挥缉捕汉奸工作，紧张忙碌得不得了。3 月初，军统局在北平设立特警部，举办特警班第 7 期，招收学员 753 人，戴笠自兼主任。北平班开训，戴笠亲自到北平主持典礼，这时，他接到了军委会的命令：把军统局掌管的忠义救国军、别动军、中美训练班的教导营，以及交通巡察处所属的各交通巡察部队合并编为 17 个交通警察总队、一个直属大队，并且成立交通警察总局，名上直隶交通部，实际则仍由军统局督导，派往全国各交通路线，负责阻挠共军侵袭，维护交通安全。

这是一件繁杂艰巨的大事，戴笠发出指示，派吉章简为交通警察总局局长，马志超、徐志道为副局长。几支部队的人马达到 64402 人，戴笠做了初步的计划，准备回重庆去加以部署，3 月 17 日便由北平起飞，先到上海，然后转飞重庆。

戴笠坐的是航委会 222 号专机，随行者有军统局处长龚仙舫、专员金玉坡、翻译官马佩衡、译电员周在鸿、副官徐粲、卫士曹纪华、何启义。从上到下，都是杜公馆的常客，杜月笙都很熟识，甚至非常要好。

戴笠的专机飞到青岛，降落休息，这时驾驶员接获气象报告，上海附近气候恶劣，能见度太差，无法飞往。戴笠听后眉头一皱，说是：

"我今天一定要到上海，我们还是先飞过去再讲。"

"戴老板"的话从来不曾有人驳回，他坚持起飞，青岛机场人员和驾驶员谁都不敢劝阻，只好让专机继续南航。到达上海上空，因为实在无法降陆，只好折向南京，下午 1 点整，穿云下降，不料驾驶员视界模糊，误触南京东郊板桥镇的岱山，机毁人亡。自戴笠，连同机员 17 人无一幸存。

噩耗传出，举国震惊。戴笠将军的死讯传到上海，杜月笙左右的人都大吃一惊，他们迅速决定："这个打击对杜先生来说，太大了，暂时瞒他一瞒。"

然而纸包不住火，接连 3 天杜月笙发觉随从人员脸色仓惶，神情不定，他一再地追问："究竟是发生了什么事情？"

众人见他催问得紧，知道是瞒不过，经过一番商量，大家推陆京士向杜月笙说出了戴笠坠机遇难的消息。

晴天一声霹雳，震得杜月笙如中雷电，呆若木鸡，他定定的坐着不动、不哭、不说话，连眼睛眨都没眨。

他的神情模样把家中人都吓坏了，大家大声地喊他，轻轻地摇他，人多口杂，乱糟糟的一片喧哗。终于，杜月笙恍如大梦初觉，他回过神来便放声大哭，直哭得热泪滂沱，咽不成声。时届 59 岁的杜月笙，这是他平生最最伤心悲切的一次大号啕。

哭过以后，杜月笙又剧烈地咳嗽起来，一时他青筋直暴，泪与汗下，脸孔涨得发紫，家人和随从高声惊呼。熏烟、灌药，都不生效，不停地急喘与剧咳使得杜月笙死去活来，坐卧不得，沉重深切的悲哀，压倒了胜利以后饱受打击的杜月笙。

杜月笙生了这一场大病，开始了日日咳、夜夜喘。

万墨林投案入狱

抗战胜利后，上海物价逐步上涨，加以共产党新四军连年鏖战，粮食来源大大减少。1946 年春季，上海米价扶摇直上，涨得 500 万 1 升，市民莫不叫苦连天。这时万墨林正在开米店，他开的那家万昌米号规模之大，可以称得上全上海滩第一。抗战 8 年，他因为有从事地下工作的功劳，又是杜门总管，牌头十足，在吴开先当上海社会局局长的任内，万墨林当选了上海市农会理事长，兼上海市米业同业公会理事长。

上海市政当局为了解除上海粮荒，采取紧急措施，贷出一笔巨款，交给米业公会，要上海米商设法分赴各地，大量采购食米。这一大事由米业公会理事长万墨林经手，当然偌大的生意不能由他那家万昌米号独做。万墨林督促米商分赴四乡采购。"物以稀为贵"，乡下老百姓有米在手却眼见物价飞涨，大有通货膨胀的迹象，于是齐同一致向米商们提出要求，买米不要钞票，他们坚持采用物物交换制，并且指定交换物品限定"五洋"，亦即棉纱、布匹、白糖、香烟和肥皂。

这一来米商们便只有先回上海先行采办"五洋"货品，然后运往乡下交换粮食，这一作法马上就发生了几个问题：一是耽搁时间，价格越来越涨；二是"五洋"本身在上海也是缺货，因为这些都是日常生活必需品，和食米同样的价高难求，行情一日数变。万墨林初次承担这么大的事情，更因缺乏经验，处处显得手忙脚乱，再加上米商中不乏借机牟利，混水摸鱼者，米价、物价涨个不停。于是市民沸腾，指责埋怨的声浪一起袭到了"万理事长"的头上。

上海有个唱滑稽戏的筱快乐，针对米价不断上涨的事实，迎合上海市民愤懑不平的心理，每天在电台上直指其名，编了一套套的滑稽戏词，猛然抨击万墨林。他这个节目由于它正好发泄了大众的苦闷，立刻大受欢迎，风靡一时。筱快乐的谩骂还能推陈出新，大快人心，一时筱快乐之名大噪，滑稽戏盛况空前，登峰造极，骂够了之后，筱快乐干脆给万墨林取了个"米蛀虫"的绰号。

当万墨林每天都要挨骂好几次时，他因为每日陪侍杜月笙，晓得连"爷叔"都在韬光养晦，什么都不做声，因此也跟着只好忍气吞声，既不声辩，也不答复。但是，万墨林在上海也有一帮好朋友，听到筱快乐如此"大胆妄为，整日痛骂墨林哥"，深感"是可忍、孰不可忍"。这帮朋友"眼高手辣"，将区区一名滑稽戏演员半点儿也不摆在心里，使出他们打人、杀人如同家常便饭的脾性，先向筱快乐严重警告：

"侬敢再骂墨林哥，阿拉要请侬吃生活！"

筱快乐骂"米蛀虫"骂出了名，票房价值正在巅蜂状态，加上他能获得广大市民的普遍支持，于是对于这般"白相人"的一些举动根本就不看在眼里，"白相人"警告，就他而言是"来得正好"，正好补充他骂"米蛀虫"的新材料。

筱快乐将他受到"吃生活警告"的消息在电台上一播布，立即获得广大听众的同情和支持，同时，也使他险些遭了杀身之祸。万墨林的一些好友怒火攻心，不克遏忍，当天晚上便有十几条大汉冲进筱快乐的家里，从头门打起，一直打到后门为止，遇人便打，见物便砸，幸亏筱快乐人不在家，他的妻子受了伤，全部家私全部捣毁得稀八烂。

筱快乐家中捣毁一空，消息传得既广且快。杜月笙听说，知道这是一场祸害，他不怪万墨林，因为他深知此事与万墨林无关，此时此刻，万墨林绝没这个胆量派人去做筱快乐。但是，惹火上身，推也推不脱，杜月笙只好命人前往慰问筱快乐一家，负责伤者的医药费，全部损失，加以赔偿。

但是事情却没有就此了结，淞沪警备司令宣铁吾依据筱快乐所广播，以经营私运、垄断市场、操纵"米价高涨"的罪名发出拘票，要把万墨林捉进牢里去。

杜门中人于是群情愤概，纷纷起而打抱不平，个个大喊着说："万墨林本人并未犯法，他经手的贷款都有账目可查。打筱快乐家的朋友急于挺身而出，证明他们自发自动的行为绝非出于万墨林教唆。"

杜月笙自从1915年在上海法租界同孚路同孚里建立门户，30多年以来，不论是巡捕房、警察局、总司令部或司令部，向来只有杜公馆往外保人，从不会听说杜公馆里有人被捉。俗话说："不看僧面看佛面"，"跑得了和尚跑不了庙"。万墨林真有案子，就该杜先生亲自把他送进官府。如今宣司令要捉杜公馆的人，尤其还是杜月笙的近亲与总管，此例一开，岂不是坍尽杜先生的台？

这时杜月笙犹在病榻，他时咳时止，喉头咻咻有声，但是他力排众议，命万墨林自己前去淞沪警备司令部投案，杜月笙说：

"真金不怕火炼，宣司令是好官，他绝不会冤枉墨林。再说，此刻外面的空气对墨林不好，墨林要想申辩，实在太难，反不如趁此机会自动投案，是是非非，经过法律审判，正好求一个水落石出。"

于是万墨林黯然神伤，一声苦笑："既然爷叔这么说了，我只好去了。"

于是，万墨林回家收拾随身携带各物，赴淞沪警备司令部自动投首，坐他一生之中第三次监牢。

杜月笙毅然下令万墨林自动投案入狱，不仅使黄浦滩上 500 万市民骇然惊异，奔走相告，而且也使淞沪警备司令兼上海警察局长宣铁吾大出意外，开始对杜月笙刮目相看，肃然起敬。宣铁吾发下万墨林的逮捕令，可以说是对杜月笙的一项挑战，以杜月笙在上海所占的天时、地利与人和，宣铁吾这一挑战实无必胜的把握，他想不到杜月笙会这么"落门落坎"，大力捧他上海治安首长的场，他更无法料及万墨林果然便只为了遵从"爷叔"之命，不惜丢老面皮，甘愿投案。

上海米价还在继续攀高，500 万市民的怨气竟而迅速平息，筱快乐的热门广播节目自沸点急速下降，他再冷讽热嘲，破口大骂"米蛀虫"也没有用了，因为杜先生的总管、米业公会、上海市农会理事长万墨林也已自动投案，身陷囹圄。宣铁吾宣司令的声望由此臻于最高点。杜月笙又结交了一个好朋友——宣司令兼局长。结果，万墨林被指控的罪名无实据，很快获得了释放。

宣铁吾很感激杜月笙竭诚拥戴的盛意，他送了一帧放大照片给杜月笙，亲笔题款，还盖了官章。杜月笙把这帧照片配以镜框，放在引人注目的地方。杜、宣交好，使老上海们额手称庆，杜月笙又顺利结交了上海滩上的又一位实权人物。

第十二章

荣登上海议长宝座

荣获全国纺联的盟主

吴绍澍自戴笠猝死，他所涉及的"纵放巨奸、吞没逆产"案虽然雷声大，雨点小，但是他身上所系的案子毕竟还没终结，于是也有他的朋友向他慷慨陈词，苦口婆心地劝：

"绍澍兄，你在上海身兼六要职时，事必躬亲，气势冲天，可是呢，在政治上你不能与钱慕尹——钱市长合作，在特工上你不能与已死的戴笠合作，在社会上你又不能与杜月笙合作，你的失败现在还只不过开始，从今而后，你要改变作风才好。"

吴绍澍听后，默然无语。

杜月笙因吴绍澍的"欺师灭祖"，横施打击而心灰意冷，遇事退避三舍。

然而经过一年多的养精蓄锐，休养生息，以他交游之广，声望之隆，上海滩依然还是少不了他。加上恒社弟子多已成了有权有势的人物，杜月笙有这么完整的班底，优秀的干部，事业当然大有可为，因此，杜月笙经过审慎考虑，多方试探，又有了东山再起、卷土重来的迹象。

杜月笙在重庆时收了一名忠心耿耿、干劲十足的得意门生。他就是一向从事棉纺工业的袁国梁。胜利后，袁国梁做麦粉和棉纱，大来大往，气魄很大，面粉大王荣德生曾经开玩笑地对他说：

"我办工厂，就像吸海洛因，不过你也不错，可以算得上吃香烟的。"

1946 年袁国梁投资设在江阴的福澄公司联营纺织厂。他投下的股本很多，预定当年 7 月开工，公司成立规模很大，于是引起江阴"三大亨"黄善青、祝林等插足其间的雄心，袁国梁惟恐董事长一席落在他们之手，带领公司股东群起反对，结果双方闹得股东大会几乎流产。袁国梁无可奈何，只好拖着同为福澄公司常务董事之一的王先肯，到 18 层楼杜公馆谒见杜月笙，打算请老夫子出来担任福澄公司的董事长，把事体摆平。

王先青、袁国梁两人去见到了杜月笙，却是"老夫子"正发气喘，卧病在床，他在床上听完了袁国梁的报告，为替学生子撑腰，他没有思索，一口答应，随即问袁国梁说：

"我做福澄的董事长，该入多少钱的股子呢？"

袁国梁喜不自胜，于是便答：

"老夫子加 5000 万元的股子好了，这笔钱由我替老夫子垫。"

杜月笙连忙摇摇手说：

"笑话，笑话。"

他马上命人喊徐懋棠来，徐懋棠的父亲原是汇丰银行的买办，上海人有句打话："吃不穷，用不穷，汇丰买办。"因此徐懋棠得了乃父馀荫很多钱，他参加恒社甚早，战前就已担任杜月笙的中汇银行总经理，抗战8年他替杜月笙在中汇银行看家，胜利以后仍然担任旧职，但是却又添了一项替杜月笙理财的工作。因此，杜月笙决定投资福澄公司，便命徐懋棠当场开了一张法币5000万元的支票，交给袁国梁，由袁国梁写一张临时收据，手续便告完成。

袁国梁和王先青对福澄公司的事部署完毕后，两人又双双进拜师门，请杜月笙定一个召开股东大会的日期，杜月笙却望望袁国梁，回答他说：

"这个企业是你的，我们大家不过捧捧你的场，你自己要怎么做就怎么做，不能事事依靠我们呀。"

这几句叮嘱似乎有点多余，然而，袁国梁细细玩味，杜月笙这样交代一声，其实，他是借此声明他投资福澄，答应担任董事长，完全是为了支持袁国梁，他挂名义当董事长，自己却不过问福澄的业务，好叫袁国梁放心大胆办事。

但是，在口头上，开会日期这件小事，还是得请杜月笙做决定，袁国梁继续请示，杜月笙便面带微笑地向王先青说：

"先青，你来定个日期。"

王先青想了想，方说：

"下星期日如何？"

杜月笙点点头，答道：

"好，就定下星期日，在丽都开会。"

开会结果，由于江阴"三大亨"听说福澄股东们要推选杜月笙为董事长，自忖"亨"不过，知难而退，于是杜月笙顺利当选。

杜月笙从事纺织工业，始于抗战时期。一家颇具规模的"沙市纱厂"，自湖北沙市，西迁重庆，因为股东意见不合内部发生纠纷，几乎关门大吉，杜月笙见状出资收购股权，将沙市纱厂接过来经营，后来他又应聘担任过公营的中国纺织公司董事长。胜利返沪后，在福澄公司联营纱厂之后，杜月笙又发起创办了荣丰一厂、二厂，两厂拥有工人2026名；此外，他也是拥有777名工人的恒大纱厂以及远在西安的利秦纺织厂董事长，这样一来，杜月笙也算得上是纺织业巨子。

1946年秋，"中华民国机器棉纺织工业同业公会联合会"在上海举行第一次大会，从全国各地搭乘飞机出席会议的代表多达100多人。各地代表纷纷抵达上海时正值杜月笙缠绵病榻，轻易不出大门一步。一日，忽有7位纺织业代表联袂来访，杜月笙勉力起床待客，7位客访之中有6区公会的秘书长奚玉书、无锡荣家纺织业的主持人荣尔仁，还有唐星海，恒社弟子袁国梁等人。

寒暄之后，这7位纺织代表表明来意。原来他们是代表中的代表。因为这时国内公管纱厂厂家很多，代表票数占多数，民营纺织代表业已获得消息，公营纱厂集中选票，打算把"联合会理事长"这个重要职位，由公营纱厂代表担任。

唐星海、荣尔仁等向杜月笙反复陈词，公营纱厂是官办的，他们平时就已得到官府给予的若干便利，假若联合会理事长一席再被官方代表所获，民营厂商越加少了一个有力的发言地位。7位纺织代表恳请杜月笙出马，角逐联合会理事长一席，他们针对杜月笙的爱国心理，一个个以大义相劝，说：

"纺织事业非特关系国计民生，对于国家民族也有很重大的影响，试看日本人在明治维新以后之能够富强，便是由于他们纺织工业的发达。"

杜月笙何尝不晓得这些大道理，对于全国纺织公会联合会理事长一席又何尝不想坐坐？但是他信心还没恢复，自忖并无把握，于是不管7位代表怎么说，他都是婉言推辞，他说他大病未愈，身体不好，就是选上了也实在是难以担当重任。

7位代表费尽唇舌，结果是大失所望，快快而去。他们走后，杜月笙绕室彷徨，深思熟虑，他心知担任这一个全国性工业团体理事长地位的重要性，忍不住又怦然心动，他在极短暂的时间里，迅速地做了决定："不妨借此一次竞争，测度一下自己卷土重来的机会，是否已经到临？

于是，他想到就办，立刻命人打电话到袁国梁家里，请他即来18层楼。当袁国梁奉召匆匆赶到，袁国梁一坐下，他劈头第一句话便问：

"刚才你们各位来讲的那件事情，究竟是不是诚心的啊？"

"是诚心的。"袁国梁肃然回答，"不但诚心，而且很急。"

"怎么会很急的呢？"

"因为我们得到消息，公营纱厂不论大小，都由公家出飞机票钱。叫所有的代表务必出席，由此可知，公营纱厂对于这理事长一席势在必得。"接下来，袁国梁又向杜月笙分析个中利害："公营纱厂代表当了理事长，一定不会为民营厂商尽心出力，所以，民营厂商对于这理事长一席，自是非争取到手不可。"

沉吟半晌，杜月笙已下定决心，冒险一试，但是他仍关照袁国梁说：

"这个理事长，我做不做倒是无所谓，就怕万一选不上，坍不起这个台。这么样吧，你去替我各方面摸摸看，早些给我回音。"

袁国梁应声而退，把杜先生有点意思活动了的消息，通知几位核心人士，唐星海、荣尔仁等人听时喜出望外，立刻分头展开活动，民营厂商代表清一色态度坚决：除了都投杜月笙的票，其他人的票一概用钱买也不投！甚至还有不少人士自告奋勇，志愿代杜月笙去拉公营厂家代表的票子。民营厂商一致热烈拥护杜月笙，6区工会秘书长奚玉书，慷慨动容地说：

"西北方面的票子，我拉过来！"

经过多次密议筹商，民营代表们决定两项策略，头一项是大家要袁国梁设法劝驾，大会选举的那一天一定要请杜月笙到场，其次，他们又推袁国梁择一个最好的机会当着全国代表致词，强调联合会理事长不应由官方代表担任。

事情有了相当的眉目，袁国梁再去报告杜月笙，他简略地说：

"我四处摸过一遍，大约有六七分苗头。"

杜月笙的答复更简洁，他只说了一个"好"字。

其实，这时，杜月笙已细细分析了自己的优势，心中已是成竹在胸：第一，这时已有公营纺织事业逐渐开放民营的消息，公营厂家不久以后还是要变成民营厂商，代表之中多的是主持业务之人，他们很可能要为自己的将来打算，利害关系和民营厂商实趋于一致。第二，6区工会实力雄厚，民营代表和官营代表之间颇多私人情谊，可予充分利用。第三，凭杜月笙的私人交游和个人声望，他是担任全国纺织工业公会联合会理事长的最佳人选，因此，光靠杜月笙三个字，也能争取得到一部分的选票。

"不过代为奔走的各位代表一致要求，"袁国梁于是乘机提出，"进行选举的那一天，无论如何要请老夫子到一到。"

"好。"

袁国梁公开提出官方代表不宜出任"理事长"的主张，他为"老夫子"卖力，一共开了两次炮。一次是在永安公司七楼，6区纺织公会开会，奚玉书请他发言，他立起来便大声疾呼地说：

"我有一件事情，要提请大家注意，中华民国机器棉纺织工业同业公会联合会，一向是民营厂商的公会组织，我们邀请公营厂家代表参加会议，他们应该投票选举民营厂商代表，才能符合体制与实际。公营厂家平时得到政府的助力很多，他们无法了解商家的困难，所以就需要而论，联合会理事长必须民营代表出来做！"

第二次则是在投票前二日，拥有7450名工人的申新九厂，上午招待全体代表参观中午设宴欢叙，当时宴开十余桌，杯觥交错，宾主尽欢中，忽然杀出一个杜门先锋袁国梁，他站起来高声宣布：

"后天我们就要选举联合会理事长了，我特别提请大家注意。……"

袁国梁的炮声隆隆，使官方代表相顾失色，民营代表团则面露会心微笑。袁国梁的这一攻心战术相当有力，因为他口口声声说官方代表是被邀参加，万一真有官方代表当选理事长，说不定民营代表不肯善甘罢休，就会闹出法律纠纷。

选举之日，全国纺织公会联合会的会场设在上海市商会，袁国梁先到杜公馆接杜月笙，杜月笙到时被众人簇拥到会客室里坐下休息，这时便不知道有多少人在会场左右，欢呼雀跃，高声嚷叫：

"杜先生来了！杜先生来了！"

343

第十二章 荣登上海议长宝座

大病初愈的杜月笙在上海市商会出现，引起兴奋高潮，一百余名来自全国各地的纺织业代表，排着队进会客室和杜月笙握手寒暄，杜月笙接见这帮老朋友，面露真挚诚恳的笑容，说几句关切慰问的话，寥寥几句也使代表兴奋，觉得脸上增光。皆大欢喜的安排，对于选举居然有奇功，杜月笙终以最高票数，荣获当选。

这一次全国性人民团体的选举，对于杜月笙来说，确实相当的重要，全国纺织业代表对他的衷心拥护，使他的信心得到了恢复。

杜月笙开始步步为营地在向大社会进军。

当上海第一任议长

上海市临时参议会成立，徐寄庼跃登临参会议长的宝座。

杜月笙是临时参议员之一，可是平时他绝少出席会议。

徐寄庼领导的临参会虽然与上海市政府通力合作，解决了不少问题，但如遇有重大事件，仍难发挥较大的作用，于是，有关权势人物深感上海市参议会有提早成立的必要，结果，在上海临参会成立两个月，1945 年 11 月间，上海市长钱大钧就已交付给上海市政府民政处长张晓崧一项重要任务，请他筹划实施地方自治。

1945 年 12 月，张晓崧先将上海全市划分为 31 个行政区，成立 31 个区公所。杜月笙早有警觉，暗中做了严密部署，在上海滩举行投票选举时，杜月笙的势力便大得惊人，31 个区的区长当选人揭晓，明眼人一望而知，杜月笙系的人物不但位置要津，而且还在全部当选者中占大多数。

上海实施地方自治的第二个步骤是举行上海市第一届市参议员选举，市参议员候选人由各区域及农、工、商、教、律师、会计师、新闻记者等团体产生。杜月笙经过考虑，决定列名商界，结果又以最高票数获选，杜系人物如万墨林也榜上有名，这样杜月笙坐在市参议会里，都有亲信心腹相随。

可是，上海市参议员在 1946 年 3 月就已选出，市参会办事处由上海市政府指派民政处副处长项昌权担任主任，积极筹备，而上海市参议员的当选证书，却一直到当年 10 月才由国民政府内政部颁发。这时候，吴绍澍副市长、社会局长业已垮台，上海市长也由钱大钧换了吴国桢，吴国桢和杜月笙相当熟悉，两人又是好友，甚至连上海市参议会的成立大会，也借杜月笙所创办的正始中学大礼堂举行。

然而，成立大会所面临的第一个问题，就是谁当第一任议长？这时，杜系人物已能够掌握局势，拥有过半数票，大家都认为杜月笙当选是水到渠成的事。但是，杜月笙却还有顾忌，那便是吴绍澍还存有相当的势力，虽然不至于影响大局，然而触触霉头也是令人心里难受的，这时杜月笙声威重振，飞黄腾达，光全国性的重要人民团体，他已经到手了3个，如全国轮船业公司理事长、全国棉纺织业公会理事长和中国红十字会总会副会长，其余地方性团体与国家行局主持人或董监事，更是多得不可胜计。"日中则昃，盛极必衰"，杜月笙是深切懂得其中道理的，上海市议会议长一席，他心中有了最后的决定：先行当选，然后以年老体衰多病为词，向大会提出辞职，再挑别人。

为了市参议会议长选举，恒社子弟劝进者有之，奔走拉票者有之，联络活动者亦有之，当杜月笙毅然宣布他的决定，拉票和联络者便格外起劲，这是因为杜月笙既已决心一次当选然后让贤，那么，颜面关系，最好180位市参议员的票全部都投给杜月笙，让他们的老夫子"光荣全票获选"。

照说，这件事不难办到，杜月笙言语一句，获选议长立刻宣布辞职退让，即使是竞选的对手也不会不买这个面子，反投杜月笙一票。可是，就因为中间夹着一个"明枪暗箭"，即处处中伤攻击杜月笙的党部与团部负责人吴绍澍，事情便相当的难办。

王先青仗着他多年为吴绍澍出生入死，尽心尽力，帮过吴绍澍的大忙，于是，他自动地去向吴绍澍尽最后的忠告。

找到了吴绍澍，王先青便单刀直入地问：

"现在市参议会就要选议长了，你究竟有什么打算？可不可以说出来？。"

吴绍澍听后，反问王先青一句：

"先青兄，你的意见如何？"

"不论对于国家的功勋，还是在社会上的声望，"王先青侃侃然答道，"杜先生为第一人，上海议长应该选他。"

于是吴绍澍便应一声：

"是啊。"

"不过呢，"王先青坦然的说，"杜先生身体不好是实，他不会做这个上海市议长的，大家一道选他一选，让他得个满票，然后再让给别人，这样么也好内外都有个交待。"

"好呀。"

王先青还不放心，再叮一句：

"你是说你那方面的人愿意一致投杜先生的票？"

吴绍澍再斩钉截铁地答复一次：

"是的。"

王先青交涉顺利，圆满地完成了任务，他立即告辞，兴冲冲地来到杜公馆，当面报告"老夫子"：吴绍澍那方面已经讲好，他一连两次承认届期一定捧杜月笙的场，将他所能掌握的票全投杜月笙……杜月笙听后，摇头苦笑，他不敢置信地说道：

"先青，我看不见得吧。"

王先青急忙分辩说：

"我跟吴绍澍面对面，说得清清楚楚的嘛，吴绍澍确实答应全投老夫子的票。"

杜月笙莞尔一笑，意思是叫他莫着急，他也漫声答了一句：

"到时候看吧。"

上海市参议会议长人选，经过各方面的协调，决定推举潘公展。潘公展是国民政府定鼎南京以后第一任上海社会局局长——当时还叫做"农工商局"。杜月笙被推举为上海申报董事长，潘公展即以申报社长的职务负申报实际责任。至于副议长一席，则仍由杜月笙推荐前任临参会议长徐寄廎。

1946 年 12 月，一个满天飞絮的大雪天，北风怒号，气候严寒，上海市参议会借正始中学大礼堂，举行成立大会，由于民社、青年两党获选议员 16 人暂拒出席，当日实到市参议员 180 人。当杜月笙身穿狐裘，步履轻缓地走进会场，市长吴国桢趋前迎接，人群中爆出嗡嗡议论和阵阵掌声。

先举行当选市议员宣誓就职典礼，杜月笙座位的正后方，便是万墨林。宣誓过后由吴国桢报告筹备成立市参议会经过，紧接着便是进行戏剧化的正、副议长选举。

开票了，在场各人都以为唱票员会把"杜月笙"的名字一路喝到底，不曾料到，一开头便是接连的"空白！空白！"之声，使得人人相顾惊愕，杜系人物更是焦躁万分。大家心里有数，这一定又是吴绍澍存心捣蛋，要给杜月笙颜色看，空白表示无声的抗议，党团运用到这种程度，惟使亲痛仇快，让庄严议坛变成了笑料制造场。

幸好，接下来便又有"杜月笙"三字不绝入耳，计票结果是，发票 180 张，其中约有 40 余张空白票。

吴国桢宣布杜月笙当选上海市第 10 任参议会议长——杜月笙在掌声中起立发言，他没有看事先预备的讲稿，他已失去放谈高论的兴趣。他讲得很简单，只是反复在说明他健康情形欠佳，行政经验不够充分，因此他要求大会准他辞职，同时另选贤能。

老早安排好了的一出有声有色连台好戏，便因为吴绍澍阴谋使人投下大批空白票，败人之兴，大家都显得无精打采，惟有草草收场，事事都在快马加鞭的进行。杜月笙致词，马上又叫他的表弟参议员朱文德立起来，代他取出预先拟就的辞职呈文，送给吴国桢，请吴国桢当众宣读，而 180 位市参议员，也鉴于"杜先生态度谦冲自抑，辞意坚决恳切"，全场无人反对，顺利通过接受。

于是，再发一次票，再投，再选，潘公展、徐寄廎以上海市正、副议长当选。

王先青上了吴绍澍的大当，虽然杜月笙和恒社弟兄深知吴绍澍的品行，并无一人一言相责，可是他自己却气愤填膺，怒火冲天，王先青大骂吴绍澍反复无常，出卖师友，做出这种损人而不利己的勾当。从此王先青与吴绍澍绝交，而吴绍澍则也由于多行不义，人人疏远他，最终默默无闻了。

当选中国第一任"全国棉纺织业公会"理事长，算是杜月笙一年不鸣，一鸣惊人的优异表现，有此一幕，上海工商界人晓得杜月笙有意复出，于是劝进拥戴者络绎于途，杜月笙乃以"绍兴师爷"骆清华为智囊，恒社一千子弟为中坚，展开了他凌厉无比的发展攻势，对于上海官府以外的一应公私机构，来者不拒，照单全收。在短短的一两年间，使他所拥有的煌煌头衔，多到了令人叹为观止的程度。

杜月笙分门别类，一生最盛时期的显赫职衔有：

一、公职

"行宪国民大会"代表—（曾当选主席团）

上海市参议员（当选第一任议长，旋即辞让）

上海市商会常务监察（徐寄扇任会长，骆清华、王先青任常务理事。）

中国红十字总会副会长（自抗战前担任以迄当时）

上海市地方协会会长

上海南区救火联合会理事长

上海市工业会筹备主任

上海慈善团体联合会会长

浦东同乡会常务理事

二、教育

正始中学创办人

中华职业教育社董事

复旦大学校董

上海法学院校董

三、文化

申报董事长（由潘公展任社长）

商报董事长（由骆清华任社长）

新闻报常务董事

中央日报常务董事

世界书局代董事长

大东书局主席董事

东方经济研究所理事长（设有经济通讯社、图书馆、东方书店、印刷所等单位。）

中华书局董事

四、金融

上海市银行公会理事

中国银行董事

交通银行董事

中国通商银行董事长兼总经理

中汇银行董事长

浦东银行董事长

国信银行董事长

亚东银行董事长

五、交通

全国轮船业公会理事长

上海市轮船公会理事长

招商局理事

民生实业公司董事

上海市轮渡公司董事长

大达轮船公司董事长

大通轮船公司董事长

裕中轮船公司董事长

复兴轮船公司董事长

六、纺织

全国棉纺织业公会理事长

荣丰纱厂董事长（总经理是章荣初）

大丰纱厂董事长

恒大纱厂董事长

沙市纱厂董事长

中国纺织公司董事长

华丰织布厂董事长

利秦纺织公司董事长

西北毛纺织厂董事长

七、面粉

全国面粉业公会理事长

第四区面粉业公会理事长

华丰面粉厂董事长

八、造纸

华丰造纸厂董事长

畏丰造纸厂董事长

云丰造纸厂董事

九、渔业

上海鱼市场理事长（总经理唐承宗）

中华水产公司副主任委员

洽茂冷气公司董事长

十、证券

上海证券交易所理事长

十一、贸易

中华贸易公司董事长（在上海复业）

通济贸易公司董事长（在上海复业）

扬子贸易公司董事长

嘉陵贸易公司董事长

十二、公用事业

华商电气公司董事长兼总经理

十三、国货工业

大中华橡胶厂董事长

新华玻璃厂董事长

永兴化学工业社董事长

亚浦耳电气厂常务董事

南洋兄弟烟草公司董事

香港中国国货公司董事

十四、茶业

中国茶业公司董事长

十五、水果

上海水果业公会理事长。

以上列举杜月笙的职衔共70个，其中计董事长34，理事长10，常务董事3，董事9，会长2，副会长1，校董2，常务理事1，理事2，代表，参议员，常务监察，筹备主任，创办人，副主任委员各1。全部职衔都印在名片上，即使字体缩小7号，也得比普通名片加大4倍才印得下。

花甲之庆得艳福

1947年8月30日，就是杜月笙花甲之庆了。在此以前，他喘疾时发时好，住在18层楼里，轻易不出大门，而且国共内战正酣，国境之内处处狼烟，又有两广和四川、苏北等地发生严重水灾。杜月笙不想在他家中大肆铺张，遭人非议，因此对于建议做寿者一概摇头拒绝，逼不过的时候，他更会气喘咻咻地说：

"算了吧，现在我还有什么心情做寿呢？"

但是朋友、徒子、徒孙们都说这次花甲大庆非做不可，因为杜月笙50大寿时恰值"八·一三"沪战爆发，当时有不少人要为他祝寿，杜月笙曾说过：

"国难当头，哪里来做寿的兴致？要做，等打胜了东洋人，再来做60岁！"

所以有人说："你杜先生言话一句，这做60岁寿的事体，当然也不能例外！"

各方好友加上杜月笙的徒子、徒孙们组成的恒社组织门生，不由分说地组织了一个"庆祝杜公60岁寿诞筹备委员会"，推出了筹备委员23人。早就展开了准备。

8月29日，杜月笙60寿辰的头一天晚上，在顾嘉棠的家里，由杜月笙的各方好友联合设宴为他暖寿，人数经过严格甄选，但还是有两百多位。多年老友如黄金荣、杨虎、王晓籁、章士钊、钱新之、徐寄顾、范绍增，刘航琛等，党、政、军界友好如洪兰友、郑介民、潘公展、萧同兹、程沧波、陈方等络绎来临，场面显得热烈而又轻松，遗憾的是这一晚寿星杜月笙因为喘病又发，无法到场。于是，暖寿筵会由洪兰友发表了一篇祝辞，然后是上海市长参议长潘公展，代表杜月笙致词答谢，与宴佳宾一般举觞，遥祝卧病18层楼上的杜月笙早日恢复健康。

8月30日，杜月笙花甲之期，泰兴路丽都花园舞厅为之歇业一天，宽广无比的正厅布置成了花团锦簇的寿堂，红烛高烧，香烟缭绕；五彩缤纷、芬香扑鼻的各式花篮由礼堂外面沿着两旁墙角，一直摆到照壁，简直数不清那该有几千百个。国民政府蒋主席，早就题赠的一幅匾额，用精美镜框高高的悬在正中，贺词文云：

"嘉乐延年"。

左右两厢，则为中央各院部会首长题赠的寿联寿幛，两侧墙上，各地各界的祝颂寿屏更是挂得密密层层，琳琅满目。当日收到的礼品共800余件，全部摆在一长串茶几上公开陈列，其中有金盾、银鼎、玉石、器玩。在各项礼物中有三件特别珍贵，令人赞赏不置的，一是邮务工会利用各种邮票剪贴而成的百寿图，妙手天成，活脱纸上，一是美一绣业公司以百余种毛线绣制的一幅杜月笙巨像，据说是该公司继杜鲁门、麦克阿瑟绣像后的第三幅作品，第三件是一幅人物国画，画中的八仙吕洞宾居然是杜月笙，送礼的诚可谓善颂善祷了。

杜月笙因喘疾不能到场答礼，他命长子杜维藩率领弟妹和弟妇妹夫，分立礼台左右，代杜月笙答谢来贺的嘉宾，除此以外他又请杨虎、钱新之、徐寄扇，徐采丞担任总招待。

早上8点钟，第一批来贺寿的是上海警备司令兼警察局局长宣铁吾夫妇，紧接是来自上海市市长吴国桢，在上海稍有名望地位的无不登门道贺，从南京赶来的中央要人有吴铁城、吴鼎昌、王宠惠、宋子文、莫德惠、张道藩、董显光等，远在外地的孙科、白崇禧也派来了代表。这一日之内到贺嘉宾5600余人，汽车司机赏钱发了1500多个人的。

杜公馆借丽都花园做寿，开的是流水席，一桌坐满10位客人，随即上菜，菜肴全是素的而且只有四盘，素鸡、索鱼、索鸭、素火腿，此外则每客奉以索面一盆。

抗战胜利以后，杜月笙除了在顾嘉棠家住过了一段短时期外，为了便于养病，一直都在姚玉兰这边。因为18层楼比较紧凑，不像华格臬路老宅那边规模宏大，人口众多，房子小，四面八方都可以照顾得到，对于杜月笙这种"大家庭之主"的病人比较适宜。杜月笙是生病的人，他怕烦、怕吵、怕人来客住，川流不息，同时更怕跑上跑下，劳动病躯。更何况在1947年杜月笙的8儿3女，已经有维藩、维垣、维屏、维新和维宁都结了婚，五对小夫妇，都在华格臬路住。

351

暖寿盛宴，寿堂祝贺，杜月笙一概不能亲自出席，这使得他觉得内心愧惭，不胜惆怅。这一次花甲称庆，老一辈的弟兄或者老成凋谢，或者龙钟老迈，大都不能代他主持盛会，照料一切；在寿堂那边答礼的是他子女，负责办事的则为小一辈的子侄、徒孙，杜月笙一向最重场面，好操心，这时尽管人在病榻之上喘息呼吁，却一直在为寿堂方面牵心挂肚肠，惟恐怠慢了客人，礼数欠周；于是，寿堂和18层楼两边的电话，始终在响个不停。

自己过个花甲，居然有五六千位贵客亲临道贺，杜月笙已感到心满意足了。此时此刻，他回想当年一道冒险犯难、出生入死的那班老兄弟，更是感慨万千，黄老板黄金荣垂垂老矣，曹河泾黄家花园一孵便是抗战8年，胜利之后，他完全不问世事，一心养老。杜月笙胜利还乡时他还到西站去迎接，杜月笙喊了一声金荣哥，对这位老把兄简直是千言万语一时无从说起，老弟兄分道扬镳，离别太久，便仿佛是两个世界的人了。啸林哥张大帅的那一幢凶宅，早由他儿子张法尧卖给了沈联芳，这人杜月笙也熟，但是，他根本就没有踏进张家一步的勇气。

令杜月笙引为欣慰的，是孟小冬惠然南来。

孟小冬与姚玉兰情同姐妹，十分亲热，两人不分彼此，尤其形迹不离。孟小冬到上海，姚玉兰立刻便将她迎到18层楼，杜月笙和孟小冬也已有整整10年不曾见面，对于她的苦心学艺，获得如此辉煌的成就，爱重之余，尤有不胜钦敬之感。

孟小冬 1938 年 12 月拜余叔岩为师，1943 年余叔岩病逝，她曾在暗无天日的沦陷区北平渡过 8 年寂寞黯淡的光阴。以一介弱质，飘零天涯，当她受到杜月笙的敬重，姚玉兰的亲爱，温情和煦，使她心生感激。早年余叔岩病笃的时侯，孟小冬曾亲侍汤药，衣不解带达一月有余。因此如果说"看护"病人，孟小冬的细心体贴，早就有经验，又比姚玉兰更高一层。既然在 18 层楼与杜月笙、姚玉兰同住，她也就自然而然兼带起姚玉兰的侍疾之责，她为杜月笙长伴枕边，问寒呀暖，这使杜月笙大为感动，他没有想到在他老病缠身的花甲之年，居然还有这一份迟来的艳福。

杜月笙一生在伶界以乐于捧角而出名。因此伶界人士无不对他尊敬爱重，他在伶界人士的心目中是尊而可亲的长者，无论认识与不认识，伶界人士对杜月笙都有一份特别亲切的感情，凡是到过上海的伶人不曾受过杜月笙帮忙者很少。孟小冬也多次接受杜月笙的钱财，两人因互相感激而陷于爱恋，其基本原因就由于这种感情上的相通而来，难得的是姚玉兰心胸豁达，她也仰慕孟小冬，更了解杜月笙和孟小冬由互敬而终至互爱的心理，觉得这一份纯挚真切的感情相当难能可贵。现在杜月笙已经是抱病延年、行将就木的人了，只要世间还有能够使他快慰欣悦的事情，姚玉兰无不乐于让他尽情的享受了。

堂会十天盛况空前。金廷荪担任寿庆总提调，他为此曾几次北上故都专程邀角儿。尽管在北平的四大名旦之三，程砚秋、尚小云、荀慧生都因为有事缠身，不能南来，其余大牌名角如菽翠花、马富禄、张君秋、芙蓉草、刘斌昆、谭富英、韩金奎、李多奎、阎世善、李少春、马盛龙则是一概到齐，加上原在南方的梅兰芳、马连良、麒麟童、章遏云、裘盛戎、叶盛兰、叶盛长、姜妙香、杨宝森、马四立、盖三省、魏连芳等，阵营自是空前的浩大，再加上姚玉兰的一封私函邀来了余派老生、鲁殿灵光的孟小冬，声势之浩大，在胜利前后全国各地的平剧演出中，没有第二个了。

北来名伶大都住在金廷荪的南阳桥"老金公馆"，名伶在上海的开销，在义演票房收入项下支付，角儿则一概不支酬劳。他们唱纯义务戏，所有售票收入一律移充全国各地赈灾之用，七天公开售票的义务戏演下来，杜月笙大概筹到一百亿左右的巨款。这一笔数目，即使在物价日涨的 1947 年也是相当的可观。

义演前后历时 10 天，杜月笙由于生病，一场女子戏也没有看过，到是不少北来名伶，纷纷的上 18 层楼探疾，杜月笙在病榻上向他们连声道歉，并且也答应了他们的要求，只要喘疾稍愈，精神体力许可，他一定要抽出时间跟大家聚一聚。

在杜寿堂会演出中最令人瞩目的一对名伶，首推余派嫡传孟小冬和在敌伪时期曾经蓄须拒演的伶王梅兰芳。这是两位举国无出其右的名须生与名青衣。孟小冬破例粉墨登场，已经使杜月笙面上飞金，光采万丈，而梅兰芳在 10 日之内连唱 8 出大轴，仅只回避了与孟小冬同台的两场，这更是岂同小可，非比寻常；要不是梅兰芳和杜月笙交谊深厚，推说一声跟孟小冬同时演出多所不便，他比程、苟、尚三大名旦更有理由不来参与这次杜公大寿的义演了。

因为，伶王梅兰芳和冬皇小冬，曾经是一对恩爱夫妻。

早在1926年，孟小冬下嫁梅兰芳，这是尽人皆知的一件梨园韵事，以冬皇配伶王，珠联璧合，旗鼓相当，是菊部佳话。

原来，孟小冬系出梨园世家，但是她自小生长在南方，才13岁，便在上海大世界乾坤剧场献艺，唱的是"谭派须生"，和名影星李丽华的母亲张少泉、香港老令工粉菊花同台演出，1925年她到北平，在三庆园演出，只唱夜场。

这时北平正值平剧鼎盛之时，余叔岩、杨小楼、陈德霖、苟慧生合组"双胜班"，和赴日演唱载誉归来的伶王梅兰芳打对台，斜刺里杀出一位南边来的小姑娘孟小冬，居然能在两大戏王之间脱颖而出，使北平戏坛由双雄对峙一变而为鼎足而三。孟小冬的天才横溢，异军突起，使梅兰芳不禁刮目相看，由仰慕而生情愫，双方心仪，最后惺惺相惜，于是"冬皇"嫔于"伶王"。

但当孟小冬红遍北平时，拜倒于她石榴裙下的少年郎，不知有多少。其中有一位京兆尹王达的儿子王维琛，单恋孟小冬到了发狂的程度。他听说孟小冬下嫁梅兰芳，便在衣袖里藏了一枝手枪，找到无量大人胡同中的梅兰芳的家里，扬言梅兰芳夺了他的"未婚妻"，他要找梅兰芳算账，一会儿要取梅兰芳的性命，一会儿又索赔10万大洋。这时候梅兰芳恰在午睡，他家里一位常客绰号"夜壶张三"，在北平报界工作的张汉举，便出面敷衍周旋，张汉举在讨价还价时，陪笑商量，却不料梅兰芳一觉睡醒，贸然地闯了进来，"仇人"照面，惊坏了张汉举。当下只好向他抛个眼色说："这位王先生，是来跟你借5万块钱的。"

梅兰芳这时已经一眼看见了王维琛的脸色不对，以及他手上的那柄短枪，他大吃一惊，匆匆地说了声："我打电话去。"便一个转身从侧门溜走。

他离开客厅后立刻打电话四处求援，于是，王怀庆的京畿卫戍总司令、薛之珩的首都警察厅，以及全北平军、宪、警各单位都派了大队人马来，把梅兰芳的那幢四合院，围得水泄不通。

王维琛听到梅兰芳的那一句"我打电话去"，即已警觉大事不好，但是他只是一个二十多岁的朝阳大学法科学生，养尊处优，任性惯了的大少爷，缺乏应变的能力，仍然僵着不走，一副手足无措、难于决断的模样，一直等到大批军警赶到，他才想起利用张汉举当挡箭牌一路开枪冲出去，其悲惨的后果可想而知，屋外乱枪齐下，院子里流血五步，伏尸两人，王维琛理性全失，他把"夜壶张三"一枪击毙，终于自己也饮弹而亡。

闹出这一桩血案，梅兰芳心摧胆裂，为之吓伤，他不久便携眷南下，但是正因为有此一幕，孟小冬便被梅兰芳的发妻福芝芳抓住"口实"，梅兰芳家里便鸡犬不宁。福芝芳进梅门在先，她口口声声为梅郎的生命安全着想，逼他和孟小冬分手。孟小冬自幼傲比冰霜，这时又红遍南北，她岂肯与不学无物、一心靠抓牢梅郎吃饭的福芝芳争一日之短长。然而，梅兰芳深爱孟小冬，他绝不愿轻言分离，但是，他也制服不了福芝芳的吵吵闹闹，因此，梅兰芳在声誉如日中天的时候，深深地为家庭纠纷苦恼，进退两难，几至痛不欲生。

梅兰芳的至亲好友实在看不过了，于是，他们决定集议筹商，插身其间，帮梅兰芳做这一个重大决定。

中国银行总理冯耿光是梅兰芳的后台靠山，梅兰芳一生对这位冯耿光——冯六爷可谓一言一行，无所不从。冯六爷说一，梅兰芳断然不敢曰二。

在梅宅血案发生过后不久，曾有一次，杜月笙的好朋友杨志雄，偶然在他家做客，亲耳听到冯耿光力排众议，要梅郎舍孟而留福。

冯耿光所持的理由是什么呢？三言两语，很简单，他分析孟小冬和福芝芳的性格。他说孟小冬为人心高气傲，她需要"人服侍"，而福芝芳则随和大方，她可以"服侍人"。以"人服侍"与"服侍人"相比，为梅郎的一生幸福计，就不妨舍孟小冬而留福芝芳。他这个说法，把那些拥孟论者列举的冬皇优点，什么梨园世家、前程似锦、珠联璧合，伶界佳话全都压了下去，在座的每一个人都不便再赘一词说什么了。

就凭冯六爷对梅兰芳的影响力，一件关系三方而终生幸福的婚姻大事，自此轻而易举地得到了解决。孟被迫离异，黯然分手，这使梅、孟戏迷为之大掬了一把同情之泪。

因为这桩情事，在杜月笙60诞辰盛大公演之期前后，上海的小报、杂志，怎肯放过孟小冬、梅兰芳同期演出这一条千载难逢的花边新闻。于是，上海滩的各种小报和方块杂志，花样翻新，不惜危言耸听，有谓孟小冬、梅兰芳的"南化会"，正是他们旧情复炽、破镜重圆的契机；又说什么早几年梅兰芳留须不唱，福芝芳则为破除寂寞，寄情赌博，早已将梅兰芳的生平积蓄，输得一干二净，她怕丈夫稽核，魂梦为劳，眠食难安，于是得了神经衰弱重症，梅兰芳正想驱之为快，如今心上人南来，眼看覆水重收，便在眼前……等等等等，不一而足，总而言之，这时全上海的舆论似乎一致都在为孟、梅复合而在大声疾呼，摇旗呐喊。

好事的小报、杂志不遗余力大肆撮合，使梅兰芳百口莫辩，福芝芳心惊胆战，姚玉兰心怀惴惴，杜月笙则有说不出来的滋味，而孟小冬竟能处之泰然，她对所有报章杂志刊载与她有关的文字，一概视若无睹。

但是，"梅孟重圆"的谣言却越传越盛，呼声甚嚣尘上，越是空穴来风，八字也没有一撇的无稽之谈，越是有人言之凿凿，煞有介事，这终于使得已卷入漩涡的梅兰芳、福芝芳夫妇，和杜月笙、孟小冬一对恋人，全都感到心中极不是滋味，于是，冰雪般聪明的孟小冬便提出回北平料理诸事的愿望，杜月笙虽说万分难舍，却是明知她的用心良苦，也就不忍心拒绝。

果然，等孟小冬突然回返北平以后，外间谣传种种，一下子便静止下来。

风止尘定，波涛不兴，杜月笙虽然略微心宽，但是萦念伊人在天之涯，他的心境渐渐地又变坏了。这时，华北战云日急，共产党连取要地，北平将成围城，杜月笙真是急得睡不好吃不香，心忧如焚。于是，他函电交驰，又派专使，好不容易租用一架飞机接出了孟小冬。

孟小冬抵沪时，杜月笙拖病躯亲自到机场接人。杜月笙欢天喜地，兴奋若狂，以后待孟小冬犹如捧住了一只凤凰。孟小冬也有感于他恩情之重，从此死心踏地，杜门不出，像服侍她师父余叔岩那样，尽心专侍杜月笙。

不愿儿女们走自己的老路

1947 年底，在这一段时期，杜月笙的抱病之躯，在姚玉兰、孟小冬通力合作和悉心照料之下，已有好转的迹象，精神体力渐渐恢复正常。他因为卧榻太久，许多事体都不知道了，所以不时也肯下 18 层楼到各处走走，转眼间到了 1948 年元旦，一大清早，杜月笙便驱车到市商会，参加元旦团拜，而在团拜席上，遇见了上海市警察局长俞叔平。

一见面，俞叔平提起上海全市警察将在元旦日举行大检阅，早就发过请帖，邀杜月笙莅临指导，现在大检阅即将开始，他便劝杜月笙和他一道往观操。

杜月笙一时高兴，便答应了大家同去。

警察大检阅在福熙路浦东同乡会门前，杜月笙一行抵达后，全部被邀上临时布置的阅兵台。一行人往阅兵台上一站，看过分列式齐步前进后，还有各种表演，时值严寒，朔风扑面，杜月笙起先倒还顶得住，但是足足站了一个多钟头，他便感到十分不适，却碍于节目还没结束，不便中途告退，于是咬紧牙关硬撑，好不容易支撑到大检阅结束，他匆匆告辞，赶紧回 18 层楼。

他回家后往床上一倒，就此发了高烧，请医生来诊视，说是感染风寒得了恶性感冒，这一场大病又使他缠绵床第一个多月。

等这次恶性感冒痊愈，早已过了阴历年。阳春三月，"行宪"第一届"国民大会"将在南京召开，会中要选举"行宪"后第一任大总统和副总统，3 月 29 日大会开幕之日，杜月笙才匆匆赶到南京，报到出席。

这一次，他在南京住了整整一个月，下榻在洪兰友的公寓，其间长子杜维藩夫妇曾专程自上海前来探视老父，杜月笙非常高兴，他利用开会闲暇，带儿子、媳妇往游南京近郊的风景名胜，这便是他一生中最后一次的南京游了。

"行宪"第一届"国民大会"会期，由于副总统选举，一连经过4次投票，才由李宗仁当选，所以会期一延再延，直到5月1日才宣告闭幕。当天杜月笙回到上海，他当日便在国际饭店开会，为1948年5月5日起在上海举行的第七届全国运动会，筹募到一笔巨额经费。

只要健康情形许可，杜月笙每一个星期必定要到国际饭店去一次，因为他在上海发号施令的大本营、根据地——"上海地方协会"，经他硬性规定，一星期在国际饭店开一次会，议定一周大事，所以这一会议对于杜月笙可以说是相当的重要。上海地方协会的事情，他关照常务委员王新衡、秘书长徐采丞多负一点责任，这两位是他十分爱重，可以信托的朋友。

1948年8月19日，南京政府颁布"财政经济紧急处分令"发行金元券，规定金圆券1元合"法币"300万元，金圆券4元合美金1元，8月21日，南京政府为加强经济管制，特在各重要地区设置经济管制监导员，特派俞鸿钧负责督导上海，张历生督导天津；宋子文督导广州，同时令电各省市政府。不久，鉴于上海的情况改由蒋经国亲自挂帅。

根据"经济紧急处分办法"的规定，自1948年8月20日起"法币"停止发行，民间持有之一切"法币"、外币及金银，一律需在限期以内兑换金圆券。这时正值举国灾患频仍，物价飞涨，民生维艰，蒋介石政权在人民的攻势之下到了命脉如丝的生死存亡关头，"经济紧急处分令"就是蒋介石颁发的一帖要起死回生、振疲起衰的猛剂，所以他是下了大决心要把这场运动作为一场战争来做。

结果，他的明令见报，消息传出，马上引起了各界震动。但是，杜月笙得到消息的时候正卧病在床。他的反应是既明快而又坚决，首先，他命人打电话，马上叫他的大儿子杜维藩过来。

杜月笙看见杜维藩进门以后，喘着气，从枕头底下摸出两把钥匙，交给他，说：

"华格臬路楼下，那只保险箱里还有一些银洋钱，你统统取出来，送到银行，按照政府的规定，把他们全部兑换金圆券。"

杜维藩问："是在舅公住的房间里？"

杜维藩所说的舅公住的房间就是指曾经显赫一时、常年冠盖云集、门庭如市的那幢华格臬路老宅。胜利后它被改成了宁波西路，门牌号码编为216，由于杜月笙一直不曾搬回去住过，再加上隔壁头张啸林家一度"流血五步，横尸两人"，于是被人视为凶宅，因而显得门巷冷落，车马转稀。

抗战时期华格臬路杜公馆的主人，大部分时间都在后方，华格臬路老宅一度形成真空状态，杜月笙曾经把他高桥乡下的那位老娘舅朱扬声请了出来帮他看守老宅。朱扬声在楼下挑了一个房间，就此在华格臬路长住，他那个房间里有一只很大的保险箱，老娘舅忠心耿耿的守牢在保险箱旁边，谁也不知道杜公馆那只大保险箱里，装了多少金银财宝？

杜月笙点点头，又吩咐他一句：

"你叫全家的人都到我这里来一趟，我有极重要的事情关照他们。"

儿子答应了，杜维藩在病榻之旁坐了一会儿，然后辞出。他回到华格臬路，说要打开大保险箱，把里面存放的东西拿到银行去换金元券。转瞬之间，这个消息惊动了全家。大家都要来看看，这只大保险箱究竟装得有多少金银财宝？然而，当杜维藩在众目睽睽之下，把大保险箱打开来一看，找了半天，大家都不禁呆了，因为大保险箱里只有银元372块。

随后，杜公馆上上下下的人，分批到18层楼去，听杜月笙谆谆交代：

"你们有多少黄金、美钞、银洋钿，我不晓得，我也不问你们，但是我要提醒你们一声，这次中央颁布的是'财政经济紧急处分令'，中央一定会雷厉风行。你们所有的金银、美钞，务必要遵照规定，在限期以内全部兑换金圆券，否则的话，我今日有言在先，不论哪个出了事情，我绝对不管。"

话虽这么说，家人之中，各人环境殊异，胆子大小不同，有人听杜月笙的话，遵照规定把金钞都换了金元券。但是也有人秘密的藏起来。同时，形诸各人所做的生意。处理方式也是迥异不同。杜维藩在上海证券交易复业之初，便租下了战后歇业的百乐门茶座，百乐门的厅房很大，杜维藩与其妻弟合伙把百乐门茶座略加装修，开设了一片维昌证券号，他这个号子只做散户生意，当场喊价，当场交割，做来做去从来不会做过一个大户，他的营业方针是"稳扎稳打，聚砂成塔"，表面上看起来没啥好处，其实则是有赚无赔。

实行"财政经济紧急处分令"，金圆券发行以后，南京政府三令五申"奉行法令，不得投机牟利"，但是为时不过半月，南京方面便发布了轰动一时的财政部秘书陶启明等泄露重要机密，非法投机牟利巨案，监察院公布陶启明等在币制改革前夕，在上海抛出永安棉纱亘千一万股，骤获不法利益达5亿元之巨。东窗事发，不但陶启明等罪有应得，银铛入狱，而且还连累了主持金圆券改革币制的财政部长王云五，一系列的人都受到了监察院的纠举。

看到南京政府推行"财政经济紧急处分令"，果然铁面无私，雷厉风行，再加上受到他父亲的严厉警告，杜维藩夫妇不但遵照法令把两夫妇所有的金银、美钞全部兑换了金圆券，而且，认为证券交易风浪太大，夫妇俩一商量干脆把维昌证券号关掉，免得节外生枝，弄出事体。

证券号子关掉，夫妇俩空闲起来了，趁此机会，他们禀明杜月笙一起到北平旅游，了多年的宿愿。临行前夕，在一个应酬场合上，他们见到了陶一珊，陶一珊在杜维藩念高中一年级的时候，接受军训，曾经当过他的大队长，一方面有师生之谊，另一方面，当然又是世交，所以，当陶一珊说杜维藩夫妇要到北平去，他马上就自动建议地说：

"我写两张名片给你们，介绍你们去见北平的警备司令和警察局长。"

杜维藩回答说：

"用不着麻烦陶先生了，我们到北平，玩儿天就要回来的。"

但是，陶一珊还是提笔写好了两张名片，交给杜维藩，说：

"你带在身上，必要的时候可以派上用场。"

杜维藩道声谢，收好了，当时全不在意，只道是陶一珊爱护关怀，体贴入微，殊不知两夫妇到了北平，一日早晨起来看报时，忽然惊见宏兴公司杜维屏涉嫌投机牟利已被上海市公安局逮捕的消息。杜维藩大吃一惊，这一惊惊出了一身冷汗，心想陶督察长突如其来给他两张名片，个中意味可能不大简单。

原来，杜维屏所涉嫌的案件和陶启明案如出一撤，其间只有大小之别。原来，在上海经济督导员办公处的经济检查队看来，杜维屏有重大的嫌疑，于是，通知上海市警察局加以逮捕审讯。杜维屏的宏兴公司曾在币制改革的前一天抛出永安纱厂空头股票 8000 旧股，其数额与陶启明案相比，真是一在天来一在地，不值得比较。杜维屏抛空 8000 股永安棉纱后，翌日"财政经济紧急处分令"下，改革币制的初期股票停拍，恢复营业时他当然就赚进了一些钱。

由于杜维屏是杜月笙的儿子，他这一被捕马上就震撼了上海滩，紧急处分，雷厉风行，居然连杜先生的少爷都捉进官里去，仅此一点，已足使玩法、惨法者有所戒了，上海朋友这才晓得煌煌法令不是轻松随便、等闲视之的了。另一方面，也有人睁眼在看这场好戏如何续演，街头巷尾，交头接耳，都在窃窃私议，这下要看杜先生将会作什么样的反应。

杜月笙对此一意外事件的反应，于公则表现出大义凛然，他知道蒋家王朝现在大难当头，命脉如丝，前途既黯淡而又危险，尤其币制改革在全力推行时期，一招错，满盘输，牵一发足以动全身；并且在上海滩比他儿子大的老虎还多的是！他把这个大环境看得非常清楚，因此，他对杜维屏被捕事件一语不发只字不提，既不向任何方面求情，也不跟要好朋友诉苦，他只是说："国法之前，人人平等，维屏果若有罪，我不可能也不应该去救他。"

但是，杜家公子被抓，家里人不明内情，频频催促他设法为杜维屏开脱。这时，杜月笙的神情反倒显得非常轻松，他带着笑说：

"怕什么，我有 8 个儿，缺他一个，又有何妨？"

尽管蒋经国这一次来上海气势汹汹，大有打虎之势，但是随即碰了孔家公子的壁，只好对币制改革不了了之。杜月笙对于儿子的关押并不着急，孔家公子的扬子公司案不了了之之后，上海"经济特种法院"也不得不给予杜月笙面子，杜维屏案子数度审讯的结果，特种法院因为"全无佐证"指明杜维屏是在改革币制之前获得机密，于是"投机牟利"、"破坏金融"的"事实"，使法官接受了杜维屏"纯出巧合"的辩说。因此，法院宣告杜维屏无辜无罪，予以释放。但是，他所经营的宏兴公司有兼营"对敲"的事，这种场外交易大有逃脱之嫌，宏兴公司则受到吊销牌照和依章罚款的处分。杜维屏平安无事地被送回家里。

杜维藩夫妇邀游北平，在上海却传出了杜先生"大少爷逃跑，三少爷坐监牢"的恶意谣言，获知三弟维屏被捕，杜维藩夫妇闻讯心惊，还以为陶督察特意写两份介绍名片，是为了他们如在北平被捉可以拿来挡挡事，免"进牢监，吃苦头"。但是，不久杜维屏被释放回家，直到在北平发现北国风云日亟，共军着着进逼，北平马上就要陷入重围时，杜维藩夫妇这才恍然大悟，陶一珊写那两张名片是担心北平围城，两个人陷在北平逃不出来，才特意做此安排的。

杜月笙对他的儿女寄予很大的希望，但是，他一辈子在混世界、打天下的痛苦经验使他不愿他的任何一个子女走他的老路。现在尽管杜家钟鸣鼎食，富埒王侯，其排场之大，很少有人能超过他，但是他对人生的最后愿望，亦即他所寄托于他的儿女身上，就是做一个朴实无华、能在平凡中显出其不群的人。因此，他从不在自己子女面前讲述他得意的往事，赫赫的事功，相反的，他倒不时告诉他的子女们，他儿时的孤苦伶仃，茕独贫困，纵使他在赌桌上一掷万金了无吝惜，但是他在与家人同食的饭桌上，一只酱油碟子倒得过多了些，他也会小心翼翼地将一碟匀作两碟。

仓皇出逃

1948年11月20日以后，保定失陷，徐州易手，12月间徐蚌会战又起，江南局势越来越紧，风声鹤唳中到了1949年1月1日，张淦兵团在搭口布防，4日，国民党政府迁广州，国共战事已经接近长江北岸，从这个时候开始，难民由徐蚌而南京，由南京而上海，不日之间，就达到了数十万。

1948年阴历年前，浦口战云密布，首都南京一夕数惊，于是，连南京的商卖百姓，升斗平民，也都争先恐后地挤进了逃难行列。而这时逃难的目标只有上海一隅，因为往上海逃难有钱人可以乘飞机、轮船，逃赴国外香港或台湾，中等人可以沿沪杭南、浙赣、粤汉铁路逃到广州或西南，无钱的人万一非留在上海不可，至少上海要比南京安全，而且，"讨饭讨到上海也不怕"，就是为求解决生活、衣食，上海也远比南京，或者其他各地容易。

因此，一时间南京下关车站一片紊乱，车站外的大广场，难民餐风露宿，或坐或卧，也不晓得挤了若干万人，月台上，更是万头攒动，挥汗如雨。车站秩序完全破坏无遗，用不着买票、验票与剪票，火车站的司乘人员，面对着蠕蠕而动的人潮束手无策，难民们惟有从车站广场尽头起，一步步的往月台挨，一步步的往月台挤，好不容易等来一列火车，月台就近的人一拥而上，直到车顶、车衔头，甚至车厢下火车轮子两旁，都绑满了急于到上海的难民，火车只能不按班次，不照时间地向东驶走。

就这么一车车的难民往上海市送，数日之间上海难民多达十数万人，有钱的住旅馆或者出黑市高价买机、车、船票，继续登上逃难的旅程，有亲戚朋友住在上海的立刻便去投奔，还有大多数走不了，也无亲友可投的，便迫于无奈，他们在严冬季节不能困马路，睡水门汀，于是只好纷纷住进庙宇、祠堂、公庙、学校……转瞬之间，上海凡有屋顶的公众场合全部住满，可是，还有大批的难民，在源源不断地来。

难民涌到上海，开始还只是住处的恐慌，随后不久便演变成严重的衣食问题。上海市政府虽然可以眼睁睁地望着他们冻馁而死，但是，却怕这些难民濒临饥寒交迫的边缘会去铤而走险，有十万以上的饥民出现上海街头，上海滩的治安马上出现了问题。

但是，上海市政府何来庞大的救济经费？这时上海已是物价飞腾，币值一日数落，许多机关为了解决职工的生活，薪津一日一发，还得到处筹措，煞费张罗。时任上海市社会局局长的吴开先，他为救济难民问题四处奔走，几乎精疲力竭，但是，却什么办法也没有想出来。于是，吴开先往访杜月笙，他告诉杜月笙难民问题空前严重，吴开先说：

"不得了，上海已经变成一个大收容所，而各地难民还在继续不断地涌来，现在所有的公共场合全部住满，眼看再来的难民只有露宿。难民之来无法限制，今天是 10 万人，明日就会增加到 11 万，莫说市政府没有钱，即使有钱的话，也是无法造预算。我去请示吴市长，吴市长说他毫无办法，币值天天跌，物价时时高，他说市政府根本无能为力！"

杜月笙听后，浩然长叹，他双眉紧皱地说：

"这件事，的确伤脑筋，老实不客气说，我一生一世也不曾遇见这么棘手的问题。"

吴开先明知他说这些话并非推托，而是有所焦虑与感慨，因而接下去就请教：

"杜先生，你可有什么好办法？"

果然，杜月笙毅然的挑上了这副重担——

"只有劝募铜钿。"

"但是，"吴开先实事求是，坦坦白白地说，"救急容易救穷难啊。"

"开先兄，"杜月笙摇头苦笑，无可奈何地答道，"我们只好做到哪里算哪里了，事实上想造预算也没法造，想筹的款又无处可筹，但是我们偏又不能见死不救，所以我们惟有做了再说，做一日和尚撞一日钟，明天的事，谁能保证？"

吴开先见杜月笙斜倚病榻之上，多说几句话，便就咻咻喘息，不胜感慨不已，心情矛盾之余，坐在一旁默默无言。

室中一片宁静，过了一会儿，杜月笙又轻声地问：

"时局究竟怎么样啊？"

吴开先一听，便知杜月笙这话有其弦外之音，他其实是在问我们究竟能支持多久？照管这十多万人生活的重担，将要挑到何时为止？吴开先觉得他自己应该一如往常，实话实说，也好给老朋友一个心理准备。

"当然希望能够支持下去，"他语言黯然，"不过共产党目前已经渡江骚扰，上海保卫战可能打几次胜仗，但是……"

杜月笙又是一声苦笑，他打断了吴开先的话说：

"开先兄，不管这些了，从今天起，我们和那些难民一样，有饭吃饭，有粥吃粥，凡事都不必打什么长远算盘。你说对吗？"

吴开先笑着点点头，又将话题拉回难民救济事宜上面来，他再问一声杜月笙：

"杜先生，你答应帮忙了？"

杜月笙奋力欠身而起，他断然答道：

"言话一句，我一定尽力。"

君子一言，驷马难追，自从杜月笙答应协助解决难民衣食问题以后，他虽然殚智竭虑，悉力以赴，筹款、募粮、发动上海市民捐献衣物棉被，但是，他抱病在身，莫说出外奔走联络，即使躺在床上拨几只电话也会累得汗出如雨，上气不接下气，所谓他说话算话，救济难民也多是空话一句了。要捐无可捐，募无可募，青黄不接，他杜月笙巧妇也难为无米之炊了。

大上海保卫战正在积极部署，因为共产党40万军队即将包围上海滩，守军急需构筑城防工事，于是由守上海的国军统帅、淞沪警备总司令兼第三方面军总司令汤恩伯和上海市长吴国桢联合出面，请杜月笙再为家乡尽一次力，出面筹组"上海市城防工事建筑委员会"。他们的用意是借杜月笙的声望便于筹募款项，同时，也想请他负责"筹款购料"，从拿钱到付款一手包办，让他也赚点。

但是，杜月笙并不赞成城防工事募款，因为募款目标高达两百亿金圆券之巨，

361

第十二章　荣登上海议长宝座

上海的有铜钿朋友，能飞的飞了，能走的走了，剩下来的小市民眼见大局急转，共军已经渡江，南京且告易手，而币值日贬、物值飞涨，大家都在生死关头，诚所谓泥菩萨过江自身难保，如何能够捐得出城防巨款？此其一。再则南京龙蟠虎踞，长江号称天堑，上海滩只不过一处芦花荡，南京和长江守不住，上海一片平阳连座城墙也没有，这个"城防战"竟是如何打法？再加上军政当局构想虽好，可是负责城防工事的人员，利欲熏心，混水摸鱼，城防工事募捐还没开始，负责构筑城防工事的贪官污吏就已经开始动手了。于是尽管杜月笙做了一些努力，但是募款效果并不好。这样外间谣言又起，逐渐形成对杜月笙不利的空气，杜月笙听说了，着实吃了一惊，他认为时值乱世，自己又是十目所视、十手所指的人物，谣言造到他身上来，一个弄不好会起绝大的风波，所以他一听到谣言，仿佛大祸临头，18层楼寓所那两扇大门紧紧的关着，除非国民党军政首要，至亲友好，心腹智囊，亲信学生，他任何人都不接见。随即杜月笙即使病躯沉重无法起床，但为了止谤避嫌，藉以明哲保身，也不得不勉强打起精神，想尽办法来摊派捐款，力使筹募的目标得以顺利完成，而且必须如此，才能表明他跟国民政府步调始终一致，尤其具有领导民众协助国军保卫大上海的决心，他咬紧牙关这么做，对于他的病体和心理都曾形成极沉重的负担，不过，杜月笙的表现终于使他可能投共的谣言总算因此不攻而自破。

尽管如此，局势还是一日不如一日，1949年1月20日，蒋介石发表文告，决定身先引退，当日离京飞杭，转赴奉化溪口，同日，李宗仁宣布代总统职，全国各地同胞看到报纸，得知这一消息，无不有天崩地裂、五内如焚的感觉，大家都知道，大陆局势已到了不可收拾的地步。

也就从这一天开始，杜月笙和他的心腹智囊几次紧急会商。然后，大家分头做撤离上海的准备，但是，在表面上杜月笙和手下心腹一个个依然装着若无其事，甚至装着是在徘徊观望，以免引起怀疑，酿成意外。

对于自己的家人子女，心腹亲信，以及要好相关的朋友，杜月笙在原则上是大家一道走，不过，由于各人情形不同，环境各异，他在劝促那许多人早日离沪时，在表面的方式上，略有不同。

最亲近的，关系最密切的，杜月笙便直接下命令：

"行李收拾好，说声走，就动身。"

对稍微有点隔阂者，他用浅显俚俗的比喻，一语破的，促成他们离沪的决心，杜月笙曾经和许多人语重心长地说过：

"跟国民党走，好歹还有一碗稀饭吃；跟共产党嘛，只有吃米田共的份！"

米田共三个字加起来恰好是"粪"。这一句杜月笙的反共警语在杜氏亲友之间口耳相传，绘声绘影，像黄金荣家、金廷荪家、顾嘉棠家……妇孺老幼，大都奉杜月笙之言有若神明，因此，家家都在准备行装。

这时黄老板82岁了，他舍不得上海滩上那庞大的产业，又怕自己风烛残年，受不了旅途的劳顿，但是他叫他的媳妇李志清领着他长孙黄启予一家先去香港，再投台湾，他留幼子伴他暂住上海，然而，他仍然拍了登记照片，而且在照片背面写好姓名，年龄，籍贯，住址，要他媳妇到香港后，替他申请台湾入境证，以备万一，这些照片现在犹在李志清的保管之中。

金廷荪、顾嘉棠、万墨林、朱文德……惟杜月笙马首是瞻，他们都决定举家离沪，随杜月笙共进退。

有一天，杜月笙跟王新衡在一起闲谈，王新衡因外间风风雨雨，谣言太多，特地提醒杜月笙："别人可以不走，你杜先生是非走不可的。"

杜月笙听后，笑了，他告诉王新衡说：

"你放心，我会走的。但是现在何必喊出来说我要走呢？谣言让他满天飞，落得共产党对我放心，免得临时节外生枝。"

又一次，王先青来拜望他，坐定了，杜月笙便皱着眉说：

"黄任之（炎培）来过三次了，邀我到一个秘密地点，跟周恩来碰一次头，我怕不妥，黄任之说绝不碍事，而且只是见一次面而已，并不讨论任何问题。"

王先青一听，着起急来，他双手直摇，神情严重地说：

"老夫子，这件事万万不可，即使双方见了面不作任何商谈，但是一见面就是铁的事实，共产党又不知道要造出多少谣言来了。"

杜月笙宽慰地一笑，慢吞吞地答道：

"我跟京士、清华也会谈过，他们也是你这个说法，所以，我已经拒绝了。"

听到这里，王先青才恍然大悟，原来这是杜月笙在对他加以试探，惟恐他在那危疑震撼、千钧一发的时期，意志有所动摇。

杜月笙要离开上海，他所急于办理的事情，相当的多。第一，他要尽量调集现金，作为他庞大家族长期逃难的生活准备；第二，他一手创办尽人皆知的中汇银行，人欠欠人，他希望账目能够结得清清楚楚，不至于因中汇的未了事宜留人口实话柄。这时，杜月笙仿佛已有自知之明，在他有生之年绝不可能再回上海重振中汇银行的业务，既不会再开中汇，他便极想作一个漂漂亮亮的结束。

中汇银行的历史够悠久了，它创办历时20余年，自战前以至胜利以后，杜月笙一直自己做着总经理，而徐懋棠以副经理的名义，负责主持业务，可惜徐懋棠没能利用中汇银行悠久的历史及有利的环境，中汇的业务始终打不开。和中汇同年开张的新华银行20年来分隶行业已遍布全国各地，而中汇却一向只有爱多亚路一片总行和天津路的一片分行而已。直至1947年，杜月笙下定决心，加强中汇银行的阵容，自己担任董事长，而使浦新雅出任总经理，徐懋棠、杜维藩副之，中汇银行才算是在南京中山东路24号开了第二家分行。但是，杜月笙所希望的能在撤退以前结清账目，这一项愿望却是始终未能达成。

1949 年 4 月，李宗仁的和平计划宣告全面失败，4 月 21 日，解放军发动全面攻击，自安徽荻港渡过长江，23 日李宗仁悄然飞往桂林，南京弃守；28 日宜兴，吴兴、长兴国民党军相继撤离，40 万解放军正向上海四郊集中，淞沪大战将起，杜月笙不能不动身了。

陆根记营造厂老板陆根泉和杜月笙是浦东同乡，又是交往多年、彼此不拘形迹的老朋友。1949 年春，陆根泉为了便于跟杜月笙联系，也搬来 18 层楼，和他同住在一座公寓里，碰到杜月笙精神好时，也邀几个搭子，陪他打打牌消遣。一日，这位同乡老友一本正经的来见杜月笙，坐定以后，劈头便说：

"杜先生，你该动身了。"

"嗯，"在陆根泉面前，杜月笙倒也无须隐瞒，他决断地说，"我是在准备要走。"

陆根泉很高兴，便问：

"杜先生准备到哪里？台湾呢还是香港？"

"我很想去台湾，"杜月笙坦然地说，"只不过，那边天气比较热，比较潮湿，对我的气喘病，大不相宜。"

"那么，杜先生是决定到香港了？"

"大概是这样，"杜月笙点点头说，"问题是房子还没有找好。这一次，我不但拖家带眷，还有不少的人要跟我去，住旅馆不是长远之计，找房子，尤其还要找一幢相当大的。"

"这个杜先生只管放心，"陆根泉一拍胸脯，慨然承允，"香港方面，做房地产的朋友，我认得不少，杜先生所需要的房子，由我负责去找。"

信电往还，用不了几天，陆根泉便来报讯，香港房子找好了，座落坚尼地 18 号，大小保险够住，房费只要港币六万元。

1949 年 1 月底，调任新职的上海市社会局局长吴开先，离沪赴台，然后到广州就任新职，临行前，他到 18 层公寓去见杜月笙。谈到了杜月笙迫在眉睫的动向问题，吴开先认为杜月笙即使无法去台湾，也得走香港，他可以逃离到任何地方，就是不能留在上海靠拢共产党。但是，他也知道当时共产党已有大批潜伏人士，暗中游说若干杜门相关人物。杜月笙未来行止如何，事关重大，吴开先趁临别之际，以 20 多年老朋友的身份，特地再来提醒杜月笙，他说：

"杜先生，你不要忘记 1927 年清党的时候你那一幕，你杀过什么人？共产党清楚得很。杜先生你也晓得'血债血还'是共产党一直在喊的口号，而且共产党居心险恶，他们报起仇，算起账来，以命抵命之外，还要给人极痛苦的侮辱和折磨。他们杀一个人不但要叫那人死，尤其还要那人在死前吃足苦头。"

杜月笙深深颔首，答道：

"这些，我都晓得。开先兄，你放心，我绝不会让我的头颅跟心肝，给共产党去祭他们的烈士！"

1949年5月1日，解放军40万人围攻上海前夕，宜兴、长兴、吴上兴三处外围据点国民党军撤离上海，上海草木皆兵，情势骤形危急，杜月笙不能不走了，他起先还想坐飞机，一脚到香港去。但是，给他看病的医生一致反对，他们认为杜月笙健康情形太坏，坐飞机有生命危险。医生的话不能不听，迫于无奈，杜月笙只好决定乘船。

这时，急于逃出上海的人太多，买一张去香港或台湾的船票，简直难于登天。杜月笙走时，太太、朋友、保镖、佣人，还要跟上一大群，急切之间难于买到理想的舱位，所以当这大队人马登上一万多吨的荷兰渣华公司客轮宝树云号时，舱位都是分散开来的，杜月笙、姚玉兰和孟小冬，三个人只有一间头等舱，舱内两张单人床，外带三等床位一张。

因此，姚玉兰和孟小冬商量好，排定时间，两个人轮流值班，招呼杜月笙，一人一班几个钟头，辰光一到就去那张三等铺上歇一歇。

时值杜月笙喘疾大发方告小愈之后，大病初愈，他身体极为衰弱，在此情形之下匆匆上路，大有"扶上雕鞍马不知"之慨。这次离开土生土长、血肉相连的上海滩，他早就晓得今生今世不会再回来，国事如麻，大局难逆转，此情此形，以他的精神体力都不容许他有所作为了，英雄末路，他内心中有着无限的凄凉感慨。

宝树云荷兰轮通过黄浦江，直驶吴淞口，杜月笙的出生地浦东高桥转眼即过。别矣，上海，舱外的步声杂沓，人语喧哗，杜月笙木然的表情稍微松弛，他转动眼珠望了望侍坐一旁的姚玉兰，发出一声长叹，然后满脸苦笑地说道：

"我守了一辈子的寡，差一点就失了节。"

姚玉兰懂得，杜月笙系指他终于毅然决然，挣出重围而离开上海。

"就是嘛，"姚玉兰顺着他的心意说，"可见得一个人凡事都该自己有主张。"

因为在杜月笙老一辈的朋友中，黄金荣迟疑复迟疑，迁延又迁延，最后终于决定拼死留在上海。杨虎则听信了他海员工会老部下王寄一等人的一派言语，跟杜门距离越拉越远，而且行动诡秘，颇有投共的迹象，这两位老弟兄的作为都使杜月笙深感绝望，却是又无可奈何。对于个人进退出处、当前大局环境，头脑"最清楚的"还数金廷荪金三哥，金三哥在杜月笙撤离上海之前，即曾不止一次地语重心长地说：

"月笙，你不能上人家的当啊，我们跟共产党的恩怨你心中要有数目。"

金廷荪所指"我们跟共产党的恩怨"，除了杀汪寿华之外，还有早在1927年时，国民革命军北伐之役，上海"三大亨"黄、杜、张加上了金廷荪，响应蒋介石的号召，组织共进会，加入"清党"，攻克工人武装纠察队的据点多处。除此以外，"剿共"战事时期，抗战前与胜利后，杜月笙在上海利用地利、人和之便，对肃奸防谍，曾有相当的贡献，凡此，也都被共产党认为是必须"血偿"的"血债"。

于是，杜月笙每次都对金三哥回答：

"三哥，我晓得，我心里当然有数目。"

回到内室。杜月笙颇觉心知肚明，还不胜感慨地告诉姚玉兰说：

"他们要骗我留下来，目的就在于把我弄死为止。"

陈毅邀请他不回

1949 年 5 月 3 日，船抵香港。杜月笙在陆根泉为他找的坚尼地 18 号安顿下来了。5 月 27 日，上海国军因抵抗不了解放军的进攻撤出了上海，同一日，杨虎、吴绍澍等自大西路引入解放军。共产党指派陈毅为上海市长。陈毅进入上海后，所办的第一件事，便是"情词恳切"地公开致电旅港上海耆绅、金融工商"领袖五大亨"，杜月笙、陈光甫、李馥生、宋流章和钱新之。

但是，陈毅的长电却犹如石沉大海，"五大亨"并无只字片语的答复，于是，陈毅又派与"五大亨"关系颇好的徐采丞以上海市地方协会秘书长的地位与关系，专程跑一趟香港，迎接杜、陈、李、宋、钱"五大亨"返沪。徐采丞却为了自己脱离虎口和陈毅要了一起噱头，他抵达香港以后，自己从此也不回来，留在香港，不再回到上海了。

随后，杜公馆的各色人等陆陆续续地到了香港。坚尼地 18 号房子不但不合理想，而且不成格局，厅不像厅，房不像房，真正能派得上用场的，简直数不出几间。

但是，杜公馆到了香港的人可不少了，从杜月笙以下，有三楼孙太太，姚玉兰与孟小冬，长儿、长媳维藩夫妇已经有 4 名儿女，次子维垣、三子维屏、五子维新，都已建立小家庭，七子维善、八子维嵩还在读书，外加大小姐杜美如，孟小冬的义女养娟，光是家中的眷口便有 20 多人，何况还有跟出来的随从徐道生、司机小阿三钟锡良、大司务"小鸭子"及其下手、男仆陆圆、解子信、女雇阿妹、小妹等 4 人，佣人就占了 10 个之多。

而坚尼地 18 号一楼一地的房子，楼上住的是陆根泉一家，楼下杜公馆，既无庭园，又缺围墙，外面的人朝里望，可谓"开门见山，一目了然"，全屋精华所在惟有一间半圆半方的大客厅，正房只有 3 间，其余小房都是将就用走廊空隙隔出来的，一间做了秘书胡叙五的办公室，另外 3 间住了杜美如和杜维善、维嵩两兄弟。姚玉兰和孟小冬的两间附在杜月笙的大房间外面，劈面相对，而且声息相通。

将这几个人勉强分配好房间以后，再要住人，便毫无空隙。厨房边一小间只够住一两个佣人，其他的佣人必须住在外面，每天早出晚归。

因此，二楼陈太太一度由台湾到香港，她反倒住进新宁招待所，三楼孙太太则在外面与儿子同住，杜维藩的太太先带小孩到香港，住过九龙李丽华的房子，后来杜维藩乘海轮抵港，一家 6 口便花两万港币，在建华街买了一层楼，而跟同从上海来的王新衡隔街对门。其余成了家的三儿一女，杜维屏住堡垒街，杜维垣、维新住在渣华街，二小姐杜美霞嫁给了金元吉，她是金公馆四少奶，金廷荪由上海带出来的一大家人也住在渣华街上。

抵达香港后杜月笙由于精神体力的关系，加以当时环境之所限，心情萧索，早已失去创办事业养家活口，作长期打算的壮志雄心。这么一大家人的生活所需，他自己每月要港币两万以上的庞大医药费用，光这坚尼地一处一月开销至少也得港币6 万之数，杜月笙带一大家人到香港，只好"坐吃山空"，用光为止。这位当代闻人、挥金如土的上海大亨杜月笙，1949 年离开上海的时候他一共只有两笔财产，其中之一，是美金 10 万，当年曾因预储子女教育费的关系交给了好友宋子良，请他带到美国代营"生意"。另一笔，约有美金 30 万，这是出卖杜美路那幢渠渠华厦之所得，在杨管北的帮助下早已提出预存于香港，留下来应付杜月笙逃难到香港的生活所需。

杜月笙一家人迁居香港不久，便有一笔找上门来的好生意。

说起来，这是一位热心朋友好意帮忙，想给杜月笙在一进一出之间，赚一大笔钱。这位朋友是四川人，经常来往重庆、成都与香港，据他所知，四川猪鬃量特多，价格又低，又碰上了时局关系无法出口，因而一跌再跌，已经跌到成本之内，这位四川朋友早已决定斥集巨资大事搜购，并且他已接洽好了中航公司的飞机，代为运港，这批猪鬃运到香港以后，即使比市价再低的话，也可以有三倍五倍的利息。

这岂不是千载难逢的良机？朋友极靠得住，生意更是十拿九稳，加若干股子进去，也许便在数日之间，就可以赚个三倍五倍，有这种好生意不做，更待何时？

但是杜月笙听过之后，却一口谢绝了朋友的好意。他推说："我现在没有现款。"

而这笔生意由于争取时间的关系，必须立时立刻拿出钞票来，杜月笙放弃了大好发财机会，他身边的顾嘉棠则食指大动，他不惜倾家荡产，把他从上海带出来的30 万元黄金甩下去，满心赚个百把万美金。顾嘉棠在"小八股党"首领之中最善理财，他平素的作风"只进不出"，恰与杜月笙的"挥金如土"成对比，所以他省吃俭用的积蓄，尚且超过抵港以后的杜月笙，这一次是他一生一世最大的一笔投资。

当顾嘉棠满怀希望欣然加入的时候，四川朋友告诉他，大部分的猪鬃都已经收购好了，货色集中在成都，只等中航公司的飞机开始履行合约，拨机逐批运港。这时，解放军才只攻下了巴东，川边吃紧，成都、重庆仍安如磐石，解放军跑得再快，也不可能猛一下便威胁到成都，因此，顾嘉棠交付过股款以后，便笃定泰山地等着赚钞票。

万万料想不到，猪鬃方待启运，11月10日一早，翻开报纸一看，中国航空公司与中央航空公司的负责人带了12架飞机一道飞往北平投共，使全国各线空运全部中断。

这是令人极为震撼的一条重大新闻。

这一条重大新闻，对于顾嘉棠和那位四川朋友，震撼的程度尤足惊人，两航反戈，航线中断，运猪鬃的合同无人负责，大批的猪鬃堆在成都运不出来，一时又找不到其他的交通工具可资利用，这一个打击对于当时的顾嘉棠来说未免太大，四川朋友本人蚀了美金300万，几乎为之破产，顾嘉棠带出来的全部家当美金30万元全部蚀光，沉重的打击使心宽体胖的顾嘉棠长吁短叹，愁眉不展，见了熟人便一声苦笑地说：

"一票猪鬃，蚀脱我18磅。"

他是在说家当蚀光以后，他的体重骤然减轻了18磅之多。

在香港时，气候一变，杜月笙喘病又发，杜月笙治喘照样是中西并重，药石兼投，经常来为他把脉开方子的医生，中医有4位，西医则3名，这7位医师都不是碌碌之辈，在香港个个都有名望。由于中西药石兼投，医生一多，意见难免分歧，究竟该用谁的医法，该吃哪位的药，家人不敢做主，惟有杜月笙自己决定，因此之故，"久病成良医"的说法应了验，杜月笙反而变成自己的主治医师了。加以亲眷朋友，来往探病的人为数不少，人人对他表示关怀，贴心，今天张三介绍一位医师，明日李四贡献一个偏方，弄得杜月笙医生越请越多，用药越来越杂，几个月下来的结果，他曾自嘲地说：

"如今我是拿药当饭吃，拿饭当药吃了！"

杜月笙本人无法拿出定见，决定只请哪一位医师主治，别人更不敢代出这个主意，"群医成集，药石纷下"。对于他的喘病毕竟是益少害多，以杜月笙的"急病乱投医"的情况，是很难治疗得好。

第十三章

落日消逝在香港

冷落的日子

在香港杜公馆和任何一处杜公馆不同，那便是坚尼地门庭冷落车马稀，几十年来杜氏门庭的热闹风光仿佛已成陈迹，这并不是说杜月笙落日余晖，苟延残喘，竟被各界人士冷落忽视，而是他一则抱病，一则也由于大陆局势急转直下，香港是国共双方都在公开活动的是非之地，他有心避一避风头，躲一躲纠缠。刚到香港不久，杜月笙便请袁树珊给他看了个相，当时，袁树珊曾慎重其事地说：

"杜先生，最近一段时期，你最好闭门谢客，任何人都不见，否则的话，恐怕会有事非。"

袁树珊这一番话正中杜月笙的下怀，于是他命人写张条子，贴在房门口，词曰："遵医嘱，碍于病躯，谢绝访客。"

条子贴出，倒也蛮有效力，却是有一天，张公权来访，一脚踏进了房间，因为是要好朋友，杜月笙不得不带病见客，从此以后，病中谢客的"规矩"为之破坏。

1949、1950 年间，在香港长住的杜月笙，虽然怕麻烦、怕纠缠，可是他那颗爱热闹的心，却并未因健康太差而予稍减，即令气喘咻咻，爬不起床，每天还是巴望着家人、亲友多走动，常来来。

每天一早，多半是"小八股党""硕果仅存"的老兄弟顾嘉棠头一个到，他是专程前来打一个转，问声月笙哥昨夜睡得好吗？今早可曾起床吃过药了？他风雨无阻，问过便走，有时他并不一定要见到月笙哥，等歇到了快吃中饭的时候，他如果没有应酬，这顿中饭便十有八九在杜家吃。杜月笙精神好，他便陪陪杜月笙，不然的话，就在外面饭厅陪陪杜公馆酌熟朋友。顾嘉棠一生一世对共产党绝无好感，上海解放以后，他一提起共产党便破口大骂。他说只要共产党在上海，他是宁可死在外头，也绝不回转去受罪的。

跟杜月笙、顾嘉棠抱着同样坚决反共态度的是金廷荪，金廷荪这次逃难，逃得非常之彻底，全家大小，4 儿 4 媳全部搬到了香港。他也是抱定主张，绝对不跟共产党打交道，殊不料他的夫人怀乡情切，不耐客居，也不晓得听了什么人的蛊惑挑唆，居然跟金三哥老夫妻俩意见分歧，各行其事。金老太太不顾一切地带了 3 个儿媳妇，4 名女将由香港开回了上海滩，杜月笙、金廷荪、顾嘉棠一般老兄弟再三苦劝，劝不动这位金三嫂。照金三嫂的意见，她坚持要把 4 名儿媳一道带回去，幸好大少奶在香港医院中待产，总算免于同行，少受了一番波折与磨难。

金三嫂带了2位少奶回上海，实使杜月笙、金廷荪担尽惊吓，大费手脚。因为金三嫂回上海后住在杀牛公司附近朱家木桥的金公馆，平安无事了一段时期。共产党展开了清算斗争和三反五反，朱家木桥一带每天都有满载死囚前往市郊处决的卡车开过，吓得金三嫂心惊肉跳，险乎得了神经病，金三嫂托人想办法打张路条，自己先逃回香港，留下3位少奶，而其中的四少奶正是杜月笙的次女杜美霞。

　　杜月笙在香港想尽方法，要把他的二小姐救出来，起先杜月笙命他的次婿金元吉，写信到上海请杜美霞出来，后一再函电交驰，依然石沉大海杳无消息，最后则以杜月笙病危为词，拍发急电，杜二小姐才回香港。

　　同时，杜月笙的二楼太太陈夫人，在杜月笙赴港之先曾经到过一次台湾，想在台定居。杜月笙抵港，她也由台来港打了一转，夫妻问话不投机，陈夫人便和维翰、维宁回了上海，而这趟回去后，竟始终没有回来了。

　　在这一段时期，杜公馆人客虽少，饭厅里仍然每天中午准备两桌饭：一张圆台面一张四方桌，通常那张圆台面必定坐得满，圆台面坐不下了，再开方桌一席。

　　经常来杜公馆吃中饭的，除了杜月笙的儿子、媳妇、女儿、女婿、顾嘉棠、金廷荪、王新衡、骆清华、沈楚宝等诸人之外，还有杜月笙的表弟朱文德，总管万墨林两位在香港经常不离杜月笙左右的哼哈二将，朱、万两人为了往来方便，都在坚尼地租了房子，而且和杜公馆近得很，等于隔壁。朱文德一家住在坚尼地10号，万墨林一家住6号。

中共的统战政策

　　杜月笙抵香港不久，共产党方面立刻对他展开了统战工作，共产党争取杜月笙重回上海，除开他个人的声望及号召力量外，还有一层最重要的原因，是因为当时上海金融领袖、工商巨子莫不纷纷跟着杜月笙转移，他们挟巨资而抵香港，我党在港统战工作人员千方百计，一心一意促使那些金融工商巨子回上海去。

　　但是，上海的金融工商巨子一向以杜月笙马首是瞻，言听计从，经过工作，也有相当一部分人向往新生活而心存观望。这时，旅港金融工商界人约可分为三种，一种人抱定决心在香港地区另创事业或者静观待变。一种人已被中共统战政策打动，他们热烈地希望杜月笙能够带着他们回上海。一种人接受统战宣传后，模棱两可，迟疑不决，不过仍存一线之望，最好是杜月笙也回上海去。

　　在我党的统战政策感召下，杜月笙的好朋友、上海金融工商巨头如王晓籁、刘鸿生、吴蕴初等人，都已打定主意向左转。在很长的一段时间里，这些有心回上海的人出入杜月笙之门，拼命地劝杜月笙跟他们同回上海，王晓籁和刘鸿生两个更是无日无夜，舌蔽唇焦，声泪俱下地劝，不过，杜月笙始终立定脚跟，不为其所动。

然而，有一日，台北一家素具权威的报纸登上了一篇各方重视轰动一时的社论，在这篇社论中出现了两个新名词，所谓"政治垃圾"与"经济蝗虫"。王晓籁、刘鸿生认为这是一个"劝杜月笙回上海"的好题目，他们拿了报纸轮番去见杜月笙，告诉杜月笙说，社论中所指的暗中操纵上海金融、物资的经济蝗虫，不正是暗指你杜月笙吗？台湾报纸差一点就要对你提名道姓了，尤其是那篇社论的结论，旨在"绝不容许政治垃圾、经济蝗虫"到台湾复兴根据地去掀风作浪，重施故技。在这种情形之下，你杜月笙难道还有到台湾去的可能？还不如"风风光光"地跟我们回大陆吧。

劝说杜月笙的人越来越多，而且都是异口同声，众人一词，杜月笙剪下这篇社论来，叫他的秘书边读边为讲解，社论的措词确实过火，将"罪状"与"实际"对证，杜月笙三个字仿佛也是"呼之欲出"，于是杜月笙不由得大受刺激，他小心翼翼地将那张剪报折好，放在自己的马甲袋里。

9月间，杜公馆又有一位常客常常进出。

他就是曾经身为和谈5代表之一，被代总统李宗仁派到北平去跟毛泽东谈判的章士钊。章士钊随同和谈代表团在1949年4月1日飞北平，谈判28天不得要领，后留下来历时4月有余，他又接毛泽东之命前往香港。

一日，杜月笙正在客室和章士钊长谈。又来了一位好朋友，他就是江苏省党部主任委员兼为立法委员的汪宝瑄，他是从广州来的。

杜月笙听说汪宝瑄到访，非常高兴，他请章士钊到另外一间房里小坐稍候，一面起身迎迓汪宝瑄。汪宝瑄和章士钊打了个照面。这时杜月笙面容清癯，神情憔悴，但是一见汪宝瑄，情绪就显得相当的激动。杜月笙一伸手，从自己的中式马甲口袋里，掏出一份剪报，他摇头、叹息、苦笑，把那份剪报一直递到王宝瑄的手上。

汪宝瑄一看，便知道是引起轩然大波的台北某报一篇社论中用上了"垃圾、蝗虫"二词，斥责"投奔自由者"，言下之意仿佛这般人还想到台湾来乌烟瘴气地搞垮台湾这一处反共的基地，因此讥讽这般人为"垃圾、蝗虫"。

当时，汪宝瑄向杜月笙一笑，他开门见山地告诉杜月笙说：

"杜先生，我正是为这件事到香港来，专程拜访你的。"

激动之余，杜月笙极其罕见地向汪宝瑄发了一顿牢骚。他说："我并非国民党员，而抗战、戡乱，一连两次为国民党牺牲一切，毅然赴港，用心无非是免为国民党的敌人所用，我这么做完全是本诸良心，既不求功，也并不是为了求什么显人表现，在这种情形之下台湾还有人认为我是'政治垃圾、经济蝗虫'，讥笑讽刺，不留遗地，实在是令人伤心。"

汪宝碹立即向杜月笙表明来意，他说："在广州因公稽留的洪兰友公，正是奉当局之命，便道赴港将对先生加以安慰，并且有所解释。"

接着，汪宝碹告诉杜月笙，洪兰友为这件事心中也很难过，始终不得安心。洪兰友托汪宝碹转告杜月笙台湾的近况，蒋介石犹未复职，一切难免显得紊乱，某报的这篇社论大有亲痛仇快之意，令人一见而知撰稿人既幼稚且有偏见，因此，当局目前已在着手整顿。

眼见杜月笙的情绪渐渐平静下来，汪宝碹又说：

"当局还有一封亲笔函，将由洪兰友公面交杜先生，信上所说的，和我刚才讲的意思差不多。"

顿了一顿，杜月笙方始语重心长地回答：

"宝碹兄，你回台湾以后，务必请你代我杜某人转告台湾方面那许多党政负责朋友，我杜月笙是白相人出身，我不是国民党员，同时我也不懂三民主义，五权宪法。但是自从1927年起我追随国民党，往后的抗日、戡乱，甚至于将来反攻大陆，我一定还是跟着国民党走。"

"这不但是因为我杜月笙一生不做半吊子的事，而且，我还有我一层最简单的道理，老实不客气说，现在跟国民党的人未见得满意，不过我们大家应该明白这一点，跟国民党纵使没有干饭吃，最低限度也有口稀饭喝，倘使去跟共产党呀，"他接着突然提高声音，极其轻蔑地说："我敢于说将来连屎都没有得吃的！"

汪宝碹不但甚以为然，尤且衷心感佩杜月笙，他想到当许多国民党一手培育、造就、栽培的高级官僚，都在纷纷反戈投共的大混乱时期，杜月笙"忠贞不贰"，对自己的进退出处"大义凛然"，"晚节"不亏，杜月笙的作为，超过若干国民党高级干部，以此，他认为杜月笙的"忠党爱国"，反使国民党干部有所勉励。

接下来，杜月笙又说：

"宝碹兄，这就是我的心意。无论如何，我还晓得个好歹香臭，所以，我绝不会跟共产党走。杜月笙一生一世，凡事都要做到言话一句，哪能这一件大事反倒会破例？总而言之一句话，我杜月笙跟国民党算是跟定了，随便怎样也不会回头。"

汪宝碹感到很振奋，紧接着他便和杜月笙谈起共产党竭力争取金融工商界领袖人物回返大陆的问题，汪宝碹不惜指明了说："撤离大陆的金融工商巨子多一半集中在香港，他们所携出的只是少数的资金，绝大部分资产仍还留在大陆，我很为他们的未来动向担心，惟恐他们自投罗网，落于陷阱。"

接着他又强调说：

"据我所晓得的，这些跟杜先生有关的金融工商界人士，他们留在香港进退维谷，左右两难，其实，他们都是在看杜先生的风向。"

"我的风向早已定了,"杜月笙一语破的,片言决疑,然后他又说:"倒是最近王晓籁和刘鸿生居然悄悄地回到上海去,使我心里非常难过。"

听到这话,汪宝瑄知道自己所负的使命圆满达成,他很高兴,马上到了午餐的时间,杜月笙邀汪宝瑄在坚尼地午餐,为他洗尘。同席的有王新衡和宣铁吾,老友聚晤,倍感欢快,席间杜月笙听说汪宝瑄翌日即将返台,他殷切留客,命杨管北替他退票,留汪宝瑄在香港多住3天,以资盘桓。盛情难却,汪宝瑄只好答应了。

章士钊衔命而来,他深知中共主要目标何在,因此集中全力,先"解决"杜月笙的问题。到香港后,他便不时出入杜公馆,登堂入室,有时直趋病榻之侧,和杜月笙接席密谈,他分析天下大势,国际动向,尤其对他的同乡后辈毛泽东大加赞赏。

第一次长谈,杜、章之间,便有一段颇为精彩的对话。

当章士钊滔滔不绝,盛赞毛泽东是如何的尊老敬贤,求才若渴时,杜月笙很巧妙地接过他的话来,用非常关怀的口吻,问起章士钊:

"章先生是决定在北平定居了,是吗?"

怔了一怔,章士钊答道:

"是的。"

"章先生是否照旧挂牌做律师?"

"这个……"顿一顿,章士钊只好老老实实地回答,"诚然,共产党统治下是用不着律师的,我不能再挂牌,不过……"

这一次,杜月笙接口很快,他不等章士钊把话说完,便问:

"章先生既然不能再做律师,那么,你有什么计划?是否想改行做做生意?"

"做生意嘛,只怕共产制度也不容许,"章士钊被杜月笙逼得太紧,惟有直话直说,坦然吐露,却是接下去他又直言地说:"不过,毛主席当面告诉过我,我在大陆一切由他负责。有了毛主席的这一句话,个人的生活种种,哪还用得着担心吗?"

于是,杜月笙像在自言自语,他一叠声地说:"啊呀,只是生活不用担心,只是生活不用担心。"

第一次长谈,自此草草结束。

等到章士钊告辞离去,姚、孟二氏,儿子、女儿,还有亲信诸人都在等候"消息",杜月笙坐久了,有点累乏,可是他仍然说出了两人之间所谈的最要紧的一段,然后他摇头苦笑地说:

"章先生年纪一大把,做官的兴致高!只要有官做,他跟谁都可以,但是他投了共产党毛泽东,却只说是保障他的生活。既然只为了生活的话,台湾、香港、美国……随便哪一个地方,也要比共产党那边的日子舒服得多。"

晚间,休息过来,精神回复,杜月笙又提起了章士钊的往事,抗战八年,杜月笙怕章士钊落水当汉奸,始终把他拉牢了同在一起,章士钊夫妇曾与杜家合住香港、同游西北，尤其是曾同住南岸重庆，一应生活开销，都由杜月笙负责，谈到这一件事，杜月笙嘻嘻一笑说：

"负责生活，毛泽东不过给了他一句言话，我杜某人倒是真负责过不少年啦！"

讲过了往事，在一旁凝神倾听的妻子、儿女，心里都有了数目，章士钊怎能说服坚决反共的杜月笙？

然而，章士钊还是三日两头地来，有时候就在杜公馆吃中饭，和满座嘉宾、杜门中人同席用餐，说说笑笑，情景依稀当年，却是许多熟朋友间已有相当的距离，场面也显得尴尬兮兮。

一次，碰到多年交好的老朋友吴开先，晚饭过后，杜月笙邀章士钊、吴开先一同到阳台上歇凉，看香港夜景，任轻风拂面。这时，章士钊忍不住又夸毛泽东何等的礼贤下士，奖推人才，他口口声声地保证，只要杜月笙肯回大陆去，不论在何种情形之下，共产党绝对不会亏待杜月笙。

时常登门，章士钊的这场统战攻势，要到几时方休呢？杜月笙不耐烦时，自有他的退兵之计。为了早日结束这一场必无结果的冷战。渐渐地，在跟章士钊谈论之间，杜月笙开始反转来劝章士钊"弃暗投明"，劝章士钊到台湾去，或者远走高飞。

这时，杜月笙的秘书是胡叙五，他原是抗战初期经黄炎培介绍过来的，抗战八年、胜利四载，他为杜月笙效力甚多，杜月笙第一次旅港身边的得力帮手是翁左青与胡叙五，第二次仍然还是这两位，不过首度旅港杜门座客常满，人文荟萃，如老虎总长章士钊，江东才子杨云史，吴佩孚的高级幕僚树千里，都曾降尊纡贵，为杜月笙司过翰墨词章。二度香港定居，文墨方面的工作就只剩了胡叙五独挑大梁，因为翁左青明于事理，善长分析，颇能出出主意，管理庶务，若论笔下功夫，新旧文学俱有根底，那他毕竟是及不上胡叙五的。

胡叙五随同杜月笙到了香港，工作了一段时期，不知怎的忽然动了家乡之思，起了还沪之念，口口声声地说要回上海。他这一决定使杜月笙大为不安，惟恐胡叙五回大陆引起无谓的麻烦与谣言，尤其旅港初期，胡叙五兼为杜月笙掌管机密，他晓得的事情太多，又怕共产党对他加以利用。

因此，杜月笙便亲自奉劝叙五兄没这必要，不要冒险自陷共区！他一再恳切挽留胡叙五，但是，胡叙五辞意颇坚，杜月笙无可奈何，又叫跟胡叙五谈得来的长子维藩和万墨林两人从旁劝阻。

万墨林劝驾不曾发生作用，便由杜维藩接手，他约胡叙五到外面吃咖啡。

杜维藩直打直地和胡叙五谈判，他问胡叙五：

"叙五兄，你说老板从前待你好吗？"

"很好。"

"那么，你是否嫌老板现任待你不如从前了？"

"我没有这个意思。"

"叙五兄，"既然是多年交往的自家人，杜维藩便坦坦白白地说，"老板从前待你好，是因为从前的路子粗，进账多，日子好过。现在跟从前大不相同了，现在老板在香港，一点进账都没有，就靠带出来的那点钱，天长日久，坐吃山空。老板自家的日子不好过，跟他的人当然要比从前差一点，好在有粥吃粥，有饭吃饭，大家同甘苦共患难，所以我说你最好不要在这个时候离开，免得人家批评你不够义气。"

胡叙五并不否认杜维藩所讲的话有道理，但是他去意已决，无法挽回。劝阻无效，胡叙五还是辞去了一干十二三年的杜月笙秘书一职，他悄悄地回了上海。

机要秘书出缺，使杜月笙大伤脑筋，幸亏早年即曾在杜公馆任过秘书的邱访陌，这时也在香港，杜月笙便去请了邱访陌来，接替胡叙五之职。但是，这一时期许多昔日的朋友和部下一个个跑回了上海，这使得病榻上的杜月笙心情总是阴霾霾的。

黄金荣一场虚惊

早先，杜月笙决心离开上海，赴港避乱之前，曾经扶疾往访黄老板，力劝他的金荣哥预早为计，也跟他一样，做避难香江的打算。

当时，黄老板推心置腹，向杜月笙吐露自己不得而已的苦衷，黄金荣说：

"月笙，我老了，这些年来；我跟你的境遇不同，我是能不出门便不出门，能不动顶好不动。你算算，我今年已经80岁，俗话说得好：'人生七十古来稀'，我活到了81，就已经多活了11年，今日死或者明日死，对我并无多大的关系。"

黄金荣接下去娓娓细诉地说，自从他60岁那年正式宣告不问世事，安享余年，他生活的目标就只剩下每天抽几筒大烟，上一趟澡堂泡一个浴，凑几位牌搭子碰几副铜旗。除此三者以外，复无他求，也非有此三项享受而不欢。因此，他堆满一脸苦笑诉与杜月笙：

"月笙，你替我想想，假使我去了香港，头一样，差馆里发现我抽大烟要捉。第二样，你叫我到哪里去找碰铜旗的搭子？第三样，香港没有澡堂，能否容我这80多岁的人每天去泡趟浴，都是问题。何况，树高十丈，叶落归根，我已风烛残年，能有几年好活？好歹我也死在家乡。"

杜月笙听他金荣哥说得如此剀切透澈，心知其意已决，也就不再劝了，却是辞出来时，突然感到这便是最后的诀别，他忍不住洒了两行热泪。

到香港坚尼地18号定居，他第一次听到金荣哥的消息，上海来人说得绘声绘影，言之凿凿：

上海沦陷前夕，黄老板惟恐炮火殃及，自曹河泾黄家花园迁居钧培里老宅，逐日泡浴、碰铜旗、喷云吐雾如故。共产党进了上海，起先倒还安然无事。但是数月以后，忽有一日，足有一百多人气势汹汹地直扑钧培里，围在黄老板公馆大门口，大呼小叫，扬言要把黄老板家中打得稀烂。这时候，黄老板精神矍铄，大踏步抢出门外，面对着那一百多攮臂捋袖、疯狂暴跳的强徒，黄老板拉开嗓门便是声声怒吼：

"我就是黄金荣，你们各位今朝来，阿是要把我黄金荣的家里打烂！"多一半人被这白发皤皤老者的虎虎生威震慑，也有人杂在人群中喊："是的！今天一定要打烂黄家！"

"好！"黄老板斩钉截铁地一答："要打烂，我自己来，现在我把大门关上，我自家来打给你们看！等会儿你们进来查，有一件东西没打烂，你们尽管把我的房子拆了！"

说完，他就命手底下人关大门，童颜鹤发的黄老板捋起衣袖，抄根门闩，就此要自己打烂自己的家。这时候，偏偏不知从何而来的'调解者'隔扇大门之外，好说歹劝，高声排解：

"好啦，好啦，黄金荣已经知错，看在他一大把年纪的份上，饶他一次！"

紧接着，又有人来拍门，黄老板气喘咻咻的，亲自把门打开，外面有几个毛头小伙子，张牙舞爪，指手画脚，好生教训了黄老板一顿，一场毁家的纠纷方告有惊无险，化弭于无形，百把个穷凶极恶的人逐渐散去。黄老板80多年来从不曾受过这大的侮辱，回到客厅，气呼呼地一坐，足有半晌说不出话，他老泪纵横，那几个毛头小伙子教训了他些什么，也是一个字都不曾听见。

隔不了几天，又有共产党的干部上门来，叫他"向人民大众坦白"，黄老板双手一摊地问：

"叫我坦白什么事？"

"你这一生的罪恶，"共产党干部字字着力地说，""请你详详细细写份自白书。"

黄老板有意反抗，但是家中人都苦苦劝他忍耐："人为刀俎，我为鱼肉，反抗是没有用处的。"迫于无奈，他请位朋友写了厚厚一叠的自白书呈上去，从此以后便坐立不安，提心吊胆地等候判决，其结果，是共产党派人来抄家。妙的是毛病还并不出在黄金荣的自白书上。

黄老板的二公子黄源焘有一枝自备手枪，又跟一位姓戚的谍报人员很要好，上海撤退，姓戚的有一大捆步枪存放在黄源焘住处。这件事黄老板确实并不知情。

"倘若是在黄老板当权得势的那些年，钧培里黄公馆，长短枪枝经常也有个五七十杆，这一大捆步枪，实在无啥稀奇。"杜月笙接口说。

来人接着说："不过共产党来了，情形不大相同。因此当从黄公子的那一枝手枪抄到了一大捆步枪时，连经过多少惊风骇浪大场面的黄老板，居然也给吓得目瞪口呆，面如死灰。

"当时，共产党仅只把枪枝没收，黄源焘则被带了去问话，共产党对他倒也并不为难，招出来枪枝来源就此作罢。然而，正当祖、叔、孙三代，黄老板、黄源焘和黄启予之弟黄启明衷心庆幸，逃过一场大祸，又数日，来了一份通知，黄金荣的自白书看过了，人民认为他有罪，所给他的处罚是每天早晨到黄老板自家开的大世界游乐场门口扫街。"

"处在矮檐下，不得不低头，老态龙钟的黄老板开始在大马路大世界门口手执长帚扫街了。消息传出当日，也不知有多少人骤集街头，黄老板则面部毫无表情，一步一步地在扫地，矮胖身躯，仿佛一具笨重的机械。许多记者来采访，来拍照，许多干部围在黄老板的四周。这张黄老板在大世界扫街的照片，刊登在上海各报显著地位。"

杜月笙一听，马上忽然问起管家万墨林："上海报纸为何多日不见？"

这时，他很关切上海方面的消息，家中各人则因为时值上海清算斗争期间，惟恐杜月笙看到老朋友如何受到屠戮迫害，心中难过会得妨碍病体，所以有时候便藏过几张，不给他看。现在一定要看新到的上海新闻报，万墨林无奈，只好再找出来，交到他的手上。

杜月笙一眼便看到"黄老板扫街"的那张照片，他脸色灰白，身子摇摇晃晃，勉强地将那一段新闻读完，自此便坐在沙发里咻咻地气喘。

这几天本来他精神略好一点，金荣哥所受的遭遇带给他莫大的刺激，于是当日又告病倒，家人十分慌乱，因为他的喘势越来越急。

又是缠绵病榻，中医、西医川流不息。第二天，黄老板的长媳李志清到访，除了探病，她还有重要事体要跟杜月笙商量。

杜月笙在病榻上很亲切地喊李志清："妹妹！"请她坐下，问她有什么要紧事？于是，李志清拿出了一封方自上海寄来的信，黄金荣向他的媳妇"求援"，他叫李志清赶紧设法筹款汇寄上海。

看完了信，杜月笙又是一阵愤恚与激动，好不容易用药物把他的急喘压制下去，他漾一抹苦笑，有气无力地问李志清道：

"妹妹，你打算怎么办？"

李志清告诉他说：她正是得信以后急如热锅蚂蚁，一时打不定主意，所以才到杜家伯伯这边来讨教。

于是，杜月笙开口说话了：

"妹妹，倘若是黄老板能出来，只要平安无事到了香港，莫说是2万美金，便是美金20万，我和你倾家荡产都不够，哪怕去求、去借，我们也是愿意的。"

李志清也是伤心难过，她点点头说：

"就是说嘛。"

"倘使老板到了香港，我们有饭吃饭，有粥吃粥，苦日子一样过得快活。"

李志清一心惦记她公公在上海如何受逼，如何受罪，纯粹基于一片孝心，她以为能够筹出这笔钱汇过去。

她把自己的心意，向杜月笙说了，杜月笙听后却摇头苦笑。他不赞成李志清的做法。

李志清急得掉下了眼泪，她焦灼万状地说：

"杜伯伯，你说我们到底应该怎么个做法？也不能看着老板受逼呀！"

"妹妹，你不要急，事已如此，急煞也没有用处。"杜月笙柔声地安慰她说，"要么你照我这一个办法做，回信老板，告诉他在香港筹钱很不容易，跟亲眷朋友开口，必定要说接得出老板来，方始可以筹到这一笔大数目。唉！"浩然一声长叹，杜月笙又说："老板81了，他还害得有老肺病，一生一世不曾起过早，如今喊他天天起早扫街，风烛残年，能够熬得了多久？依我看，即使要接他到香港，这件事也得赶快。"

得了杜月笙的应付之策，李志清兴辞离去，她为了尽孝道，她怕黄金荣在上海被共产党逼得太紧，可能发生意外，因此她凑集一部分现款，又变卖了些手饰准备先汇一笔数目到上海去，也好让黄金荣在上海有个缓冲的余地。

果然，钱还没有汇走，黄金荣又打长途电话来，关照李志清速即筹款，立汇上海。黄金荣在电话中问起儿媳妇在香港借筹款项的情形，李志清晓得她身边有监视，只好推托地说：

"到香港来的上海朋友都在难中，叫我好去向哪一个开口吗？"

于是，黄金荣便指明了只去找两位老弟兄，杜月笙与金廷荪。

李志清马上就说：

"金家目前环境不好，我不便去谈，杜家伯伯那边早去过了，他也筹不出这么多的钱，杜家伯伯又说我手头这点首饰有限，我还有家人，他说我和启予将来也要安身立命的。"

时间将到，李志清才透露她已典当了所有，凑了1万美金不日即将汇出。其余部分慢慢再想办法。

汇出了那1万美金以后，李志清根据杜月笙提示的原则，果然被她想出了一条妙计，她主动写信寄回上海，禀告公公黄金荣，她说是已经和汇丰银行接洽好，用黄家在上海的房地产作抵押，可以借到一笔巨款。不过，因为房地产的道契统统被她带出来了，汇丰银行方面表示，必须黄金荣本人到香港来亲自签字方可成立贷款契约——上海那边，黄金荣把这封信拿给政府看，要求办理出境路条，到香港去签字借钱，政府有关方面的人士对他说：

"这是你媳妇摆的噱头，老先生还是不必动的好。"

在这件事情过后不久，陈彬和从上海逃出来，他带来黄金荣的口信，告诉旅港亲友，实际上黄金荣已经获悉共产党所掌握的资料，证明他在过去若干年里并不曾直接杀害过共产党，因此，他不会成为共产党清算斗争的对象。

黄老板没有了危险了，杜月笙放心了许多，然而，隔不了多久，上海方面的消息又越来越坏，越来越糟了。

杜月笙在香港每天都看上海报。一日，上海共产党的报纸报道说，中国通商银行大楼已经被共产党布置成为"工人文化之宫"，而且正在里面举行汪寿华血衣展览，他便大叫一声："不好！"

他心想，来不及逃出的叶焯山和马祥生一定糟了。果然，不久就传来马祥生、叶焯山双双被杀的新闻。马祥生和叶焯山两个凶手，一同被绑赴枫林桥，在当年处死汪寿华的现场，举行"规模特别庞大"的公审，参观者人山人海，树顶、汽车和三轮车上，全都成了临时看台。

马祥生、叶焯山两人坦白认罪，立时三刻，判决枪毙。

"我虽不杀伯仁，伯仁由我而死。"杜月笙回想当年，马、叶两位和他一道赤手空拳，打出一片花花世界，组织共进会，参加"清党"，原是他的一力主张，马祥生、叶焯山两个同党无非惟自己之命是从，如今杀汪案的主谋避居香港，马祥生、叶焯山则落了如此悲惨的下场。杜月笙兔死狐悲，报纸没看完就泪下沾襟，痛哭失声，于是心力交瘁，臻于极顶，他的喘疾骤然间如山洪爆发。

这一次哮喘发得来势凶猛，将人吓坏，杜月笙喘时但见他满头满颈青筋直爆，大汗淋漓，身上穿的丝棉袄过一阵像是才从水中捞起湿淋淋的。他每一次喘都有极度窒息，几次晕厥。喉头吸不进空气时，他会从床上直跳起来，伸张双臂，十指叉开，仿佛失足溺者急于抓到一块浮木。喘到这步田地，吃药、打针、喷烟，一概失去功效。中医西医穿梭般跑来跑去，商议，会诊，始终无法使杜月笙的喘势减轻，更谈不了使他止喘恢复呼吸平顺。

一位有名的西医戚寿南，他斟酌再三，提出了一个无可奈何的办法：

"喘到这样，只好用氧气。"

从此，杜月笙套上了枷锁，他不分昼夜，常与氧气罩、氧气筒为伴，随身多了笨重的配件，使他八九个月不能外出。

医院里所备的氧气，原为急救之用，但是七八位名医采纳了戚寿南的建议，大批的氧气筒搬到了杜公馆，便成为杜月笙一刻不能轻离的活命之资，除非喘停，他口鼻之间的氧气罩就像是他身上的器官一样了。

因为经常需要氧气，杜月笙卧室外面氧气筒排列成行，必须专人管理。杜月笙使用氧气之多及其为时之久，使得许多初次赴杜公馆看病的医生极为惊异。只要氧气罩一罩上，杜月笙便喘得好些，呼吸也能渐渐的平缓下来，只是那一阵喘大发，才使得他余悸犹存，担心害怕，因此，他认为自己的生命力过于脆弱，安全感渐渐丧失无存，急切无奈之中他很信托医药。渐渐的，他变得家中一时缺了医生，便很不自在，饭也吃不下，觉也睡不着，必定要喊人带来一位医生，他才能安心的吃喝与睡。

但是，杜月笙所请的那些中西名医，都是很有名望的医术高明之士，他们业务是最为繁忙的，并且通常并不出诊，而杜公馆这边的要求却是必须随请随到，一刻也不能迟延，碰到他们正在诊所紧急治疗，杜公馆催促的电话急如星火，自难免有手足无措，顾此失彼之苦。好在这许多位名医，或者钦仰杜月笙的为人，或者早就是杜门故旧、朋友学生，且不说杜月笙病势一来便急，即使凭私人交谊也是一有紧急情况非到不可。中医师朱鹤皋和他的介弟朱鹤龄都是杜氏门生，老夫子病笃哪有不尽心侍疾之理？也因为这一层关系，朱鹤皋在众家各医之中最最辛苦，他是不分昼夜一得电话就马上放弃一切手头活计，尽快赶来。杜月笙夜里睡得不安稳，睡睡醒醒，心神不宁，他必得有医生在家里才睡得着觉，这时候多一半是朱鹤皋在杜公馆里睡沙发，整夜守候，或者全日不离，而在他自己的诊所里，也许正门庭如市，候诊者排起长龙，朱鹤皋业务再忙，当杜月笙需要他的时候，他总是不忍离去。

杜月笙病情恶化

杜月笙开始使用氧气之后，喘疾逐日减轻。除了为上海的徒子、徒孙们悲哀，为受难的同党痛哭外，这还有一件牵心挂肚肠、使他眠食难安的大心事，那就是他的长子杜维藩仍在上海逃不出来。

就在1949年年底，上海中汇银行"告急"，函电如雪片般飞来，中汇银行的总经理原系浦拯东、副总经理徐懋棠、杜维藩。抗战胜利以后，中汇拥有两个存款最多的大客户，一个是杜月笙一手创办的上海鱼市场，一个是杜月笙任董事长的大东书局。有这两大客户每天解存巨额现款，中汇银行对于一般小额存户始终兴趣不高，无意争取。然而，偏偏在上海被解放军占领以后，大东书局和上海鱼市场的主持人杜月笙和唐承宗都已撤离上海，两大客户风流云散，几同解体，再也没有巨额现款存进来。照说中汇银行理该无事可为，关门大吉，但是奇怪的是，上海人大概都晓得中汇银行是杜月笙开的，生意买卖暂复正常，在上海公私各银行中中汇的存户突飞猛进，与日俱增，业务反倒欣欣向荣。此一反常的现象不曾使杜月笙沾沾自喜，引起欢慰，相反地他却认为照这样下去，他肩膀上的担子势将越来越重，他担不起这么大的责任，他晓得共产党断乎不会允许有私家银行存在，中汇银行在不久的将来必定要被中共没收，杜月笙不欲利用他私人的声望与信心为共产党恢复经济出力，所以他不但无意继续维持中汇，而且急于早将中汇关门。

但是他苦于在撤离上海之前，无法先行宣告中汇停业，此刻他便不得不采取亡羊补牢之策，不惜任何代价和牺牲，设法结束中汇银行，而这时中汇银行总经理浦拯东先已辞职，因此，他便嘱令他的门徒，中汇副总经理徐懋棠到上海这龙潭虎穴去走一遭。

徐懋棠大半辈子席丰履厚，养尊处优，他好不容易在中共占领上海之前逃到了香港，此刻老夫子一声命他回上海，他哪来这个甘冒生命危险的胆量？起先他推三阻四，后来便支支吾吾，他的态度使杜月笙勃然震怒，尤其当时情境迫不及待，急切无奈之余，带三分气忿，杜月笙便断然地说：

"好，你既然不肯去，我就叫维藩到上海去了中汇结束的事。"

徐懋棠依然不声不响，于是杜月笙言话一句，便再也不容收回，他明知杜维藩此去非常危险，然而话已出口，他只有硬着头皮，叫杜维藩回上海办理中汇银行的结束事宜。

杜维藩父命难违，只好别妻离子，心惴惴然地回上海去。他到上海的时候，共产党没有为难他，于是，杜维藩住进了爱多亚路中汇银行去办公。但是，他立即发现整个中汇银行已在倾向共产党职工的把持之下，而共产党在中汇银行的领头人，是储蓄部的一名襄理兼课长。

暗中为共产党效力的中汇员工，抓牢了杜维藩就不肯放，双方南辕北辙，于是暗中展开了斗争，杜维藩奉杜月笙之密令，冒险赴沪原为结束中汇业务，但是共产党为稳定上海，广为宣传，尽量扩充业务。杜维藩固不能完成父命，在这一段时期极为痛苦，他在尽力应付公事以外，一天到晚都在想着怎样离开上海。

杜维藩去看过他的"寄爹"黄金荣，听黄金荣向他诉说自己的悲惨际遇，当共产党展开清算斗争与公审时，杜维藩也曾站在中汇大楼楼头数过囚车开来开去的数目，他心知自己非走不可，于是耍了一记噱头。

杜维藩故意跟那位在中汇工作的中共课长套交情，说"知心话"。他纯以业务观点论事，强调当前的中汇为了扩充业务非得增资不可。那名课长不知有诈，一听"增资"二字，便眼睛一亮，当下便问："怎么样个增资法呢？"

"老板在香港，"杜维藩指的是他父亲杜月笙，"一大笔款子存在手上，香港又没有什么生意好做；让我到香港去跟老板讲，中汇业务大有可为，何不拨一笔钱给中汇增资呢？"

这个话的前半段一丝不假，杜月笙在香港有一笔买房子的钱，中汇同仁大抵晓得，当时的上海军管会希望杜月笙能回上海来，所以答应了杜维藩"回一趟香港"的要求。不过，杜维藩必须自己去寻一位保人。

　　为了找这个保，使杜维藩煞费踌躇，为难已极，他所谓回香港请杜月笙增资原本是骗取共产党的信任、得以脱身的一记噱头。来日他到香港便打算不再回转，因此他也就无法决定请谁出来为他做保。

　　结果，这件事被刘寿祺所知。刘寿祺是杜月笙好友刘春圃的儿子，经杜月笙一手栽培提拔，在杜月笙所拥有的华丰面粉厂当了经理。当时他跟中共的上海劳工局长关系拉得极好，听说杜维藩正为保证出境问题犯难。由于两代的交情和少东家的安危，刘寿祺愿意担保杜维藩离开上海、回到香港以后在共产党指定的日期之内赶回上海来。刘寿祺的帮助使杜维藩深受感动，果然他不久就领到了路条。这一下杜维藩平安无事地回到香港，使得杜月笙全家大小，欢欣如狂，人人都在额手称庆，尤其感激刘寿祺的"仗义勇为"。

　　爱子无恙归来使杜月笙大大松了一口气，心中无比欢慰，因为杜维藩重返"自由世界"，对杜月笙来说，实有两层重要的意义。杜维藩由香港去上海，前后半年之间，外面不明真相的人，议论纷纭，都说杜月笙长子返沪，是为杜月笙本人投共铺路，因而"料准"杜月笙不久的将来一定会回上海滩，最低限度，杜维藩上海行，也是替他父亲从事试探，看看杜月笙和共产党究竟有否合作的可能性。

　　另一层重要的意义，当然是长子杜维藩个人的安全问题。

　　当初，杜月笙派徐懋棠回上海而他不敢去，他多一半是动了气，小一半也是实逼至此，无可奈何才把大儿子送进上海滩的，在杜维藩是父命不可违，自己和全家上下何尝不是硬起了心肠？倘若杜维藩真有个三长两短，不但对于病中的杜月笙是一个严重的打击，他将又何以面对他九泉之下的妻室，和都在跟前的媳妇、孙儿、孙女？

　　所以，杜维藩人到香港，杜月笙可说是披襟当风，如释重负，忍不住地脱口欢呼，当日，他精神一震，把一别半年的杜维藩喊到了房里来，嘉勉慰劳了他几句，父子两人随即开始一次极关重要的长谈。而杜月笙对于新自上海来的长子，他所问起的头一件事情，便是：

　　"我拍给黄国栋，叫他转给你的电报，你收到了没有？"

　　杜维藩一听，便晓得他父亲要问的是什么事情：黄金荣的正室夫人，杜维藩的寄娘，杜月笙尚未出道以前对他一力栽培提拔的林桂生——"桂生阿姐"在1950年病逝上海。杜月笙在港惊闻噩耗，至感悲痛，他立刻打电报给留在上海的杜家账房黄国栋，转知杜维藩前去料理丧事，尽哀成服。林桂生自从黄金荣另娶露兰春，她"提得起，放得下"，翩然离了她相帮黄金荣建立起来的声势赫赫、钟鸣鼎食的黄公馆，便是杜月笙不惜开罪金荣哥，替她在西摩路备下了一幢住宅，搬过去定居，林桂生从此闭门不出，不问世事，1936—1937年里，历经北伐、抗战、战乱，哪怕上海滩炮火连天，打得稀烂，她仍不避不走。上她门的只有一个炙手可热、步步高升的杜月笙，而杜月笙一生一世惟独视林桂生为他的大阿姐，总是在说永远报不完她的恩。林桂生之死，使杜月笙以未能亲自送终为憾恨，他叫杜维藩去吊孝治丧，一再关照必须由他负担所有丧葬费用。

杜维藩禀告他父亲，他在上海时已经遵照杜月笙的嘱咐，妥善办好了林桂生的后事，杜月笙听后犹在不胜欷嘘，他说了些林桂生的为人和性格，对于她的"硬气"赞不绝口，以一个孤老太婆在上海关起大门，渡过了刃兵时起、动荡不安的二十五六年的艰苦岁月，她不但不要黄金荣给她一文钱，帮她点忙，而且绝不告贷求借，或者接受任何人的馈赠，上海人所谓的"白相人阿嫂"，林桂生可以赞得上是"代表性"的人物，她是"白相人阿嫂"的"开山祖师"，同时自从她恬然去世，这一类典型的人物就此永远绝迹。

接下来杜月笙便问杜维藩自己徒子、徒孙恒社子弟的近况，以及他们留在上海，处境有否危险？对于这一个问题，杜维藩惟有摇头苦笑，他说根据他的统计，恒社弟兄滞留沪上不会逃出来的还有五六百人，而在他离开上海的前夕，共产党早已开始清算斗争，五六月间上海被捕的清算斗争对象为数在万人以上。这其间有多少恒社分子，他无从打听。不过有两点极堪注意的事，可以预见恒社分子的前途一定是凶多吉少。

杜月笙则闻言默然不语，他的神色一变而为愁惨悲痛，20年来他对恒帮帮会流氓加意培植，呕心沥血，其用心之苦，不是一般朋友师生的情谊所可比拟。杜维藩的报告可能是他预料中事，但他内心对于留沪恒社分子的安全犹存一线侥幸之望，杜维藩的一番分析使他这最后的希望也归于破灭，于是，杜月笙陷于浓重的悲哀之中。

杜维藩无恙返来是一件大喜事，因此杜月笙力疾而起，一连和他谈了几天，然而所听到的都是恒社分子怎样危险，留在上海的老朋友们各种不同的悲惨下场，这许多消息使杜月笙刺激颇深，于是，杜月笙犹未痊可的一场"喘大发"，又变本加厉，病况极其严重。他每天一阵接一阵的急喘，喘得他汗出如浆，神志不清，半人高的氧气筒用完一支又接一支，情况最紧急的时候，所有的医生不约而同摇头叹气，他们向杜公馆的人强烈暗示：应该有所准备。

因此，杜公馆上上下下乱成一团，几个成家立业的儿子，和三楼孙太太都住在外边，惟恐临时生变赶不及到坚尼地来送终，孙氏太太、杜维藩、杜维屏、杜维新，再加上住在坚尼地的杜美如、杜维善、杜维嵩，嫁到金家的杜美霞，所有杜月笙在港的太太、儿女、孙儿、孙女，每天都到坚尼地守夜，以防万一。

杜月笙这一次病情恶化连续一个多月，自1950年5月中发病到同年6月下旬，他躺在床上用氧气，仍旧喘个不停，身上的小褂裤一转眼就被淋漓大汗濡成透湿，侍候他的人忙不及脱下揩干身体再换穿。

好不容易在盛夏时分喘势渐渐地被止住了，杜月笙等于在鬼门关口打过了一转，大病初愈后的杜月笙形销骨立，面容憔悴得令人不忍平视。

天克地冲绝难度过

"男儿由来轻七尺，好汉最怕病来磨"，随着十里洋场上海滩的夕阳西下，遍地血光，杜月笙被接二连三的大病磨得壮志消沉，彷徨畏怯，他极力想活下去，但是，他却已失去对于自己生命力的信心，这一位毕生艰辛奋斗，用赤手空拳打出一片花花世界的一代豪强，当他九死一生活过来时，竟会长期热中于求巫问卜，参详命理，借命相专家的语言来求得自己心理上的安定与慰藉。

从此，杜公馆常常出入的，又多了一批或则道貌岸然，或则仙风道骨的星命专家、江湖术士。他们有的是新友介绍，有的是自家慕名求教，一时旅港名相士紫虚上人、袁树珊、李栩庵，还有什么赵神仙、一成仙等等，竟日被延请为杜公馆座上客，为杜月笙细推流年，观察气色。当然，杜月笙要算命看相，应邀者必定是命理泰斗，神仙铁口，每位都有其特别灵验的事例、脍炙人口的传奇。譬如最为杜月笙信服的袁树珊，以君平之术享誉海内外，历数十年而不衰，他和另一位测字灵验、百发百中的李栩庵，都异口同声，推算杜月笙至少还有10年大运，要活到73岁，然后"福寿全归"。而这些安慰安慰病人的门面话，杜月笙起先居然也深信不疑。

在开始之时，杜月笙的妻子、儿女、至亲好友，一概认为杜月笙热衷算命看相，遍请名家，无非是求个心理上的安慰，使自己在固疾缠身之余得到一份新的希望而已。殊不知，杜月笙"算命看相"积久成迷，迷到后来居然会影响到他的生命力，这一点，连杜月笙自己也都是始料所未及的。

袁树珊和李栩庵推算杜月笙还有10年大运，这是否慰藉病人的违心之言不得而知。却是来得最勤，走动得最多的一位赵神仙，却有事实证明，他已算定了杜月笙的死期，而在杜月笙的面前故意讳其实。

赵神仙算命看相另有一功，他是旅美华侨，对于国文不甚了了，一口生硬的国语也是回到香港、重庆以后才学的。据说他是因为偶遇一位喇嘛僧，于是皈依佛家的密宗。专以持咒结印为修行要法，善觇候，可以望云气而知征兆，有一对千里眼，看得到千里以外的事物，杜月笙和他相识已久，曾经亲眼目睹他的种种奇术。抗战时期杜月笙避难香港时，便有一些杜月笙的朋友请教过赵神仙，告诉他上海家中所在的街道名称和门牌号码，看赵神仙望空凝视片刻，然后便说出这位朋友的家中情景，种种现象一一对实，这使求教者无不脱口惊呼，钦服他千里眼术的灵异。

杜月笙的一位好朋友，是1927年"清共"之时曾经和他并肩作战的祝绍周，抗战中期任职川、陕、鄂边区警备副总司令，坐镇汉中，杜月笙西北行中曾接受过他的隆重军礼欢迎，后来祝绍周赴重庆述职，杜月笙邀他在交通银行下榻，赵神仙偶然到访，一眼瞥见祝绍周的头顶上官星正旺，当时便恭贺他不日升迁，不久祝绍周果然提任陕西省主席，这一幕也曾是杜月笙亲眼目睹的。

赵神仙在香港为杜月笙望气，也说是杜月笙的固疾短时期内并无大碍，可是不久赵神仙便去了澳门，他从澳门写一封信给杜月笙也很熟的朋友，信中说是他实际上已经见到杜月笙的魂魄逸出体外，在距地尺多的半空中飘飘荡荡，这便是三魂悠悠、七魄无依的险象，因此他断定杜月笙命已不久，赵神仙并且说明杜月笙除非渡过1951年的7月13、15和18日那三道险关，否则必死无疑。其结果是杜月笙只过了阴历7月13那一道关口，他死在这一年7月14日。

还有一位不幸而言中杜月笙死期的，是善观天文星象的"星家"吴师青，杜月笙不曾直接求教过他，倒是杜月笙所崇仰的唐天如，慕吴师青之名把他请到坚尼地杜公馆，请吴师青为杜月笙推算，当时吴师青唯唯诺诺，支吾以应辞出以后却悄声地告诉唐天如说：

"阴历7月15日的这个关口，杜先生很难逃得过。"

总而言之，常常出入杜门的命相专家、神仙铁口，当着杜月笙的面，要么欣然算出他还有大运可走，或则病势无碍，要么就吞吞吐吐，嗫嗫嚅嚅，从没有任何人知道杜月笙"君子问祸不问福"的"雅量"，没有一个人对他坦然无隐，直言相告的。

杜月笙的家人亲友也认为杜月笙真正得到了安慰，"算命看相"的已发挥了心理治疗、精神鼓舞的作用，他们的功劳似乎要比"起死回生"的中西名医更高。然而，偏有一日，杜月笙当着众人语音苍凉地说出了一段30年前的往事，使听到的家人、亲友过后一想，情不自禁地为之悚然，心情又开始沉重起来。

杜月笙强颜欢笑地跟家人亲友说故事，他说大概是在1921年左右，他不曾出道，还是黄金荣左右的一位小兄弟，有一天，他陪老板逛城隍庙，走到九曲桥畔，遇见一个和尚，一把拖牢了黄金荣，硬要给他算一个命。黄金荣无可奈何，报了自己的生辰八字，和尚便给他细推流年，说以往之事，道今日之境遇，居然谈言微中，泰半不爽，然后和尚又说黄金荣来日如何前途远大，如何名利双收，如何成为名噪天下的风云人物，又如何在花甲之年急流勇退，安富尊荣，·寿登期颐而善终，一番恭维把黄老板喜得骚耳挠腮，乐不可支，掏一块银洋，塞在和尚手里便就离去。

殊不知那位和尚志不在此，收好了银洋偏又一把拉住杜月笙，他眉开眼笑，阿谀讨好地说：

"慢慢交，慢慢交，你这位小阿哥，我看你顾盼自如，神完气足，眼看着就有大运来到，一步登天。这位老板，"他伸手一指黄金荣，又道："运道固然好，但是你将来的好处还要胜过这位老板不知多少倍。来来来，快把你的八字报给我听，让我来为你细推流年，说得不准，我不要你一文钱。"

当时，杜月笙听他把这一段话讲完，欢喜固然欢喜，但是他起了警觉，心想自己是小伙计，老板终归是老板，命再好，也不能好过老板几倍去。靠牢黄老板吃饭时期的杜月笙，早已将老板的性格为人如何，胆量深浅几许，摸了个一明二白，清清楚楚，因此，他不等黄老板怫然变色，立刻便故作怒容，虚声恫吓，伸手一指算命和尚的鼻子，开口便骂：

"触那！侬阿是瞎脱了眼乌珠，侬晓得我老板是啥人？敢拿我来跟老板相比？"

黄金荣于是面有喜色，颇为满意，迈着八字步挺胸叠肚而去，杜月笙则亦步亦趋，貌至恭驯，却是隔了一夜，他心痒难搔，独一人上一趟城隍庙，找到那位算命和尚，满脸陪笑，向他解释昨日不得不出于一骂的道理，果然获得算命和尚的理解，他于是定下心来为杜月笙细细参详。杜月笙在30年后犹仍感叹地说：

"可惜我往后再也寻不着这位法师了，凭良心讲，他算命算得真准，推断我往后的事，竟是没有一件不灵验的。"

杜月笙为什么要突如其来地提起这件往事，而且言下不胜其感慨？莫非是他听到命相专家的"美言"太多，骤然想到了"君子报喜不报忧"的道理。如果真是如此，那这对于他的心理健康极可能便会一变鼓舞而为打击。所以家人亲友听他说了这个故事以后，反倒是忧心忡忡，疑惧不已。

答案一直到杜月笙死后方始揭晓，果不其然，杜月笙对于诸多命相专家的当面奉承，饰词宽慰渐渐地起了怀疑。杜月笙辞离人间，家人为他清理遗物时，找到了一纸命书，摊开一看，那纸命书上写了那么两句：

"64岁在辛卯，天克地冲绝难度过。"

再一细看，命书上印好有"六月息馆主"字样，馆址则在台湾台北馆前街。当时杜月笙的诸亲好友业已有所悟，杜月笙算命看相着了迷，同时他毕竟也算是凤有慧根的人，迷到了相当的程度，便晓得当面求教一定问不出真话，于是，他开好时辰八字请那位远在台湾的"六月息主人"覆函批命，"六月息主人"乃将杜月笙的最近命运据实批来，杜月笙还惟恐亲友、家人伤心难受，便把命书藏在贴肉的衣袋。

杜月笙的长子杜维藩追忆这一段经过，他眼圈已红不胜嗟叹，而和杜维藩持同样论调的杜门中人大有人在，大家都认为杜月笙在迈向他人生最后的旅程时，由于经年累月求神问卜，可能走火入魔，因而使他全盘丧失自信，丧失了挣扎求生的力量。据杜维藩沉痛的说，他父亲在 1950 年底，以及 1951 年初生命意志极其坚强，对于人生犹仍乐观，"六月息馆主"那一纸命书来后，杜月笙便仿佛一心只往死路上走。

余波尾声，这位判决杜月笙命运的"六月息馆主"究竟是谁呢？直到 1952 年 5 月，杜维藩从香港返抵台湾，曾经向王新衡问过"六月息馆主"究竟是何人？王新衡说他也不知道，后来，有一天跟程沧波谈起这件往事，程沧波却晓得"六月息馆主"姓季，而且是一位"国大"代表。杜维藩前去拜访他，谈起杜月笙的那一纸命书，季"馆主"回答八字确由香港寄来，不过八字上没有写姓名。他怎想到算的就是杜月笙的命？杜维藩和许多杜门中人惊异"六月息馆主"推算流年的灵验，也曾相继求教，据说有的确实算得很准，有的也不怎么灵光。

敬爱之情，深心怜惜

在杜月笙痛苦磨难、呻吟床笫的病中生涯中，他惟一的安慰是孟小冬的尽心侍疾，柔情万种。孟小冬身怀绝艺，孤苦伶仃，一辈子傲岸于荣瘁之际，受过数不清的打击，"历尽沧桑"四字可以说是她的一生的写照。她自杜月笙 60 多岁那年进门，长日与茶炉药罐为伴，何曾有一日分享过杜月笙的富贵荣华，何曾有一刻得过杜月笙的轻怜密爱，因此，杜月笙病越重，便越觉得自己辜负了孟小冬的一片深情。像孟小冬这种卓荦不群的女子，让她踏进杜公馆这么一个紊乱复杂的环境，长伴一位风中残烛般的久病老人，对她而言，实在是一件残酷的事情。

孟小冬陪侍杜月笙到香港后，虽然在杜月笙跟前强颜欢笑，神色自若，然而，即使是朝夕相见，杜月笙都可以看得出她花容憔悴，日渐消瘦，眉宇间常有忧悒之色。孟小冬在香港杜公馆是孤寂的，忧闷的，她不能随波逐流，更不会敷衍应酬，对内对外，一应交际酬酢、家务事项，都是属于姚玉兰的职责范围，孟小冬轮不到也不想挨，看护随时可有生命危险的丈夫，却成为落在她肩头的一副重担，而这一副担子，一日 24 小时，常年累月，没有一时一刻可以卸得下来。大家庭，两房太太合住一座屋顶下，姚玉兰和孟小冬即使情同姐妹，牙齿也有咬着舌头的时候，杜公馆因为男主人病重，仿佛一年四季不露一丝阳光，不闻一阵笑声，这凄凉黯淡的日子，孟小冬过的更是心不舒，气不畅。

经常出入杜公馆的亲戚朋友，常常可以看得到，坚尼地 18 号杂乱无章，一片散漫。家里面往往只有三五个人，一日三餐，也得开上好几处，除了中午外面厅上并一桌或两桌招待客人，就常是姚玉兰在房自己吃饺子，孟小冬冲牛奶下洋点心，也是关起门来吃，病人杜月笙，他那一碗煨面当然要端到床上。其余少爷、小姐，各有各的卧室，同时也各有各的吃处。杜月笙的那个大房间，由于他病中怕烦，儿子、女儿，平时就没有和他亲近的习惯，于是连那一个房间，也不能成为全家聚晤欢谈的集合地。在这种情形之下，把坚尼地18号的大门一关，杜公馆便成为了许多各自为政的小单位，凑在一起的大杂院。

当然孟小冬会更寂寞、更孤单，她只有机械般的每日从事"看护"的工作，而她所悉心调理的病人，又是几乎已经注定了是不可能痊愈的。

杜月笙体会得出孟小冬的心境，了解她的苦闷，因此使他对孟小冬一向具有的"敬爱之情"，一变而为"深心怜惜"，他很小心地不把这种"怜惜之心"形诸颜色，他深知孟小冬"荷尽已无擎雨枝，菊残犹有傲霜枝'，无论在任何艰难困苦的情况之下，她不会皱一下眉，叫一声苦，然而，假若有人贸然地向她表示同情、怜悯，她反而会怒气填膺地绝裾而去。

愧于孟小冬给予他的太多，而杜月笙能为孟小冬尽心尽力的地方太少，杜月笙急于争取补偿的机会，在日常的生活中，杜月笙对孟小冬总是那样礼敬爱慕，忍耐着自己的痛苦，跟她轻声细气地说话，聚精会神地交谈，平时称呼也跟着自己的儿女一样，亲亲热热地喊她"妈咪"。"妈咪"想买什么，要吃什么？只要孟小冬略一透露，他便忙不迭地命人快办，于是在外人看来，有时候几乎就是杜月笙反转过来多方面照顾孟小冬。

孟小冬自入杜门，两年多里对于一切看不惯、听不得、受不了的事情，向来都以不屑与问的坦荡襟怀，付之漠然。她从没有发一句牢骚，出一声怨言，然而她却在她53岁生辰前夕，在迫不得已的情形之下，轻轻地说了一句话。这一句话在事后杜月笙回想便觉得其关系之大，分量之重。

1950年，杜月笙有意全家迁法的时候，有一天杜月笙在房里屈指细算，连同顾嘉棠和万墨林两家，一共需要多少张护照？当他算好了一共要27张，当着房中各人，孟小冬便淡淡地说了一句：

"我跟着去，算丫头呢还是算女朋友呀？"

一语方出，环室肃然，一个相当重大的问题，总算被孟小冬如时提了出来，自此杜月笙下定决心，他不顾一切的阻挠与困扰，当众宣称：他要践履诺言，尽快与孟小冬成婚。

杜月笙这话一出，纷纷扰扰的杜公馆仿佛投下了一枚炸弹，杜月笙与孟小冬已成夫妻，结为一体，早成不可否认的事实。如今杜月笙缠绵病榻，天天在靠氧气过活，而且正值避难香港，日处愁城，又何必大事破费多此一举？成婚与否对任何人都没有裨益，反而可能节外生枝，徒生无穷的纠纷——反对者持此理由再三陈词，苦口劝阻，但是杜月笙置之不理，他决意在自己死前完成这一大心愿，为孟小冬，也为自己。

杜月笙吩咐万墨林立刻筹备，赶紧办事，因为在孟小冬之前杜月笙还有一位已逝的原配和三位夫人，所以原则上决定不能举行仪式，再加上杜月笙自己抱病在身，出不了门，于是见礼喜宴只好在坚尼地杜公馆举行，为地点所限，请的只有杜月笙的至亲好友。

但是杜月笙坚持要叫好的酒席，万墨林便渡海到九龙，在九龙饭店点了900元港币一席的菜，把九龙饭店的大司务统统拉到坚尼地来做菜做饭。

喜期已近，坚尼地楼下的大厅不够摆，因为喜筵有10桌之多，临时又借了楼上陆根泉的那间大厅，邀请的亲友全部到齐，无一缺席。在那一晚杜月笙带病陪客做63岁的老新郎，孟小冬的脸上也出现了笑容，杜月笙在港的儿子、媳妇、女儿、女婿一一前来重新见礼。一律跪拜磕头如仪。

"妈咪"送了他们每人一份礼物，女儿、媳妇是手表一只，儿子、女婿则一人一套西装料。

撒手人寰，杜月笙之死

办了婚事之后不久，吴开先又从台北飞抵香港，杜月笙很高兴，讲定了7月27日中午为他接风，那一天早上，他觉得自己头发长了，命人去喊个剃头师傅就在家中理发，一会儿隔壁头的朱文德一脚踏进来，这时是上午10点钟，杜月笙的头发刚理过，显得春风满面，容光焕发，朱文德见他气色这样好，心中也是欢喜，他和先他一步而来的万墨林陪着杜月笙聊天。

平时很少有这种情形，杜月笙在这天上午，谈的都是国际情势、国家前途，他对于朝鲜半岛上美军使用新式武器，5日之内打死了共军6万余人，终于迫使共军全线后撤，大局全面扭转，感到非常的兴奋，但是谈着谈着，他又被新武器如此厉害杀伤动辄以万千计，不免起了感慨，他说：

"照这样下去，新武器一天天的发明，杀人越来越多，打仗就未免太可怕了。说不定将来会一只炸弹投下来，世界上的人全死光呢！"

他又在说，5天里面死了6万多人，还不都是中国人命，于是悲天悯人地道：

"在这个年头，中国人真是太可怜了。"

这时，万墨林提起了美国国务院公布《对日秘约草案》全文，竟然没把中华民国列为签字国。杜月笙颇表愤慨，他认为此一轻率的决定不仅不合情理，而且太不公平。

"中国的8年抗战，牺牲3000万军民生命，方始换来太平洋战争的全面胜利，终使日本宣告无条件投降，而今大战结束，不过6年，对日和约之签订，我国居然连签字国的资格都被剥削。"杜月笙说，"这简直是欺人太甚！"

接着，杜月笙由8年抗战谈到"一二·八"、"八·一三"，上海市民抗战情绪之高涨，捐款支援之热烈，谈到杜月笙一手组织的"抗敌后援会"，"地方协会"，谈到他迁居重庆，谈到他直抵淳安。上下古今，天南地北，杜月笙的话匣子一下打开，滔滔不绝，一谈就谈了两个多钟头。朱文德和万墨林看他精神甚佳，固然私心窃喜，但是又察觉他这种情形似乎是有点反常，当下两人心里便系上了一个疙瘩。

中午1点钟，吴开先如约而至，杜月笙亲自迎到客厅，握手寒暄，十分欣愉，随即开洗尘之宴。一席欢宴，从1点钟吃到了下午2点多钟，一桌人开怀畅饮，兴高采烈。多年老友，每天都要到杜公馆吃中餐的秦大律师——秦联奎，这一天迟到，却赶上了众人并未散席，在座诸人含笑相迎，佣人安排好座位，秦联奎便参与盛宴，秦大律师之来使接风席上又起高潮。

喝了杯酒，吃几筷子菜，秦联奎偶然向杜月笙望望，脱口而出地说：

"月笙哥，你这几天见胖啊！"

"胖？"杜月笙听了便是一怔，他伸手摸摸自己的面颊，皱起了眉头说："恐怕这不是胖啊，是我脸上浮肿了呢。"

于是众人异口同声，一致的说杜月笙近两日确实胖了。万墨林尤其一再强调，杜月笙今早谈国家大事，一谈便是两个多钟头，此刻坐席又有一个多小时之久，精神饱满，丝毫不露疲色，因此他说这是最近以来极其罕见的情形。

尽管众人都在善意辩解，多方安慰，然而，杜月笙脸上的欣快之色渐渐消尽而去，换上了愁容满面，疑惑不定，他喊声杜维藩：

"去给我拿面镜子来！"

杜维藩应声离座，到内室去找了面镜子，递到杜月笙手上。杜月笙揽镜自照，细细端详，等他放下镜子招呼客人用菜时，在座的人都看得出来，他已笑容牵强，无精打彩，和几分钟前判若两人。

又勉强坐了片刻，杜月笙便推说困倦，他要进去午睡。在他来说，这又是极不寻常之举，因此，他回房间便留下满座佳宾，相顾愕然。

这一天是阴历6月21日，距离杜月笙64岁生辰只差23天。

就从一句"月笙哥你见胖啊"开始，杜月笙闷闷怏怏，了无生趣，家人、亲友想尽方法使他开心欢喜，却是一概不生效力。

28日上午，11点钟，朱文德又到，杜月笙把他喊进房间，交代把门关上，他十分机密的告诉朱文德说：他有一笔美金，交给远在美国的宋子良，请宋子良代为投资，宋子良说是把这笔钱买了美国股票，倒还赚了些钱。他叫朱文德代笔，写一封信给宋字良手下的席德懋，请他把股票生意的经营情形，开一份清单，尽快寄到香港来。

朱文德代杜月笙把信写好，发出去了，吃过中饭以后，他先回家打过转。

晚间，袁国梁又来探望"老夫子"，杜月笙命袁国梁留下，陪他在小房间里吃煨面，突然之间他眉头一皱，向袁国梁摇头苦笑，说道：

"吃不下去了。"

袁国梁赶紧起立，双手扶起杜月笙，嘴里在说：

"'老夫子'，我扶你回房间休息。"

杜月笙用力挺了挺腰，身子却仍不能起立，于是他喃喃自语：

"怪呀！怎么我这两只脚一下子变得一点力气也没有了哩。"

袁国梁便多用点力，将杜月笙半抬半挽地送回了房间，服侍他睡下，杜月笙睡到了床上，好像自己也觉得诧异，他连连摇头，自言自语：

"不对了，不对了！这次不对了！"

坚尼地杜公馆立即陷于一片紊乱，姚玉兰和孟小冬闻讯匆匆赶来，趋前急问，惶恐之色溢于言表，于是杜月笙吩咐家人说：

"去喊丁济万来！"

有人忙不迭跑去打电话，房间里不知是谁轻轻提醒一声：

"要不要把陆医师也请来？"

说这话的用意，是因为丁济万是中医，杜月笙果若情况危殆，必须西医才能救得了急。躺在床上的杜月笙听到了，点点头说：

"对的，再去请陆医师。"

丁中医师和陆西医师一前一后的赶到杜公馆，把过了脉，听过了心音，仿佛并没有什么毛病。再问杜月笙，可觉得什么不适意？这一次，连杜月笙自己也答不上来，他只是说：

"我只是觉得不对了，再就是两条腿发软。"

没有明显的症状，两位医师都苦于无从处方，于是，由丁济万开了一贴常服的药，培元固本，增强体力，杜公馆两位夫人惟恐深更半夜意外生变，请陆医师留一下来通宵守夜。

孙夫人、隔壁头的朱文德与万墨林、杜月笙的几位公子全都得到了消息，十万火急地赶了来，一大群人陪着那位陆医生在客厅里枯坐守夜。这时大家自我宽慰，都说杜月笙近来健康情形很有进步，不至于有什么特殊变化，今夜无非老病复发，多半是一场虚惊。

然而，时钟敲了一下，午夜1时整，杜月笙的房门开了，徐道生快步走到客厅，直趋朱文德的面前，轻悄地说一声：

"杜先生请你。"

朱文德进房间以后，守夜的人焦急地在客厅里等候，可是，过不了多久，朱文德气急败坏地跑出来了，他告诉大家：

"杜先生关照我，打电报到台北，请京士兄火速来香港。"

守夜的那许多人心脏齐齐的往下一沉。陆京士这时在台北，公务极为繁忙，杜月笙说是请他火速来港，肯定是杜月笙自知不行了。

大家心情沉重，商量起草电稿，朱文德怕耽误时间，顾不及听取七嘴八舌的意见，当机立断地说：

"京士兄已经接到杜先生的信，晓得病情恶化，这个电报，简单明了，就用'尽速飞港'四个字，这要胜过千言万语。"

28日，平安无事。

29日，杜月笙乍看起来一如寻常，可是，他却命人再拍急电到台北，电文由他自己口述，也是干脆了当的四个字：

"病危速来！"

7月31日接获陆京士的复电，定于8月1日自台飞港。

8月1日，亦即阴历6月25日的中午，杜月笙精神振作了些，杨志雄来探疾，两位老友一道在客厅里午餐，吃过了饭，杜月笙先向杨志雄抛个眼色，然后轻声说道：

"我们到里面去谈谈。"

杜月笙所谓的"里面"，即他自己的房间，杨志雄跟在杜月笙的后头，走进房间之后，杜月笙先把房门关上，他请杨志雄落坐，然后自己躺了下来，他神情肃穆的正告杨志雄说：

"我今朝要跟你谈一件正经事情。"

于是杨志雄正襟危坐，双手加膝，他俯身向前问道：

"老兄，有什么指教？"

万万料想不到，杜月笙竟石破天惊，晴天霹雳般地说道：

"我告诉你，我不想活了。"

当下，杨志雄大吃一惊，心跳突突，由于他深知杜月笙平生无戏言，更知道问题之严重。但是，在另一方面，他又衷心希望这时候杜月笙是在跟他开玩笑，于是他特地打个哈哈，漫不在意地答道：

"月笙哥，阿是侬今朝心里不开心，侬阿是要跟我发发牢骚？"

"我今朝已经做过祷告了。"杜月笙答非所问地说道："京士今天能够来，我还可能有希望，否则的话，我这次的病一定凶多吉少。"

这一日，正值台风袭港，山摇海啸，天昏地暗，杨志雄听杜月笙这么说时，心中即已升起不祥之兆。但是他为了安慰杜月笙，不使他尽钻牛角尖，因此他再用玩笑口吻说：

"月笙哥，你这叫什么祷告？你简直是在跟天老爷打赌嘛！"

然而，杜月笙并不理会他，一声苦笑，慢慢地告诉杨志雄说：

"志雄兄，我跟你相交已久，素有渊源，而且特别的有缘分，因此，我才把我在别人面前从来不说的话，说给你听，我老老实实告诉你，我实在是不想活了，我为什么不想活？其中原因，我想你至少可以晓得一半。"

杨志雄这才明白，杜月笙是对现实生活失望了，杨志雄一面搜索枯肠，想找些能使杜月笙"看得开些"的劝慰说词，然而直到最后，他只是无可奈何地说：

"月笙哥，自从共产党占据大陆，我们逃出上海滩，那所有的朋友，哪一个没有困难？月笙哥你只要想想，困难是人人免不了的，你就可以心安理得，撑过这一段日子，将来总有重回上海的一天。"

"你说得不错，志雄兄，你们都可以重回上海滩，就只是没有我杜月笙了，"惨然一笑，杜月笙继续说道："我老实不客气告诉你，如今我存在香港的钱，几乎全部用光。我早就晓得，我这笔钱用光了的时候，我就惟有死路一条。"

"笑话？"杨志雄提出抗议，他提高声音说道："莫说你杜先生一生一世仗义输财，功在国家，就凭你几十年里放出去的交情，你救了多少条性命，济了多少人的急难，造成多少人升官发财的机会？只要受你恩的人天良不泯，略略的尽一尽心，报一报恩，月笙哥你还会为铜钿的事情发愁？"

当下，杜月笙笑容之苍凉、惨淡，这令杨志雄无比悲酸、无限凄楚，杜月笙回答他的话说：

"志雄兄，人人都有床头金尽，钱用光了的时候，人人都可以说明朋友有通财之义，缓急相济的话。惟有我杜月笙不可以，因为我无论借多少钱，其结果终究还是用光。"

"月笙哥！"

"一个人与其沿门托钵的求生，多活一日只不过多拖累一些朋友，"杜月笙不胜歔欷地说道："何不如早点走路，落个清清白白地死，干干净净地去？"

杨志雄不胜悲怆，他不敢正视杜月笙，于是默默地低下头去。

"我杜月笙还是这个老牌气。"蓦地，杜月笙又眉毛一掀地说，"说一句是一句，我说我不想活下去，老兄，我只是希望你不要跟他们一道乱搞，你们想救我一命，其实是反而增添我的苦恼。"

这是杜月笙和杨志雄推心置腹、坦诚相见的最后一次倾谈。

8月1日香港风狂雨骤，整夜不停，那一天杜月笙视为一线生机的陆京士自台抵港的希望终告受阻于恶劣气候，因而终于破灭。其实，当日，陆京士在凌晨5点，拂晓之际就已赶到松山机场，由于香港刮台风，松山机场宣布停航，陆京士忧心如焚，却是行不得，也无可奈何，他在松山机场急电香港，改在8月2日启程。

这一天晚上，杜月笙面容灰白，神情沮丧，至亲好友围绕在病榻之旁。杜月笙环顾四周，一张张面孔俱是焦灼万状，于是杜月笙又皱了皱眉头，漾起一抹苦笑于唇角，他宣布说：

"我今天许了个心愿，我心中所想的这一个人如能飞到香港，那么，我的病或许能够得救，但是方才我偏偏接到这个人的电报，说他今天不能来了，所以我现在已经晓得，我这个病绝不会好。"杜月笙的家人、亲友，挖空心思地对他宽慰劝解，劝他不必迷信。但是杜月笙的脸上却竟出现一种极不耐烦的神情，他向争先恐后，发话安慰他的人，着力地一挥手，说是：

"好啦，好啦！"

当众人钳口不语，他从此更是闭紧了嘴巴，躺在床上，睁大了眼睛，仰望天花板，似在休息，又像是在深思长考。一室寂然，逼人而来的低气压使房里的人一脸愁苦郁悒。

狂飙来袭的一夜总算平安度过，8月2日的早晨，满天阴霾，空中偶尔飘过一阵急风劲雨，打电话问飞机场，台风已离境，可是滞留台北未能成行的旅客很多，当日上午是有一架飞机从台北来香港，飞机上有没有陆京士，启德机场还不知道，因而也就无可奉告。麇集在客厅里的杜门亲友一商量，决定暂且先不告诉杜月笙陆京士究竟是来不来。还是等到获得了确讯，再讲给他听，免得他激起希望再失望。因为他这时的心里状况可能受不了这样的打击。

但是杜月笙却深信陆京士这一天一定会到，因此精神显得特别的好，他坚持要起床到客厅里去，家人、亲友明知他是极力振作等候陆京士，没有人敢加以劝阻。吃中午饭的时候，他也要在客厅里和大家一同进食，眼睛不时地在向门口探望。

刚开饭，还不曾动筷子，电话铃响、杜月笙特别留神，接电话的人一听对方讲话的声音，立刻喜滋滋地向杜月笙报告：

"是朱文德从飞机场打来的。"

杜月笙点点头，筷子往桌上一放，等着电话里传来的消息，只见万墨林放下电话筒，一面跑过来，一面在哇里哇啦地喊：

"京士兄到了！朱文德说，他今天一早5点钟就跑到飞机场，所以赶上了飞机，此刻正在办手续，马上就可以坐车来！"

杜月笙脸上却将信将疑，似笑非笑，他缓慢地摇头，冷冷地说：

"假的，假的，骗骗我高兴罢了。"

虽话如此说，但是众人注意得到，他已经轻轻地搁下了饭碗，那意思显然是想等一等，等陆京士到了再一道同吃，于是，在座诸人也就不约而同地将碗筷放下。

从杜公馆门外一直到客厅里，一路都有人在驻足盼望，因此，当陆京士一行抵达杜公馆时，便自外而内地爆出声声欢呼：

"来了！来了！"

饭桌上的杜月笙迫不及待，他颤巍巍地站起来，于是，客厅门口一下子涌进来好些个人，簇拥着风尘仆仆的陆京士。紧跟在陆京士身后的，则是到启德机场去接他的吴开先、沈楚宝、朱文德和杜维藩。

杜月笙一见陆京士，情不自禁，喜极而泣，他眼眶中滚动着泪水，右手一抖袍袖，急切地伸出那只干瘪枯瘦的手和陆京士紧紧交握，一抓住了便牢牢不放，与此同时，还用左手在陆京士的背上，一遍又一遍地，轻轻抚拍。

陆京士和杜月笙多时没见面了，乍一见面，看见他病体支离，形销骨立，竟然憔悴衰弱到如此程度？心中一阵酸楚，两股热泪即将夺眶而出，然而他深知此刻一哭不大相宜，于是他竭力地忍住。聚集在周围的杜门中人看见他眼睛红了，人人都在心中默念：

"京士兄，你万万不可哭啊。"

陆京士忍住不哭，却是苦于一肚皮的话，一句话都讲不出来，这时他耳朵里只听到杜月笙在用感慨万千地声调说道：

"就是我的儿子，听到了我病重的消息，也未必能够立刻赶了来，京士，你在台北有这样重要的工作，居然就不顾一切的，跑一趟香港，真使我不胜感激。"

陆京士凄酸难忍，他惟有讷讷地说：

"先生，这是我应该的嘛。"

于是杜月笙重又亢奋起来，他流露着一脸的喜色，关怀地问：

"京士，你还没有吃饭吧？"

陆京士点点头。其实，他惟恐迟到一步，搭不上飞机，大风雨中，天还没亮便匆匆地赶到松山机场，莫说午饭，他这大半天里竟然是水米不曾沾牙。

"来来来！"杜月笙拉起陆京士的胳膊："我方才就是在等你，此刻我们一道来吃。"

杜月笙拉陆京士和自己并肩坐下，又殷殷地招呼吴开先、朱文德和沈楚宝，叫大儿子杜维藩也落了座，佣人立刻便送上饭来，杜月笙眼睛直直地望着陆京士，他伸出右手去接，那只右手由于过度的兴奋和激动，直在簌簌地发抖。佣人确实已将饭碗递到了他的手上，他也接住了，然而，却不知道怎么一来，饭碗晃了一晃，"当啷"一声，摔到了地上。

一只饭碗齐巧摔成两片，杜月笙身旁的地板上饭粒狼藉。

仿佛骤然之间响起了巨雷，一客厅的人脸色陡变，偌大客厅寂静如死。

然后又有此起彼落地宽慰、支吾和敷衍之声：

"快点再添一碗来！"

"赶紧扫开！"

"不要紧，碎碎（岁岁）平安！"

佣人迅速地再添上饭，扫掉地面的碎碗和饭粒。在杜公馆吃中饭，原是众口交誉的一份无上享受，杜公馆的厨师小鸭子烧得一手上佳的家乡口味，名肴美酒，源源而来。主人好客，天下闻名，在座又都是知己、好友，上天下地，插诨打科。健谈客的聊天题材，无所不包，无奇不有，到杜公馆吃这一顿饭，每每使人乐而忘返，遍体舒泰。然而，8月2日杜公馆的这一顿午餐，却是人人心情沉重，食不甘味，连最能"打棚"的朋友也想不出一句话来排解。

只有杜月笙一面捧着满满的一碗饭，一面在跟陆京士慢慢而谈：

"今年上半年毛病发作得少，我还以为病况好转了哩。哪里想到这个月初以来，两只脚忽然麻痹，简直下不了地，更苦的是不分白天夜里都睡不着觉，气喘病又是越来越厉害，病到这个地步，我就晓得自己一定是不行了。因为我有不少的事体要嘱托你，所以又是写信又是电报的催你来。并不是我无缘无故害你着急，实在是怕迟了两天就见不到面，京士，你今天来了我好开心，原以为我这个病还有得救呢。"

陆京士心乱如麻，挖空心思想出几句话安慰杜月笙：

"先生气喘的毛病由来已久了，只要静养几天，自然会好。"

"不，"杜月笙凄然地摇着头说，"这一次我是爬不起来喽。8月1日你不来呢，那就是我寿数已尽，无法挽救。哪里想到8月1日那天突然之间起了台风，飞机不能开，把你硬留在台北，这件事对我来说就是一项凶兆，再加上刚才我打碎了饭碗，岂不是凶上加凶了吗？我认为这不是迷信，而是天老爷在告诉我，我再也爬不起来了。"

陆京士只好强颜作笑地答道：

"先生还说不是迷信呢，8月本来就是台风季节，打破饭碗那更是稀松平常的事情。"

杜月笙付之一笑，不说了。从这一天开始，陆京士尽夜侍疾，衣不解带，这倒不是杜月笙非要陆京士亲侍汤药不可，而是陆京士心知师生相处的时间已很短暂，他由于20多年的知遇之恩，一刻也不忍轻离。另外，杜月笙随时都有机密大事和他相商，往往一觉睡醒，睁开眼睛便喊：

"京士！"

假使陆京士不在，杜月笙便会觉得恍然若有所失，必等陆京士闻讯赶来，他的神色才怡然轻松下来。近代中国，论个人交游，杜月笙上自名公巨卿，下至贩夫走卒，他的一本交游录即使只开名单恐怕也得写上厚厚的一本，论其广阔及为数之多，当代可以说没有第二人，然而当他病入膏肓，朝不保夕之际，他竟仿佛只有一个陆京士。陆京士口口声声强调这是缘分，其实在杜月笙的心中，还是可能有着"相交遍天下，知己能几人"之感的。

自8月2日到8月16日，杜月笙一直不曾离开过病榻，2日中午吃过了那餐打碎饭碗大不吉利的午餐，杜月笙被人搀回他的轮椅，徐徐地推向他的房间，再把他扶到床上，宽衣睡好。从这个时候起始，杜月笙给他的家人、亲友一个印象，仿佛前两日他焦急的在等陆京士来，一旦陆京士来到，他便心满意足，了无憾恨，他只有睡在床上等死的这一件事了。

焚膏继晷，随侍在侧，对杜月笙尽最后一份心意，这个差使是很难当的，因为在步向人生最后旅程的杜月笙，不但喘疾时发，而且体力衰竭，神志涣散，于是他的饮食睡眠一概逸出常轨。他一天只能睡很少的觉，尤其那短暂到显然不够充分的睡眠，还要分作几次去睡，最令人伤脑筋的是谁也无法测知他睡着了还是仅在瞑目养神，往往眼看着他已睡得很熟，正想蹑手蹑足地走出去，办一点私事或透一口空气，杜月笙偏又适时地睁开眼睛，有气无力地喊：

"京士！"

"妈咪！"

或者是："娘娘！"

于是，不论是陆京士，孟小冬或者姚玉兰，全部停止脚步，走回他的跟前探问："有什么事吗？"

然而杜月笙的回答，又多一半是缓缓地摇头。

其实这仅只是他对人世间最后的一点依恋，他对于他所心爱的人能多谈一句便多谈一句，能多看一眼就多看一眼。

像这种霍然而醒，脱口而呼，杜月笙喊的次数最多者的是孟小冬与陆京士，所以孟小冬、陆京士像被一根无形但却有力的绳索拴牢在杜月笙病榻之前，陆京士是摆脱一切公私事务专程侍疾而来，孟小冬则对杜月笙一往情深，此时此境她恨不得以身相殉。这两位杜月笙一刻也不能离的人，谁不愿意分分秒秒的始终守候在杜月笙身旁？然而，孟小冬与陆京士都有苦衷，孟小冬的身体本来不好，她一入杜门只有"亲侍汤药"的份，弱质红颜于是人比黄花瘦，再加上明知杜月笙油尽灯枯，终将不起，巨大的悲哀把她压得椎心刺骨，眠食俱废，若不是杜月笙需要她，她早已不支病倒，她那副勉力振作，强打精神的模样，神情憔悴，人见人怜，因此也不知道有多少人劝她也要保重自己的身体，倘若她再一病，那便将给杜月笙带来多大的打击？曾经执菊坛牛耳、为万人迷的冬皇，却总是摇头苦笑，轻柔地说道："我不要紧。"

孟小冬自从入了杜门，一直沉默寡言，与世无争，她本来就是人间奇女子，杜门中的一支奇葩，论才情、眼界、心胸、智慧，使她与大多数人都合不来。她归于杜月笙时，杜月笙已是年逾花甲，衰然一病翁。如日中天，予取予求的黄金年代早成过去，囊中金尽，活不下去的大限正在步步进逼，所以孟小冬之入杜门正是感恩知己，以身相许。杜月笙一生一世可以自傲的说一声"平生无负于人"了。但是在他人生的最后阶段，他获得了孟小冬的柔情万丈，衷心关爱，这使杜月笙深感自己的侠义，犹然有愧于孟小冬的恩情，所以他才会说出"直到抗战胜利以后，方始晓得爱情"的话，孟小冬是他在人间最后的温暖，最后的安慰，所以他一刻儿都离不开。

陆京士自抵香港之日起，每天也是尽可能的留在杜月笙身边，但是他有双重的困难，其一是杜月笙还有许多事情要他办，有时候便不得不到外面去走走，其二则是坚尼地房屋并不宽敞，每个房间都住有人，陆京士每日睡眠很少，只是靠在沙发上歪歪，因此他在熬了几夜之后，便跟杜月笙先说明白了，每天下午两点钟，他暂且离开一下"老夫子"，出门办事。或者到朋友家中小睡片刻，然后再赶回来。

在杜月笙病势垂危的那一段时期，经常为杜月笙诊疗的几位大医师，诸中吴子深、梁宝鉴、丁济万、吴必彰和朱鹤皋和陆京士都有深厚的友谊。所以陆京士趁他们先后前来看病之便，一一向他们请教，杜月笙这一次发病，究竟危险到什么程度？

他所获得的答复，是"群医摇头"，其中尤其是同门弟兄朱鹤皋说得最透底，他是杜月笙上海撤退来港时一路跟了来的，为杜月笙诊病已历两年半之久，朱鹤皋直打直地说：

"'老夫子'这一次病得严重，恐怕不是药石所可以奏效。因为'老夫子'精、气、神，三者无一不缺，随便怎样都难以拖。"

陆京士听了这话心中非常的难过，对于杜月笙的康复业已绝望，而且听到这几位大医师的语气，仿佛还在暗示他应该及早预备后事，迟则惟恐不及。这时候他极其为难，煞费踌躇，后事如何办理？必须杜月笙自己先有所交代，否则的话又叫他怎样开得出口。尤其难的是替杜月笙办后事一定十分困窘，据陆京士当时的了解，杜月笙的经济情况不但不如外间所传那么富有，相反的，他可以说是已形拮据，但是杜月笙还有4房妻室，8个儿子和他的3位爱女呢。

8月4日的早上，杜月笙睡了一会儿，醒来时已是红日满窗，天色大亮，他没有喘，连氧气罩都不曾使用。在房间里守了一夜的除陆京士，还有姚玉兰、孟小冬、杜维藩、杜美如等好几个人，看见杜月笙面容平静，神清气爽，心中不由一喜，以为这又是好转的征兆，却不料他嘴唇嗡动了一阵，张口便叫声：

"京士！"

陆京士连忙答应，急趋床前，于是杜月笙两眼直望着他，淡然一笑说；

"趁此刻我精神还好，我要和你谈谈，怎么样办我的后事了。"

屋里的人听了齐齐的一震，孟小冬头一个痛哭失声，但是她立刻便掏出手绢掩住了自己的嘴。姚玉兰、杜维藩等人也在吞声饮泣。

陆京士则将悲哀压在心头，他说不出话，于是点了点头，表示他在凝神倾听。

杜月笙望望陆京士，又看了啜泣声中的妻子、儿女一瞥，他神情肃然，语调十分平静、低沉，很像是他在谈着别人的事情。

"此地是香港，不是上海，我们在这里算是做客，所以丧事切忌铺张，"顿一顿，杜月笙又说："从移灵到大殓，前后绝不可以超过3天。我去的时候就着长袍马褂，这是我着了大半辈子的衣裳。"

陆京士依然还是只有点头。

"不过有一件要多用两钿的事,我那一口棺材,"杜月笙顿了一顿,然后加以解释地说:"这并不是我死要出风头,一定要买口好棺材,而是我不要葬在香港,'树落千丈,叶落归根',活的时候我因为这个断命气喘毛病,到不了台湾,死了我还是要葬到台湾去的。将来反攻大陆,上海光复,再把我的棺材起出来,我请你们带我的尸骨重回上海,落葬在高桥,我出世的地方。"

话说多了,有点累乏,杜月笙歇了一阵,才继续交代陆京士,他先自嘲地说:

"我一生一世,过手洋钿何止亿万,一旦两脚一伸,我只要你们在这件事上完成我的心愿,让我多用两钿,其余的事一概从简。顶要紧的是要记得我们正在落难,凡事切忌招摇,免得给别人批评。所以不论开吊、出殡,绝对不许再摆什么场面,你们要是不听我这个话,那就不是爱我,反倒是在害我了。"

接下来,他又再三叮咛,遗体大殓以后,移灵东华三院的义庄,因为华东三院主席是杜月笙的老朋友、老搭挡,早年相帮他联络法国佬,担任翻译的李应生。李应生是广东人,离开上海后业已侨居在香港多年,他在香港有势力,足以保护杜月笙灵柩的安全。

关于遗嘱的拟订,财产的分配,杜月笙反倒仅只约略的指示了几项原则,然后他说:

"后天晚上,京士你邀钱三爷、金先生、顾先生、开先兄和采丞兄,到这边来便饭,就烦你们6位,先来商量一下。"

从这一天开始,杜月笙集中心智,一一安排他的后事,对于妻子、儿女、至亲好友,乃至于服侍他的佣人,每一个人他都分别的有所交代,但是由于人太多,要说的话一时说不完,杜月笙只好利用他有限的精力,说一阵,又瞑目休息,养半天神,等到精神体力,稍微恢复,他又挣扎起来再说一两句,因此,有人一次便听完了他的谆切嘱咐,有人则一等再等,将分为许多次所说的话,总加起来,才知道一件事情,一些叮咛。家人、亲友眼睛红肿的,穿梭般来往于杜月笙的病榻之前,看他说几句话都如此吃力,却又一心急着要多讲些,回想他扬威沪上、纵横香港……一幕幕的撼人心弦往事,念及人犹是也,而洛钟将崩,于是,一离开他的房间,竟无不泪流满面,放声一恸。

8月6日下午7时,钱新之、顾嘉棠、金廷荪、吴开先、采丞和陆京士,在客厅里屏却诸人,密商杜月笙的遗嘱。6个人一边用饭一边长谈,当时杜月笙还在房间里醒着,他频频关照不许任何人闯进去,打扰他们6位的谈话。

陆京士首先发言,他报告杜月笙这几天里所关照他的各项原则,他并且透露,当他在台北接到香港方面"病危速来"的电报,即已知道杜月笙的后事必须及早安排,他曾在一日之内访晤了洪兰友、陶百川、刘航琛、王新衡和吕光，向他们请教如何办理杜月笙身后事宜。这时，他把这5位杜月笙知己友好所提供的意见也逐一的加以叙述。

于是，由在座的6位参酌杜月笙本人所提出的原则，再加上台北好友的建议，接连起草了3份遗嘱稿，一份是对于国家、社会的公开表白，一份训勉子孙，一份则为遗产分析。

其中最为家人戚友关心的，当然是杜月笙的遗产如何分配？由于当时没有人晓得杜月笙究竟还有多少钱，因此，只能作原则性的分配比例，而比例则定为杜月笙的4位太太，和8儿3女，获遗产的一半为原则。4位太太平分杜月笙遗产的另一半，8儿3女之中，则硬性规定未成家的比已成家的多拿二分之一。

9点钟，3份遗嘱草稿均已拟妥，问过了杜月笙犹仍醒着，于是，6位友好和门人拿着3份遗嘱稿一起进入杜月笙的房间。这时，孙夫人、姚玉兰、孟小冬和杜月笙在港子女都在他的病榻之旁，或坐或立。

于是，由陆京士宣读3份遗嘱的内容。杜月笙聚精会神，注意倾听，他偶或打一个岔，修正若干字句，但是从大体上来说，他几乎是全部同意。

遗嘱读给杜月笙听过了，经他允可，算是定稿。钱新之、金廷荪、顾嘉棠、吴开先、徐采丞、陆京士又被指定为遗嘱执行人，钱新之尽管是多年老友，杜月笙却向来人前人后都尊称他"钱先生"，金廷荪、顾嘉棠是结拜兄弟，吴开先也是缔交二十年的好友，徐采丞则为抗战前后杜月笙的心腹智囊之一，陆京士为恒社的首脑人物，他跟杜月笙之间，一向情逾骨肉。

杜月笙平生排难解纷，一言九鼎，不论什么稀奇古怪，复杂繁难的事情一到他的手上必可迎刃而解，全部摆平。惟独他自己的公馆里面，大门一关由于太太有5位，子女又多，相处几十年，难免也有牙齿碰了嘴唇皮的时候，要想绝对太平无事，当然是相当困难。8月6日之夜，坚尼地杜公馆无人不知，无人不晓，这是决定遗嘱，分配遗产的重要时刻，对于这些家属来说，事关个人前途以及未来生活，其心情之紧张，注意力之集中，自是不言可喻，因此不免有人担心，这一夜会有什么议论争执或意外风波。然而当陆京士朗声宣读遗嘱稿，杜月笙略予修改就算 OK，杜月笙时在香港的3位夫人，4子3女，居然闷声不响毫无异议，一件大事就此风平浪静的解决。

等到仅列分配方式的遗嘱当众确定，杜月笙才从容不迫地说出他的遗产数额。他在交代了几件家事以后，开门说道：

"我只有一笔铜钿，留给家属作生活费用，这笔钱我是托宋子良先生保管的，数目是10万美金。因为宋先生代我用这笔钱买了股票，多少赚着一点，大概有11万美金左右。"

这时，在场的人无不为之惊怔错愕，谁也没有想到，一辈子在金山银海里面挥之如土的杜月笙，他留给庞大家属的遗产，居然只有11万美金左右，折合港币，不过60多万。

3位太太，4儿3女分这笔钱，一个人能够到手得了几文呢？

但是杜月笙对于任何人的反应，一概是置之不理，他说完了话，长长地吁一口气，然后，他似老僧入定，轻轻地合上了眼睛。

从8月7日这一天起，杜月笙沉睡的时候多，清醒的时候少，不过他沉睡只是为了培养精力，使他自己能够妥妥善善地安排后事，而在所有乱杂如麻的事项之中，杜月笙最注意的还是他和知己友好之间银钱的往来，账目的清楚。人欠欠人，十万百万，在这般人里一向是"言话一句"，既不见账目，又绝无字据，固此就必须由他自己"言话一句"而理楚了清。

下午5点40分，杜月笙突然昏厥，有人跑过去把他的脉，惊天动地地一声喊：

"哎呀，杜先生脉搏呒没哉！"

顿时，妻儿、子女便爆出号啕大哭，而在这时，又有人发现杜月笙的小便一直在流个不停，于是便高声地劝慰：

"不要紧，不要紧，还有小便哩！"

正巧守候的都是中医师，急切间无法下药救治，忙乱中有人飞奔出外打电话，请距离最近的吴必彰快来，但是一直等到6点20分，吴必彰才匆匆的赶到。这一次，吴必彰真是卖尽了气力，他用人工呼吸法，先使杜月笙喘过这一口气，"人工呼吸"紧急施救足达半小时之久，这时没有一个人认为杜月笙还有回生的希望，然而杜月笙却在7点钟的时候，悠悠醒转，一声长叹。

由于吴必彰竭力救治，终告妙手回春，8点钟，连打了两次强心针，方始把奄奄一息的杜月笙，从鬼门关口，拉了回来。

8月8日立秋，杜月笙的病了无起色，他时睡时醒，总是说嘴里干渴，频频地叫人取西瓜汁。其实杜月笙并不知道，他的家属听从医师嘱咐，在西瓜汁里拌了麻醉物品，以暂时性的麻醉作用，使他提神益气，以兼收利小便的功效。

早上一连喝了几杯特制的西瓜汁，果然，中午时分，杜月笙忽然清醒，精神徒长，他环顾四周，妻子、儿女的面貌历历在目，然后他问：

"事体我全部交代过了，你们还有什么并不清楚的，快快问我。"

妻儿、子女惟有不断抽泣，并无一人发问，于是，杜月笙又侧脸问陆京士：

"宋子良先生可有复电来？"

"复电来了。"陆京士赶紧地说："10万美金之外，还有些利润，都在他那里。"

"那就好了。"杜月笙像是诸事已毕，说时似有不尽的欣慰。

这时候，家人戚友涌上前来纷纷提出建议，一致认为当时的主治医师过于谨慎，因而"水太灵光"，他们希望杜月笙能够同意换一位医师，"有以彻底改造"医疗方式，说不定，能够立刻解除杜月笙的痛苦，使他很快的"早占勿药"。

杜月笙以一种带有怜悯的眼神望着这一班人，由此，激起了他们更大的勇气，有人提张三，有人荐李四，众口交铄，莫衷一是，居然还引起了争论。

"算了吧！"杜月笙森冷地一声回答，宛如一盆冷水浇熄了无穷的希望，他满脸苦笑地说："你们何苦要我多受些罪？"

杜月笙所谓的"受罪"，那倒不是他故作矫情之言，因为"精、气、神"三者已竭，头一步，他的排泄系统全部损坏，大便小便，毫无知觉地在自然排泄，偶然排不出来，还得动用工具，拿铜钲去"通"，"通"时的痛苦，自非血肉之躯所能忍受。

8月10日，医生说杜月笙最好是能够多睡，可是他偏偏神志清醒，合不上眼，他和陆京士频频地交谈，忽然杜月笙伸手到枕头底下掏摸。随后，他摸出一个手巾包来。

"京士。"杜月笙把手巾包递到陆京士的手上，告诉他说："这里是7000美金。"

"先生——"

杜月笙紧接着便作交代：

"你替我分一分。"

"先生。"陆京士忙问："分给啥人呢？"

杜月笙的回答却是浩然长叹，不胜低徊：

"说起来，只有妈咪最苦。再嘛，三楼也是手里没有铜钿的。"

于是陆京士便顺从杜月笙的心意，决定将这7000美金，分给孟小冬3000元，孙夫人和杜维藩则各为2000，如数分讫再报告杜月笙。

8月11日，杜月笙一心求死，了无求生的欲望，他唉声叹气地说人生乏味，再也没有任何人受过像他这样的罪。这一天又有一件不吉利的事，便是杜月笙的多年老友江干廷，也不知道是从那里听到了杜月笙病逝坚尼地的谣言，一路哭泣地赶了来，捶胸顿足，声声号啕，嘴里直在嚷着：

"月笙哥呀，你怎么就去了呢！"

哭声惊动了坚尼地18号，万墨林快步赶到门口，他看到江干廷正哭得声嘶力竭，口口声声地在喊："月笙哥你去了！"当下十分慌乱，便急不择言地高声埋怨这位老大哥：

"江干老，你是吃饱了饭没事干，专门来戳杜先生的霉头？"

"我触杜先生的霉头？"江干廷大为诧异，立刻止住悲声，他急急地问："墨林，你说这话是什么意思，难道我江干廷也会触杜先生的霉头吗？"

明晓得这是事出误会，可是万墨林因为杜月笙命在旦夕，心情当然不好，于是他借题发挥，把白发苍苍、老迈清健的江干老狠狠地埋怨了一顿，而江干廷也了解他的心理，无非是在为杜月笙发了急，想想自己也是不好，怎么可以不问青红皂白上门就放声大哭的呢，因此他不言不语，结束了这场闹剧。

10 号那天，杜月笙清醒一阵，他喊了声："京士，"突如其来地说：

"你想个办法，让我搬到养和医院去住院治疗。"

陆京士没有追问，杜月笙是为了家中人多怕烦，还是自以为住院治疗，可能有好转的希望？抑或，他不愿意在坚尼地 18 号咽气，使这里成为一座丧宅，将来徒使活着的家人、亲友触景伤情？他立刻便去和梁宝鉴、吴必彰等几位医生商量，但是他所获得的回答，都是大摇其头，医生们异口同声地说：

"以杜先生目前的情形来看，他的病已经到了很严重的时期，从家里搬到医院，途中难免颠簸，很可能发生意外。"

陆京士回复杜月笙的时候，当然不便照医生的话直说，他只是含糊其词，说是养和医院那边须事先安排。杜月笙听了，愀然不语，但是，他自此便绝口不提要去医院的事了。

但是，从第二天下午开始，杜月笙便陷于昏迷状态，偶然翕动一下嘴唇，即使把耳朵贴上去，也听不清楚他在说什么。8 月 13 日凌晨 3 时半，医生又发现他脉搏全无，呼吸停止，于是由梁宝鉴和吴必彰打针急救。这时，杜月笙的许多好友，多一半都在坚尼地杜公馆守候，等着送他的终，一部分人连续熬夜，精神不济，已回家休息，但当他们得着消息，又快马加鞭地赶了来，好友到齐，梁宝鉴、吴必彰的急救针偏又生了效，杜月笙第二次悠悠醒转，再次还魂。

8 月 14 日，凌晨 2 点 40 分，医生做最后一次的挽救，决定替杜月笙输血 250CC，这 250CC 血输了 1 个钟头又 40 分钟，3 点 3 刻，天还没有亮，杜月笙第 3 次死去活来，不过这一回他既睁不开眼睛，也说不出话了，他口角失声，两眼微合，只从嘴巴张一个洞，眼睛眯一道线，偶或在喉咙口咯咯作响，所有亲友都已明白，杜月笙是距离死亡只有一步。6 时 1 刻，突然又在昏迷之中晕厥，脉搏呼吸第 4 次全部停止。亲友们大叫："不好了！"梁宝鉴立命护士注射强心针，杜月笙的第 4 次进入死亡状态，8 分钟后又被硬拖回来。

没有人认为杜月笙度得过 8 月 14 日这一天，偏有奇迹出现，当陆京士等人正在分头打电话请人准备为"老夫子"办后事时，忽有一位远客来到，这就是时任行政顾问、由台北专程赶来送终的吕光。

吕光行色匆匆，抵达杜公馆后，直趋病榻前，他看了杜月笙的情况，不禁惨然，但是他心中焦急，于是，他不管杜月笙听不听得到，凑近杜月笙的耳朵，高声地告诉他说：

"洪兰公明天到香港来，总统叫他当面向杜先生致眷念慰问之意，本来我们约好今天同机来香港的，但是因为洪兰公临时赶不及，他要我转告杜先生，明天中午一定赶到香港。还有维善，他也搭明天的飞机。"

一声声，一遍遍，垂死中的杜月笙竟似听见了，众人惊喜交集地看见，他的眼睛睁大些时，嘴唇嗡动，杜月笙正在微微颔首。

所有的医生都认为这是难以置信的事，自8月14日下午至15日中午，杜月笙不需任何药物，仅只是吕光带来的一句话，"总统命洪兰友面致眷念慰问之忱"，带给杜月笙无限的鼓舞与感奋，他又活下去了。其间，只不过在14日夜晚和15日清晨各通了一次大小便，杜月笙还忍住了痛楚，他不曾呻吟，身体也不起颤动，仿佛肉体上的痛痒和他完全无关。

杜门亲友围着吕光问长问短，吕光说了些台湾亲友对于杜月笙病笃的关怀，还有好些朋友即将分批赶来，和他自己一样，想跟杜月笙见上最后一面。吕光又说：他是接到钱新之的电报，才放弃一切事务搭机来港，钱新之曾在电报中关照，以杜月笙和吕光的缘分，他应该赶来送杜月笙的终。

8月16日下午2点15分，在台湾求学住在陆京士家中的杜维善得了陆京士的急电，由陆京士夫人陪同，先一步自台湾飞到香港，他走进大门时即已泣不成声，于是由陆京士趋前加以抚慰，嘱他不要在病人眼前落泪。然后便由陆太太陪他到杜月笙的床前，由于杜维善喉梗咽塞，只好由陆京士一声声地喊：

"先生！先生！维善来了！"

于是，杜月笙勉力地睁开了眼睛，他眼珠迟滞地望了杜维善和陆太太一眼，便乏力地合上，他残存的精力恍如一线游丝了。

一刻钟后，下午2点30分，时任国民大会秘书长的洪兰友抵达坚尼地杜公馆，当即引起一阵欢呼，洪兰友面容肃穆，神情哀戚，他快步走进杜月笙的房间，一眼看见了躺在床上呼吸屏止的杜月笙，怔了一怔，以为他已来迟了一步。但是，围绕在杜月笙四周的亲友，还在急切地大呼小叫：

"先生！先生！洪兰友来了！"

洪兰友看到杜月笙似乎还有点知觉，他为达成使命，连忙高声地在他耳边喊：

"杜先生，总统对你的病十分关怀，希望你安心静养，早日康复。目前台湾一切有进步，国家前途一片光明，我们还是有希望的！"

这时，洪兰友只想杜月笙能在易箦之际，听得见他这几句话，在他一生艰辛奋斗的最后历程得一份慰藉，斯愿已足。谁知，杜月笙是在凝聚他每一分精力，等候着洪兰友的来，因此他不但听清楚了洪兰友所说的每一句话，而且，他竟奋目迅张，睁开了一闭三日的眼睛，甚至，他伸出了自己那只颤抖不已的手，非常吃力地伸向洪兰友，和他紧紧地交握，与此同时，他清晰明白地说出了他在世最后的一句话：

"好，好，大家有希望！"

洪兰友的两行热泪，不可遏制地抛落下来。

最后一个"望"字说完，杜月笙那只手松弛，垂落，眼睛又合，嘴唇紧闭，但是他仍在竭力挣扎，还想多说一两句，然而，气逆舌僵，他已语不成声了。

洪兰友忙再上前一步，大声地说：

"杜先生的心事，我都明白，杜先生所没有说出来的此间友好可以转告我，我回台北以后，一定代为上达。"

这时，口眼紧闭的杜月笙，又艰难万分地点点头，两颗眼泪，逸出眼眶之外。

站在一旁，注视这一幕的钱新之情不自禁地一声长叹，热泪泉涌，他喃喃地说：

"大家有希望，大家有希望，天啊！就是他没有希望了啊！"

"什么就他没有了希望呀？"这时人群中的孟小冬突然发疯似地冲着他们大喊起来：

"他不这么死心塌地跟着老蒋，会没希望吗？！"

众人大惊失色，有人慌忙要捂住她的口，但是，从她口里还是迸出了："黄老爷子不是在上海还活得好好的吗？就是你们让他跟着老蒋逃出上海，踏上了不归路啊！"

孟小冬披头散发，大喊大叫，众人以为她这段时间被杜月笙死亡的阴影压得神经失常了，慌忙把她拖了出去。刚刚平息了这一幕，有人探手伸进被窝去摸摸杜月笙的脚，失口惊呼：

"哎呀！脚已经凉了！"

但是他依然多拖了一天，毫无知觉，仅只呼吸迫促地多拖了一天，杜月笙拖到距离他生日不到24小时的8月16日，下午4时50分，终于走完了这段漫长而艰苦的死亡历程，撒手尘寰。